CATALOGUE

DE

LIVRES CHOISIS

A L'USAGE DES GENS DU MONDE

CONTENANT

Les Meilleures Productions de la Littérature contemporaine

SECONDE ÉDITION, ENTIÈREMENT REFONDUE

PARIS

AU SIÈGE DE LA SOCIÉTÉ BIBLIOGRAPHIQUE

5, rue Saint-Simon, 5

ET CHEZ LAMULLE ET POISSON

ÉDITEURS-COMMISSIONNAIRES

14, rue de Beaune, 14

1896

CATALOGUE DE LIVRES CHOISIS

CATALOGUE

DE

LIVRES CHOISIS

A L'USAGE DES GENS DU MONDE

CONTENANT

Les Meilleures Productions de la Littérature contemporaine

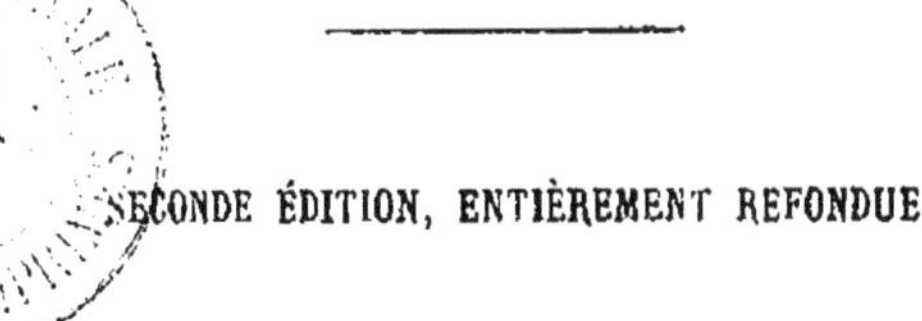

SECONDE ÉDITION, ENTIÈREMENT REFONDUE

PARIS

AU SIÈGE DE LA SOCIÉTÉ BIBLIOGRAPHIQUE

5, rue Saint-Simon, 5

ET CHEZ LAMULLE ET POISSON

ÉDITEURS-COMMISSIONNAIRES

14, rue de Beaune, 14

1896

AVANT-PROPOS DE LA PREMIÈRE ÉDITION

Ce Catalogue répond à un besoin qui a été souvent exprimé. On sait les difficultés qu'éprouve un homme du monde pour former sa bibliothèque, surtout lorsqu'il est éloigné de Paris ou des principaux centres littéraires, et qu'il n'a pas à sa disposition les grands recueils bibliographiques, ou les revues spéciales comme le *Polybiblion*, ou même simplement les catalogues des libraires. Désireux de se mettre au courant d'une question qui est à l'ordre du jour ou qui l'intéresse particulièrement, il ignore parfois les livres qui font autorité sur la matière, et, les connût-il, il est incertain du prix de l'ouvrage et du nom de l'éditeur. L'idée qui a donc présidé à la rédaction de ce répertoire a été de constituer un recueil de livres choisis particulièrement parmi les publications les plus récentes, et pouvant composer la bibliothèque d'un homme du monde qui veut se tenir au courant du mouvement scientifique de notre époque.

Ce catalogue s'adresse donc au grand public qui lit et qui aime à s'instruire; il ne vise ni l'érudit ou le spécialiste, ni l'homme de la classe populaire. Il importe de bien faire attention à ce point de vue, qui a dirigé les rédacteurs de ce recueil, pour se rendre un compte exact du choix qui a été fait. On n'y trouvera, en général, ni des livres trop techniques, ni des livres populaires ; de plus, sur chaque question, on n'a choisi que le livre de vulgarisation scientifique ou de lecture courante qui a paru le mieux fait, et résumant avec clarté et précision les récents travaux de l'érudition ; on n'a ainsi admis plusieurs ouvrages sur une même question que lorsque ces ouvrages ont paru se compléter mutuellement.

L'insertion d'un livre dans notre Catalogue ne constitue pas, absolument parlant, une recommandation au point de vue de l'esprit religieux et moral. Toutefois, on s'est particulièrement préoccupé d'éliminer les ouvrages ouvertement hostiles aux idées catholiques ; on a aussi banni les écrits immoraux et révolutionnaires. Si l'on rencontre dans ce répertoire des livres qu'il faut tenir pour suspects, c'est que le nom de l'auteur est assez connu pour être par lui-même un avertissement. Devant quelques-uns de ces noms pourtant, nous avons cru devoir placer un astérisque pour prémunir davantage le lecteur, et l'avertir plus particulièrement que tout ce que contient l'ouvrage indiqué n'est pas à accepter sans contrôle.

Pour donner à ce livre une plus grande garantie scientifique, on a chargé des spécialistes et des érudits de dresser séparément et isolément le Catalogue des livres rentrant dans la spécialité de chacun. C'est donc une œuvre collective, entreprise par un groupe de consciencieux collaborateurs. Mais est-ce à dire qu'ils ont réussi entièrement dans leur œuvre et qu'on n'y signalera ni imperfection ni lacune ? ils n'oseraient s'en flatter. Ils s'estimeront seulement heureux si le public lettré juge que leur Catalogue rend de réels services.

Un mot encore pour l'intelligence du recueil. Les livres sont partagés en cinq grandes divisions : *Théologie, Jurisprudence, Sciences et Arts, Belles-Lettres* et *Histoire*. Ce sont les divisions mêmes adoptées dans le *Manuel du Libraire* et dans le *Polybiblion*. Chacune de ces grandes parties du Catalogue est à son tour subdivisée en un certain nombre de sections qui représentent les diverses branches d'une même science, et permettent de se former, *a priori*, une idée d'ensemble de ce que contient un livre rangé sous telle ou telle rubrique. Un coup d'œil jeté sur la *Table des matières* placée à la fin du volume fera d'ailleurs saisir rapidement ces divisions et ces sections. Dans chaque section, les ouvrages sont rangés alphabétiquement par noms d'auteurs.

Rien n'est donc plus simple et plus pratique que ce livre, dans lequel le nom de l'éditeur et les prix courants sont presque toujours indiqués. Si le prix manque, c'est que l'ouvrage est épuisé et ne se trouve plus que d'occasion. Il se pourra aussi qu'avec le temps, les prix marqués augmentent ou diminuent : on ne peut donc considérer nos chiffres que comme un guide pour l'acheteur et nullement comme une estimation invariable.

En réimprimant, après quinze ans, notre Catalogue, nous avons dû lui faire subir une refonte générale. Rien n'a été négligé pour le rendre digne de la Société bibliographique. Des collaborateurs spéciaux ont bien voulu revoir chaque partie; nos libraires-commissionnaires ont revisé avec le plus grand soin les indications techniques de format, d'éditeur et de prix. Nous n'avons pas cependant la prétention d'avoir réussi à en faire une œuvre parfaite et définitive. En matière bibliographique, il y a toujours à corriger et à compléter. Mais tel qu'il est, nous croyons que notre Catalogue rendra d'utiles services. D'ailleurs, si, comme nous l'espérons, le public lui fait bon accueil, il pourra être l'objet d'éditions successives, afin d'être toujours au courant de la production contemporaine.

15 avril 1896.

CATALOGUE

DE

LIVRES CHOISIS

THÉOLOGIE

Ecriture Sainte.

1° Texte et traductions.

BIBLIA SACRA vulgatæ editionis, avec concordance des Évangiles. In-18 (*Berche et Tralin*) . . . . 6 fr.
Autre édition. In-18 (*Plon*) . . . . 5 fr.
Une autre. In-8 et in-12 (*Lecoffre*) . . . . . . 5 fr. et 3 fr.
Une autre. Ed. C. Vercellone. 2 vol. in-8 raisin (*Lethielleux*) . . . . 12 fr.

BIBLE DES SEPTANTE (Ancien Testament), texte grec avec la traduction latine, par l'abbé Jager. 2 vol. gr. in-8 (*Firmin-Didot*). 30 fr.

BIBLE (la sainte), traduction de l'Ancien Testament, d'après les Septante, par P. Giguet. 4 vol. in-12 (*Poussielgue*) . . 15 fr.

BIBLE (la sainte), contenant : 1° le texte sacré de la Vulgate ; 2° la traduction française du R. P. de Carrières ; 3° la concordance générale des livres saints ; 4° un synopse ou concordance textuelle des quatre Evangiles ; 5° les commentaires de Ménochius ; 6° des préfaces nouvelles avec des notes historiques et théologiques, mettant perpétuellement le texte sacré en rapport avec les travaux et les découvertes de la science actuelle, par M. l'abbé Drioux. 10e édit. 8 vol. in-8 (*Berche et Tralin*). . . . . , ... 30 fr.

BIBLE (la sainte). Texte latin de la Vulgate, traduction française en regard, avec introductions générales et particulières et commentaires théologiques, moraux, philologiques, historiques, etc., par MM. Bayle, Clair, Crelier, Drach, Fillion, Gillet, Le Hir, Lesêtre et Trochon, sous la direction de M. l'abbé F. Vigouroux. 28 vol. gr. in-8 raisin (*Lethielleux*). (Ces volumes se vendent à part. Voir le catalogue de l'éditeur.) . . . . 175 fr.

Bible (la sainte). Texte latin et traduction française, commentée d'après la Vulgate et les textes originaux, par l'abbé L.-Cl. Fillion. 1895, 8 vol. in-8 avec grav. (*Letouzey et Ané*). Le vol. . . . . 7 fr. 50

Bible (la sainte), selon la Vulgate, traduite en français avec notes, par l'abbé J.-B. Glaire. Nouv. édit. avec introduction, notes complémentaires et appendices, par l'abbé F. Vigouroux. 1889-1890, 4 vol. in-8 (*Roger et Chernoviz*) . . . . 26 fr.

Bible (la sainte). Traduction française, commentaires au bas de la page, par l'abbé A. Arnaud. 1881, 4 vol. in-8 écu (*Lethielleux*) . . . . 15 fr.

Bible (la sainte), selon la Vulgate, traduction nouvelle. 2 vol. in-fol. avec des dessins de Gustave Doré (*Mame*). . 200 fr.

Bible (Histoire de la sainte), Ancien et Nouveau Testament, par l'abbé Cruchet. Ouvr. ill. de 100 grav. d'après les dessins de Gustave Doré. 1892, in-fol. (*Mame*). . . . . . . 12 fr.

Bibliorum sacrorum concordantiæ vulgatæ editionis ad recognitionem jussu Sixti V pontif. Max. bibliis adhibitam, cura et studio F.-P. Dutripon, theologi et professoris. 1 vol. in-4 jésus de 1512 pages à 3 col. (*Bloud et Barral*). . . 32 fr.

Concordantiarum SS. Scripturæ Manuale, auct. de Raze, Lachaud et Flandrin. In-8 (*Lecoffre*) . . . . 9 fr.

Drioux (l'abbé). — La Bible populaire : histoire illustrée de l'Ancien et du Nouveau Testament. 2 vol. in-4 (*Hachette*). 20 fr.

Le Hir. — Études bibliques. Le Livre de Job, traduction sur l'hébreu et commentaire, précédé d'un essai sur le rythme chez les Juifs. 1873, in-8 (*Jouby et Roger*) (épuisé) . . 6 fr.

Psaumes (les), commentés d'après la Vulgate et le texte hébreu. Texte latin et traduction française, par l'abbé L.-Cl. Fillion. In-8 avec grav. (*Letouzey et Ané*). . . . . . . 7 fr. 50

Livre des Psaumes (le). Texte latin et traduction française, par l'abbé Glaire. In-12 (*Roger et Chernoviz*) . . . 2 fr 50

Livre des Psaumes (le), suivi des Cantiques des Laudes et des Vêpres. Traduction nouvelle sur la Vulgate, avec sommaires et notes, par le chan. A. Crampon. Edit. latine-française, in-32 (*Desclée*) . . . . 3 fr. 75
Le même ouvrage. Édit. française . . . . 2 fr. 75

Psaumes (les). Traduction nouvelle, avec notes, commentaires, etc., d'après les plus célèbres écrivains sacrés et profanes, par Alexis Clerc. 2 vol. in-18 (*Classiques pour tous* de la Société bibliographique; *Sanard et Derangeon*) . . . . 0 fr. 60

Nouveau Testament (le), par MM. Tischendorf et Jager. Texte grec et traduction latine. Gr. in-8 (*Firmin-Didot*) . . 12 fr.

Novum Testamentum Jesu Christi. Editio accuratissime recognita, In-32 (*Lecoffre*). . . . . 1 fr.

Nouveau Testament de N.-S. Jésus-Christ (le), traduction par l'abbé Gaume, avec introduction, sommaires et notes. In-12 (*Gaume*) . . . . 6 fr.

Le même ouvrage en petits caractères. In-32 . . . . 2 fr.

NOUVEAU TESTAMENT DE N.-S. JÉSUS-CHRIST (le) : traduction française par l'abbé J.-B. Glaire, avec notes. Gr. in-4, illustré d'après les tableaux des grands maîtres (*Firmin-Didot*) . 50 fr.

NOUVEAU TESTAMENT DE N.-S. JÉSUS-CHRIST (le), traduction nouvelle avec introduction, notes et sommaires, par le chan. A. Crampon. Gr. in-8 avec grav. et 2 cartes (*Desclée*). 7 fr. 50
Le même ouvrage, avec encadrement rouge. 2 vol. in-32. 6 fr. 50
Le même ouvrage, édition sans encadrement. 2 vol. in-32. 3 fr. 50

QUATRE ÉVANGILES (les), traduits sur la Vulgate, avec introduction, notes et commentaires, par le même. Gr. in-8 illustré (*Desclée*) . . . . 4 fr.

SAINT ÉVANGILE (le), ou la Vie de N.-S. Jésus-Christ d'après les concordances des quatre Evangélistes, par l'abbé Labatut. Texte latin et trad. française. 1891, in-32 jésus (*Lethielleux*). 2 fr.

SAINTS ÉVANGILES (les), traduction française annotée par l'abbé de la Perche. 2 vol. in-18 (*Classiques pour tous* de la Société bibliographique ; *Sanard et Derangeon*) . . . . . 0 fr. 60

ACTES DES APOTRES (les), traduction nouvelle accompagnée de notes, avec le texte latin en regard, par le chan. A. Crampon. In-8 avec carte (*Haton*). . . . . 6 fr. 50

ÉPITRES ET ÉVANGILES des dimanches et fêtes. Traduction nouvelle avec introduction, sommaires et notes, par Mgr Gaume. 23e édition. In-12 (*Gaume*). . . . . 0 fr. 30

ACTES DES APOTRES (les), trad. et annnotés par le même. Nouvelle édition. In-18 (*Gaume*) . . . . 0 fr. 50

2° *Atlas et Dictionnaires.*

FILLION (l'abbé L.-Cl.) et NICOLE (l'abbé H.). — Atlas archéologique de la Bible. 1893, 2e édit., gr. in-4 avec 1400 fig. (*Delhomme et Briguet*) . . . . 20 fr.

FILLION (l'abbé L.-Cl.) et NICOLE (l'abbé H.). — Atlas d'histoire naturelle de la Bible. 1884, gr. in-4 avec 112 planches (*Delhomme et Briguet*) . . . . 20 fr.

FILLION (l'abbé L.-Cl.) et NICOLE (l'abbé H.). — Atlas géographique de la Bible. 1890, in-4 avec 18 planches (*Delhomme et Briguet*) . . . . 20 fr.

FILLION (l'abbé L.-Cl.) et NICOLE (l'abbé H.). — Petit atlas géographique de la Bible. 1894, in-4 avec huit cartes (*Ibid.*). 4 fr.

VIGOUROUX (l'abbé F.), avec le concours d'un grand nombre de collaborateurs. — Dictionnaire de la Bible, 1892 et suiv., gr. in-8 à 2 col. (*Letouzey et Ané*). En cours de publication ; environ vingt-cinq fascicules à. . . . . 5 fr.

JAUGEY (l'abbé J.-B.), avec la collaboration d'un grand nombre de savants catholiques. — Dictionnaire apologétique de la foi catholique. 1889, gr. in-8 de 3406 col. (*Delhomme et Briguet*) . . . . 25 fr.

DICTIONNAIRE encyclopédique de Théologie catholique, rédigé par les plus savants professeurs et docteurs de l'Allemagne catholique, publié par les soins du Dr Welte. Trad. par le chan. Goschler. 3e édit., 1869, 26 vol. in-8 (*Gaume*) . . . . . 120 fr.

GLAIRE (l'abbé). — Dictionnaire universel des sciences ecclésiastiques. 1868, 2 vol. in-8, à 2 col. (*Poussielgue*) . . 32 fr.

3o Introductions et livres y relatifs.
Commentaires proprement dits selon l'ordre de la Bible.

Ancien Testament.

BACUEZ (l'abbé) et VIGOUROUX (l'abbé). — Manuel biblique, ou Nouveau cours d'Ecriture sainte. 1895, 8e édit., 4 vol. in-12 (*Roger et Chernoviz*) . . . . 14 fr.

BODIN (l'abbé). — Les Livres prophétiques de la sainte Bible. 2 vol. in-8 (*Roger et Chernoviz*) . . . . 16 fr.

CORNELIUS A LAPIDE. — Commentaria in Scripturam sacram. Accurate recognovit ac notis illustravit J.-M. Peronne et Aug. Crampon. 26 vol. in-4 (*Vivès*) . . . . 272 fr.

CORNELIUS A LAPIDE. — Les Trésors de Cornelius à Lapide, extraits publiés par l'abbé Barbier. 4 vol. in-8 (*Poussielgue*). 32 fr.

DRIOUX (l'abbé). — Nouveau Cours d'Écriture sainte. 2 vol. in-8 (*Berche et Tralin*) . . . . 8 fr.

GAINET (l'abbé), curé de Cormontreuil. — La Bible sans la Bible, ou Histoire de l'Ancien et du Nouveau Testament par les seuls témoignages profanes. 2e édit., 1872, 2 vol. in-8 (*Bloud et Barral*) (épuisé) . . . . 20 fr.

GILLY (Mgr). — Précis d'introduction à l'Écriture sainte. 3 vol. in-12 (*Delhomme et Briguet*). . . . . 7 fr. 50

GLAIRE (l'abbé). — Introduction historique et critique aux livres de l'Ancien et du Nouveau Testament. 3e édition. 5 vol. in-8 (*Roger et Chernoviz*) (épuisé) . . . . 24 fr.

GLAIRE (l'abbé). — Abrégé de l'Introduction historique et critique aux Livres de l'Ancien et du Nouveau Testament. In-8 (*Roger et Chernoviz*) . . . . 5 fr. 50

HANEBERG (Mgr). — Histoire de la révélation biblique, traduite de l'allemand par Goschler. 2 vol. in-8 (*Palmé-Victorion*). 16 fr.

MATIGNON (le P.), S. J. — Les Familles bibliques. 5 vol. in-12 (*Roger et Chernoviz*) . . . . 5 fr.

MATIGNON (le P.), S. J. — Les Familles bibliques. 6e série. La Sainte Famille. In-12 (*Delhomme et Briguet*) . . . 3 fr.

MEIGNAN (Mgr). — Le Monde et l'homme primitif selon la Bible. In-8 (*Berche et Tralin*). . . . . 5 fr.

MEIGNAN (Mgr). — Les Prophéties messianiques de l'Ancien Testament, ou la Divinité de J.-C. démontrée par la Bible. In-8 (*Gaume*) . . . . 7 fr.

MEIGNAN (Mgr). — L'Ancien Testament dans ses rapports avec le Nouveau et la Critique moderne, de l'Eden à Moïse. 1889, in-8 (*Lecoffre*) . . . . 7 fr. 50

MEIGNAN (Mgr). — David roi, psalmiste, prophète, avec une Introduction sur la nouvelle critique. 1890, in-8 (*Lecoffre*). 7 fr. 50

MEIGNAN (Mgr). — Salomon, son règne, ses écrits. 1891, in-8 (*Lecoffre*). . . . . 7 fr. 50

MEIGNAN (Mgr). — Les Prophètes d'Israël. Quatre siècles de lutte contre l'idolâtrie. 1892, in-8 (*Lecoffre*) . . . . . 7 fr. 50

MEIGNAN (Mgr). — Les Prophètes d'Israël et le Messie, depuis Salomon jusqu'à Daniel. 1893, in-8 (*Lecoffre*). . . 7 fr. 50

MEIGNAN (Mgr). — Les Derniers Prophètes d'Israël, depuis Daniel jusqu'à saint Jean-Baptiste. 1894, in-8 (*Lecoffre*). 7 fr. 50

MEIGNAN (Mgr). — Les Évangiles et la Critique au XIXe siècle. Nouv. édit. 1871, in-8 (*Palmé-Victorion*) . . . . . 6 fr.

MOTAIS (l'abbé). — Le Déluge biblique devant la foi, la science et l'Ecriture. In-8 (*Berche et Tralin*). . . . . . . 6 fr.

MOTAIS (l'abbé). — Origine du monde d'après la tradition. Ouvrage publié avec introduction sur la Cosmogonie biblique, par Ch. Robert, de l'Oratoire de Rennes. In-12 (*Ibid.*) . 3 fr. 50

MOTAIS (l'abbé). — Salomon et l'Ecclésiaste, étude critique sur le texte, les doctrines, l'âge et l'auteur de ce livre. 2 vol. in-8 (*Berche et Tralin*) . . . . 15 fr.

PELLISSIER (A.) Les Grandes leçons de l'antiquité chrétienne depuis Moïse jusqu'à saint Augustin. 1890, in-4 illustré (*Dumoulin*) . . . . 5 fr.
Le même ouvrage. 1885, in-12 (*Hachette*) . . . . . 5 fr.

PLANTIER (Mgr). — Études littéraires sur les poètes bibliques. 2 vol. in-8 (*Lecoffre*) . . . . 12 fr.

RAULT (l'abbé). — Cours élémentaire d'Écriture sainte. 5e édition, 3 vol. in-12 (*Lecoffre*) . . . . 9 fr. 50

REUSCH (H). — La Bible et la Nature, leçons sur l'histoire biblique de la création dans ses rapports avec les sciences naturelles, traduction de l'allemand par l'abbé X. Hertel. In-8 (*Gaume*) 6 fr.

SORIGNET (l'abbé). — La Cosmogonie de la Bible devant les sciences. In-8 (*Gaume*) . . . . 6 fr.

THOMAS (l'abbé). — Les Temps primitifs et les origines religieuses d'après la Bible et la science. 1889, 2 vol. in-8 (*Bloud et Barral*). 8 fr.

THOMAS (l'abbé). — Le Règne du Christ. L'Église militante et les derniers temps. 1892, in-8 (*Bloud et Barral*) . . . . 4 fr.

TROCHON (l'abbé) et LECÈTRE (l'abbé). — Introduction à l'étude de l'Ecriture sainte, d'aprés la sainte Bible, avec commentaires. 1889, 3 vol. in-8 écu (*Lethielleux*) . . . . 10 fr. 50
Le tome Ier (Introduction générale) se vend séparément 3 fr. 50

Valroger (le P. H. de). — Introduction historique et critique aux livres du Nouveau Testament. 2 vol. in-8 (*Lecoffre*). 12 fr.

Ce livre renferme la traduction :

1° De l'Introduction aux livres canoniques du Nouveau Testament, par le docteur Reithmayr ;

2° De la Dissertation sur l'authenticité des livres du Nouveau Testament, par le docteur Hug.

3° De la Certitude de l'histoire évangélique, par le docteur Hug.

4° D'une Notice sur une ancienne traduction syriaque récemment découverte, par M. Cureton ;

5° Des Introductions spéciales à chaque livre du Nouveau Testament, par le docteur Reithmayr ;

6° De la Dissertation supplémentaire sur la crédibilité de l'histoire évangélique, par Tholuck.

Verniolles (l'abbé J.). — Les Récits évangéliques et leurs beautés littéraires. In-12 (*Poussielgue*). . . . . 3 fr.

Vigouroux (l'abbé F.). — La Bible et les découvertes modernes en Palestine, en Egypte et en Assyrie, avec 160 cartes, plans et illustrations d'après les monuments, par M. l'abbé Douillard. 6e édition. 5 vol. in-12 (*Berche et Tralin*). . . . 16 fr.

Vigouroux (l'abbé F.). — Mélanges bibliques : La Cosmogonie mosaïque, d'après les Pères de l'Eglise, suivie d'études diverses relatives à l'Ancien et au Nouveau Testament, avec des illustrations d'après les monuments, par l'abbé Douillard, architecte. 2e édit. In-12 (*Ibid.*). . . . . 4 fr.

Vigouroux (l'abbé F.). — Les Livres saints et la critique rationaliste. Histoire et réfutation des objections des incrédules contre les saintes Ecritures. Nouv. édit. 1886. 5 vol. in 8 ou 5 vol. in-12 (*Roger et Chernoviz*) . . . . 35 fr. et 20 fr.

Wallon (H.). — La sainte Bible résumée dans son histoire et dans ses enseignements. 2 vol. in-12 (*Hachette*) . . . 7 fr.

Nouveau Testament.

Bourrassé (l'abbé J.-J.). — Histoire de N.-S. Jésus-Christ, d'après les Evangiles et la tradition, expliquée à l'aide des monuments, de la description des lieux et de commentaires des écrivains ecclésiastiques. In-8, avec gravures (*Mame*) 2 fr. 40

Bovier-Lapierre (G.). — Histoire de la vie de Jésus-Christ rédigée avec les textes évangéliques. 2e édit. In-12 (*Delhomme et Briguet*) . . . . 3 fr. 50

Coleridge (le P. H. J.). — La Vie de notre vie, ou Histoire de N.-S. Jésus-Christ. 19 vol. in-8 (*Lethielleux*) . . . . 65 fr.

Dehaut (l'abbé). — L'Évangile expliqué, défendu, médité, ou Exposition exégétique, critique et apologétique de la vie de N.-S. Jésus-Christ, d'après l'harmonie des Évangiles. Nouv. édit. 4 vol. in-8 (*Lethielleux*) . . . . 18 fr.

Dehaut (l'abbé). — Le même ouvrage, abrégé à l'usage des laïques, des catéchismes, des familles, etc. 3 vol. in-8 (*Ibid.*). 12 fr.

DIDON (le P.). — Jésus-Christ. 2 vol. in-8 (*Plon*) . . . 16 fr.
Le même ouvrage. 2 vol. in-12 . . . . 5 fr.

DUPANLOUP (Mgr). — Histoire de N.-S. Jésus-Christ. In-8 et in-18 (*Plon*) . . . . 10 fr. et 5 fr.

FOISSET. — Histoire de Jésus-Christ; traduction littérale et mise en ordre des textes contemporains, avec des notes. 4e édition, in-8 ou in-12 (*Vivès*). . . . . 6 fr. et 3 fr. 50

FOUARD (l'abbé C.). — Vie de N.-S. Jésus-Christ avec cartes et plans. 6e édit. 2 vol. in-8 ou 2 vol. in-12 (*Lecoffre*). 14 fr. et 8 fr.

GINOULHIAC (Mgr.). — Les Épîtres pastorales, ou Réflexions dogmatiques et morales sur les Épîtres de saint Paul à Timothée et à Tite. In-12 (*Palmé-Victorion*) . . . . 2 fr.

GRATRY (le P.). — Commentaire sur l'Évangile selon saint Matthieu. 2 vol. in-8, 1re et 2e parties (*Lecoffre*) . . . . 8 fr.

GUILLEMON (l'abbé). — Clef des Épîtres de saint Paul. 2e édit. 2 vol. in-12 (*Lecoffre*) . . . . 5 fr.

GUILLOIS (l'abbé). — Explication littérale et morale des Épîtres et des Evangiles des dimanches et des principales fêtes de l'année. 2 vol. in-12 (*Palmé*). . . . . 12 fr.

Instructions choisies des grands prédicateurs sur les Épîtres et Evangiles des dimanches et fêtes. 4 vol. in-18 (*Lesort*). 12 fr.

LACHÈSE (Pierre). — L'Évangile dans son unité, ou les quatre évangélistes réunis, etc. In-12 (*Palmé-Victorion*) . . 1 fr.

LE CAMUS (l'abbé E.). — La Vie de N.-S. Jésus-Christ. 2e édit. 3 vol. in-8 (*Letouzey et Ané*). . . . . 18 fr.
5e édit. 3 vol. in-12 . . . . 10 fr. 50

LÉMANN (les abbés). — Valeur de l'assemblée qui prononça la peine de mort contre Jésus-Christ. In-8 (*Lecoffre*) . . 2 fr.

LESÊTRE (l'abbé H.). — N.-S. Jésus-Christ dans son saint Évangile. In-8 (*Lethielleux*). . . . . 7 fr. 50

LUDOLPHE LE CHARTREUX. — La Vie de Jésus-Christ, traduite en français. 6 vol. in-8 (*H. Gautier*) . . . . 36 fr.

MAUNOURY (le chan.). — Commentaire sur les épîtres catholiques de saint Jacques, saint Pierre, saint Jean et saint Jude. In-8 (*Bloud et Barral*) . . . . 5 fr.

VENTURA (le P.). — Homélies sur les Paraboles de N.-S. Jésus-Christ, prêchées au Vatican. Trad. de l'italien par M. l'abbé Falcimagne. 2 vol. in-8 (*Berche et Tralin*). . . . . 10 fr.

VEUILLOT (Louis). — Vie de Jésus-Christ, illustrée. In-4, avec grav. (*Firmin-Didot*) . . . . 30 fr.

VEUILLOT (Louis). — Vie de N.-S. Jésus-Christ. In-12 (*Retaux*). 3 fr. 50

WALLON (H.). — Vie de N.-S. Jésus-Christ selon la concordance des quatre Evangélistes, avec une Introduction sur l'autorité des Évangiles et sur les derniers systèmes qui l'ont attaquée, et des notes sur les points les plus débattus de l'histoire. In-16 (*Hachette*) . . . . 3 fr. 50

Wallon (H.). — Vie de N.-S. Jésus-Christ selon les quatre Évangélistes. Edit. classique. In-16 (*Hachette*) . . . . . 1 fr.

Wallon (H.). — L'Autorité de l'Évangile : examen critique de l'authenticité des textes et de la vérité des récits évangéliques. In-16 (*Perrin*) . . . . 4 fr.

Liturgie.

Bacuez (l'abbé L.). — Du divin sacrifice et du prêtre qui le célèbre. In-12 (*Roger et Chernoviz*) . . . . 3 fr. 50

Batiffol (l'abbé). — Histoire du bréviaire romain. 2e édit. In-8 (*A. Picard*) . . . . 3 fr. 50

Bernard (l'abbé). — Cours de liturgie romaine, ou Explication historique, littérale et mystique des cérémonies de l'Eglise. 6 vol. in-12 (*Berche et Tralin*). . . . . 21 fr.

Bona (le card.). — De la liturgie, ou Traité sur le saint sacrifice de la messe. Trad. et annoté par l'abbé Lobry. 2e édit. 2 vol. in-8 (*Vivès*) . . . . 10 fr.

Cochem (le P. Martin de). — La sainte Messe. (*Vic et Amat*). 2 fr. 50

Conny (Mgr de). — Cérémonial romain, rédigé d'après les sources authentiques. 3e édit. In-8 (*Roger et Chernoviz*) 6 fr.

Conny (Mgr de). — Les Cérémonies de l'Église expliquées aux fidèles. In-12 (*Haton*) . . . . 2 fr.

Couren (l'abbé). — Du sacré mystère de l'autel, Opuscule du pape Innocent III. Trad. pour la première fois et annoté. In-18 (*Plon*). . . . . 3 fr. 50

Durand (l'abbé A.). — Trésor liturgique, ou la Messe, les vêpres et les fêtes expliquées aux fidèles, 2e édit. In-18 (*Haton*). 1 fr. 50

Gihr (le Dr Nicolas). — Le saint Sacrifice de la messe. Explication dogmatique, liturgique et ascétique. Traduit de l'allemand par l'abbé Moccand. 2 vol. in-8 (*Lethielleux*). . 10 fr.

Guéranger (Dom). — L'Année liturgique. 13 vol. in-12 (*Oudin*). Chaque volume se vend séparément . . . . 3 fr. 75

Le temps	de l'Avent.	1 vol.
Id.	de Noël.	2 —
Id.	de la Septuagésime . .	1 —
Id.	du Carême	1 —
Id.	de la Passion.	1 —
Id.	Pascal	3 —
Id.	de la Pentecôte	4 —

Guéranger (Dom). — Institutions liturgiques. 2e édit. 4 vol. in-8 (*Retaux*). . . . . 24 fr.

GUÉRANGER (Dom). — Explication des prières et des cérémonies de la messe, d'après les notes recueillies aux conférences de dom Guéranger. 2e édit. In-16 (*Retaux*) . . . . 1 fr. 50

LEROSEY (l'abbé). — Manuel liturgique à l'usage des séminaires et du clergé. 4 vol. in-12 (*Berche et Tralin*) . . . . 16 fr.

On vend séparément :
Introduction à la liturgie.
Cérémonial romain.
Explication des rubriques du missel, du bréviaire, du rituel et du pontifical.
Histoire et symbolisme de la liturgie.

Le même ouvrage, abrégé, in-8 . . . . 5 fr.

LE VAVASSEUR (le P.). — Cérémonial selon le rite romain, d'après Joseph Baldeschi et l'abbé Favrel. Septième édition. 2 vol. in-12 (*Lecoffre*) . . . . 8 fr.

LE VAVASSEUR (le P.). — Cérémonial à l'usage des petites églises de paroisse, selon le rite romain. In-12 (*Idem*) . . 2 fr. 50

LE VAVASSEUR (le P.). — Cérémonial de la consécration des évêques, avec le chant tiré du Pontifical romain. Troisième édition. In-12 (*Idem*) . . . . 0 fr. 90

LE VAVASSEUR (le P.). Cérémonial des ordinations, avec le chant tiré du Pontical romain. Deuxième édition. In-12 (*Idem*). 1 fr. 50

LE VAVASSEUR (le P.). — Cérémonial pour la consécration des églises et des autels et la bénédiction d'un cimetière et d'une cloche. Avec le chant tiré du Pontifical romain. Quatrième édition. In-12 (*Idem*). . . . . 2 fr.

OLIER (l'abbé). — Explication des cérémonies de la messe. In-32 (*Poussielgue*) . . . . 1 fr. 25

PIMONT (l'abbé). — Les Hymnes du bréviaire romain :
I. Hymnes dominicales et fériales du psautier. In-8 (*Poussielgue*) . . . . 7 fr. 50
II. Hymnes du temps. In-8 (*Idem*) . . . . 5 fr.

ROHAULT DE FLEURY (Ch.). — La Messe. Études archéologiques sur ses monuments. 8 vol. in-4, avec de nombreuses figures et planches (*Motteroz*). Le vol . . . . 85 fr.

THOMAS D'AQUIN (saint). — Du vénérable sacrement de l'autel. Trad. et annoté par le chan. Humbert. 2 vol. in-12 (*Desclée*). 3 fr.

Conciles.

FESSLER (Mgr), secrétaire général du Concile du Vatican. — Le Concile du Vatican, son caractère et ses actes. Trad. de l'allemand sur la 2e édit. 1877, in-18 (*Plon*) . . . . 2 fr. 50

GRANDCLAUDE (l'abbé). — Les Principes de 1789 et le Concile. 1869, in-12 (*Lethielleux*) . . . . 2 fr. 50

GUÉRIN (Mgr). — Les Conciles généraux et particuliers. 3 vol. in-8 (*Bloud et Barral*). . . . . 21 fr.

KELLER (E.). — L'Encyclique et les Principes de 1789. In-18 (*Poussielgue*) . . . . 3 fr.

LECTOR (Lucius). — Le Conclave, son organisation, sa législation ancienne et moderne. 1894, gr. in-8 (*Lethielleux*) . . 6 fr.

MANNING (le cardinal). — L'Histoire vraie du concile du Vatican. 1877, gr. in-8 (*Baltenweck*) . . . . 3 fr. 50

RAULX (l'abbé). — Encyclique et Documents en latin et en français. 2 vol. in-8 (*Bloud et Barral*) (épuisé). . . . . 12 fr.

VIÉVILLE (l'abbé). — Le Syllabus commenté, suivi de la lettre encyclique de N. T. S. P. le pape Léon XIII sur les erreurs modernes. In-8 (*Delhomme et Briguet*) . . . . . . 6 fr.

Saints Pères.

ALZOG (le Dr J.). — Manuel de Patrologie, traduit de l'allemand par l'abbé P. Bélet. In-8 (*Gaume*) . . . . 4 fr.

AUGUSTIN (saint). — Œuvres complètes, trad. par les abbés Péronne, Vincent, Charpentier, Séalle et Barreau, avec le texte latin, 34 vol. in-4 (*Vivès*) . . . . 340 fr.

AUGUSTIN (saint). — Œuvres complètes (texte latin). 17 vol. (*Gaume*) . . . . 240 fr.

AUGUSTIN (saint). — Œuvres complètes de saint Augustin, trad. sous la direction de M. Poujoulat et de M. l'abbé Raulx. 17 vol. gr. in-8 (*Bloud et Barral*) . . . . 100 fr.

AUGUSTIN (saint). — La Cité de Dieu, trad. par Louis Moreau. 2 vol. in-8 (*Gaume*) (épuisé) . . . . 16 fr.

AUGUSTIN (saint). — Les Confessions, trad. par Louis Moreau. In-12 (*Gaume*). . . . . 3 fr. 50

AUGUSTIN (saint). — Les Confessions de saint Augustin. Trad. nouv. par l'abbé Barral. 1884, in-12 (*Poussielgue*) . . 3 fr.

AUGUSTIN (saint). — Lettres de saint Augustin, traduites en français et précédées d'une introduction par M. Poujoulat. 4 vol. in-8 (*Lefort*) . . . . 16 fr.

BASILE LE GRAND (saint). — Ses œuvres oratoires et ascétiques, par l'abbé Vasson. In-8 (*Tolra*). . . . . 5 fr.

BERNARD (saint). — Œuvres complètes, traduites en français et suivies de l'Histoire de saint Bernard et de son siècle, par le P. Th. Ratisbonne. 5 vol. in-8 (*Bloud et Barral*) (épuisé).

BERNARD (saint). — Œuvres complètes, publiées par les abbés Charpentier et Dion, texte et traduction. 9 vol. in-4, à 2 col. (*Vivès*) . . . . 81 fr.
Traduction française. 8 vol. in-8. . . . . 48 fr.

BONAVENTURE (saint). — Théologie séraphique de saint Bonaventure, traduite par l'abbé Céleste Alix. 2 vol. in-12 (*Lecoffre*) 4 fr.

Ceillier (Dom Remi). — Histoire générale des auteurs sacrés et ecclésiastiques. Nouvelle édition, soigneusement revue par l'abbé Bauzon. 17 vol. in-4 (*Vivès*). . . . . 200 fr.

Denis l'Aréopagite (saint). — Œuvres publiées par Mgr Darboy. 1845, in-8 (*Retaux*) (épuisé) . . . . 7 fr.
Nouv. édit. 1892, in-12 (*Typogr. augustinienne*) . 2 fr. 50

Freppel (Mgr). — Cours d'éloquence sacrée. 13 vol. in-8 (*Retaux*). Le vol. 6 fr.

On vend séparément :

Les Pères apostoliques et leur époque. . . .	1 vol.
Les Apologistes chrétiens au IIe siècle. . . .	2 vol.
Saint Irénée	1 vol.
Tertullien	2 vol.
Saint Cyprien	1 vol.
Clément d'Alexandrie.	1 vol.
Origène.	2 vol.
Commodien, Arnobe, Lactance	1 vol.
Bossuet.	2 vol.

Jean Chrysostome (saint). — Œuvres complètes de saint Jean Chrysostome, traduites sous la direction de M. Jeannin. 11 vol. gr. in-8 (*Bloud et Barral*) (épuisé) . . . . . » »

Jean Chrysostome (saint). — Œuvres complètes, traduites intégralement du grec en français par l'abbé Bareille. Traduction française avec le texte grec en regard. 20 vol. in-4 (*Vivès*). 420 fr.
Traduction française. 21 vol. in-8 . . . . 126 fr.

Jérome (saint). — Œuvres complètes, traduites par l'abbé Bareille et Mgr Péronne, avec le texte latin et table analytique. 18 vol. in-4 (*Vivès*) . . . . 216 fr.

Jérome (saint). — Lettres choisies, nouvelle traduction française avec le texte latin, par Mgr Lagrange. 4e édit. In-18 (*Poussielgue*) . . . . 4 fr.

Moehler (J.-A.). — La Patrologie, ou Histoire littéraire des trois premiers siècles de l'Eglise chrétienne, traduit de l'allemand par Jean Cohen. 2 vol. in-8 (*Bray et Retaux*) (épuisé) 10 fr.

Nourrisson (J.-F.). — Les Pères de l'Église latine. Leur vie, leurs écrits, leur temps. 2 vol. in-12 (*Hachette*) . . . 7 fr.

Théologie proprement dite

1° *Théologie universelle.*

Bergier (l'abbé). — Dictionnaire de théologie (édition augmentée). 4 vol. in-8 (*Lefort*) . . . . 18 fr.

Billuart (le P. Ch.-René). — Summa sancti Thomæ hodiernis academiæ moribus accommodata, sive Cursus theologicus. 9 vol. in-4 à 2 col. (*Letouzey et Ané*) . . . . 40 fr.

Bourgeois (l'abbé). — Théologie mise à la portée des gens du monde. 2 vol. in-12 (*Casterman*) . . . . 5 fr.

Didiot (le chan. Jules). — Cours de théologie catholique. 2 vol. in-8 (*Lefort*) . . . . 11 fr.

Grenade (le vén. P. de). — Traité de la doctrine chrétienne. 2 vol. in-12 (*Poussielgue*). . . . . 4 fr. 50

Lavy (le P.). — Conférences sur la théologie de saint Thomas d'Aquin. 1884-1888, 3 vol. in-12 (*Lamulle et Poisson*). 10 fr. 50

Ribet (le chan. M.-J.). — Clef de la Somme théologique de saint Thomas. In-12 (*Poussielgue*). . . . . 0 fr. 75

Thomas d'Aquin (saint). — Summa theologica S. Thomæ Aquinatis. 6 vol. in-4 (*Vivès*) . . . . 80 fr.

Thomas d'Aquin (saint). — Somme théologique, traduite en français et annotée par F. Lachat, avec les meilleurs commentaires. 16 vol. in-8 (*Vivès*). . . . . 100 fr.

2° Théologie dogmatique.

Besson (Mgr). — Les Sacrements, ou la Grâce de l'Homme-Dieu. 2 vol. in-8 ou 2 vol. in-12 (*Retaux*). . . . . 10 fr. et 6 fr.

Bossuet. — Le Credo de Bossuet, mis en ordre sous les yeux de Mgr Dupanloup, par le vicomte de Caqueray. 3 vol. in-12 (*Téqui*) . . . . 9 fr.

Bossuet. — Élévations sur les Mystères. In-12 (*Lefort*) 1 fr. 50

Buathier (l'abbé). — Le Sacrifice dans le dogme catholique et dans la vie chrétienne, 7e édit. In-12 (*Delhomme et Briguet*). 3 fr. 50

Capecelatro (Mgr), archevêque de Capoue. — Exposition de la doctrine catholique. Trad. fr. 2 vol. pet in-8 (*Lethielleux*) 8 fr.

Dumont (l'abbé). — Catéchisme catholique, ou Choix de lectures sur la religion. 3e édit. 3 vol. in-12 (*Librairie Saint-Paul*). 10 fr.

Freppel (Mgr). — Cours d'instruction religieuse. Conférences de Sainte-Geneviève. Œuvre posthume. 2 vol. in-8 (*Roger et Chernoviz*) . . . . 12 fr.

Gibbons (le cardinal). — La Foi de nos pères, ou Exposition complète de la doctrine chrétienne. Trad. sur la 28e édit., par l'abbé Saurel. In-8 (*Retaux*) . . . . 4 fr.

Girodon (l'abbé). — Exposition de la doctrine catholique. 2 vol. in-8 (*Plon*) . . . . 10 fr.

Gousset (le cardinal). — Théologie dogmatique, 16e édition. 2 vol. in-8 (*Lecoffre*). . . . . 14 fr.

Gratry (le P.). — La Philosophie du Credo. In-8 (*Lecoffre*). 5 fr.

Guyot (l'abbé). — Cours de science religieuse à l'usage des classes supérieures. In-8 (*Bloud et Barral*) . . . . 4 fr.

Hallez (le chan. D. G.). — Plans d'instructions sur le symbole, les sacrements, le Décalogue, la prière et l'oraison dominicale, d'après le catéchisme du concile de Trente. 2e édit. 7 vol. in-12 (*Casterman*) . . . . 20 fr. 50

ICARD (J.-H.). — Cours d'instruction religieuse, ou Exposition complète de la doctrine catholique. 4e édit. 4 vol. in-12 (*Lecoffre*). . . . . 10 fr.

ICARD (J.-H.). — Explication de la religion chrétienne mise à la portée de tout le monde, 4e édit. In-18 (*Lecoffre*) . 0 fr. 50

JEANJACQUOT (le P.). — L'Ordre surnaturel et l'Eglise société de l'ordre surnaturel. In-12 (*Gaume*) . . . . 3 fr.

KLÉE (Henri). — Manuel de l'histoire des dogmes chrétiens, traduit par l'abbé Mabire. 2 vol. in-8 (*Lecoffre*) . . . 8 fr.

LESCŒUR (le P.). — La Théodicée chrétienne d'après les Pères de l'Eglise, ou Essai philosophique sur le traité « de Deo » du P. Thomassin, de l'Oratoire, in-8 (*Téqui*) . . . . 4 fr.

LESCŒUR (le P.). — Le Dogme de la vie future. In-18 j. (*Poussielgue* . . . . 3 fr. 75

MANNING (le cardinal). — Les Fondements de la foi. Traduit de l'anglais. In-12 (*Casterman*). . . . . 0 fr. 60

MAROTTE (l'abbé L. P.). — Cours complet d'instruction chrétienne, ou Exposition et preuves de la doctrine chrétienne. 14e éd. In-8 (*Retaux*). . . . . 4 fr.

MAROTTE (l'abbé L. P.). — Abrégé en forme de catéchisme du cours complet d'instruction chrétienne. Petit in-12 (*Retaux*) . . . . 1 fr. 60

MELHER (le chan. L.). — Catéchisme pratique, ou Doctrine chrétienne en exemples, d'après le catéchisme du R. P. J. Dehorbe. Trad. de l'allemand par L. Schoos. 2e éd. 3 vol. in-8 (*Palmé*) (épuisé) . . . . 18 fr.

MONSABRÉ (le P.). — Conférences de N.-D. de Paris. Exposition du dogme catholique. 20 vol. in-12 (Bureaux de l'*Année dominicaine*) . . . . 60 fr.

MONSABRÉ (le P.). — Introduction au dogme catholique. 4 vol. in-12 (*Ibid.*). . . . . 12 fr.

MOULIN (l'abbé A. R.). — Démonstration de la divinité du catholicisme. In-12 (*Desclée*). . . . . 3 fr. 50

MOULIN (l'abbé A. R.). — Exposition élémentaire de la doctrine catholique en face des erreurs modernes. In-12 (*Delhomme et Briguet*) . . . . 3 fr.

PERRONE (le P.). — Théologie dogmatique, traduite sur l'édition Migne, augmentée du traité de l'Immaculée Conception, par Védrines, Bandel et Fournet. 6 vol. in-8 (*Vivès*) . 32 fr.

PERRONE (le P.). — Le Protestantisme et la règle de foi. 3 vol. in-8 (*Vivès*) . . . . 16 fr.

SÉGUR (Mgr de). — Instructions familières et Lectures du soir sur toutes les vérités de la religion. 23e éd. 2 vol. in-12 (*Tolra*) . . . . 5 fr.

Sifferlen (le P.), S. J. — Cours complet de religion catholique à l'usage de l'enseignement secondaire classique et de l'enseignement secondaire moderne. 1893-1894, 4 vol. in-12 (*Gaume*) . . . . 6 fr.

Ventura (le P.). — Beautés de la foi. Ouvrage traduit par le chanoine Clavel. 3 vol. in-8 (*Vivès*) . . . . 16 fr.

3° *Théologie morale.*

Gousset (le cardinal). — Théologie morale. 19e éd. 2 vol. in-8 (*Lecoffre*). . . . . 12 fr.

Grenade (le vén. Louis de). Le Décalogue, ou les Dix commandements de Dieu. Trad. nouv. par le P. Hébrard. In-32 (Clermont-Ferrand, *Bellet*) . . . . 0 fr. 60

Hulst (Mgr d'). — Conférences de Notre-Dame 1891-1895. 5 vol. in-8 écu (*Poussielgue*) . . . . 25 fr.

I. Fondements de la moralité.
II et III. Devoirs envers Dieu.
IV. Morale de la famille.
V. Morale du citoyen.

Klée (le P.). — Principes de théologie morale. In-8 (*Casterman*) . . . . 1 fr. 80

Liguori (saint Alphonse de). Theologia moralis. 6 vol. in-12 (*Poussielgue*) . . . . 10 fr.

4° *Catéchisme.*

Barthe et Fabre. — Catéchisme du catéchiste, ou Explication raisonnée de la doctrine chrétienne. 2 vol. in-12 (*Bricon*). 8 fr.

Bossuet guidant l'âme chrétienne dans ses devoirs envers Dieu. Reproduction presque complète du livre de prières et du catéchisme donnés par Bossuet aux fidèles du diocèse de Meaux. In-8 (*Desclée*) . . . . 3 fr. 50

Cauly (Mgr E.). — Cours d'instruction religieuse à l'usage des catéchismes de persévérance, des maisons d'éducation et des personnes du monde. 4 vol in-12 (*Poussielgue*) . . . . 12 fr.

Catéchisme du Concile de Trente, traduit par Mgr Doney. 2 vol. in-8 (*Lecoffre*) . . . . 8 fr.

Dupanloup (Mgr). — L'Œuvre par excellence, ou Entretiens sur le catéchisme. In-8 (*Téqui*) . . . . 6 fr.

Dupanloup (Mgr). — Méthode générale de catéchisme, recueillie des Pères de l'Eglise, etc. 2e édit. 3 vol. in-12 (*Ibid.*) . 9 fr.

Dupanloup (Mgr). — Le Catéchisme chrétien, ou Exposé de la doctrine de Jésus-Christ, offert aux hommes du monde. 3e édition. In-8 (*Ibid.*) . . . . 2 fr. 50

Gapp (l'abbé Jules). — Cours complet et détaillé de catéchèse. 2 vol. in-12 (*Vitte*) . . . . 5 fr.

Gaume (Mgr). — Catéchisme de persévérance, ou Exposé historique, dogmatique, moral, liturgique, apologétique, philosophique et social de la religion, depuis l'origine du monde jusqu'à nos jours. 13e édition, revue et augmentée de notes sur la géologie et d'une table des matières. 8 vol. in-8 (*Gaume*). 35 fr.

Guillois (l'abbé). — Explication historique, dogmatique, morale, liturgique et canonique du catéchisme, avec la réponse aux objections tirées des sciences contre la religion. 4 vol. in-12 (*Roger et Chernoviz*) . . . . 10 fr.

Hauterive (P. d'). — Grand catéchisme de la persévérance chrétienne. 12e édit. 14 vol. in-12 (*Walzer*) . . . . 40 fr.

Icard (J. H.). — Méthode de Saint-Sulpice dans la direction des catéchismes. 3e édit. In-12 (*Lecoffre*) . . . . . . 2 fr. 50

Icard (J. H.). — Persévérance chrétienne, ou Moyens d'assurer les fruits de la première communion. 4e édit. In-12 (*Lecoffre*). 2 fr.

Leclercq. — Théologie du catéchiste. 2 vol. in-12 (*Tolra*). 7 fr.

Legendre (l'abbé F.). La Première communion. Cours d'instructions. 5e édit. 3 vol. in-12 (*Lethielleux*) . . . . . 7 fr. 50

Poey (l'abbé P.). — Le Catéchisme catholique, commentaire littéral et pratique. Nouv. édit. In-16 avec illustr. (*Desclée*). 4 fr.

Portais (l'abbé Ch.). — La Doctrine catholique exposée d'une manière simple, méthodique, complète, à l'usage des collèges. 2 vol. in-12 (*Retaux*) . . . . 6 fr.

Poussin (l'abbé). — Catéchisme tout en histoires. 4 vol. in-12 (*Bricon*) . . . . 12 fr.

5° Théologie fondamentale ou apologétique.

Arduin (Alexis). — La Religion en face de la science. 3 vol. in-8 (*Vitte*) . . . . 20 fr.

Baguenault de Puchesse (G.). — Le Catholicisme présenté dans l'ensemble de ses preuves. 2 vol. in-12 (*Gaume*) . . . 4 fr.

Balmès (J.). — Le Protestantisme comparé au Catholicisme. 10e édit. 3 vol. in-12 (*Retaux*) . . . . 10 fr. 50

Balmès (J.). — Lettres à un sceptique, trad. par l'abbé Bareille. In-8 (*Vivès*) . . . . 5 fr.

Balmès (J.). — Mélanges religieux, philosophiques, politiques et littéraires, trad. par l'abbé Bareille. 3 vol. in-12 (*Vivès*) (épuisé) . . . . 10 fr.

Baunard (l'abbé). — La Foi et ses victoires dans le siècle présent. 2 vol. in-12 (*Poussielgue*) . . . . 7 fr. 50

Benoît (dom Paul). — La Cité antichrétienne au XIXe siècle. 2e édit. I. Les erreurs modernes. II. La franc-maçonnerie. 4 vol. in-8 écu (*Delhomme et Briguet*). . . . . . 16 fr.

Blanc de St-Bonnet. — L'Infaillibilité. In-8 (*Gaume*) (épuisé). 7 fr.

Bougaud (Mgr). — Le Christianisme et les temps présents. 2e édit., 5 vol. in-12 (*Poussielgue*). . . . . 20 fr.

Besson (Mgr). — Conférences prêchées dans l'église métropolitaine de Besançon pendant les années 1864 à 1874. 7 vol. in-8 ou 7 vol. in-12 (*Retaux*) . . . . 35 fr. et 21 fr.

L'Homme-Dieu, 1 vol.
L'Eglise, œuvre de l'Homme-Dieu. 1 vol.
Le Décalogue ou la loi de l'Homme-Dieu. 2 vol.
Les Sacrements ou la grâce de l'Homme-Dieu. 2 vol.
Les Mystères de la vie future ou la gloire de l'Homme-Dieu. 1 vol.

Broglie (l'abbé de). — Le Présent et l'avenir du catholicisme en France. In-18 (*Plon*). . . . . 3 fr. 50

Broglie (l'abbé de). — Problèmes et conclusions de l'histoire des religions. 2e édition. In-12 (*Putois-Cretté*). . . . 4 fr.

Champagny (comte de). — Le Chemin de la vérité. 1872, in-12 (*Retaux*) (épuisé). » »

Cochin (Denys). — Les Espérances chrétiennes. In-18 (*Plon*) 4 fr.

Caussette (le P.). — Le bon sens de la Foi, réponse aux objections scientifiques et philosophiques du jour. 2 vol. in-8 (*Berche et Tralin*) . . . . 10 fr.

Chateaubriand. — Le Génie du christianisme. 2 vol in-18 j. (*Firmin-Didot*). . . . . 6 fr.

Combalot (l'abbé). — Connaissance de Jésus-Christ. In-18 (*Retaux*) . . . . 3 fr.

Drach (l'abbé). — De l'Harmonie entre l'Eglise et la Synagogue. 2 vol. in-8 (*Vivès*) . . . . 12 fr.

Devivier (le P. W.), S. J. — Cours d'apologétique chrétienne, ou Exposition raisonnée des fondements de la foi. 5e édit. In-8 (*Retaux*). . . . . 3 fr. 50

Duilhé de Saint-Projet (le chan.). — Apologie scientifique de la foi chrétienne. 3e édit. In-12 (*Poussielgue*). . . 3 fr. 50

Duplessy (l'abbé E.). — Les Apologistes laïques au xixe siècle. Gr. in-8 (*Delhomme etBriguet*) . . . . 6 fr.

Dupanloup (Mgr). — Défense de la liberté de l'Eglise. 2 vol. in-8 (*Douniol*) (épuisé). . . . . 15 fr.

Fessler (Mgr). — La vraie et la fausse infaillibilité des Papes. Trad. de l'allemand. In-18 (*Plon*) . . . . 2 fr. 50

Foisset. — La Question entre les catholiques et les protestants jugée par le bon sens, la Bible et l'histoire. In-12 (*Téqui*) 2 fr.

Fontaine (le P. J.), S. J. — La Chaire et l'apologétique au xixe siècle. In-12 (*Letouzey et Ané*). . . . . 3 fr. 50

Fontaine (le P. J.), S. J. — Le Nouveau Testament et les origines du christianisme. Etudes apologétiques. In-8 (*Retaux*). 7 fr. 50

Frémont (l'abbé). — Conférences sur le christianisme (1877-1883). 3. vol. in-12 (*Berche et Tralin*) . . . . 10 fr 50

Frémont (l'abbé). — Jésus-Christ attendu et prophétisé (1886-1888). 2 vol. in-12 (*Berche et Tralin*) . . . . 7 fr.

Frémont (l'abbé). — La Divinité de Jésus-Christ et la libre pensée (1888-1889). 2 vol. in-12 (*Berche et Tralin*) . . 7 fr.

Gondal (l'abbé) — Études apologétiques : I. La Religion, 2e édit. 1894, in-12 (*Roger et Chernoviz*) . . . . 2 fr.
II. Le surnaturel. 2e édit. 1895, in-12 (*Idem*) . . 2 fr. 50

Gratry (le P.). — Lettres sur la religion. In-12 (*Téqui et Lecoffre*) . . . . 3 fr.

Hettinger (Franz). — Apologie du christianisme. Trad. de l'allem. par M. Lalobe de Felcourt et l'abbé J. B. Jeannin. 3e édit. 5 vol. in-8 (*Bloud et Barral*) . . . . 25 fr.

Isoard (Mgr). — Hier et aujourd'hui dans la société chrétienne. In-12 (*Téqui*) . . . . 3 fr.

La Luzerne (le cardinal de). — Dissertation sur la vérité de la religion. In-8 (*Lecoffre*) . . . . 2 fr. 40

La Luzerne (le cardinal de). — Dissertation sur les Églises catholique et protestante. In-12 (*Roger et Chernoviz*) . . 2 fr.

Landriot (Mgr). — Le Christ de la Tradition. 2e édit. 2 vol. in-12 (*Lecoffre*) . . . . 7 fr. 50

Lémann (l'abbé Joseph). — La Religion de combat. In-8 (*Lecoffre*) . . . . 7 fr. 50

Marin de Boylesve (le P.), S. J. — Dieu et ses œuvres. In-8 (*Haton*) . . . . 7 fr. 50

Maupied (Mgr). — Devoir des chrétiens devant l'infaillibilité. 2 vol. in-8 (*Poussielgue*) . . . . 12 fr. 50

Maupied (Mgr). — L'Église et les lois éternelles. In-8 (*Ibid.*) 6 fr.

Nicolas (Auguste). — La Divinité de Jésus-Christ. Démonstration nouvelle tirée des dernières attaques de l'incrédulité. 4e édit. (*Poussielgue*) . . . . 6 fr.

Nicolas (Auguste). — Études philosophiques sur le christianisme, 26e édit. 4 vol. in-8 (*Poussielgue*) . . . . . . 14 fr.

Nicolas (Auguste). — La Raison et l'Évangile. In-8 (*Ibid.*). 4 fr.

Nicolas (Auguste). — Du Protestantisme et de toutes les hérésies dans leur rapport avec le socialisme. 2 vol. in-18 j. (*Poussielgue*) . . . . 7 fr.

Nicolas (Auguste). — L'Art de croire. 7e édit. 2 vol. in-18 j. (*Retaux*) . . . . 7 fr.

Pascal. — Pensées sur la religion. In-12 (*Lecoffre*). . . 3 fr.

Pie (le cardinal). — Instructions synodales sur les principales erreurs du temps présent. In-8 (*Oudin*). . . . . . . 6 fr.

Place (l'abbé de). — Jésus-Christ, sa divinité, son caractère, son œuvre et son cœur. Conférences. In-8 (*Lethielleux*) . 5 fr.

Plantier (Mgr). — De l'Église comme société divine. In-8 (*Lecoffre*) (épuisé) . . . . 5 fr.

Plantier (Mgr). — De l'Église comme autorité doctrinale. In-8 (*Lecoffre*) (épuisé) . . . . 5 fr.

Rutten (Mgr). — Cours élémentaire d'apologétique chrétienne. 9e édit. In-12 (*Roger et Chernoviz*) . . . . 3 fr.

Salinis (Mgr de). — La Divinité de l'Église, 4e édit. 5 vol. in-12 (*Tolra*) . . . . 18 fr.

Van Weddingen. — Les Éléments raisonnés de la religion. In-8 (Bruxelles, *Société belge de librairie*) . . . . . . 4 fr. 50

Verger (l'abbé). — Le Christianisme, ses dogmes et ses preuves. Causeries théologiques, dédiées aux gens du monde. 2 vol. in-12 (*Mame*) . . . . 6 fr.

Zaccaria (le P.). — L'Anti-Febronius, ou la Primauté des papes justifiée par raisonnement et par l'histoire. Trad. par l'abbé Peltier. 1859-1860, 4 vol. in-8 (*Bricon*) . . . . 6 fr.

6° *Monographies théologiques.*

Allègre (l'abbé). — Le Code civil commenté à l'usage du clergé. 5e édit. 2 vol. in-12 (*Roger et Chernoviz*) . . . . . 9 fr.

Bacuez (l'abbé). — Le Saint-Office. In-12 (*Poussielgue*) . 3 fr.

Balliès (Mgr). — La Congrégation de l'Index mieux connue et vengée. In-8 (*Poussielgue*) (épuisé) . . . . 4 fr.

Beringer (le P. F.). — Les Indulgences, leur nature et leur usage, d'après les dernières décisions de la S. Congrégation des Indulgences : trad. par les PP. Abt et Feyerstein. 2 vol. in-8 (*Lethielleux*) . . . . 8 fr.

Bizouard (J.). — Des Rapports de l'homme avec le démon. Essai historique et philosophique. 6 vol. in-8 (*Gaume*) . . . 30 fr.

Bonald (de). — Du Divorce au xixe siècle par rapport à l'état public et privé de la société. In-8 (*Le Clère*) (épuisé) . 3 fr.

Corblet (l'abbé Jules). — Hist. dogmatique, liturgique et archéologique du sacrement de baptême. 2 vol. gr. in-8, avec fig. (*Berche et Tralin*) . . . . 18 fr.

Corblet (l'abbé). — Histoire dogmatique, liturgique et archéologique du sacrement de l'Eucharistie. 2 vol. gr. in-8 (*Berche et Tralin*) . . . . 18 fr.

Dupanloup (Mgr). — Le Mariage chrétien. In-16 (*Téqui*). 4 fr.

Dupanloup (Mgr). — Du Dimanche. In-18 jésus (*Ibid*). 1 fr. 25

Gaume (Mgr). — Traité sur le Saint-Esprit. 3e édit. 2 vol. in-8 (*Gaume*) . . . . 12 fr.

Gaume (Mgr). — Le Signe de la croix au xixe siècle. 5e édit. In-18 (*Gaume*) . . . . 1 fr. 50

GAUME (Mgr). — L'Eau bénite, 4e édit. In-18 (*Gaume*). 1 fr. 50

GUÉRANGER (Dom). — Mélanges de liturgie, d'histoire et de théologie. 1830-1837. Gr. in-8 (*Retaux*). . . . . 16 fr.

HÉBRARD (Mgr). — Les Articles organiques devant l'histoire, le droit et la discipline de l'Eglise. In-8 (*Lecoffre*) . . . 3 fr.

JAMAR (l'abbé). — Les Fêtes chrétiennes considérées dans leur objet, leur institution, leur utilité spirituelle. 2 vol. in-8 (*Lethielleux*) . . . . 6 fr.

JANSSENS (Dom Laurent). — La Confirmation. Exposé dogmatique, historique et liturgique. In-12 (*Desclée*) . . . . 2 fr.

LANDRIOT (Mgr). — L'Esprit-Saint. Dons et symboles. In-12. (*Lecoffre*). . . . . 3 fr. 50

LANDRIOT (Mgr). — Le Christ de la Tradition, 2e édit. 2 vol. in-12 (*Ibid.*) . . . . 7 fr.

LANDRIOT (Mgr). — La Prière chrétienne, 7e édit. In-12 (*Ibid.*) 3 fr. 50

LANDRIOT (Mgr). — L'Eucharistie, 5e édit. In-12 (*Ibid.*). 3 fr. 50

LANDRIOT (Mgr). — Le Symbolisme, 4e édit. In-12 (*Ibid.*). 3 fr. 50

LAURICHESSE (l'abbé). — Études philosophiques et morales sur la confession. In-8 (*Tolra*). . . . . 3 fr. 50

LIBERATORE (le P. Matthieu), S. J. — L'Église et l'État. In-8 (*Retaux*) . . . . 6 fr.

LIBERATORE (le P. Mathieu), S. J. — Le Droit public de l'Église, trad. par l'abbé Onclair. In-8 (*Retaux*) . . . . 6 fr.

LOISEAUX (l'abbé). — Traité canonique et pratique du jubilé à l'usage du clergé. 1 vol. in-12. Tournai (*Casterman*) . 4 fr.

MAISTRE (le comte J. de). — Du Pape. In-8 (*Desclée*) . . 4 fr.

MANNING (le cardinal). — La Mission du Saint-Esprit dans les âmes. Trad. par K. Mac-Carthy. In-12 (*Retaux*) . . 3 fr. 50

MANNING (le cardinal). — Le Sacerdoce éternel. Trad. par l'abbé Ch. Fievet. In-12 (*Desclée*). . . . . 2 fr.

MATIGNON (le P.). — La Question du surnaturel, ou la grâce, le merveilleux, le spiritisme au XIXe siècle. In-18 (*Le Clère*) (épuisé) . . . . 3 fr. 50

MOULART (le chanoine). — L'Église et l'État, ou les Deux puissances. 4e édit. In-8 (Bruxelles, *Soc. belge de librairie*). 8 fr.

PAILLOUX (le P.). — Le Magnétisme, le Spiritisme et la Possession. Entretiens sur les esprits. In-12 (*Lecoffre*) (épuisé). 3 fr. 50

PAVY (Mgr). — Du Célibat ecclésiastique. In-8 (*Lecoffre*). 5 fr.

PETIT (l'abbé). — L'Index, son histoire, ses lois, sa force obligatoire. In-8 écu (*Lethielleux*). . . . . 1 fr. 50

7° *Œuvres complètes de Théologie.*

Bellarmin. — Ses Œuvres, traduites en français par MM. Daras, Ducruet et Berton. 10 vol. in-8 (*Vivès*) (épuisé) . 50 fr.

Bossuet. — Œuvres complètes, reproduction de l'édit. de Versailles 12 vol. in-8 (*Bloud et Barral*) . . . . 60 fr.

Bossuet. — Œuvres complètes, publiées par F. Lachat. 31 vol. in-8 (*Vivès*) . . . . 150 fr.

Bossuet. — Œuvres complètes, précédées de son histoire, par le cardinal de Bausset. Nouvelle édition contenant tous les ouvrages déjà publiés, enrichie de notes critiques et augmentée plusieurs écrits inédits et d'une table générale, par l'abbé Guillaume. 10 vol. in-4 (*Berche et Tralin*) . . . . . 80 fr.

Bossuet. — Œuvres oratoires, publiées selon l'ordre chronologique, par l'abbé J. Lebarcq (texte établi sur les mss.). 6 vol. gr. in-8, (*Desclée*) . . . . 36 fr.

Bourdaloue. — Œuvres complètes. 4 vol. in-4 (*Vivès*) . 20 fr.

Bourdaloue. — Œuvres complètes. 4 vol. gr. in-8 (*Bloud et Barral*). Net . . . . 16 fr.

Dupanloup (Mgr). — Œuvres choisies. 6 vol. in-8 (*Douniol*) (épuisé). . . . . 45 fr.

Fénelon. — Œuvres complètes, augmentées de l'histoire de Fénelon, par le cardinal de Bausset, et précédées de l'histoire littéraire ou revue historique et analytique de ses œuvres, par M. Gosselin. 10 vol. in-8 (*Gaume*) . . . . 132 fr.

Fénelon. — Œuvres complètes. 6 vol. in-8 (*Vivès*). . . 32 fr.

Grenade (le vén. Louis de). — Œuvres complètes, traduites par les abbés Bareille, T. Duval, A. Crampon, J. Boucher et C. Berton, suivies d'une table générale. 22 vol. in-8 (*Vivès*) . 140 fr.

Jean de la Croix (saint). — Œuvres complètes et vie de saint Jean de la Croix, premier carme déchaussé et directeur de sainte Thérèse. Trad. par Mgr Gilly, évêque de Nimes. 4 vol. in-12 (*Téqui*) . . . . 14 fr.

Éclaircissements sur les œuvres mystiques de saint Jean de la Croix, par le P. Ludovic de Besse. In-12 (*Oudin*) . . . 2 fr.

La Luzerne (cardinal de). — Œuvres complètes. 8 vol. in-8 (*Lecoffre*) . . . . 17 fr.

Liguori (saint Alphonse de). — Œuvres trad. de l'italien par les abbés Vidal, Delalle et Bousquet. Trad. revue par l'abbé Peltier. 20 vol. in-8 (*Vivès*). . . . . 140 fr.

Massillon. — Œuvres complètes, publiées par l'abbé Blampignon. 4 vol. gr. in-8 (*Bloud et Barral*). Net. . . . 16 fr.

Ascétisme.

1° Œuvres complètes d'auteurs ascétiques.

Alacoque (Marguerite-Marie). — Vie et Œuvres de la bienheureuse Marguerite-Marie Alacoque, recueillies et publiées par les religieuses du monastère de la Visitation de Paray-le-Monial. 2 vol. in-8 (*Poussielgue*). . . . . 15 fr.

Bonaventure (saint). — Œuvres spirituelles complètes. Trad. par l'abbé Berthaumier. 6 vol. in-8 (*Vivès*) (épuisé) . 32 fr.

François de Sales (saint). — Œuvres complètes, 7e édit. 14 vol. in-8 (*Vivès*) . . . . 84 fr.

François de Sales (saint). — Œuvres complètes, 6e édit. 6 vol. in-8 (*Berche et Tralin*). . . . . 30 fr.

François de Sales (saint). — Œuvres complètes. Édit. publiée par les religieuses du premier monastère de la Visitation d'Annecy, sous la direction de Dom Mackey. 1892 et suiv. Le vol. gr. in-8 (Genève, *Trembley*; Paris, *Lecoffre*) . . . . 8 fr.

T. I. Les Controverses.
T. II. Défense de l'estendard de la Croix.
T. III. Introduction à la vie dévote.
T. IV et V. Traité de l'amour de Dieu.

Libermann (le vén. P.) — Lettres spirituelles, publiées par un Père de la congrégation du Saint-Esprit. 2e édit. 3 vol. in-12 (*Poussielgue*) . . . . 10 fr.

Libermann (le vén. P.). — Écrits spirituels. In-12 (*Ibid.*). 3 fr. 50

Léonard de Port-Maurice. — Œuvres complètes, traduites de l'italien en français par Ch. Sainte-Foi. 3 vol. in-8 (*Vivès*). 18 fr.

Louis de Gonzague (saint). — Œuvres complètes recueillies et traduites par l'abbé E. Ricard. In-18 (*Bricon*) . . 0 fr. 50

Ségur (Mgr de). — Œuvres complètes. 16 vol. in-8 (*Tolra*). 90 fr.

Surin (le P. J. J.), S. J. — Œuvres spirituelles. Nouv. édit. revue et augmentée d'écrits inédits, par le P. Marcel Bouix. 4 vol. in-18 jésus (*Librairie Saint-Paul*) . . . . 12 fr.

Thérèse (sainte). — Œuvres complètes, trad. par le P. Marcel Bouix. 6 vol. in-8 ou 6 vol. in-12. Œuvres, 3 vol.; Lettres, 3 vol. (*Lecoffre*) . . . . 45 fr. et 24 fr.

Thérèse (sainte). — Sa vie, écrite par elle-même, publiée par le P. Bouix. In-8 (*Lecoffre*) . . . . 7 fr. 50

2° Règles générales de perfection chrétienne.

Baudrand (l'abbé). — L'Ame intérieure, ou Conduite spirituelle dans les voies de Dieu. In-12 (*Lefort*) . . . . . 1 fr.

Bellecius (le P.). — La solide vertu, ou Traité des obstacles à la vertu, des moyens d'y parvenir et des motifs de la pratiquer. In-12 (*Oudin*) . . . . 3 fr.

Blois (Louis de). — Un Rayon de miel, ou Doctrine spirituelle du vénérable Louis de Blois, traduite par l'abbé M. Roze. In-12 (*Retaux*). . . . . 2 fr. 50

Bossuet. — Conseils de piété. In-16 (*Mame*) . . . . 2 fr. 50

Boudreaux (F. J.), S. J. — Le bonheur du ciel. Trad. de l'anglais par le P. Kruyfhoot. In-12 (Louvain, *Fontayn*) . 2 fr.

Catherine de Sienne (sainte). — Ses lettres, traduites de l'italien, par E. Cartier. 4 vol. in-12 (*Poussielgue*) . . . 8 fr.

Drexeluis (le P.), S. J. — Le Ciel, cité des bienheureux. Trad. par l'abbé Bélet. In-12 (*Walzer*) . . . . 2 fr. 50

Du Pont (le vén. Louis). — Le Guide spirituel. Trad. par le P. Couderc, S. J. 2 vol. in-8 (*Walzer*) . . . . 10 fr.

Faber (le P.). — Le Progrès de l'âme dans la vie spirituelle. In-12 (*Retaux*). . . . . 3 fr. 50

Faber (le P.). — Tout pour Jésus, ou Voies faciles de l'amour divin. Traduit de l'anglais par F. de Bernhardt. 23e édit. In-12 (*Retaux*). . . . . 3 fr.

Faber (le P.). — Le Créateur et la créature, ou les Merveilles de l'amour divin. Traduit de l'anglais par l'abbé de Valette. In-12 (*Retaux*). . . . . 3 fr. 50

Faber (le P.). — Conférences spirituelles. In-12 (*Retaux*) 3 fr. 50

François de Sales (saint). — Directions spirituelles recueillies et mises en ordre par l'abbé Chaumont. 1871-1875. 10 vol. In-16 (*Palmé*). Le vol. . . . . 3 fr.

François de Sales (saint). — Introduction à la vie dévote. In-18 (*Casterman*) . . . . 1 fr. 20
Le même ouvrage. In-18 (*Lecoffre*) . . . . 1 fr. 40
Le même ouvrage (édit. des Maisons d'éducation). Gr. in-32 (*Lecoffre*). . . . . 0 fr. 80

François de Sales (saint). — Traité de l'amour de Dieu. In-18 jésus (*Casterman*). . . . . 2 fr.

Freppel (Mgr). — La Vie chrétienne. Sermons prêchés à la chapelle des Tuileries. In-8 (*Roger et Chernoviz*) . . 1 fr. 50

Gay (Mgr). — De la Vie et des Vertus chrétiennes considérées dans l'état religieux. 3 vol. in-18 j. (*Oudin*) . . . 10 fr. 50

Grenade (le vén. Louis de). — Le Guide des pécheurs, trad. par l'abbé Crouzet. In-12 (*Lecoffre*) . . . . . . 2 fr. 80

Grenade (le vén. Louis de). — Le Mémorial du chrétien, suivi d'un dialogue sur le mystère de l'Incarnation entre saint Ambroise et saint Augustin, trad. de l'espagnol par l'abbé Couissinier. In-12 (*Poussielgue*) . . . . 2 fr.

GROU (le P.), S. J. — L'École de Jésus-Christ, avec introduction par le P. Doyotte. 2 vol. in-12 (*Desclée*) . . . . 5 fr.

GROU (le P.), S. J. — Manuel des âmes intérieures. In-12 (*Lecoffre*) . . . . 1 fr.

HERBET (l'abbé). — L'Imitation de Jésus-Christ expliquée verset par verset. 2 vol. in-12 (*Lecoffre*) . . . . 4 fr.

HERBET (l'abbé). — L'Imitation de Jésus-Christ méditée. 17e édit. 2 vol. in-12 (*Lecoffre*) . . . . 6 fr.

GUILLEMON (l'abbé J. M.) — La Vie chrétienne, ses principes, sa pratique. 2 vol. in-12 (*Lecoffre*). . . . . 6 fr.

JOUAN (le P.). — La Conscience. In-12 (*Bricon*) . . . . 3 fr.

LAMENNAIS (l'abbé F. de). — L'Imitation de Notre-Seigneur Jésus-Christ, traduction avec réflexions. In-32, relié (*Mame*). 1 fr. 60

LAMENNAIS (l'abbé F. de). — Journée du chrétien, ou Moyen de se sanctifier au milieu du monde. 13e édit. In-18 (*Retaux*) . . . . 1 fr. 50

LEJEUNE (le P.). — Pensées. 4 vol. in-12 (*Lecoffre*) . . . 7 fr.

LIGUORI (saint Alphonse de). — Pratique de la perfection mise à la portée des fidèles de toutes conditions, d'après saint A. de Liguori. Ouvrage extrait des écrits du saint docteur par le P. Saint-Omer. 4e édit. 2 vol. in-18 (*Casterman*) . 3 fr. 60

LIGUORI (saint Alphonse de). — Visites au saint Sacrement et à la sainte Vierge. In-32 (*Desclée*) ; plus. édit. reliées à 0 fr. 75, 1 fr. et 3 fr.

LIGUORI (saint Alphonse de). — La Voie du salut. In-12 (*Lethielleux*) . . . . 2 fr. 50

LIGUORI (saint Alphonse de). — Lettres, trad. par le P. Dumortier. 5 vol. in-8 (*Desclée*) . . . . 25 fr.

MAYNARD (le chan. U.). — Vertus et doctrine spirituelle de saint Vincent de Paul. 4e édit. In-12 (*Retaux*) . . . . 3 fr. 50

MAYNARD (le chan. U.). — Maximes et pratiques de saint Vincent de Paul, extraites de sa vie, ses lettres et ses confessions. In-12 (*Retaux*) . . . . 2 fr.

MELOT (le P.). — Choix des lettres de saint Bernard les plus appropriées aux besoins des personnes pieuses et des gens du monde. 2e édit. In-32 (*Retaux*) . . . . 1 fr. 20

MERMILLOD (Mgr). — De la Vie surnaturelle dans les âmes. In-12 (*Delhomme et Briguet*) . . . . 2 fr. 50

MONTÉZON (le P. de). — Doctrine spirituelle de Bossuet, extraite de ses œuvres. In-12 (*Téqui*) . . . . 2 fr. 50

MONTÉZON (le P. de). — Lettres spirituelles de Bossuet, extraites de ses œuvres. In-12 (*Ibid.*) . . . . 3 fr.

OLIER. — Introduction à la vie et aux vertus chrétiennes. In-32 (*Poussielgue*) . . . . 1 fr.

OLIVIER (l'abbé J. H.). — Abandon à la divine Providence, ou le Don de soi-même à Dieu. 3e édit. In-8 (*Bricon*) . 1 fr. 50

QUADRUPANI (le P.). — Instructions pour éclairer les âmes pieuses dans leurs doutes 25e éd. In-32 (*Berche et Tralin*) 1 fr.

QUADRUPANI (le P.). — Instructions pour vivre chrétiennement dans le monde. In-18 (*Ibid.*) . . . . 0 fr. 80

RAVIGNAN (le P. de). — Entretiens spirituels, recueillis par les Enfants de Marie. In-12 (*Téqui*) . . . . 3 fr.

RAVIGNAN (le P. de). — Suite des entretiens spirituels (1856 et 1857). In-12 (*Ibid.*) . . . . 3 fr.

RENOUVELLEMENT (le) dans la vie chrétienne selon les enseignements du Souverain Pontife (avec table alph.). 4e édit., 17e mille. In-12 (*Librairie Saint-Paul*) . . . . . 1 fr. 25

RIBET (le chan. M.-J.). — La Mystique divine distinguée des contrefaçons diaboliques et des analogies humaines. Nouv. édit. 2 vol. in-8 (*Poussielgue*) . . . . 10 fr.

RIBET (le chan.). — L'Ascétique chrétienne. In-8 (*Poussielgue*). 7 fr.

RODRIGUEZ (le P.). — Pratique de la perfection chrétienne, trad. de l'abbé Crouzet. 4 vol. in-12 (*Lecoffre*) . . . . . 8 fr.

RODRIGUEZ (le P.).— Pratique de la perfection chrétienne (abrégé). In-12 (*Lefort*) . . . . 1 fr. 50

SAINT-JURE (le P.). — L'Homme religieux. Nouv. édit. 4 vol. in-12 (*Lecoffre*). . . . . 7 fr.

SAINT-JURE (le P.).—L'Homme spirituel. 2 vol. in-12 (*Ibid.*). 3 fr.

SCARAMELLI (le P.). — Le Directoire mystique. 2 vol. in-12 (*Casterman*) . . . . 6 fr.

SCUPOLI (le P. Laurent). — Combat spirituel et paix de l'âme. Trad. par l'abbé Fitte. Gr. in-32 (*Mame*) . . . . 0 fr. 45

SURIN (le P.), S. J. — Choix de lettres sprirituelles. Pet. in-12 (*Lefort*) . . . . 1 fr. 50

THÉRÈSE (sainte). — Le Chemin de la perfection, traduit par le P. Marcel Bouix. In-8 (*Lecoffre*) . . . . 7 fr. 50

3o Règles particulières de perfection.

ARGENTAN (le P. d'). — Conférences sur les grandeurs de Dieu. 3 vol. in-12 (*Haton*) . . . . 9 fr.

BAUTAIN (l'abbé) — La Belle saison à la campagne. In-12 (*Delhomme et Briguet*) . . . . 3 fr. 50

BAUTAIN (l'abbé) — Le Chrétien de nos jours. 2 vol. in-12 (*Delhomme et Briguet*) . . . . 7 fr.

GONNELIEU (le P. de). — De la Présence de Dieu. In-32 (*Téqui*). . . . . 1 fr.

GROU (le P.). — L'Intérieur de Jésus et de Marie. In-12 (*Haton*) . . . . 4 fr.

Lacordaire (le P.). — Lettres à un jeune homme sur la vie chrétienne. 9e édit. In-32 (*Poussielgue*) . . . . . 1 fr. 25

Landriot (Mgr). — La Prière chrétienne. In-12 (*Lecoffre*). 3 fr. 50

Lehen (le P. de). — La Voie de la paix intérieure. Nouv. édit. In-12 (*Haton*) . . . . 3 fr. 50

Meignan (Mgr). — Instructions et conseils adressés aux familles chrétiennes. Le Mariage, les Enfants, la Famille. In-12 (*Téqui*). 4 fr.

4° *Méditations et Retraites.*

Augustin (saint). — Méditations. In-12 ou in-18 (*Lecoffre*). 2 fr. et 1 fr. 50

Berthon. — Méditations sur les mystères de la foi et sur les épîtres et évangiles pour tous les jours et fêtes de l'année. 2 vol. in-12 (*Oudin*) . . . . 4 fr.

Bossuet. — Élévations à Dieu sur les mystères. Pet. in-12 (*Lefort*) . . . . 1 fr. 50

Bossuet. — Méditations sur l'Évangile. 2 vol. petit in-12 (*Ibid.*). 3 fr.

Bouillerie (Mgr de la). — Méditations sur l'Eucharistie. In-32 (*Bray et Retaux*) . . . . 1 fr. 50

Bouix (l'abbé). — Méditations pour tous les jours de l'année, d'après les meilleurs auteurs ascétiques. 4 vol. in-12 (*Poussielgue*) . . . . 10 fr.

Bourdaloue. — Pensées sur divers sujets de morale et de piété. 2 vol. pet. in-12 (*Lefort*) . . . . 3 fr.

Cattaneo (le P.). — Les Exercices de saint Ignace, pour une retraite de huit jours. In-18 (*Casterman*) . . . . . 2 fr.

Caussade (le P. de), S. J. — De l'oraison. Instructions spirituelles suivant la doctrine de Bossuet. In-12 (*Lecoffre*). 1 fr. 25

Champeau (le P.). — Art de méditer. In-12 (*Bricon*) . . 2 fr.

Chenart (l'abbé). — Méditations sur les principales obligations de la vie chrétienne et ecclésiastique, revues par M. Gosselin. 2 vol. in-12 (*Poussielgue*) . . . . 3 fr.

Desgeorge (l'abbé). — De l'Oraison (Méditation et Contemplation). In-12 (*Vitte*) . . . . 2 fr. 50

Duquesne (l'abbé). — L'Évangile médité pour tous les jours. 4 vol. in-12 (*Lecoffre*) . . . . 7 fr. 50

Gautrelet (le P.). — Le Chrétien méditant aux pieds de Jésus-Christ sur ses principaux devoirs. In-18 (Nancy, *Chevallier*). 1 fr. 25

Gay (Mgr). — Instructions en forme de retraite, à l'usage des âmes consacrées à Dieu et des personnes pieuses. In-12 (*Oudin*). 3 fr. 75

Grenade (le vén. Louis de). — Traité de l'oraison et de la méditation. Nouv. trad. par l'abbé Couissinier. 2 vol. in-12 (*Poussielgue*) . . . . 6 fr.

Hamon (l'abbé). — Méditations. 3 vol. in-12 (*Lecoffre*) . 9 fr.

Ignace (saint). — Exercices spirituels annotés par le P. Roothaan. In-12 (*Poussielgue*). . . . . 3 fr.

La Salle (le B. J.-B. de). — Méditations sur les évangiles des dimanches et des principales fêtes. Edit. corrigée d'après le texte primitif, par le T. H. frère Irlide. In-8 (*Poussielgue*). 4 fr. 50

Liguori (saint Alphonse de). — Une année de méditations. Trad. nouv. par le P. Eug. Pladys. 2 vol. in-12 (*Delhomme et Briguet*) . . . . 6 fr.

Liguori (saint Alphonse de). — De l'Oraison mentale et de la Retraite. In-32 (*Casterman*) . . . . 0 fr. 80

Mercier (le P.). — Concordance de l'Imitation de Jésus-Christ et des exercices spirituels de saint Ignace. In-12 (*Oudin*). 4 fr.

Nepveu (le P.). — Pensées et Réflexions chrétiennes pour tous les jours de l'année. In-8 (*Berche et Tralin*) . . . 3 fr. 50

Nisard (Aug.). — La Maison et l'Église. Souvenirs d'un enfant catholique. In-12 (*Retaux*) . . . . 3 fr. 50

Nouet (le P.). — Méditations et entretiens pour tous les jours de l'année. 11 vol. in-12 (*Lecoffre*) . . . . 22 fr.

Nouet (le P.). — Méditations spirituelles à l'usage des personnes qui veulent avancer dans la perfection. In-12 (*Lecoffre*). 2 fr.

Nouet (le P.). — Lectures spirituelles pendant toute l'année, ou Dévotion envers Notre.-Seigneur souverainement bon et grand. 7 vol. in-12 (*Lecoffre*) . . . . 13 fr.

Place (le P. Ch. de). — Fleurs et fruits de Manrèze, ou Souvenirs d'une retraite de huit jours. In-12 (*Lethielleux*). 2 fr.

5° Sanctification des diverses époques de l'année.

Avrillon (le P.). — Conduite pour passer saintement le temps de l'Avent. In-18 (*Mame*) . . . . 1 fr.

Avrillon (le P.). — Conduite pour passer saintement le temps du Carême. In-18 (*Mame*). . . . . 1 fr.

Avrillon (le P.). — Conduite pour passer saintement les fêtes et octaves de la Pentecôte, du saint Sacrement et de l'Assomption. In-18 (*Mame*) . . . . 1 fr.

Cirier (le chan. J.-B.). — Les douze Mois l'année sanctifiés par l'oraison. Méditations sur chaque dévotion du mois. 3 vol. in-12 (*Lefort*) . . . . 7 fr. 50

Coulin (l'abbé). — L'Année du pieux fidèle, ou Méditations sur les mystères et les principales vérités de la religion, suivant l'esprit de la liturgie catholique. 12 vol. in-18 j. (*Casterman*). 22 fr. 50

GUÉRANGER (Dom). — L'Année liturgique (Voir plus haut. p. 8).

LIGUORI (saint Alphonse de). — Méditations sur les fêtes. In-32 (*Casterman*) . . . . 1 fr. 20

PÉTÉTOT (le P.). — Méditations sur tous les évangiles du carême et de la semaine de Pâques. In-18 j. (*Poussielgue*) . . 4 fr.

POSTEL (l'abbé). — Le saint Temps du Carême sanctifié par la pénitence. 2 vol. in-12 (*Lefort*) . . . . 3 fr.

RAINERI (le P. Ange) — Cours d'instructions familières sur toute la doctrine chrétienne. Homélies sur les évangiles de tous les dimanches. 8 vol. in-12 (*Walzer*) . . . . 15 fr.

SEGNERI (le P.). — La Manne de l'âme, ou Méditations sur des passages choisis de l'Ecriture sainte pour tous les jours de l'année. 5 vol. in-12 (*Lecoffre*) . . . . 10 fr.

SÉGUR (Mgr de). — La Semaine sainte. Exercices et méditations. Souvenirs d'une retraite du P. de Ravignan. In-32 (*Retaux*). 2 fr.

6° Vie chrétienne d'une dame dans le monde.

BAUTAIN (l'abbé). — La Chrétienne de nos jours. Lettres spirituelles. Nouv. édit. In-12 (*Delhomme et Briguet*) . 3 fr. 50

CASTELEIN (le R. P. A) — Foi et science. Conférences aux dames de Bruxelles. 2 vol. in.12 (Louvain, *Fonteyns*) . 6 fr.

CAUSSETTE (le P.). — Entretiens avec Marthe. Conférences prêchées aux dames du monde. In-12 (*Palmé-Victorion*). 3 fr.

DOUBLET (l'abbé Jules). — Conférences aux dames du monde sur la vie chrétienne. 3 vol. in-12 (*Berche et Tralin*) . 10 fr. 50

DUPANLOUP (Mgr). — Lettres sur l'éducation des filles et sur les études qui conviennent aux femmes dans le monde. In-12 (*Téqui*) . . . . 4 fr.

DUPANLOUP (Mgr). — Conférences aux femmes chrétiennes, publiées par l'abbé F. Lagrange. In-12 (*Téqui*) . . . . 4 fr.

GAY (Mgr). — Instructions pour les personnes du monde. 2 vol. in-12 (*Oudin*) . . . . 7 fr. 50

GAY (Mgr). — Conférences aux mères chrétiennes. 2 vol. in-8 (*Oudin*) . . . . 12 fr.

LANDRIOT (Mgr). — La Femme forte. 19e éd. In-12 (*Lecoffre*). 3 fr.

LANDRIOT (Mgr). — La Femme pieuse. 13e éd. 2 vol. in-12 (*Ibid.*). 6 fr.

LANDRIOT (Mgr). — Conférences aux dames du monde, pour faire suite à la Femme forte et à la Femme pieuse. In-12 (*Ibid*). 3 fr. 50

LANDRIOT (Mgr). — Les Béatitudes évangéliques. Conférences aux dames du monde. 2 vol. in-8 (*Roger et Chernoviz*). 4 fr.

LANDRIOT (Mgr). — Les Péchés de la langue et la jalousie dans la vie des femmes. 19e édit. In-12 (*Lecoffre*) . . . . . 3 fr.

LANDRIOT (Mgr). — Promenades autour de mon jardin. Conférences aux dames du monde. 4e édit. In-12 (*Lecoffre*) . 3 fr. 50

MERMILLOD (Mgr). — De l'intelligence et du gouvernement de la vie. Conférences aux dames de Lyon. Nouv. édit. 2 vol. in-12 (*Delhomme et Briguet*) . . . . 5 fr.

PRÉMORD (l'abbé). — Lettres spirituelles à une dame anglaise protestante convertie à la foi catholique. In-12 (*Gaume*). 1 fr. 50

RAVIGNAN (le P. de). — Vie chrétienne d'une dame dans le monde. 4e édit. In-12 (*Poussielgue*). . . . . 3 fr.

SAYN-WITTGENSTEIN (Princesse de). — La Vie chrétienne au milieu du monde, avec introd. de Henri Lasserre. In-18 (*Dentu*). 3 fr. 50

TURINAZ (Mgr). — La troisième Béatitude. La douleur et le découragement. Conférences aux femmes chrétiennes. 2e édit. 1894, in-12 (*Retaux*). . . . . 3 fr. 50

7° *Dévotions particulières.*

Envers Notre-Seigneur.

ARGENTAN (le P. d'). — Conférences sur les grandeurs de Jésus-Christ. 3 vol. in-12 (*Haton*) . . . . 9 fr.

BONAVENTURE (saint). — Méditations sur la vie du Christ, traduites par H. de Riancey. 7e édit. In-18 (*Poussielgue*) . . . 3 fr.

BOUGAUD (Mgr). — Jésus-Christ (extrait du Christianisme et les temps présents). In-32 (*Poussielgue*) . . . . 1 fr. 25

BOURGOING (le P. Franç.). — Méditations pour tous les jours de l'année sur les vérités et excellences de J.-C. Notre-Seigneur.... Nouvelle édition revue par le P. Ingold. 3 vol. pet. in-8 (*Téqui*). . . . . 10 fr. 50

BOURGOING (le P. Franç.) — Méditations sur les litanies de Jésus et de la sainte Vierge. Nouvelle édition revue par le P. Ingold. In-18 (*Téqui*) . . . . 3 fr. 50

CONDREN (le P. de). Considérations sur les mystères de Jésus-Christ. In-18 jésus (*Poussielgue*) . . . . 3 fr.

FABER (le P.). — Bethléem, ou le Mystère de la sainte enfance. 2 vol. in-12 (*Retaux*). . . . . 6 fr.

FABER (le P.). — Le Précieux Sang, ou le Prix de notre salut. In-12 (*Retaux*). . . . . 3 fr. 50

GRENADE (le vén. Louis de). — Le Mystère de la Rédemption. In-12 (*Téqui*) . . . . 2 fr. 50

HULST (Mgr d'). — L'Imitation de Jésus-Christ. Retraite de Notre-Dame pendant la semaine sainte de 1895. In-8 (*Poussielgue*) . . . . 0 fr. 50

LESCŒUR (le P.). — Jésus-Christ. In-18 j. (*Poussielgue*) . 3 fr.

LIGUORI (saint Alphonse de). — La Passion du Sauveur, ou Simple exposé des circonstances de la Passion d'après les saints Evangiles et considérations sur la Passion. In-32 (*Casterman*) . . . . 1 fr. 20

LIGUORI (saint Alphonse de). — Pratique de l'amour envers Jésus-Christ In-32 (*Ibid.*) . . . . 1 fr. 20

MARTIN (l'abbé G.). — La Passion de N.-S. Jésus-Christ au point de vue historique et archéologique. 3e édit. In-12 (*Delhomme et Briguet*) . . . . 4 fr.

MESCHLER (le P.). — Méditations sur la vie de N.-S. Jésus-Christ. Trad. par l'abbé Mazoyer. 1894. 3 vol. in-12 (*Lethielleux*). 12 fr.

OLLIVIER (le P.) — Les Amitiés de Jésus. Gr. in-8 (*Lethielleux*). 9 fr.

PAILLER (l'abbé). — Jésus-Hostie, ou l'Autel, le tabernacle, la table sainte, d'après les Pères, les Docteurs et les saints. In-12 (Bourges, *Levrier*) . . . . 3 fr. 50

PERROT DE CHEZELLES (E.). — Paroles de N.-S. Jésus-Christ, d'après la lettre des Evangiles. In-18 j. (*Poussielgue*) . 4 fr.

RODRIGUEZ (le P.). — De l'union et de la transformation de l'âme en Jésus-Christ. Trad. de l'espagnol. In-32 (*Desclée*). 1 fr. 50

SAINT-JURE (le P.). — De la connaissance et de l'amour du Fils de Dieu N.-S. Jésus-Christ. 3 vol. in-18 (*Walzer*) . . 7 fr.

THOMAS DE JÉSUS (le P.). — Souffrances de N.-S. Jésus-Christ. Trad. par le P. Alleaume. 2 vol in-12 (*Lecoffre*) . 2 fr. 80

WISEMAN (le card.). — Sermons sur N.-S. Jésus-Christ et la sainte Vierge. In-12 (*Lethielleux*) . . . . 3 fr.

Le Sacré Cœur.

CHEVALIER (le P.). — Le Sacré Cœur de Jésus. 4e édit. In-12 (*Librairie Saint-Paul*). . . . . 4 fr.

DOYOTTE (le P.). — Élévations au Cœur de Jésus. 3e édit. In-32 (*Desclée*) . . . . 1 fr. 50

FRANCO (le P.), S. J. — De la dévotion au Sacré Cœur de Jésus. In-18 j. (*Casterman*). . . . . 1 fr. 50

GRÈZES (le P. H. de), capucin. — Le Sacré Cœur de Jésus. In-12 (*Delhomme et Briguet*) . . . . 3 fr.

LE DORÉ (le P. Ange). — Les Sacrés Cœurs et le vén. Jean Eudes, premier apôtre de leur culte. 2 vol. in-8 (*Lamulle et Poisson*). 8 fr.

SUAU (le P. Pierre), S. J. — Le Sacré Cœur de Jésus, ce qu'il demande, ce qu'il donne. In-18 (*Haton*). . . . . . 1 fr.

TERRIEN (le P. J.-B.), S. J. — La Dévotion au Sacré Cœur de Jésus, d'après les documents authentiques et la théologie. In-12 (*Lethielleux*) . . . . 3 fr. 50

Thomas (l'abbé Jules). — La Théorie de la dévotion au Sacré Cœur de Jésus, d'après les documents authentiques et les sources originales. In-12 (*Desclée*) . . . . 3 fr. 50

L'Eucharistie.

Ambrosiani (le P. Vincent). — La Communion par excellence, ou les Mystères de l'union de Dieu et de l'homme par la sainte Eucharistie 2e édit. In-12 (Tours, *Mazereau*) . . . 3 fr.

Baudon (A.). — Pensées pieuses après la sainte communion, pour les dimanches et fêtes. In-18 (*Retaux*) . . . 2 fr. 50

Coulin (l'abbé. — La divine Eucharistie. 2 vol. in-8 j. (*Casterman*) . . . . 4 fr.

Dalgairns (le P.). — La sainte Communion. 2 vol. in-12 (*Retaux*) . . . . 6 fr.

Le même ouvrage, abrégé. In-12 (*Retaux*) . . . 3 fr. 50

Faber (le P.). — Le Saint Sacrement. 2 vol. in-12 (*Retaux*). 6 fr.

Le même ouvrage, abrégé. In-12 (*Retaux*) . . . 3 fr. 50

Gerbet (Mgr). — Considérations sur le dogme de l'Eucharistie, générateur de la piété catholique. 19e édit. In-8 (*Tolra*). 4 fr.

Grenade (le vén. Louis de). — L'Excellence de la très sainte Eucharistie. In-18 (*Desclée*) . . . . 1 fr. 50

La Bouillerie (Mgr de). — Méditations sur l'Eucharistie. 55e édit. In-32 (*Retaux*). . . . . 1 fr. 50

La Bouillerie (Mgr de). — L'Eucharistie et la vie chrétienne. In-16 (*Palmé-Victorion*) . . . . 3 fr.

La Bouillerie (Mgr de). — Le Cantique des cantiques appliqué à l'Eucharistie. In-32 (*Ibid*) . . . . 3 fr.

Landriot (Mgr). — L'Eucharistie. 3e édit. In-12 (*Lecoffre*) 3 fr. 50

Lebon (Hubert). — La Sainte Communion, c'est ma vie. 33e édit. In-32 (*Mame*) . . . . 0 fr. 45

Maurel (l'abbé J.-L.). — Traité de la communion fréquente, d'après la doctrine et la pratique de l'Eglise catholique. In-8 (*Delhomme et Briguet*) . . . . 7 fr. 50

Petitalot (le P.). — Aux pieds de Jésus. La sainte messe et la sainte communion. In-12 (*Retaux*) . . . . 3 fr.

Rossignoli (le P.), S. J. — Les Merveilles divines dans la sainte Eucharistie. In-18 jésus (*Casterman*) . . . . . . 1 fr. 50

Sagette (l'abbé). — L'Eucharistie. Méditations pour toute l'année d'après les évangiles des dimanches et des fêtes principales. 4e édit. 4 vol. in-12 (*Retaux*) . . . . 12 fr.

Variot (l'abbé). — La très sainte Eucharistie, d'après les écrits de Bossuet. In-18 (*Desclée*) . . . . 1 fr. 50

La Sainte Vierge.

Argentan (le P. d'). — Conférences sur les grandeurs de la sainte Vierge. 2 vol. in-8 (*Lecoffre*) . . . . 7 fr.

ARIAS (le P.), S. J. — Les Vertus de Marie, mère de Dieu. Trad. de l'espagnol par l'abbé Gaveau. In-32 (*Plon*). . . . 2 fr.

BEAULIEU (l'abbé). — L'Année de Marie, ou Exercices de piété en l'honneur de l'auguste Mère de Dieu pour tous les jours de l'année, d'après le manuscrit d'un moine bénédictin daté de 1745. 4 vol. in-18 (*Vaton*) (épuisé) . . . . 10 fr.

BLEMUR (la Mère de). — Les Grandeurs de la Mère de Dieu. 2 vol. in-12 (*Berche et Tralin*) . . . . 6 fr.

BOISSARIE (le Dr). — Lourdes (histoire médicale). Apparitions et guérisons. 25e édit. In-18 j. (*Tolra*) . . . . 3 fr. 80

BOSSUET. — La Sainte Vierge. Sermons sur les mystères et le culte de la Mère de Dieu, avec une introd. par Louis Veuillot. In-12 (*Delhomme et Briguet*) . . . . 3 fr.

COMBALOT (l'abbé). — Le Culte de la sainte Vierge Marie, Mère de Dieu. 2 vol. in-8 ou 2 vol. in-12 (*Lecoffre*) . 8 fr. et 5 fr.

ESSER (le P. Thomas), O. P. — Le saint Rosaire de la très sainte Vierge. Trad. par Mgr Curé. In-8 (*Delhomme et Briguet*). 6 fr.

FABER (le P.). — Le Pied de la Croix, ou les Douleurs de Marie. In-12 (*Retaux*). . . . . 3 fr. 50

FRANÇOIS DE SALES (saint). — La sainte Vierge. Mystères de sa vie, ses vertus, son culte. (Extrait de ses œuvres.) In-18 (*Retaux*) . . . . 2 fr.

GAY (Mgr). — Entretiens sur les mystères du saint Rosaire. 2 vol. in-12 (*Oudin*). . . . . 7 fr.

GOUSSET (le card.). — Croyance de l'Église touchant l'Immaculée conception de Marie. In-8 (*Lecoffre*) . . . . 4 fr.

GRIGNON DE MONTFORT (le B.). — Traité de la vraie dévotion à la sainte Vierge. 14e édit. In-18 (*Oudin*). . . . . . . 1 fr.

GUILLERMIN (l'abbé J.). — Choix de discours et allocutions des plus célèbres orateurs contemporains sur la très sainte Vierge. 2 vol. in-8 (*Bloud et Barral*) . . . . 7 fr.

HAMON (l'abbé). — Notre-Dame de France, ou Histoire du culte de la sainte Vierge en France depuis l'origine du christianisme jusqu'à nos jours. 7 vol. in-8 (*Plon*) . . . . 42 fr.
Le tome I est épuisé.

JOURDAIN (l'abbé). — Somme des grandeurs de Marie, ses mystères, ses excellences, son culte. 7 vol. in-8 (*Walzer*). 40 fr.

LARGENT (le P. Aug.). — Méditations sur la vie de la sainte Vierge. In-12 (*Berche et Tralin*) . . . . 2 fr.

LASSERRE (Henri). — Notre-Dame de Lourdes. In-4 illust. (*Sanard et Derangeon*) . . . . 4 fr. 50
Le même ouvrage, in-8 illust. . . . . 3 fr. 50

LASSERRE (Henri). — Les Épisodes miraculeux de Notre-Dame de Lourdes (mêmes prix et mêmes formats).

LIGUORI (saint Alphonse de). — Les Gloires de Marie, 3 vol. in-18 (*Desclée*) . . . . 4 fr. 50

LIGUORI (saint Alphonse de). — Les Gloires de Marie, ou Paraphrase du *Salve regina* 2 vol. in-18 (*Lecoffre*), net. 1 fr. 60

LIGUORI (saint Alphonse de). — Méditations selon la méthode de saint Ignace sur les principaux mystères de la très sainte Vierge et pour les fêtes des saints. 9e édit. In-12 (*Poussielgue*) . . . . 2 fr.

MARTIN (Mgr Conrad), évêque de Paderborn. — Les Beautés du Rosaire. Trad. par le Dr P. Prosper. In-12 (*Desclée*). . 2 fr. 25

MAYNARD (le chanoine U.). — La sainte Vierge. In-4 illustré de 14 chromolith. et de 200 grav. (*Firmin-Didot*) . . . 30 fr.

NICOLAS (Auguste). — La Vierge Marie et le plan divin. Nouvelles études philosophiques sur le christianisme. 4 vol. in-8 ou 4 vol. in-12 (*Poussielgue*) . . . . . . 24 fr. et 16 fr.

PERDRAU (l'abbé). — Les Premières années de la très sainte Vierge. In-12 (*Oudin*) . . . . 3 fr. 50

PERDRAU (l'abbé). — La très sainte Vierge Marie, Mère de Jésus. Bethléem. Nazareth. Le Calvaire. In-12 (*Ibid.*) . . 3 fr. 50

PERDRAU (l'abbé). — Les Dernières années de la très sainte Vierge. In-12 (*Ibid.*). . . . . 3 fr. 50

PETITALOT (le P.). — La Vierge-Mère d'après la théologie. 4e édit. 2 vol. in-12 (*Retaux*). . . . . 5 fr.

PIE (le cardinal). — La Vierge Marie d'après le cardinal Pie, par le R. P. Mercier, S. J. In-12 (*Oudin*) . , ... 4 fr.

SCHAFER (le Dr Bernard). — Commentaire du petit office de la très sainte Vierge traduit de l'allemand par dom Laurent Janssens. In-12 (*Desclée*) . . . . 3 fr.

VASSEL. — Le Serviteur de Marie, ou Manuel pratique des dévotions les plus usitées en l'honneur de la Mère de Dieu. In-18 (*Gaume*) . . . . 2 fr.

WENINGER (le P.). — Conférences originales, courtes et pratiques pour le mois de mai. Trad. par l'abbé Belet. 2 vol. in-12 (*Delhomme et Briguet*). . . . . 7 fr.

Saint Joseph.

BERLIOUX (l'abbé). — Mois de saint Joseph, ou Méditations pratiques pour chaque jour du mois de mars, 7e édition. In-18 (*Vic et Amat*) . . . . 1 fr. 25

BOUVY (le P.). — L'Étoile du XIXe siècle, ou Vie et vertus de saint Joseph. 2 vol. in-18 (*Delhomme et Briguet*) . . . . 4 fr.

HUGUET (le P.). — L'Auréole de saint Joseph, ou Recueil des plus beaux panégyriques en son honneur. 4e édit. In-12 (*Tolra*) 3 fr. 50

LARGENT (le P. Aug.). — Élévations à saint Joseph, pour tous les jours du mois de mars. In-16 (*Berche et Tralin*) . . . 2 fr.

Lucot (l'abbé). — Saint Joseph. Étude historique sur son culte. In-18 (*Plon*). . . . . 3 fr.

Patrignani (le P.), S. J. — Dévotion à saint Joseph. 2e édit. In-18 j. (*Casterman*). . . . . , . . . 1 fr.

Philippe (le frère). — Méditations sur saint Joseph. In-12 (*Poussielgue*) . . . . 2 fr.

8° Mort. — Préparation à la mort.

Au ciel ! Recueil de consolantes pensées et de prières à l'usage des mères affligées. In-12 (*Haton*). . . . . 2 fr. 50

Bellecius (le P.). — La Mort chrétienne, ou Moyen de s'assurer la grâce d'une bonne mort. In-12 (*Oudin*) . . . . . 2 fr. 50

Blot (le P.). — Au ciel on se reconnaît. 35e édition. In-18 (*Poussielgue*) . . . . I fr.

Bolo (l'abbé H.). — Devant la mort. In-12 (*Haton*) . . 2 fr. 50

Bourdaloue. — L'Enfer ou le ciel, le terme de la vie. Extr. des œuvres du P. Bourdaloue par un Père de la Compagnie de Jésus. In-12 (*Haton*). . . . . 2 fr. 50

Laurent (le P. Ch.). — Nos deuils et nos consolations. In-12 (*Haton*) . . . . 2 fr. 50

Liguori (saint Alphonse de). — Préparation à la mort, ou Considérations sur les vérités éternelles. Traduction nouvelle par le P. Dujardin. Gr. in-32 (*Casterman*) . . . . . . 1 fr. 50

Martin (Mgr Conrad). — Regards dans l'autre monde. In-18 (*Vic et Amat*). . . . . 0 fr. 75

Méric (Mgr). — L'Autre vie. Nouv. édit. 2 vol. in-8 (*Palmé-Victorion*) . . . . 6 fr.

Méric (Mgr). — Les élus se reconnaîtront au Ciel (extrait de « l'Autre vie »). 25e édit. In-16 (*Téqui*) . . . . 2 fr.

Lambillotte (le P.). — Le Consolateur, ou Pieuses lectures adressées aux malades et à toute personne affligée. In-18 j. (*Casterman*) . . . . 1 fr. 20

Perdrau (l'abbé). — La Mort des justes (Récits de morts édifiantes dans tous les états). 2 vol. in-12 (*Téqui*). . . 6 fr.

Perreyve (l'abbé Henri). — La Journée des malades. Réflexions et prières pour le temps de la maladie avec une introduction par le P. Pététot. In-12 (*Téqui*). . . . . 3 fr. 50

Servière (le P. J.). — Jésus et la sainte mort. In-12 (*Delhomme et Briguet* . . . . 3 fr.

Vaudon (le P. Jean). — La Douleur et la mort. Entretiens et discours. In-12 (*Retaux*) . . . . 3 fr. 50

9° Culte des Morts. — Ames du purgatoire.

Chevojon (l'abbé). — Le Souvenir des morts, ou Moyens de soulager les âmes du purgatoire. In-32 (*Poussielgue*) . 1 fr. 25

CHAPOT (l'abbé F.). — Pensons au Purgatoire, ou Nos suffrages pour les morts. In-12 (Nimes, *Lafarre*). . . . . 2 fr. 50

FRANÇOIS DE SALES (saint). — Lettres choisies aux affligés. Condoléances et consolations, avec une introduct. par l'abbé H. Bolo. In-16 carré (*Bloud et Barral*) . . . . . . 2 fr. 50

GERGERÈS (J.-B.). — La Charité pour les morts et la consolation pour les vivants. 2e édit. In-12 (*Téqui*) . . . . . 2 fr. 50

LOUVET (l'abbé). — Le Purgatoire, d'après les révélations des saints. 3e édit. In-12 (*Retaux*) . . . . 3 fr. 50

ROSSIGNOLI (le P.). — Les Merveilles de Dieu dans les âmes du purgatoire. 4e édit. In-12 (*Casterman*) . . . . . 1 fr. 50

10° Révélations, Conversions.

BELLECIUS (le P.). — Révélations de sainte Brigitte. 4 vol. in-12 (*Périsse*) (épuisé). . . . . 8 fr.

CARTIER (E.). — Lettres de sainte Catherine de Sienne. 4 vol. in-12 (*Poussielgue*) . . . . 8 fr.

DULEY (le P.). — Visions d'Anne-Catherine Emmerich sur la vie de Notre-Seigneur, la passion, la vie de la sainte Vierge et l'établissement de l'Église, coordonnées en un seul tout selon l'ordre des faits. 3 vol. in-12 (*Retaux*) . . . . . 10 fr. 50

EMMERICH (Anne-Catherine). — Œuvres, d'après ses visions recueillies par Clément Brentano. Traduction intégrale. 9 vol. in-12 (*Casterman*) . . . . 16 fr. 80

LOTH (Arthur). — Le Miracle en France au XIXe siècle. Gr. in-8 avec illustr. (*Desclée*). . . . . 3 fr.

RÉVÉLATIONS de sainte Gertrude et de sainte Mechtilde. 4 vol. in-12 (*Oudin*) . . . . 14 fr.

11° Tiers-Ordres, Confréries.

JANDEL (le P.). — Manuel du tiers ordre de Saint-Dominique. 9e édit. In-18 (*Poussielgue*) . . . . 3 fr.

MANUEL du tertiaire séculier de Saint-François d'Assise, publié par les Frères mineurs capucins de Paris. 7e édit. In-32 (*Poussielgue*) . . . . 0 fr. 50

MARIN DE BOYLESVE (le P.), S. J. — Manuel des congrégations de la Sainte-Vierge. 7e édit. In-32 (*Poussielgue*). . . . 1 fr. 25

RATISBONNE (le P.). — Nouveau manuel des Mères chrétiennes. 17e édit. In-18 (*Poussielgue*) . . . . 2 fr. 50

TOUZERY (l'abbé J.). — Manuel du tiers ordre de Saint-François. 2e éd. In-12 (*Gaume*). . . . . 1 fr. 20

12° Perfection en exemples.

BUSSON (l'abbé). — L'Esprit de saint François de Sales, à l'usage des personnes pieuses dans le monde. In-12 (*Retaux*). 3 fr. 50

Broglie (princesse de). — Les Vertus chrétiennes expliquées par des récits de la Vie des saints. 2 vol. in-12 (*Perrin*). . 5 fr.

Carayon (le P.). — Maximes de saint Ignace, avec les sentiments de saint François Xavier. In-18 (*Téqui*) . . . . . 1 fr. 50

François d'Assise (saint). — Fioretti, ou Petites Fleurs de saint François d'Assise. Traduit de l'italien sous la direction de M. Ch. Sainte-Foi. In-16 (*Casterman*). . . . . . 1 fr. 20

Maynard (le chan.). — Vertus et doctrine spirituelle de saint Vincent de Paul. In-12 (*Retaux*) . . . . 3 fr. 50

Monnin (l'abbé). — Esprit du curé d'Ars. In-32 (*Téqui*). 1 fr. 25

Monnin (l'abbé). — Petites Fleurs d'Ars. Pensées choisies de M. Vianney. In-32 (*Ibid.*) . . . . 0 fr. 50

Sermonnaires et Mandements épiscopaux.

Besson (Mgr). — Œuvres pastorales et oratoires (1875-1888). 7 vol. in-8 ou 7 vol. in-12 (*Retaux*). . . . . 35 fr. et 21 fr.

Brydayne (le P.). — Sermons. 4e édit. 8 vol. in-12 (*Lecoffre*). 16 fr.

Broglie (l'abbé de). — Conférences sur la vie surnaturelle. 3 vol. in-12 (*Poussielgue*) . . . . 10 fr.

Dhavernas (l'abbé). — Cours d'instructions pastorales. 4 vol. in-12 (*Bricon*) . . . . 12 fr.

Faber (le P.). — Conférences spirituelles. In-12 (*Retaux*) 3 fr. 50

Félix (le P.), S. J. — Le Progrès par le christianisme. Conférences de N.-D. de Paris (1856 à 1870). 15 vol. in-8 (*Roger et Chernoviz*). Le vol. . . . . 4 fr.

Félix (le P.). — Conférences de Liège et Toulouse (1871-1872). 2 vol. (*Ibid.*) . . . . 8 fr.

Félix (le P.). — Conférences de Grenoble et du Mans, sur le socialisme (1878-1879). 2 vol. (*Ibid.*) . . . . 8 fr.

Félix (le P.). — Retraites de Notre-Dame. 7 vol. in-12 (*Téqui*). Le vol. . . . . 3 fr.

I. La Destinée.
II. L'Eternité.
III. La Prévarication,
IV. Le Châtiment.
V. La Passion.
VI. Le Prodigue et les prodigues.
VII. La Confession.

Freppel (Mgr). — Œuvres polémiques. 1880-1885. 8 vol. in-12 (*Téqui*) . . . . 24 fr.

Gay (Mgr). — Sermons d'Avent. In-8 (*Oudin*). . . . . 6 fr.

Gay (Mgr). — Sermons de Carême. 2 vol. in-8 (*Ibid.*) . 12 fr.

Gerbet (Mgr). — Mandements et instructions pastorales. 2 vol. in-8 (*Tolra*). . . . . 12 fr.

GIRAUD (le cardinal). — Œuvres complètes. 2 vol. in-12 (*Lefort*) . . . . 8 fr.

GUIBERT (le cardinal). — Lettres pastorales et mandements. 4 vol. in-8 (*Poussielgue*). . . . . 25 fr.

INSTRUCTIONS CHOISIES des grands Prédicateurs sur les épîtres et évangiles des dimanches et fêtes. Bossuet, Bourdaloue, Massillon, Fléchier, etc. 4 vol. in-18 jésus (*Lesort*) . . . . 12 fr.

ISOARD (Mgr). — Cinq années. 1879-1884. Œuvres pastorales. In-8 (*Palmé*) . . . . 5 fr.

LACORDAIRE (le P.). — Conférences de Notre-Dame de Paris et de Toulouse. 6 vol. in-12 (*Poussielgue*) . . . . 20 fr.

LACORDAIRE (le P.). — Œuvres complètes. Nouv. édit. complète et définitive. 9 vol. in-8 ou 9 vol. in-12 (*Poussielgue*) . 50 fr. et 30 fr.

LACORDAIRE (le P.). — Œuvres posthumes. Sermons, instructions et allocutions. 3 vol. in-8 ou 3 vol. in-12 (*Poussielgue*). 20 fr. et 11 fr.

LACORDAIRE (le P.). — Pensées choisies extraites de ses œuvres et publiées sous la direction du P. Chocarne. 8e édit. 2 vol. in-32 (*Poussielgue*) . . . . 3 fr.

LANDRIOT (Mgr). — Œuvres pastorales. 3 vol. in-8 (*Lecoffre*). 15 fr.

LE COURTIER (Mgr). — Œuvres posthumes recueillies et publiées par le chan. Grégoire. 2 vol. in-12 (*Fechoz*) . . . . 12 fr.

LÉONARD DE PORT-MAURICE (saint). — Œuvres complètes. 8 vol. in-12 (*Casterman*) . . . . 24 fr.

LÉONARD DE PORT-MAURICE (saint). — Sermons pour le carême et pour les missions. 4 vol. in-12 (*Casterman*) . . . . 12 fr.

MATIGNON (le P.). — Conférences de Notre-Dame de Paris. 1872-1874. 3 vol. in-8 (*Roger et Chernoviz*) . . . . 12 fr.
I. Jésus-Christ et la France.
II et III. Jésus-Christ et les unités sociales.

MERMILLOD (le cardinal). — Œuvres pastorales de Genève (1864-1873). In-8 (*Delhomme et Briguet*). . . . . 5 fr.

MERMILLOD (le cardinal). — Œuvres, recueillies et mises en ordre par le R. P. Alex. Grospellier. Eloges et oraisons funèbres. In-8 (*Delhomme et Briguet*) . . . . 5 fr.

MONSABRÉ (le P.). — Conférences de Notre-Dame de Paris. (Voir p. 13.)

PAROCCHI (le cardinal). — Œuvres pastorales. Trad. par l'abbé J. Bonnet In-8 (*Desclée*) . . . . 4 fr.

PECCI (le cardinal), aujourd'hui Léon XIII. Œuvres pastorales. Trad. par le chanoine Aug. Lury. 2 vol. in-8 (*Desclée*). 8 fr.

PERRAUD (Mgr). — Œuvres pastorales et oratoires (1882-1883). 4 vol. in-8 (*Oudin*) . . . . 28 fr.

PIE (le card.). — Œuvres. 9e édit. 9 vol. in-8 *(Oudin)* . 63 fr.

PIE (le card.). — Œuvres sacerdotales inédites. Choix de sermons et d'instructions de 1839 à 1849. 2 vol. in-8 (*Oudin*). . 12 fr.

PLANTIER (Mgr). — Œuvres complètes. 16 vol. in-8 (*Lecoffre*). 80 fr.

RAVIGNAN (le P. de). — Conférences prêchées à Notre-Dame de Paris de 1837 à 1846. 4e édit. 4 vol. in-12 (*Poussielgue*) 12 fr. 50

REGNIER (le card.). — Instructions pastorales et mandements. 5 vol. in-8 (*Lefort*) . . . . 20 fr.

VINCENT DE PAUL (saint). — Sermons de saint Vincent de Paul, de ses coopérateurs et successeurs immédiats, publiés par les soins de M. l'abbé Jeanmaire. 2 vol. in-8 (*Retaux*) (épuisé). » »

WENINGER (le R. P.). — Sermons originaux, courts et pratiques. Trad. par l'abbé Bélet. 10 vol. in-12 (*Delhomme et Briguet*). 30 fr.

JURISPRUDENCE

1. Droit naturel.

BAUTAIN (l'abbé). — Philosophie des lois au point de vue chrétien. 3e éd. 1860, in-12 (*Perrin*) (épuisé). . . . . . » »

BEUDANT (Ch.). — Le Droit individuel et l'État. Introduction à l'étude du droit. 2e éd. 1891, in-18 (*Rousseau*). . . . 5 fr.

BRUN (Lucien). — Introduction à l'étude du droit. 2e édit. 1887, in-12 (*Lecoffre*) . . . . 3 fr.

CEPEDA (D. Raphaël-Rodriguez de). — Éléments de droit naturel, traduits de l'espagnol sur la 2e édit., par Aug. Onclair. 1890, in-8 (*Retaux*) . . . . 7 fr.

FRANCK (Ad.). — Philosophie du droit civil. In-8 (*Alcan*) 5 fr.

GLASSON (E.). — Éléments du droits français, considéré dans ses rapports avec le droit naturel et l'économie politique. 1884, 2 vol. in-8 (*Pedone*). . . . . 16 fr.

HUGONIN (Mgr.). — Philosophie du droit social. 1885, in-8 (*Plon*). 6 fr.

IHERING (Rud. von). — La Lutte pour le droit. Traduit par O. de Meulenaere. 1890, in-18 j. cart. (*Chevalier-Marescq*) 3 fr. 50

INSTITUTES du droit naturel, privé et public, et du droit des gens. 2e éd., 2 vol. in-18 j. (*Pedone*) . . . . 8 fr.

JOUFFROY (Théod.). — Cours de droit naturel. 4e éd. 2 v. in-12 (*Hachette*) . . . . 7 fr.

LIOY (Diodato). — La Philosophie du droit. Traduit de l'italien par Louis Durand. 1887, in-8 (*Chevalier-Marescq*) . . 10 fr.

ROTHE (Tancrède). — Traité de droit naturel théorique et appliqué. 1885-1895, 3 vol. in-8 (*Larose*) . . . . 32 fr.

TAPARELLI (le P.), S. J. — Essai théorique de droit naturel basé sur les faits. Trad. de l'italien. 4 vol. gr. in-8 (*Casterman*) 15 fr.

TAPARELLI (le P.), S. J. — Cours élémentaire de droit naturel. Trad. de l'italien. In-12 (*Casterman*). . . . . . . 2 fr. 50

VAREILLES-SOMMIÈRES (Comte de). — Les Principes fondamentaux du droit. 1889, in-8 (*Pichon*). . . . . 8 fr.

2. Histoire du droit.

BABEAU (Henry). — Les Assemblées générales des communautés d'habitants en France, du XIIIe siècle à la Révolution. 1893, gr. in-8 (*Rousseau*) . . . . 6 fr.

BARDOUX. — Les Légistes, leur influence sur la société française. In-8 (*Alcan*) . . . . 5 fr.

BEAUNE (Henri). — Introduction à l'étude historique du droit coutumier français jusqu'à la rédaction officielle des coutumes. 1880, in-8 (*Larose*). . . . . 8 fr.

BEAUNE (Henri). — Droit coutumier français. 3 vol. in-8 (*Larose*).
T. I. La condition des personnes. 1882 . . . . 8 fr.
T. II. La condition des biens. 1885. . . . . 9 fr.
T. III. Les contrats. 1889 . . . . 9 fr.

BEAUNE (Henri). — Fragments de critique et d'histoire. Droit public et privé. Episodes judiciaires. 1891, in-8 (*Larose*) 10 fr.

BÉCHARD (Ferdinand). — Le Droit municipal dans l'antiquité. 1860, in-8 (*Pedone*) (épuisé) . . . . » »

BÉCHARD (Ferdinand). — Histoire du droit municipal au moyen âge et dans les temps modernes. 1875, 3 vol. in-8 (*Pedone*). (épuisé) . . . . » »

BOISSONNADE (Gustave). — Histoire de la réserve héréditaire. 1873, in-8 (*Guillaumin*). . . . . 10 fr.

BOISSONNADE (Gustave). — Histoire des droits de l'époux survivant. 1874, in-8 (*Thorin*) . . . . 7 fr. 50

BOUTHORS (A.). — Les Sources du droit rural, cherchées dans l'histoire des communaux et des communes. 1865, in-8 (*Pedone*) . . . . 12 fr.

CAILLEMER (E.). Études sur les antiquités juridiques d'Athènes. Le droit de succession légitime à Athènes. 1880, in-8 (*Thorin*). (épuisé) . . . . » »

CHÉNON (Émile). — Étude sur l'histoire des alleux en France. 1888, in-8 (*Larose*) . . . . 7 fr.

COQUILLE. — Les Légistes, leur influence politique et religieuse. 1869, in-8 (*Pedone*) (épuisé) . . . . 8 fr.

DARESTE (R.). Études d'histoire du droit. 1889, in-8 (*Larose*) 10 fr.

DARESTE (R.). La Science du droit en Grèce : Platon, Aristote, Théophraste. 1893, in-8 (*Larose*) . . . . 8 fr.

DU BOYS (Albert). — Histoire du droit criminel des peuples anciens, depuis la formation des sociétés jusqu'à l'établissement du christianisme. 1845, in-8 (*Joubert*) (épuisé). . . . » »

DU BOYS (Albert). — Histoire du droit criminel des peuples modernes, considérée dans ses rapports avec les progrès de la civilisation, depuis la chute de l'empire romain jusqu'au XIXe siècle. 6 vol. in-8, 1854-1874 (*Pedone*).

T. I. Période barbare et de prépondérance ecclésiastique . . 7 fr. 50
T. II. Période féodale en France, en Allemagne et en Italie (épuisé).
T. III. Période féodale en Angleterre. . . . . 7 fr. 50
T. IV. Histoire du droit criminel de l'Espagne . . . . 8 fr.
T. V et VI. Histoire du droit criminel de la France, depuis le XIVe siècle jusqu'au XIXe siècle . . . . 15 fr.

ESMEIN (A.). — Cours élémentaire d'histoire du droit français, à l'usage des étudiants de première année. 1892, in-8 (*Larose*). 10 fr.

ESMEIN (A.). — Histoire de la procédure criminelle en France, et spécialement de la procédure inquisitoire depuis le XIIIe siècle jusqu'à nos jours. 1881, in-8 (*Larose*) . . . . . 10 fr.

ESMEIN (A.). — Étude sur les contrats dans le très ancien droit français. 1883, in-8 (*Larose*) . . . . 4 fr.

FLACH (Jacques). — Études critiques sur l'histoire du droit romain au moyen âge. 1890, in-8 (*Larose*). . . . . . . 8 fr.

FLACH (Jacques). — Les Origines de l'ancienne France. 1886-1893, 2 vol. in-8 (*Larose*) . . . . 20 fr.

FRESQUET (de). — Précis d'histoire des sources du droit français, depuis les Gaulois jusqu'à nos jours. 3e éd. 1881, in-8 (*Chevalier-Marescq*). . . . . 3 fr. 50

FOURNIER (Marcel). — Histoire de la science du droit en France. 6 vol. in-8 (*Larose*). T. III (seul paru) : Les Universités françaises et l'enseignement du droit en France au moyen âge. 1892, in-8. . . . . 10 fr.

FUSTEL DE COULANGES. — La Cité antique, étude sur le culte, le droit, les institutions de la Grèce et de Rome. 7e éd. In-12 (*Hachette*) . . . . 3 fr. 50

GARSONNET (E.). — Histoire des locations perpétuelles et des baux à longue durée. 1879, in-8 (*Larose*) . . . . . 12 fr.

GAUTIER (A.). — Précis de l'histoire du droit français, 3e édit. 1886, in-8 (*Larose*) . . . . 10 fr.

GINOULHIAC (C.). — Cours élémentaire d'histoire générale du droit français, public et privé. 2e édit. 1890, in-8 (*Rousseau*). 10 fr.

GINOULHIAC. — Histoire du régime dotal et de la communauté en France. 1842, in-8 (*Chevalier-Marescq*). . . . . 7 fr.

GIRAUD (Ch.). — Essai sur l'histoire du droit français au moyen âge. 1846, 2 vol. in-8 (*Larose*) . . . . 16 fr.

GLASSON. — Histoire du droit et des institutions politiques, civiles et judiciaires de l'Angleterre, comparés au droit et aux institutions de la France, depuis leur origine jusqu'à nos jours. 1882-1883, 6 vol. in-8 (*Pedone*). . . . . 60 fr.

GLASSON. — Histoire du droit et des institutions de la France. 1887-1894. — I. La Gaule celtique et la Gaule romaine. — II et III. Epoque franque. — IV et V. Le moyen âge. — VI. La féodalité. 6 vol. in-8 (*Giard et Brière*). L'ouvrage aura 10 vol. 60 fr.

GUÉTAT (J.-Édouard). — Histoire élémentaire du droit français, depuis ses origines gauloises jusqu'à la rédaction de nos codes modernes. 1884, in-8 (*Larose*) . . . . 8 fr.

ISAMBERT. — Recueil des anciennes lois françaises depuis 420 jusqu'à la Révolution de 1789. 30 vol. in-8 (*Pedone*) . 60 fr.

KLIMRATH. — Études sur les coutumes. 1867, in-8 (*Pichon*). 5 fr.

KŒNIGSWARTER. — Sources et monuments du droit français, antérieurs au XVe siècle, ou Bibliothèque de l'histoire du droit civil français depuis les premières origines jusqu'à la rédaction officielle des coutumes. 1853, in-12 (*Pedone*) . . 3 fr.

LABOULAYE et DARESTE. — Le grand coutumier de France. 1868, in-8 (*Pedone*) . . . . 10 fr.

LAFERRIÈRE (F.). — Histoire du droit français, précédée d'une introduction sur le droit civil de Rome. 1845-1858, 6 vol. in-8 (*Pichon*) (épuisé) . . . . » »

LAFERRIÈRE (F.). — Histoire des principes, des institutions et des lois, pendant la Révolution française, depuis 1789 jusqu'à 1804. 2e édit. 1852, in-12 (*Pichon*) . . . . 4 fr.

LAFERRIÈRE (F.). — Essai sur l'histoire du droit français. 3e édit. publiée par Ed. Laferrière. 1885, 2 vol. in-8 (*Guillaumin*). 14 fr.

LAURIÈRE (Eusèbe de). — Glossaire du droit français. Nouvelle édit. par L. Favre. 1882, in-4 (Niort, *Favre*) . . . . 20 fr.

LAVELEYE (E. de). — De la propriété et de ses formes primitives. 4e édit. 1891, in-8 (*Alcan*). . . . . 10 fr.

PÉRIES (l'abbé G.). — La Faculté de droit dans l'ancienne Université de Paris (1160 à 1793). 1890, gr. in-8 (*Larose*) . 7 fr. 50

SAVIGNY (de). — Histoire du droit romain au moyen âge, traduite par Guenoux. 1839, 4 tom. en 3 vol. in-8 (*Firmin Didot*) (épuisé) . . . . » »

SCHULTE (de). — Histoire du droit et des institutions de l'Allemagne, traduit et annoté sur la 5e édition par Marcel Fournier. 1882, in-8 (*Pedone*) . . . . 12 fr.

Sclopis (F.). — Histoire de la législation italienne, traduite par Ch. Sclopis. 1864-1866, 3 vol. in-8 (*Pedone*). . . . . 12 fr.

Sumner-Maine (sir Henry). — L'Ancien droit considéré dans ses rapports avec l'histoire de la société primitive et avec les idées modernes, traduit par J.-G. Courcelle-Seneuil. 1874, in-8 (*Pedone*) . . . . 7 fr. 50

Sumner-Maine (sir Henry). — Études sur l'histoire des institutions primitives, traduit de l'anglais par J. Durieu de Leyritz. 1880, in-8 (*Thorin*) . . . . 10 fr.

Sumner-Maine (sir Henry). — Études sur l'ancien droit et la coutume primitive, traduit de l'anglais par René de Kerallain. 1884, in-8 (*Thorin*) . . . . 10 fr.

Sumner-Maine (sir Henry). — Études sur l'histoire du droit, trad. de l'anglais par René de Kerallain. 1886, in-8 (*Thorin*). 12 fr.

Tanon (L.). — Histoire des tribunaux de l'Inquisition en France. 1893, in-8 (*Larose*) . . . . 12 fr.

Tanon (L.). — Histoire des justices des anciennes églises et communautés monastiques de Paris. 1883, in-8 (*Larose*) 12 fr.

Tanon (L.). — L'Ordre du procès civil au xive siècle au Châtelet de Paris. 1886, in-8 (*Larose*) . . . . 4 fr.

Tardif (Ad.). — Recueil de textes pour servir à l'enseignement de l'histoire du droit. 1883-1885, 3 vol. in-8 (*Alph. Picard*). 13 fr.

Tardif (Ad.). — Histoire des sources du droit français. Origines romaines. 1890, in-8 (*Alph. Picard*) . . . . 10 fr.

Tardif (Ad.). — La Procédure civile et criminelle aux xiiie et xive siècles, ou Procédure de transition. 1885, in-8 (*Larose*). 6 fr.

Thonissen (J.-J.). — Études sur l'histoire du droit criminel des peuples anciens (Inde Brâhmanique, Egypte, Judée). 2 vol. in-8 (*Chevalier-Marescq*) . . . . 12 fr.

Thonissen (J.-J.). — Le droit pénal de la République athénienne, précédé d'une étude sur le droit criminel de la Grèce légendaire. In-8 (*Ibid.*). . . . . 9 fr.

Thonissen (J.-J.). — L'organisation judiciaire, le droit pénal et la procédure pénale de la loi salique, précédés d'une étude sur toutes les classes de la population mentionnées dans le texte de cette loi. 2e éd. 1882, in-8 (*Ibid.*) . . . . . . 9 fr.

Tiercelin. — Essai sur l'histoire générale du droit français, Première partie du tome Ier du *Répertoire de jurisprudence* de Dalloz. 1870, in-4. . . . . 20 fr.

Valroger (de). — Les Barbares et leurs lois. Étude sur les monuments du droit primitif de la monarchie française. 1867, in-8 (*Pedone*) . . . . 5 fr.

Viollet (Paul). — Les Établissements de Saint-Louis, publ. avec une introduction et des notes pour la Société de l'histoire de France. 4 vol. in-8 (*Laurens*) . . . . 36 fr.

Viollet (Paul). — Histoire des institutions politiques et administratives de la France (droit public). 1890, tome I (seul paru). In-8 (*Larose*). . . . . 8 fr.

Viollet (Paul). — Droit privé et sources. — Histoire du droit civil français, accompagné de notions de droit canonique et d'indications bibliographiques. 2e éd. 1893, in-8 (*Larose*). 12 fr.

3. Droit romain.

Accarias (C.). — Précis de droit romain contenant, avec l'exposé des principes généraux, le texte, la traduction et l'explication des Institutes de Justinien et suivi : 1° d'une table alphabétique des matières; 2° d'une table des textes des Institutes; 3° d'une table des textes littéraires indiqués ou expliqués. 4e éd. 1886-1891, 2 vol. in-8 (*Pichon*) . . . . 28 fr.

Appleton (Ch.). — Histoire de la propriété prétorienne et de l'action publicienne. 1889, 2 vol. in-8 (*Thorin*) . . . 18 fr.

Audibert (Adrien). — Études sur l'histoire du droit romain. I. La folie et la prodigalité. 1892, in-8 (*Larose*). . . . 8 fr.

Beaudouin (E.). — La Limitation des fonds de terre dans ses rapports avec le droit de propriété. Etude sur l'histoire du droit romain de la propriété. 1894, in-8 (*Larose*). . . 10 fr.

Bonjean. — Explication méthodique des Institutes de Justinien, avec une introduction historique à l'étude du droit romain, la traduction et l'explication des Institutes de Justinien et des textes les plus importants des Institutes de Gaïus, du Digeste, du Code, des Novelles, etc. 1878, 2 vol. in-8 (*Pedone*). 18 fr.

Bry (Georges). — Principes de droit romain exposés dans leur développement historique, pour servir d'introduction à l'étude du droit français. 1892, in-18 (*Larose*) . . . . . . 6 fr.

Cornil (J.). — Droit romain. Traité élémentaire des droits réels et des obligations, précédé d'un exposé des notions générales et préliminaires. 1885, gr. in-8 (*Larose*) . . . . . 10 fr.

Cuq. — Les Institutions juridiques des Romains. L'ancien droit. 1891, gr. in-8 (*Chevalier-Marescq*) . . . . 10 fr.

Demangeat (Ch.). — Cours élémentaire de droit romain, contenant : 1° un abrégé de l'histoire externe du droit romain; 2° l'explication complète des Institutes de Gaïus et des Institutes de Justinien; 3° l'explication des principaux textes du Digeste et du Code, ainsi que des Novelles, qui s'y rapportent. 3e éd. 1876, 2 vol. in-8 (*Ibid.*) . . . . 20 fr.

Desjardins (Albert). — Traité du vol dans les principales législations de l'antiquité et spécialement dans le droit romain. 1881, in-8 (*Pedone*) . . . . 8 fr.

DESTRAIS (Ch.). — De la propriété et des servitudes en droit romain. 1885, in-8 (*Larose*) . . . . 8 fr.

DIDIER-PAILHÉ. — Cours élémentaire de droit romain, contenant l'explication méthodique des Institutes de Justinien et des principaux textes classiques, pour la préparation aux examens de baccalauréat, de licence et de doctorat en droit. 4e éd. revue et corrigée par Ch. Tartari. 1895, 2 vol. in-8 (*Larose*). 14 fr.

ESMEIN (A.). — Mélanges d'histoire du droit et de critique. — Droit romain. 1886, in-8 (*Larose*) . . . . 10 fr.

GIDE (Paul). — Étude sur la condition privée de la femme dans le droit ancien et moderne et en particulier sur le sénatus-consulte Velléien. 2e édit., avec une notice biographique, des additions et des notes par A. Esmein, suivie du « Caractère de la dot en droit romain » et de « la Condition de l'enfant naturel et de la concubine dans la législation romaine, » par Paul Gide. 1885, in-8 (*Larose*) . . . . 10 fr.

GIDE (Paul). — Études sur la novation et le transport des créances en droit romain. 1879, in-8 (*Larose*). . . 7 fr. 50

GIRAUD (Ch.). — Histoire du droit romain, ou introduction historique à l'étude de cette législation. 1847, in-8 (*Rousseau*). 7 fr. 50

IHERING (R. von). — L'Esprit du droit romain dans les diverses phases de son développement, traduit par O. de Meulenaëre. 3e édit. 1888, 4 vol. in-8 (*Chevalier-Marescq*) . . . . 40 fr.

IHERING (R. von). — Études complémentaires de l'Esprit du droit romain. Trad. par O. de Meulenaëre (*Ibid.*)

I. De la Faute en droit privé. 1880, 1 vol. in-8 . . 3 fr.
II. Fondements des Interdits possessoires. 2e édit. 1882, 1 vol. in-8 . . . . 6 fr.
III. Du rôle de la volonté dans la possession. 1891, 1 vol. in-8 . . . . 10 fr.
IV. De l'*Actio injuriarum*. 1888, 1 vol. in-8 . . 5 fr.

KELLER (de). — De la procédure civile et des actions chez les Romains, traduit par Ch. Capmas. 1870, in-8 (*Thorin*). 9 fr.

MACHELARD. — Dissertation sur l'accroissement entre les héritiers testamentaires et les colégataires aux diverses époques du droit romain. Etude sur les lois Julia et Papia Poppœa en ce qui concerne la caducité. 1860, in-8 (*Pedone*). . 5 fr.

MACHELARD. — Des obligations naturelles en droit romain. 1861, in-8 (*Pedone*) . . . . 7 fr.

MACHELARD. — Théorie générale des interdits en droit romain. Exposition détaillée des interdits possessoires. 1864, in-8 (*Pedone*) . . . . 5 fr.

MACHELARD. — Dissertations de droit romain et de droit français, recueillies et publiées par son fils P. Machelard, suivies d'appendices par J.-E. Labbé. — Droit romain : I. De la possession. II. Des hypothèques. III. Des donations entre époux. IV.

Observations sur la loi Cincia. V. Observations sur la corréalité. VI. Etude sur la règle Cantonienne. VII. Examen de la règle *Dies incertus conditionem in testamento facit*. VIII. Dévolution des successions. IX. Dévolution et accroissement dans la *Querela inofficiosi testamenti*. X. Observations sur les *Responsa prudentium*. — Droit français : XI. De la rétention de la réserve par l'héritier renonçant. 1888, in-8 (*Pedone*). 12 fr.

Mauléon (Charles de). — L'Église et le droit romain. Études historiques. 1887, in-18 j. (*Poussielgue*) . . . . 3 fr.

May (Gaston). — Éléments de droit romain, à l'usage des étudiants des Facultés de droit. 3e édit. 1894, in-8 (*Larose*). 10 fr.

May (Gaston) et Becker (Henri). — Précis des institutions du droit privé de Rome, destiné à l'explication des auteurs latins. 1892, in-18 (*Larose*) . . . . 3 fr.

Maynz. — Cours de droit romain. 5e édit. 1892, 3 vol. in-8 (*Pedone*). 32 fr. 50

Mispoulet (J.-B.). — Les Institutions politiques des Romains, ou exposé historique des règles de la constitution et de l'administration romaines depuis la fondation de Rome jusqu'au règne de Justinien. 1882, 2 vol. in-8 (*Pedone*) . . . . . . 18 fr.

Mispoulet (J.-B.). — Études d'institutions romaines, comprenant : 1° Etude sur les tribus ; 2° De la souveraineté du peuple : rôle du Sénat et des *Patres* ; 3° Des *equites equo privato*, des chevaliers romains sous l'Empire ; 4° Du mariage des soldats ; 5° Des *spurii*, du nom et de la condition de l'enfant naturel. 1887, in-8 (*Pedone*) . . . . 7 fr. 50

Mispoulet (J.-B.). — Manuel des textes du droit romain, comprenant les Institutes de Justinien et de Gaïus, ainsi que tous les fragments des jurisconsultes qui nous sont parvenus en dehors du Digeste. 1890, 1 vol. in-8 (*Chevalier-Marescq*) 5 fr.

Molitor (J.-P.). — Cours de droit romain approfondi (les obligations ; la possession, la revendication et les servitudes). Nouv. édit. 1874, 3 vol. in-8 (*Thorin*) . . . . 45 fr.

Molitor (J.-P.). — La Possession, la revendication, la publicienne et les servitudes en droit romain, avec les rapports entre la législation romaine et le droit français. Nouv. édit. 1874, in-8 (*Thorin*) . . . . 9 fr.

Mommsen (Th.), Marquardt (J.) et Krueger (P.). — Manuel des antiquités romaines, traduit de l'allemand sous la direction de G. Humbert. 17 vol. gr. in-8 (*Thorin*) . . . . . 179 fr.

Tomes I à VII (8 vol.). Le Droit public romain, par Th. Mommsen, trad. par P.-E. Girard.

Tomes VIII à XIII. L'Administration romaine, par J. Marquardt, trad. par A. Weiss, P.-L. Lucas, A. Vigié et J. Brissaud.

Tomes XIV et XV. La Vie privée des Romains, par J. Marquardt, trad. par V. Henry.

Tome XVI. Histoire des sources du droit romain, par P. Krueger, trad. par J. Brissaud.

Muirhead (J.). — Introduction historique au droit privé de Rome, traduite et annotée par Bourcart. 1889, in-8 (*Pedone*). 10 fr.

Namur (P.). — Cours d'Institutes et d'histoire du droit romain. 4e édit., 1888, 2 vol. in-8 (*Chevalier-Marescq*) . . . 14 fr.

Ortolan. — Législation romaine. — I. Histoire de la Législation romaine, depuis son origine jusqu'à la législation moderne, et généralisation du droit romain. 12e édit. publ. par J.-E. Labbé. 1884, in-8 (*Ibid.*) . . . . 8 fr.

Ortolan. — Législation romaine. — II et III. Explication historique des Institutes de l'empereur Justinien, avec le texte, la traduction en regard et les explications sous chaque paragraphe. 12e édit., publ. par J.-E. Labbé. 1883, 2 vol. in-8 (*Ibid.*). 16 fr.

Rambaud (Prosper). — Explication élémentaire du droit romain. 1893, 2 vol. in-8 (*Chevalier-Marescq*) . . . . 18 fr.

Rivier (A.). — Introduction historique au droit romain. Manuel-programme pour servir aux cours universitaires et à l'étude privée, comprenant une chrestomathie élémentaire et quelques linéaments d'histoire littéraire et biographique. Nouv. édit. 1881, in-8 (*Pedone*) . . . . 14 fr.

Rivier (A.). — Précis du droit de famille romain, contenant un choix de textes. 1891, in-8 (*Rousseau*) . . . . 9 fr.

Ruben de Couder. — Résumé de répétitions écrites de droit romain. 7e édit. 1888, 2 vol. in-18 (*Chevalier-Marescq*) . 11 fr.

Salivas (Albert) et Bellan (Amédée). — Éléments de droit romain. 1884-87, 2 vol. in-8 (*Rousseau*). . . . . . . 18 fr.

Savigny (E.-Ch. de). — Traité de la Possession en droit romain, traduit de l'allemand par Henri Staedtler, avec un appendice sur l'état actuel de la doctrine par Ad.-Fr. Rudorf. 2e édit. In-8 (*Chevalier-Marescq*) . . . . 12 fr.

Savigny (de). — Le Droit des obligations, trad. de l'allemand et accompagné de notes par C. Gérardin et P. Jozon. 2e édit. 1873, 2 vol. in-8 (*Thorin*) . . . . 15 fr.

Serrigny (D.). — Droit public et administratif romain, ou Institutions politiques, administratives, économiques et sociales de l'Empire romain du IVe au VIe siècle. 1862, 2 vol. in-8 (*Larose*). 16 fr.

Tambour (J.). — Des voies d'exécution sur les biens des débiteurs dans le droit romain et dans l'ancien droit français. 1856, 2 vol. in-8 (*Pedone*) . . . . 10 fr.

Thézard (L.). — Répétitions écrites sur le droit romain. 4e édit. 1885, in-18 j. (*Thorin*). . . . . 5 fr.

Troplong. — De l'influence du christianisme sur le droit civil des Romains. 3e édit. In-12 (*Hachette*) (épuisé) . . . » »

Van Wetter (P.). — Cours élémentaire de droit romain, contenant l'histoire du droit romain et la législation de Justinien. 3e édit. 1893, 2 vol. in-8 (*Chevalier-Marescq*) . . . . 20 fr.

Van Wetter (P.). — Les Obligations en droit romain. 1883-1886, 3 vol. gr. in-8 (*Ibid.*) . . . . 30 fr.

Vaquette (Théodule). — Institutes de droit romain, traduites en français. 1886, 2 vol. in-12 (*l'auteur*) . . . . 6 fr.

Willems (P.). — Le Droit public romain, ou les Institutions politiques de Rome depuis l'origine de la ville jusqu'à Justinien. 6e édit. 1888, gr. in-8 (*Larose*) . . . . 14 fr.

Willems (P.). — Le Sénat de la République romaine. 2e édit. 1885, 3 vol. gr. in-8 (*Thorin*). . . . . 22 fr.

4. Droit canonique et ecclésiastique.

Affre (Mgr). — De l'appel comme d'abus. 1845, in-8 (*Le Clère*) (épuisé) . . . . » »

Affre (Mgr). — Traité de l'administration temporelle des paroisses. 11e édit. mise au courant par M. l'abbé Pelgé. 1890, in-18 j. (*Poussielgue*) . . . . 3 fr.

André (l'abbé J.-E.). — Analyse du *Corpus juris canonici*, ou la Somme théorique et pratique de tout le droit canonique. 3e édit., 2 vol in-8 (*Bloud et Barral*) . . . . 7 fr. 50

André (Mgr Michel). — Dictionnaire du droit canonique ou le Cours de droit canon, entièrement revu par Pierre Condis. 1888-1890, 3 vol. gr. in-8 (*Walzer*) . . . . 45 fr.

Bequet (Léon). — De la personnalité civile des diocèses, fabriques et consistoires, et de leur capacité à recevoir des dons et legs. 1880, in-8 (*Chevalier-Marescq*) . . . . 2 fr.

Borde (Charles). — Des droits et des obligations réciproques des communes et des fabriques sur les édifices affectés au culte paroissial. 1887, gr. in-8 (*Larose*) . . . . 8 fr.

Brillaud (abbé). — Principes de droit ecclésiastique. 1887, in-8 (*Lethielleux*) . . . . 2 fr.

Champeaux (G. de). — Recueil général du droit civil ecclésiastique français depuis le commencement de la monarchie jusqu'à nos jours. 2e édit. 2 vol. in-8 (*Larose*) . . . . . 16 fr.

Craisson. — Manuale totius juris canonici. 8e édit. 4 vol. in-12 (*Roger et Chernoviz*) . . . . 18 fr.

Craisson. — Elementa juris canonici. 8e édit. 1892, 2 vol. in-12 (*Roger et Chernoviz*) . . . . 5 fr. 50

Dubief (Adrien). — Manuel formulaire des conseils de fabrique. 1892, in-18 (*Larose*). . . . . 3 fr. 50

Dubief et Gottofrey. — Code ecclésiastique à l'usage des conseils de fabrique, des membres du clergé, des congrégations et communautés religieuses et des administrations publiques, suivi de l'indication des pièces à fournir dans les différentes affaires et de tables chronologique et alphabétique. 1887, in-18 (*Larose*) . . . . 5 fr.

Dufour (L.). — Traité de la police extérieure des cultes. 1847, 2 vol. in-8 (*Marchal et Billard*) . . . . 12 fr.

Durieu (l'abbé P.). — Traité de l'administration temporelle des grands et des petits séminaires, des congrégations autorisées et des collèges ecclésiastiques, suivi de la législation annotée des fabriques, des menses curiales, épiscopales et capitulaires et des caisses de retraites ecclésiastiques. 1890, gr. in-8 (*Lecoffre*). . . . . 7 fr. 50

Esmein (A.). — Le Mariage en droit canonique. 1891, 2 vol. in-8. (*Larose*) . . . . 16 fr.

Gaubert. — Traité théorique et pratique de législation, de doctrine et de jurisprudence sur le monopole des inhumations et des pompes funèbres. 1875, 2 vol. in-8 (*Chevalier-Marescq*). 12 fr.

Gaubert. — Manuel pratique de législation pour l'organisation et l'exécution du service des pompes funèbres dans toutes les localités, à l'usage des communes et des paroisses, avec un commentaire des nouvelles lois sur : 1° la neutralisation des cimetières ; 2° la liberté des funérailles ; 3° la crémation des corps. 1890, in-18 (*Ibid.*) . . . . 5 fr.

Gaudry. — Traité de la législation des cultes et spécialement du culte catholique. 1856, 2 vol. in-8 (*Pedone*). . . . 18 fr.

Gaze (l'abbé Th.). — Le Droit concordataire. 1892, gr. in-8 (*Larose*) . . . . 5 fr.

Gousset (le cardinal). — Exposition des principes du droit canonique. 2° édit. In-12 (*Lecoffre*) . . . . 4 fr.

Gousset (le cardinal). — Le Droit de l'Église touchant la possession des biens destinés au culte et la souveraineté temporelle du pape. In-8 (*Lecoffre*) . . . . 3 fr. 50

Goyénèche (l'abbé). — Cours élémentaire du droit canonique. Nouv. édit. 1876, in-12 (*Haton*). . . . . 3 fr. 50

Grandclaude (abbé). — Jus canonicum juxta ordinem Decretalium, recentioribus Sedis apostolicæ decretis et rectæ rationi in omnibus consonum. 3 vol. gr. in-8 (*Lecoffre*) . . . 24 fr.

Granderath (F. Théodore). — Constitutiones dogmaticæ sacrosancti œcumenici concilii vaticani ex ipsis ejus actis explicatæ atque illustratæ. Gr. in-8 (*Lecoffre*) . . . . 3 fr. 50

Hébrard (Mgr). — Les Articles organiques devant l'histoire, le droit et la discipline de l'Eglise. In-8 (*Lecoffre*). . . 3 fr.

Jacquier. — De la condition légale des communautés religieuses en France. In-8 (*Téqui*) (épuisé) . . . . » »

Laisné-Deshayes. — Régime légal des communautés religieuses en France. 2° éd, 1868, in-8 (*Pedone*). . . . . 2 fr. 50

Lafarge (l'abbé F.-A.). — Le Gouvernement de l'Eglise, ou Principes du droit ecclésiastique exposés aux gens du monde. — Droit public. In-8 (*Poussielgue*). . . . . 7 fr. 50

Lequeux (l'abbé J.-F.-M.). — Histoire du droit canon. In-12 (*Roger et Chernoviz*) . . . . 3 fr.

Liberatore (le P. Matthieu). — Le Droit public de l'Église. Traduit de l'italien par Aug. Onclair. In-8 (*Retaux*) . . 6 fr.

Lods (A.). — La législation des cultes protestants (1787-1887). In-8 (*Grassart*). . . . . 5 fr.

M. (P.-Ch.). — Le Droit social de l'Église et ses applications dans les circonstances présentes. 2e éd. 1894, in-8 (*Lamulle et Poisson*) . . . . 4 fr.

M. (R. de). — Institutiones juris canonici, publici et privati, ad usum scholarum accommodatæ. 2 vol. in-8 (*Lecoffre*) . 12 fr.

Marie. — Traité du régime légal des paroisses catholiques. 1892, In-8 (*Roger et Chernoviz*). Net . . . . 5 fr.

Marie. — De la comptabilité des fabriques, d'après le décret du 27 mars 1893. 1894, in-8 (*Roger et Chernoviz*). Net. 2 fr. 75.

Moulard (abbé Ferd.-J.). — L'Église et l'État, ou les deux puissances; leur origine, leurs relations, leurs droits et leurs limites. 3e éd. In-8 (*Lecoffre*) (épuisé) . . . . » »

Ollivier (Émile). — Nouveau manuel de droit ecclésiastique français. Textes et commentaires. 1885, in-12 (*Garnier*). 7 fr. 50

Paoli (abbé Antoine). — Études sur les origines et la nature du mariage civil mis en regard de la doctrine catholique. In-8 (*Retaux*). . . . . 4 fr.

Pelletier (l'abbé Victor). — Des chapitres cathédraux en France, devant l'Eglise et devant l'Etat. In-8 (*Lecoffre*) . . . 5 fr.

Penel Beaufin. — Législation générale des cultes protestants en France, en Algérie et dans les colonies. 1894, in-18 (*Giard et Brière*) . . . . 3 fr.

Philips (G.). — Du droit ecclésiastique dans ses principes généraux, traduit par l'abbé Crouzet. 2e éd. 1855, 3 vol. in-12 (*Lecoffre*). . . . . 10 fr.

Philips (G.). — Les Synodes diocésains. Traduit sur la 2e édit. par l'abbé Crampon. In-8 (*Lecoffre*) . . . . 0 fr. 80

Ravelet (A.). — Traité des congrégations religieuses. 1869, in-8 (*Palmé*) (épuisé) . . . . » »

Ravelet (A.). — Code-manuel des lois civiles ecclésiastiques. 4e édit par MM. Gassiat et Trocmé. 1888, in-12 (*Téqui*) 3 fr. 50.

Satolli (Mgr). — Principes de droit public des concordats. Traduit par Mgr Chazelles. In-8 (*Retaux*) . . . . . . 5 fr.

Stremler (l'abbé J.). — Traité des peines ecclésiastiques, des appels et des congrégations romaines. In-8 (*Poussielgue*) 6 fr.

Tardif (Ad.). — Histoire des sources du droit canonique. 1887, in-8 (*Alph. Picard*). . . . . 8 fr.

TARQUINI (le P.), S. J. — Les Principes du droit public de l'Eglise, réduits à leur plus simple expression. Trad. sur la 12e édit par l'abbé Onclair. In-8 (*Retaux*) . . . . 3 fr. 50

THOMASSIN. — Ancienne et nouvelle discipline de l'Église, mise en rapport avec les lois modernes, par M. André. 7 vol. gr. in-8 (*Bloud et Barral*). . . . . 63 fr.

TURINAZ (Mgr). — Les Concordats et l'obligation réciproque qu'ils imposent à l'Eglise et à l'Etat. 2e édit. gr. in-8 (*Retaux*) 2 fr. 50

TILLOY (Mgr). — Traité théorique et pratique du droit canonique. 2 vol. in-8 (*Desclée*) . . . . » »

VOURIOT et REYBET. — Manuel des conseils de fabrique. 5e édit. 1888, in-4 (*Bloud et Barral*). . . . . 8 fr. 50

WABLE (A.). — De la suppression, par mesure disciplinaire, des traitements des évêques, des curés et des desservants, au point de vue légal. 1893, in-8 (*Marchal et Billard*). . . 1 fr. 50

5. Droit des gens. — Droit international privé.

ASSER (T.-M.-C.). — Éléments de droit international privé, ou du Conflit des lois. (Droit civil, Procédure. Droit commercial.) Trad. et annoté par Alph. Rivier. 1884, in-8 (*Rousseau*). 8 fr.

AUDISIO (l'abbé). — Droit public de l'Église et des nations chrétiennes. 4 vol. in-8 (*Lethielleux*). Net. . . . . . . 14 fr.

BERNARD (Paul). — Traité théorique et pratique de l'Extradition. 2e édit , augmentée d'un index bibliographique et de la liste des traités d'extradition conclus par la France et par quarante-huit Etats étrangers jusqu'au 1er janvier 1890, par André Weiss et Paul-Louis Lucas. 1890, 2 vol. in-8 (*Rousseau*). 18 fr.

BILLOT (A.). — Traité de l'extradition, suivi des conventions actuellement en vigueur. 1874, in-8 (*Plon*). . . . . . 10 fr.

BLUNTSCHLI. — Le Droit international codifié, traduit par Lardy. Nouv. édit. 1895, in-8 (*Guillaumin*) . . . . 10 fr.

BROCHER (Charles). — Cours de droit international privé, suivant les principes consacrés par le droit positif français. 1882-85, 3 vol. in-8 (*Thorin*). . . . . 27 fr.

BRY (Georges). — Précis élémentaire de droit international public. 2e édit. 1892, in-12 (*Larose*) . . . . 6 fr.

CALVO (Ch.). — Dictionnaire de droit international public et privé. 1885, 2 vol. gr. in-8 (*Rousseau*) . . . . 50 fr.

CALVO (Ch.). — Dictionnaire manuel de diplomatie et de droit international public et privé. 1885, gr. in-8 (*Rousseau*). 25 fr.

CALVO (Ch.). — Le Droit international théorique et pratique, précédé d'un exposé historique des progrès de la science du droit des gens. 5e édit. 1887, 5 vol. gr. in-8 (*Rousseau*). 75 fr.

Calvo (Ch.). — Manuel de droit international public et privé, conforme au programme des facultés de droit. 3e édit. 1892, in-12 (*Rousseau*) . . . . 7 fr.

Carnazza-Amari. — Traité de droit international public en temps de paix, traduit en français et précédé d'une étude sur l'état actuel du droit des gens en Italie, par Montanari-Revest. 1880-1881, 2 vol. in-8 (*Larose*) . . . . 16 fr.

Cauchy (Eug.). — Le Droit maritime international considéré dans ses origines et dans ses rapports avec les progrès de la civilisation. 1862, 2 vol. in-8 (*Pedone*) (épuisé) . . . . . » »

Chauveau (M.-E.). — Le Droit des gens, ou Droit international public. Introduction. Notions générales. Historique. Méthode. 1892, in-8 (*Rousseau*) . . . . 4 fr.

Chrétien (Alfred). — Principes de droit international public. 1893, in-8 (*Chevalier-Marescq*) . . . . 12 fr.

Clercq (Alex. de). — Recueil des traités conclus par la France. 19 vol. in-8 (*Pedone*) . . . . 275 fr.

Cogordan (Georges). — La Nationalité au point de vue des rapports internationaux. 2e éd. 1889, in-8 (*Larose*) . . . 10 fr.

Despagnet (Frantz). — Cours de droit international public. 1894, in-8 (*Larose*) . . . . 10 fr.

Despagnet (Frantz). — Précis de droit international privé. 2e édit. 1891, in-8 (*Larose*). . . . . 10 fr.

Durand (Louis). — Essai de droit international privé, précédé d'une étude historique sur la condition des étrangers en France et suivi du texte de tous les traités intéressant les étrangers. 1884, in-8 (*Larose*) . . . . 10 fr.

Fiore (Pasquale). — Traité de droit pénal international et de l'extradition, traduit, annoté et mis au courant du droit français, notamment par l'insertion des traités d'extradition conclus par la France avec les Etats étrangers, par Ch. Antoine. 1880, 2 vol. in-8 (*Pedone*). . . . . 16 fr.

Fiore (Pasquale). — Nouveau droit international public, suivant les besoins de la civilisation moderne. 2e édit., traduite de l'italien par Charles Antoine. 1885-1886, 3 vol. in-8 (*Pedone*). 37 fr. 50.

Fiore (Pasquale). — Traité de droit international privé, ou principes pour résoudre les conflits entre les lois civiles, commerciales, judiciaires, pénales des différents Etats. 2e édit., traduite par Ch. Antoine. 1890-1891. Tomes I et II. Lois civiles. 2 vol. in-8 (*Pedone*) . . . . 20 fr.

Fiore (Pasquale). — Le Droit international codifié et sa sanction juridique, suivi d'un résumé historique des principaux traités internationaux, traduit de l'italien par A. Chrétien. 1890, in-8 (*Chevalier-Marescq*) . . . . 10 fr.

GROTIUS. — Le Droit de la guerre et de la paix. Nouvelle traduction par Pradier-Fodéré. 3 vol. in-8 ou 3 vol. in-12 (*Guillaumin*). . . . . 12 fr. 50 et 7 fr. 50

HAUTEFEUILLE (L.-B.). — Des Droits et des devoirs des nations neutres en temps de guerre maritime. 3e édit. 1868, 3 vol. in-8 (*Guillaumin*) . . . . 22 fr. 50

HAUTEFEUILLE (L.-B.). — Questions de droit maritime international. 1868, in-8 (*Guillaumin*) . . . . 7 fr. 50

HAUTEFEUILLE (L.-B.). — Histoire des origines, des progrès et des variations du droit maritime international. 2e édit. 1869, in-8 (*Pedone*) . . . . 7 fr. 50

HEFFTER (A.-G.). — Le Droit international public de l'Europe. Traduit par J. Bergson. 4e éd. française, annotée par H. Geffcken. 1883, in-8 (*Giard et Brière*). . . . . 18 fr.

HOLTZENDORFF (Franz de). — Éléments de droit international public. Traduit de l'allemand par Zographos. 1891, in-8 (*Rousseau*) . . . . 5 fr.

IMBART-LATOUR (J.). — La Mer territoriale, au point de vue théorique et pratique. 1889, in-8 (*Pedone*). . . . . . . 8 fr.

IMBART-LATOUR (J.). — La Papauté en droit international. 1893, in-8 (*Pedone*) . . . . 5 fr.

IMBART-LATOUR (J.). — De la pêche dans le droit international. 1885, in-8 (*Pedone*) . . . . 2 fr.

INSTITUT DE DROIT INTERNATIONAL. — Les Lois de la guerre sur terre. 1880, in-8 (*Pedone*). . . . . 18 fr.

JITTA (J.). — La Méthode du droit international privé. 1890, gr. in-8 (*Marchal et Billard*) . . . . 13 fr. 50

KAMAROWSKI (comte L.). — Le Tribunal international, traduit par S. de Westman et précédé d'une introduction par J. Lacointa. 1887, in-8 (*Pedone*). . . . . 8 fr.

KIRCHNER (E.-J.). — L'Extradition, recueil renfermant *in extenso* tous les traités conclus jusqu'au 1er janvier 1883 entre les nations civilisées et donnant la solution précise des difficultés qui peuvent surgir dans leur application, publié sous les auspices de M. C.-E. Howard Vincent. 1883, 1 vol. in-4 (Londres). 55 fr.

LAINÉ (A.). — Introduction au droit international privé, contenant une étude historique et critique de la théorie des statuts et des rapports de cette théorie avec le Code civil. Tomes I et II. 1888-1892. 2 vol. in-8 (*Pichon*) . . . . 20 fr.

LAMMASCH (Dr H.). — Le Droit d'extradition appliqué aux délits politiques, traduit de l'allemand et annoté par A. Weiss et P. Louis-Lucas. 1881, in-8 (*Chevalier-Marescq*) . . . . 4 fr.

LEMOINE (A.). — Précis de droit maritime international et de diplomatie. 1888, in-8 (*Giard et Brière*) . . . . 6 fr.

LERAY (V.). — Exposé élémentaire de droit international public. 1892, in-8 (*Marchal et Billard*). . . . . 3 fr. 50

LORIMER (J.). — Principes de droit international. Traduit de l'anglais par Ernest Nys. 1885, in-8 (*Chevalier-Marescq*). 7 fr. 50

MARTENS (G.-F.). — Précis du droit des gens moderne de l'Europe, augmenté des notes de Pinheiro-Ferreira, précédé d'une introduction et complété par l'exposition des doctrines des publicistes contemporains et suivi d'une bibliographie du droit des gens, par Ch. Vergé. 2e éd. 1864, 2 vol. in-8 (*Guillaumin*). 7 fr.

MARTENS (baron Ch. de). — Le Guide diplomatique. Précis des droits et des fonctions des agents diplomatiques et consulaires. 5e éd., refondue par M. H. Geffcken. 1866, 3 vol. in-8 (*Giard et Brière*) . . . . 17 fr.

MARTENS (F. de). — Traité de droit international, traduit du russe par Alfred Léo. 1883-1887, 3 vol. in-8 (*Chevalier-Marcscq*). 27 fr.

MARTENS (Ch. de) et de CUSSY. — Recueil manuel et pratique des traités, conventions et autres actes diplomatiques sur lesquels sont établies les relations entre les divers Etats du globe depuis 1760 jusqu'à l'époque actuelle. 1846-1887. 1re série, 7 vol., et 2e série, 3 vol. ; ensemble 10 vol. in-8 (*Giard et Brière*). 130 fr.

MOUGINS DE ROQUEFORT (Ch.). — De la solution juridique des conflits internationaux. L'arbitrage international. Histoire. Fonctionnement. Réformes. Préface de Frédéric Passy. 1889, in-8 (*Rousseau*) . . . . 6 fr.

NEUMANN (baron Léopold de). — Éléments du droit des gens moderne européen. Traduit de l'allemand sur la 3e édit. et annoté par A. de Riedmatten. 1886, in-8 (*Rousseau*). . . . 7 fr.

NYS (Ern.). — Les Origines du droit international. 1894, in-8 (*Thorin*) . . . . 10 fr.

NYS (Ern.). — Les Théories politiques et le droit international en France jusqu'au XVIIIe siècle. 1891, in-8 (*Bruxelles*). 3 fr. 50

PÉRIN (Charles). — L'Ordre international. 1888, in-8 (*Lecoffre*). 7 fr.

PRADIER-FODÉRÉ. — Cours de droit diplomatique, à l'usage des agents politiques du ministère des affaires étrangères des Etats européens et américains. 1881, 2 vol. in-8 (*Pedone*). 18 fr.

PRADIER-FODÉRÉ. — Traité de droit international public, européen et américain. 1885-1894, 7 vol. in-8 (*Pedone*) . . 90 fr.

REVON (M.). — L'Arbitrage international ; son passé, son présent, son avenir. 1892, in-8 (*Rousseau*) . . . . 10 fr.

ROUARD DE CARD (E.). — L'Arbitrage international dans le passé, le présent et l'avenir. 1877, in-8 (*Pedone*) . . . . . 4 fr.

ROUARD DE CARD (E.). — Études de droit international. 1890, in-8 (*Pedone*) . . . . 5 fr.

ROUARD DE CARD (E.). — Les Destinées de l'arbitrage international depuis la sentence rendue par le tribunal de Genève. 1892, in-8 (*Pedone*) . . . . 5 fr.

SURVILLE (E.) et ARTHUYS. — Cours élémentaire de droit international privé, conforme au programme des Facultés de droit. Droit civil. Procédure. Droit commercial. 1890, in-8 (*Rousseau*). 10 fr.

TESTA (Carlos de). — Le Droit public international maritime. Principes généraux, règles pratiques. Traduit du portugais par Ad. Boutiron. 1886, in-8 (*Pedone*) . . . . 8 fr.

TRAVERS-TWISS. — Le Droit des gens, ou des nations considérées comme communautés politiques indépendantes. 1887-1889, 2 vol. in-8 (*Pedone*) . . . . 18 fr.

VATTEL. — Le Droit des gens, ou Principes de la loi naturelle appliqués à la conduite et aux affaires des nations et souverains. Nouv. édit., mise au courant par Pradier-Fodéré. 1863, 3 vol. in-8 (*Guillaumin*) (épuisé) . . . . » »

VINCENT (René) et PÉNAUD (Édouard). — Dictionnaire de droit international privé. Législation, doctrine, jurisprudence françaises. 1888, gr. in-8 (*Larose*) . . . . 20 fr.

WEISS (André). — Traité élémentaire de droit international privé 2e édit. 1890, in-8 (*Larose*) . . . . 12 fr.

WEISS (André). — Traité théorique et pratique de droit international privé. 1892. Tome I. De la nationalité. In-8 (seul paru) (*Larose*). L'ouvrage aura 5 vol. . . . . 10 fr.

WHEATON (H.). — Histoire des progrès du droit des gens en Europe et en Amérique, depuis la paix de Westphalie jusqu'à nos jours. 4e édit. 1865, 2 vol. in-8 (Leipzig, *Brockhaus*) 15 fr.

WHEATON. — Éléments du droit international. 5e édit. 1874, 2 vol. in-8 (Leipzig, *Brockhaus*) . . . . 15 fr.

6. Codes et Lois. — Encyclopédies.

BERTHEAU (Hippolyte). — Dictionnaire général de droit et de jurisprudence, répertoire raisonné de la pratique des affaires, suivi d'un formulaire général. 10 vol. gr. in-8 en cours de publication depuis 1890. 5 vol. parus (*Chevalier-Marescq*). Le volume . . . . 15 fr.

DALLOZ. — Jurisprudence générale ou répertoire méthodique et alphabétique de législation, de doctrine et de jurisprudence en matière de droit civil, commercial, criminel, administratif, de droit des gens et de droit public. Nouv. édit. 44 vol. in-4 (Administration à Paris, rue de Lille, 19) . . . 528 fr.
Supplément. 16 vol. in-4 parus. 1887-1895 . . . . . 320 fr.

DALLOZ. — Recueil périodique et critique de jurisprudence, de législation et de doctrine, en matière civile, commerciale, criminelle, administrative et de droit public, paraissant deux fois par mois. 1845-1894, 51 vol. in-4 . . . . 500 fr.

Abonnement annuel . . . . 30 fr.

Table alphabétique des vingt-deux premières années (1845-1867). 1868, 4 vol. in-4 . . . . 40 fr.

Table alphabétique décennale de 1867 à 1877. [1 vol in-4. 25 fr.

Table alphabétique décennale de 1877 à 1887. 1 vol. in-4. 25 fr.

DALLOZ et VERGÉ. — Les Codes annotés :

Code civil. 1873-1875, 2 vol. in-4. . . . . 60 fr.

Supplément au Code civil. 1890, 1 vol. in-4. . . . 20 fr.

Code de procédure civile. 1876, 1 vol. in-4 . . . . 30 fr.

Supplément au code de procédure civile. 1893, 1 vol. in-4. 20 fr.

Code de commerce. 1877, 1 vol. in-4 . . . . 30 fr.

Code pénal. 1881-1886, 1 vol. in-4 . . . . 30 fr.

Code forestier, suivi des lois sur la pêche et sur la chasse. 1884, 1 vol. in-4 . . . . 30 fr.

Code de l'enregistrement, du timbre, des droits d'hypothèque, etc. 1878. 1 vol. in-4 . . . . 25 fr.

Code des lois politiques et administratives. En cours de publication depuis 1887. Le vol. . . . . . , . . . 30 fr.

T. I. Lois constitutionnelles. Séparation des pouvoirs et conflits. Conseil d'Etat. Organisation départementale et communale. Elections. — T. II. Culte. Sépulture. Enseignement. Beaux-arts. Etablissements de bienfaisance et de prévoyance. Etablissements publics et d'utilité publique. Dons et legs. Ordres civils et militaires. Noms et titres de noblesse. Honneurs et préséances. — T. III (première partie seule parue). Salubrité publique. Passeports. Agriculture. Commerce et industrie. Domaine. Travaux publics.

DURAND et PAULTRE. — Nouveau code général des lois françaises, continué et mis au courant par un supplément annuel. 1895, gr. in-8 (*Marchal et Billard*) . . . . 25 fr.

DUVERGIER (J.-B.). — Collection complète des lois, décrets, ordonnances, règlements et avis du conseil d'Etat, continuée par J. Duvergier et Ed. Goujon. — 93 vol. in-8 (*Larose*) . 300 fr.

Abonnement annuel . . . . 12 fr.

HAILLY (d') et QUÉTAND. — Dictionnaire des lois. Manuel pratique et raisonné de la législation française. 1891, 3 vol. gr. in-8 (*Geffroy*) . . . . 35 fr.

LYON-CAEN (Ch.) et DELALAIN (Paul). — Lois françaises et étrangères sur la propriété littéraire et artistique, suivies des conventions internationales conclues par la France pour la protection des œuvres de littérature et d'art. 1890, 2 vol. in-8 (*Pichon*) . . . . 20 fr.

MAILLARD DE MARAFY (comte de). — Grand Dictionnaire international de la propriété industrielle, au point de vue du nom commercial, des marques de fabrique et de commerce et de la concurrence déloyale, contenant les lois, la jurisprudence et les conventions de réciprocité de tous les pays, commentées et comparées. 1889-92, 6 vol. gr. in-8 (*Plon*). . . . . . 200 fr.

MÉNERVILLE (P. de). — Dictionnaire de la législation algérienne. Code annoté ou manuel raisonné des lois, ordonnances, décrets, décisions et arrêtés publiés au Bulletin officiel des actes du gouvernement. 2e édit. 1881-84, 3 vol. gr. in-8 (*Marchal et Billard*) . . . . 35 fr.

PANDECTES FRANÇAISES. — Nouveau répertoire de doctrine, de législation et de jurisprudence, publié sous la direction de H. Rivière, André Weiss et H. Frennelet. 1886-95, 25 vol. in-4 parus (*Chevalier-Marescq*). Le volume . . . . 25 fr.
Pour les souscripteurs . . . . 20 fr.

PANDECTES CHRONOLOGIQUES, ou Collection nouvelle, résumant la jurisprudence de 1789 à 1886. 6 vol. in-8 (*Chevalier-Marescq*). 130 fr.

PANHARD (N.), GÉRARD (P.) et QUENTIN (V.). — Recueil des arrêts du Conseil d'Etat statuant au contentieux, du Tribunal des conflits et de la Cour des comptes. — 12 livraisons par an. Abonnement annuel (*Larose*). . . . . 20 fr.
Table de 1849 à 1858, 1 vol. in-8 . . . . 16 fr.
Table de 1859 à 1874, 2 vol. in-8. . . . . 36 fr.
Table de 1875 à 1884, 1 vol. in-8. . . . . 25 fr.
La rareté de la collection complète de ce Recueil a décidé les éditeurs à former et à vendre séparément une collection, *dite économique*, comprenant la Table générale, 4 volumes, les années 1885 à 1892 avec l'abonnement à 1893. . . . . 190 fr.

RECUEIL DE LOIS, décrets et arrêtés concernant les colonies. 1880, 2 vol. gr. in-8 (*Imprimerie nationale*). Net . . 15 fr.

RECUEIL MENSUEL DE JURISPRUDENCE et de législation des Pandectes françaises, publié sous la direction d'André Weiss et Paul-Louis Lucas. 1 vol. in-4 par an depuis 1886 (*Chevalier-Marescq*). Le volume . . . . 20 fr.

RIVIÈRE (H.-F.), HÉLIE (Faustin) et PONT (P.). — Codes français et lois usuelles, décrets, ordonnances et avis du Conseil d'Etat, annotés des arrêts de la Cour de cassation et des circulaires ministérielles, publication continuée par MM. Demangeat et Poncet. Nouv. édit. 1895, in-8 (*Chevalier-Marescq*). 25 fr.
Les mêmes, 2 vol. in-8 . . . . 26 fr.
Les mêmes, 1 vol. in-32 . . . . 6 fr.
Les mêmes, 2 vol. in-32. . . . . 7 fr. 50

ROGRON. — Les Codes français expliqués. 7 vol. in-18 (*Chevalier-Marescq*) . . . . 60 fr.
On vend séparément :
Code civil expliqué. 1884, 20e édit., mise au courant par G. de Boislisle et G. Grattery, 2 vol. in-8 . . . . 15 fr.
Code de procédure civile expliqué, suivi d'un formulaire des actes de procédure civile et des tarifs de frais et dépens en matière civile. 11e édit., mise au courant par Roger Dufraisse et Gustave Lefèvre. 1891, 2 vol. in-18 . 15 fr.
Code de commerce expliqué, suivi d'un formulaire des actes de commerce. 14e édit., mise au courant par G. de Boislisle. 1891, 1 vol. in-18 . . . . 10 fr.

Code d'instruction criminelle expliqué. 5e éd. 1865, 1 vol. in-18 . . . . 10 fr.

Code pénal expliqué. 7e éd. 1865, 1 vol. in-18 . . . 10 fr.

ROUIRE (L.). — Les Codes français-algériens comparés, comprenant également la législation française en Tunisie. Code civil et code de procédure civile. 1886, gr. in-8 (*Marchal et Billard*). 12 fr.

SIREY. — Recueil général des lois et arrêts, contenant la jurisprudence des cours et tribunaux, la jurisprudence administrative, la jurisprudence étrangère, les lois annotées. Directeur : Ed. Fuzier-Herman. Rédacteur en chef : C.-L. Jessionesse. Collection complète de 1791 à 1893, avec tables, 90 vol. in-4 (*Larose*) . . . . 600 fr.

Abonnement annuel . . . . 30 fr.

SIREY. — Lois annotées, contenant les lois, décrets, ordonnances, avis du conseil d'Etat, etc , avec notes historiques de concordance et de jurisprudence, de 1789 à 1890. 10 vol. in-4 (*Larose*). 200 fr.

SOCIÉTÉ DE LÉGISLATION COMPARÉE. — Annuaire de législation française. — Chaque année depuis 1882, in-8 (*Pichon*) 3 fr.

SOCIÉTÉ DE LÉGISLATION COMPARÉE. — Annuaire de législation étrangère, contenant la traduction des principales lois votées dans les pays étrangers. Chaque année depuis 1872, 1 vol. in-8 (*Pichon*) . . . . 18 fr.

TEULET (A.-E.). — Dictionnaire des codes français, ou Manuel de droit, dans lequel toutes les matières que renferment les codes sont distribuées textuellement par ordre alphabétique. 1875, gr. in-8 (*Chevalier-Marescq*) . . . . 20 fr.

TILLOY. — Répertoire alphabétique de jurisprudence, de doctrine et de législation algériennes et tunisiennes. 8 vol. in-8, en cours de publication depuis 1890. 3 vol. parus (*Pedone*). Le volume . . . . 20 fr.

TRIPIER (Louis). — Les Codes français, collationnés sur les textes officiels, contenant : 1° la conférence des articles entre eux ; 2° sous chaque article, les textes, tant anciens que nouveaux, qui les expliquent, les complètent ou les modifient ; 3° un supplément, par ordre alphabétique et chronologique, renfermant les lois les plus usuelles et les textes anciens qui sont encore en vigueur, etc. 46e édit. 1896, gr. in-8 (*Larose*). 20 fr.

Les mêmes, 1 vol. in-18. . . . . 6 fr.

7. Droit civil.

AGNEL. — Code manuel des propriétaires et locataires de maisons, hôteliers, aubergistes et logeurs. 8e éd., revue par M. Carré. 1892, in-12 (*Marchal et Billard*). . . . 6 fr. 50

ALLÈGRE (chan.). — Le Code civil commenté à l'usage du clergé, 2 vol. in-12 (*Roger et Chernoviz*) . . . . 9 fr.

ARNTZ (E.-R.-N.). — Cours de droit civil français, comprenant l'explication des lois qui ont modifié le Code civil en France et en Belgique. 2e éd. 1879, 4 vol. in-8 (*Chevalier-Marescq*). 36 fr.

Chaque vol. séparément . . . . 12 fr. 50

AUBRY et RAU. — Cours de droit civil français, d'après la méthode de Zachariæ. 4e édit. 1869-1879, 8 vol. in-8 (*Marchal et Billard*) . . . . 72 fr.

BAUDRY-LACANTINERIE (G.). — Précis de droit civil, contenant dans une première partie l'exposé des principes et dans une deuxième les questions de détail et les controverses. 5e éd. 1893-1895, 3 vol. gr. in-8 (*Larose*) . . . . 37 fr. 50

BAUDRY-LACANTINERIE (G.) et WALH (Albert). — Des Successions. 1894, 3 vol. in-8 (*Larose*) . . . . 30 fr.

BAUDRY-LACANTINERIE (G.) et COLIN (Maurice). — Des Donations entre-vifs et des testaments. 1894-1895, 2 vol. in-8 (*Larose*). 20 fr.

BEAUTEMPS-BEAUPRÉ. — De la portion de biens disponible et de la réduction. 1856, 2 vol. in-8 (*Pedone*) . . . . . . 14 fr.

BÉDARRIDE (J.). — Traité du dol et de la fraude en matière civile et commerciale, revu et annoté par H.-E. Rivière. 4e édit. 1887, 4 vol. in-8 (*Chevalier-Marescq*). . . . . . . 36 fr.

BELLOT DES MINIÈRES. — Régime dotal et communauté d'acquêts. 1853, 4 vol. in-8 (*Pedone*) . . . . 20 fr.

BERTON (F.).— L'Art de faire soi-même son testament, ou Traité pratique du testament olographe. 5e édit. 1892, 1 vol. in-18 (*Giard et Brière*). . . . . 3 fr. 50

BERNARD (F.). — Cours sommaire de droit civil, ou Exposé rationnel des principes à l'usage des élèves des Facultés. 1873-1874, 3 vol. in-8 (*Chevalier-Marescq*) . . . . 18 fr.

BESSON (Emmanuel). — Les Livres fonciers et la réforme hypothécaire. 1891, in-8 (*Delamotte*) . . . . 10 fr.

BIGNE DE VILLENEUVE (de la) et HENRY (P.). — Éléments de droit civil 1883-1887, 3 vol. in-8 (*Marchal et Billard*) . 37 fr. 50

BONNET. — Des dispositions par contrat de mariage et des dispositions entre époux. 2e édit. 1878, 3 vol. in-8 (*Pedone*) 22 fr.

BOULANGER (Ernest) et RÉCY (René de). — Traité théorique et pratique des radiations hypothécaires. 3e édit., 1886, 2 vol. in-8 (*Delamotte*) . . . . 20 fr.

BUREAU (Paul). — Le Homestead, ou l'Insaisissabilité de la petite propriété foncière. 1895, in-8 (*Rousseau*) . . 7 fr. 50

COLMET DE SANTERRE (E.). — Manuel élémentaire de droit civil. 1884-1891, 3 vol. in-12 (*Plon*) . . . . 13 fr. 50

COULON (H.). — Le Divorce et la séparation de corps. Histoire, législation, débats parlementaires, jurisprudence, doctrine, procédure, droit international, formules. 1890-1892, 6 vol. in-8 (*Marchal et Billard*) . . . . 48 fr.

Daniel (le P.), S. J. — Le Mariage chrétien et le code Napoléon. 1870, in-8 (*Palmé*) (épuisé) . . . . » »

Dejamme (J) — La Vaine pâture. Commentaire des lois du 9 juillet 1889 et du 22 juin 1890. 1890, in-12 (*Berger-Levrault*). 1 fr. 50

Delsol (J.-J.). — Explication du Code civil, mise en rapport avec la doctrine et la jurisprudence. 3e éd., revue et augmentée avec la collaboration de M. Ch. Lescœur. 1885, 3 vol. in-8 (*Pichon*) . . . . 30 fr.

Demante (A.) et Colmet de Santerre (E.). — Cours analytique de Code civil. 1873-1884, 9 vol. in-8 (*Chevalier-Marescq*) 74 fr.

Demolombe (C.). — Cours de code Napoléon. 31 vol. in-8 (*Lahure*) . . . . 248 fr.

De la publication, des effets et de l'application des lois en général; de la jouissance et de la privation des droits civils; des actes de l'état civil; du domicile (1 vol.). — De l'absence (1 vol.). — Du mariage et de la séparation de corps (2 vol.). — De la paternité et de la filiation (1 vol.). — De l'adoption et de la tutelle officieuse; de la puissance paternelle (1 vol.). — De la minorité, de la tutelle et de l'émancipation; de la majorité, de l'interdiction et du conseil judiciaire; des individus placés dans un établissement public ou privé d'aliénés (2 vol.). — De la distinction des biens; de la propriété, de l'usufruit, de l'usage et de l'habitation (2 vol.). — Des servitudes ou services fonciers (2 vol.). — Des successions (5 vol.). — Des donations entre-vifs et des testaments (6 vol.). — Des obligations (7 vol.). — Des engagements qui se forment sans convention (1 vol.).

Chaque volume se vend séparément. . . . . 8 fr.

Dramard. — Bibliographie raisonnée du droit civil. 1878, gr. in-8 (*Firmin-Didot*) . . . . 12 fr.

Dutruc. — Traité de la séparation de biens judiciaire. 1853, in-8 (*Marchal et Billard*). . . . . 7 fr.

Dutruc. — Traité du partage de succession et des opérations et formalités qui s'y rattachent, telles que les scellés, l'inventaire, la vente du mobilier, la licitation, le retrait successoral. 1855, in-8 (*Marchal et Billard*) . . . . 8 fr.

Frémy-Ligneville et Perriquet. — Traité de la législation des bâtiments et constructions, comprenant les règles en matière de devis et marchés, constructions, servitudes, locations, réparations, voirie, police des bâtiments, avec formules de marchés, etc. 3e édit. 1891, 2 vol. in-8 (*Marchal et Billard*). 18 fr.

Gain. — Manuel juridique de l'acheteur et du marchand d'engrais et d'amendements. 1889, in-12 (*Librairie agricole*). 3 fr. 50

Gallier (Alfred). — Traité des vices rédhibitoires dans les ventes et échanges d'animaux domestiques. Commentaire de la loi du 2 août 1884. 1894, in-8 (*Asselin*) . . . . . 7 fr.

Glasson (Ern.). — Le Mariage civil et le divorce dans l'antiquité et dans les principales législations modernes de l'Europe. 2e édit. 1880, in-8 (*Pedone*). . . . . 8 fr.

GOUSSET (Mgr le cardinal). — Le Code civil, commenté dans ses rapports avec la théologie morale. 12e édit. In-18 (*Belin*). 5 fr.

GUILLOUARD (Louis). — Traité du contrat de mariage, 2e édit. 1888-89, 4 vol. in-8. — Traité de la vente et de l'échange. 2e éd 1890-91, 2 vol. in-8. — Traité du contrat de louage. 3e éd. 1891, 2 vol. in-8. — Traité du contrat de société. 2e éd. 1892, in-8. — Traité du prêt, du dépôt et du séquestre. 2e éd. 1893, in-8. — Traités des contrats aléatoires et du mandat. 2e éd. 1894, in-8. — Traité du cautionnement et des transactions. 1894, in-8. — Traités du nantissement et du droit de rétention. 1895, in-8 (*Pedone*). Le volume . . . . . 8 fr.

HUC (Théophile). — Commentaire théorique et pratique du code civil. 1891-95, 8 vol. in-8 parus (art. 1 à 1386 du code) (*Pichon*) . . . . 72 fr.

HUC (Théophile). — Traité théorique et pratique de la cession et de la transmission des créances. 1891, 2 vol. in-8 (*Pichon*). 18 fr.

HUREAUX. — Traité du droit de succession. 1867-68, 5 vol. in-8 (*Chevalier-Marescq*). . . . . 35 fr.

JOUITOU (L.). — Études sur le système du régime dotal sous le code civil. 1882-88, 2 vol in-8 (*Plon*) . . . . 14 fr.

JOUSSELIN. — Traité des servitudes publiques, ou des modifications apportées par les lois et par les règlements à la propriété immobilière en faveur de l'utilité publique. 1850, 2 vol. in-8 (*Pichon*) . . . . 15 fr.

LAURENT (F.). — Principes de droit civil français. 5e éd. 33 vol. in-8 (*Chevalier-Marescq*) . . . . 297 fr.
Supplément aux principes de droit civil français de François Laurent, par Raymond Janssens, Jean Servais et Paul Leclercq (en cours de publication). 8 vol. in-8, le vol. 9 fr.

LAURENT (F.). — Cours élémentaire de droit civil. 1879, 4 vol. in-8 (*Chevalier-Marescq*) . . . . 36 fr.

LE BÈGUE (A.). — Traité des réparations (lois du bâtiment). 2e édit. 1876, in-8 (*Chevalier-Marescq*) . . . . . . 4 fr.

LE PELLETIER. — Code pratique des usages de Paris ayant force obligatoire de loi dans les contestations les plus fréquentes entre les habitants de Paris Ouvrage contenant, en outre, les usages sur la durée des locations et sur les délais des congés dans les cantons ruraux du département de la Seine. 2e édit. 1891, in-18 *Marchal et Billard*) . . . . 3 fr. 50

LE PELLETIER. — Manuel des vices rédhibitoires des animaux domestiques ; commentaire théorique et pratique de la loi du 2 août 1884, avec un formulaire complet de tous actes et formalités. 2e édit. 1891, in-18 (*Marchal et Billard*). . 3 fr. 50

LERAY. — Exposé élémentaire des principes du Code civil. 1894, 3 vol. in-8 (*Pedone*) . . . . 9 fr.

Leroux de Bretagne. — Nouveau traité de la prescription en matière civile. 1869, 2 vol. in-8 (*Pedone*) . . . . . 15 fr.

Le Sellyer (A.-F.). — Commentaire historique et pratique sur le titre des successions (art. 748 à 892 du Code civil). 1892, 3 vol. in-8 (*Rousseau*). . . . . 24 fr.

Marcadé et Pont (Paul). — Explication théorique et pratique du Code civil, contenant l'analyse critique des auteurs et de la jurisprudence, et un résumé après le commentaire de chaque titre. Nouv. édit. 1874-1894, 13 vol. in-8 (*Chevalier-Marescq*). 117 fr.

Mourlon. — Répétitions écrites sur le Code civil, contenant l'exposé des principes généraux, leurs motifs et la solution des questions théoriques. 12e édit., revue et mise au courant par Ch. Demangeat. 1884-1885, 3 vol. in-8 (*Chevalier-Marescq*). 37 fr. 50

Perrin, Rendu et Sirey. — Code Perrin, ou Dictionnaire des constructions et de la contiguïté. 7e édit. revue et mise au courant par Carré. 1892, in-8 (*Marchal et Billard*). . 10 fr.

Portal. — Politique des lois civiles, ou Science des législations comparées. 1873-1877, 3 vol. in-8 (*Pedone*) . . . . 21 fr. 50

Proudhon. — Œuvres complètes. 18 vol. in-8. — De l'état des personnes (2 vol.). — Du domaine de propriété (3 vol.). — Du domaine public (5 vol.). — Des droits d'usufruit, d'usage, d'habitation et de superficie, et table analytique. 7 vol. (*Chevalier-Marescq*). . . . . 150 fr.

Rambaud (Prosper). — Code civil par demandes et réponses. 7e édit. 1890-1892, 3 vol. in-8 (*Chevalier-Marescq*) . . 19 fr. 50

Ravon et Collet-Corbinière. — Dictionnaire juridique et pratique de la propriété bâtie. Lois, usages, coutumes, jurisprudence du bâtiment et du voisinage. 1891, 4 vol. gr. in-8 (*Larose*). 40 fr.

Réquier. — Traité théorique et pratique des partages d'ascendants. 1868, in-8 (*Marchal et Billard*) . . . . . . 8 fr.

Rivière. — Revue doctrinale des variations et des progrès de la jurisprudence de la cour de cassation en matière civile et dans l'ordre du code Napoléon. 1862, in-8 (*Marchal et Billard*) . . . . 10 fr.

Saint-Espès-Lescot (E.). — Des Donations entre-vifs et des testaments, ouvrage précédé d'une introduction historique par M. Isambert. 1855-1861, 5 vol. in-8 (*Chevalier-Marescq*). 35 fr.

Sourdat. — Traité général de la responsabilité ou de l'action en dommages-intérêts en dehors des contrats. 4e édit. 1887, 2 vol. in-8 (*Marchal et Billard*) . . . . 18 fr.

Tessier (Honoré). — Traité de la Société d'acquêts. 2e édit., mise au courant de la doctrine et de la jurisprudence par J. Deloynes. 1881, 1 vol. in-8 (*Marchal et Billard*) . . . . . 10 fr.

THÉZARD (Léopold). — Du nantissement, des privilèges et hypothèques et de l'expropriation forcée. 1880, in-8 (*Thorin*) 9 fr.

THIRY (Victor). — Cours de code civil professé à l'Université de Liège, annoté au point de vue de la doctrine et de la jurisprudence belges et françaises, par Georges Thiry. 1892-1893, 4 vol. gr. in-8 (*Larose*) . . . . 36 fr.

TOULLIER. — Le Droit civil français suivant l'ordre du code. 6e édit. revue par J.-B. Duvergier. 14 vol. in-8 (*Chevalier-Marescq*) . . . . 70 fr.

TROPLONG. — Le Droit civil expliqué suivant l'ordre des articles du code. 27 vol. in-8. — Des donations et testaments (4 vol). — Du contrat de mariage (4 vol.). — De la vente (2 vol.). — De l'échange et du louage (2 vol.). — Des sociétés civiles et commerciales (2 vol.) (épuisé). — Du prêt, du dépôt et du séquestre, de la rente viagère (2 vol.). — Du mandat, du cautionnement et des transactions (2 vol.). — De la contrainte par corps, du nantissement (2 vol.). — Des privilèges et hypothèques (4 vol.) (épuisé). — De la transcription (1 vol.). — De la prescription (2 vol.). (*Chevalier-Marescq*) . . . . 189 fr.

TROPLONG et TOULLIER réunis, 35 vol. in-8 (*ChevalierMarescq*). 200 fr.

VAQUETTE (T.) et MARIN (F.). — Cours résumé de droit civil. 1883-86, 3 vol. in-8 (*Rousseau*) . . . . 18 fr.

VERDIER (Fernand). — Transcription hypothécaire. Explication théorique et pratique de la loi du 23 mars 1855. 2e édit. 1880-1881, 2 vol. in-8 (*Chevalier-Marescq*). . . . . . . 18 fr.

VIGIÉ (A.). — Cours élémentaire de droit civil français, conforme au programme des facultés ds droit. 1891-93, 3 vol. in-8 (*Rousseau*) . . . . 30 fr.

VRAYE (Paul) et GODE (Georges). — Du divorce et de la séparation de corps. 3e édit. 1887, 2 vol. in-8 (*ChevalierMarescq*). 18 fr.

8. Organisation judiciaire. — Droit criminel. — Procédure civile.

BARBIER (G.). — Code expliqué de la presse. Traité général de la police de la presse et des délits de publication, comprenant le commentaire complet des lois du 29 juillet 1881, du 2 août 1882 et de l'ensemble des textes se rattachant à la législation sur la presse et se combinant avec elle. 1887, 2 vol. gr. in-8 (*Marchal et Billard*) . . . . 16 fr.

BECCARIA. — Des Délits et des peines. Nouvelle édition, avec notes et commentaires, par Faustin Hélie. 1870, in-12 (*Guillaumin*) . . . . 3 fr. 50

BÉRENGER. — De la Répression pénale, de ses formes et de ses effets. 1855, 2 vol. in-8 (*Marchal et Billard*) . . . . . 14 fr.

BERRIAT-SAINT-PRIX (Ch.). — Le Jury en matière criminelle. Manuel des jurés à la cour d'assises. 6e édit., revue par J. Berriat-Saint-Prix. 1884, in-18 (*Marchal et Billard*). . . 1 fr.

BERTAULD (A.). — Cours de code pénal et leçons de législation criminelle. 4e édit. 1873, in-8 (*Giard et Brière*) . . . 9 fr.

BIOCHE. — Nouveau formulaire de procédure civile, commerciale, criminelle et administrative. 1882, in-8 (*Giard et Brière*) . . . . 12 fr.

BLANCHE (Ant.). — Études pratiques sur le code pénal. 2e édit. mise au courant par G. Dutruc. 1888-91, 7 vol. in-8 (*Marchal et Billard*) . . . . 59 fr. 50

BOITARD. — Leçons de droit criminel, contenant l'explication des codes pénal et d'instruction criminelle, recueillies par G. de Linage. 13e édit. mise au courant par Ed. Villey. 1890, in-8 (*Marchal et Billard*) . . . . 10 fr.

BOITARD, COLMET-DAAGE et GLASSON. — Leçons de procédure civile, publiées par G. de Linage, 15e édit. 1890, 2 vol. in-8 (*Pichon*) . . . . 18 fr.

BONNIER. — Traité théorique et pratique des preuves en droit civil et en droit criminel. 5e édit. mise au courant par Ferdinand Larnaude. 1888, in-8 (*Chevalier-Marescq*) . . . 12 fr.

BOURBEAU (M.-O.). — Théorie de la procédure civile : de la justice de paix; compétence et procédure. 1863, in-8 (*Chevalier-Marescq*). . . . . 9 fr.

BRÉGEAULT et DELAGARDE. — Traité théorique et pratique de la réhabilitation des condamnés. Commentaire du titre III de la loi du 14 août 1885, suivi de documents et formules. 1886, in-8 (*Marchal et Billard*). . . . . 4 fr.

CANTU (César). — Beccaria et le droit pénal. Traduit et annoté par Lacointa et Delpech. 1885, in-8 (*Giard et Brière*) . 6 fr.

CARRÉ et CHAUVEAU (Adolphe). — Lois de la procédure civile, commerciale et administrative. 5e édit., augmentée d'un supplément alphabétique et analytique par Gustave Dutruc. 1880-88, 11 tomes en 13 vol. in-8 (*Marchal et Billard*). Avec l'abonnement pour l'année courante au *Journal des Avoués* . 117 fr.

CHAUVEAU (Adolphe) et FAUSTIN HÉLIE. — Théorie du code pénal. 6e édit., mise au courant par Edmond Villey. 1887-88. 6 vol. in-8 (*Marchal et Billard*). . . . . 54 fr.

CHAUVEAU (Adolphe) et GLANDAZ. — Formulaire général et complet, ou Traité pratique de procédure civile et commerciale. 8e édit. 1892, 2 vol. in-8 (*Marchal et Billard*). . . . 18 fr.

COULON (H.). — De la liberté de la presse. Commentaire de la loi du 28 juillet 1894. 1895, in-8 (*Marchal et Billard*) . 6 fr.

COUTURIER. — Le Code des locations. Deuxième édition, mise au courant par H. Destréguil, avec un appendice contenant : le nouveau Code rural (depuis la loi du 20 août 1881, jusqu'à celle du 18 juillet 1889 sur le bail à colonage partiaire) et les lois sur la faillite et la liquidation judiciaire. 1890, in-18 (*Chevalier-Marescq*) . . . . 3 fr.

Crépon (T.). — Traité de l'appel en matière civile. 1888, 2 vol. in-8 (*Larose*) . . . . 16 fr.

Crépon (T.). — Cour de cassation. Origine, organisation, attributions. Du pourvoi en cassation en matière civile. 1893, 3 vol. in-8 (*Larose*) . . . . 30 fr.

Curasson. — Traité de la compétence des juges de paix. 4e édition, mise au courant par Poux Lagier et Paul Pialat. 1879, 2 vol. in-8 (*Chevalier-Marescq*) . . . . 20 fr.

Dejean. — Traité théorique et pratique des expertises, en matières civiles, administratives et commerciales. Manuel des experts. Nouv. édit. 1889, in-8 (*Chevalier-Marescq*). . 10 fr.

Delpech. — La Procédure et le droit criminel en cour d'assises. 1888, gr. in-8 (*Rousseau*) . . . . 10 fr.

Derouet. — Guide contentieux des voyageurs, baigneurs et hivernants en France. Manuel pratique contenant la solution des difficultés auxquelles les voyageurs, baigneurs et hivernants sont habituellement exposés. In-12, cartonné (*Chevalier-Marescq*) . . . . 2 fr. 50

Descloziaux. — Code des falsifications agricoles, industrielles et commerciales, manipulations permises et sophistications. 1895, in-12 (*Chevalier-Marescq*). . . . . 6 fr.

Dutruc (Gustave). — Explication pratique de la loi du 29 juillet 1881 sur la presse, d'après les travaux parlementaires et la jurisprudence. 2e édit. 1883, in-8 (*Marchal et Billard*). 5 fr.

Delalande (Ed.). — Étude théorique et pratique sur la loi du 26 mars 1893 (loi Bérenger). 1893, in-8 (*ChevalierMarescq*). 5 fr.

Despatys (O.). — Traité théorique et pratique des casiers judiciaires en France et à l'étranger. 1890, in-8 (*Marchal et Billard*) . . . . 7 fr. 50

Dieudonné (Alfred). — Répétitions de droit criminel. 3e édit. 1887, in-8 (*Chevalier-Marescq*) . . . . 6 fr.

Fabreguettes (P.). — Traité des infractions de la parole, de l'écriture et de la presse, renfermant, avec le dernier état de la jurisprudence, le commentaire général et complet des lois des 29 juillet 1881, 2 août 1882, etc. 1884, 2 vol. in-8 (*Chevalier-Marescq*) . . . . 18 fr.

Forcrand (Henri de). — Commentaire de la loi du 26 mars 1891 sur l'atténuation et l'aggravation des peines. 1893, in-8 (*Marchal et Billard*) . . . . 5 fr.

Garraud (R.). — Traité théorique et pratique du droit pénal français. 1888-94, 5 vol. in-8 parus (*Larose*). . . . . 50 fr.

Garraud (R.). — Précis de droit criminel, comprenant l'explication élémentaire de la partie générale du code pénal, du code d'instruction criminelle en entier et des lois qui ont modifié ces deux codes. 4e éd. 1892, in-8 (*Larose*) . . . 10 fr.

GARSONNET (E.). — Traité théorique et pratique de procédure. Organisation judiciaire, compétence et procédure en matière civile et commerciale. 1882-94, 5 vol. in-8 parus (*Larose*) 50 fr.

GARSONNET (E.). — Précis de procédure civile, contenant les matières exigées pour les examens de licence en droit. 2e édit. 1893, in-8 (*Larose*) . . . . 8 fr.

HÉLIE (Faustin). — Traité de l'instruction criminelle, ou Théorie du code d'instruction criminelle. 2e éd. 1866-67, 8 vol. in-8 (*Plon*). 80 fr.

HÉLIE (Faustin). — Pratique criminelle des cours et tribunaux. Résumé de la jurisprudence sur les codes d'instruction criminelle et pénal. 1877, 2 vol. in-8 (*Marchal et Billard*) . 18 fr.

ISAURE-TOULOUSE. — Traité formulaire de procédure civile, en matière civile, commerciale, criminelle, administrative et militaire. 3e édit. 1891, gr. in-8 (*Giard et Brière*). . . 14 fr.

JEANVROT. — Code pratique de la presse et de l'imprimerie. 1894, in-8 (*Chevalier-Marescq*) . . . . 4 fr.

JEANVROT. — Manuel des élections municipales, à l'usage des municipalités, des candidats et des électeurs. 1894, in-8 (*Chevalier-Marescq*) . . . . 3 fr.

LECLERC DE FOUROLLES et COUPOIS (Th.). — Le Code de justice militaire pour l'armée de terre, interprété par la doctrine et la jurisprudence, annoté des décisions et instructions ministérielles, des décisions des conseils de revision, des avis du Conseil d'Etat et des arrêts de la Cour de cassation. Nouvelle édit. 1891, gr. in-8 (*Chevalier-Marescq*) . . . . . . 15 fr.

LE POITTEVIN. — Traité pratique des cessions, créations, translations et suppressions d'offices publics et ministériels. 1893, in-8 (*Rousseau*) . . . . 3 fr.

LESELLYER. — Traité du droit criminel. 1874-75, 6 vol. in-8 (*Chevalier-Marescq*) . . . . 40 fr.

LOUBAT. — Code de la législation contre les anarchistes, contenant le commentaire de la loi du 28 juillet 1894, ayant pour objet de réprimer les menées anarchistes, suivi du texte et du commentaire des lois du 12 décembre 1893, modifiant la loi sur la presse ; du 18 décembre 1893, sur les associations de malfaiteurs; du 18 décembre 1893, sur la détention et la fabrication des explosifs. 1895. in-8 (*Chevalier-Marescq*) . . 5 fr.

LUCCHINI (Luigi). — Le Droit pénal et les nouvelles théories, traduit par Henri Prudhomme, et précédé d'une introduction par Jules Lacointa. 1892, in-8 (*Pichon*) . . . . 9 fr.

MANGIN. — Traité de l'action publique et de l'action civile en matière criminelle. 3e édit., mise au courant par Alexandre Sorel. 1876, 2 vol. in-8 (*Larose*) . . . . 15 fr.

Molinier (Victor). — Traité théorique et pratique de droit pénal, annoté et mis au courant par Georges Vidal. 1893, 3 vol. in-8 (*Rousseau*) . . . . 30 fr.

Mourlon. — Répétitions écrites sur l'organisation judiciaire et la procédure civile. 5e édit., mise au courant par E. Naquet. 1885, in-8 (*Chevalier-Marescq*) . . . . 12 fr. 50

Mourlon et Jeannest Saint-Hilaire. — Formulaire général à l'usage des notaires, juges de paix, avoués, huissiers, greffiers et officiers de l'état civil, contenant en outre des modèles pour les actes sous seing privé les plus usuels. Nouvelle édition, mise au courant par Ch. Demangeat. 1882, in-8 (*Chevalier-Marescq*) 12 fr. 50

Nouguier (Ch.). — La Cour d'assises. 1860-70, 4 tomes en 5 vol. in-8 (*Marchal et Billard*). . . . . 41 fr.

Ortolan (J.). — Éléments de droit pénal. Pénalité, juridiction, procédure, suivant la science rationnelle, la législation positive et la jurisprudence. 5e édit., mise au courant par Albert Desjardins. 1885, 2 vol. in-8 (*Plon*) . . . . 18 fr.

Ortolan et Ledeau. — Le Ministère public en France. 1831, 2 vol. in-8 (*Chevalier-Marescq*) . . . . 12 fr.

Proal (Louis). — Le Crime et la peine. 1892, in-8 (*Alcan*). 10 fr.

Rambaud (Prosper). — Explication élémentaire du droit criminel (code pénal et instruction criminelle), conforme au programme des Facultés de droit. 1895, in-12 (*Chevalier-Marescq*). 5 fr.

Rodière. — Traité de compétence et de procédure en matière civile. 5e édit. 1878, 2 vol. in-8 (*Pedone*). . . . . . 16 fr.

Rolland de Villargues. — Code de l'organisation judiciaire, comprenant les lois, décrets, règlements concernant l'ordre judiciaire, le conseil d'Etat, la cour des comptes, les prud'hommes et les auxiliaires de la justice, avocats, notaires avoués, greffiers, huissiers, etc., annoté de toutes les décisions et instructions ministérielles, des décisions du conseil d'Etat et de la cour de cassation, suivi des tarifs en matière civile et criminelle, également annotés. 1877, in-8 (*Chevalier-Marescq*). 10 fr.

Rossi (le comte). — Traité du droit pénal. 4e édit. 1872, 2 vol. in-8 (*Guillaumin*) . . . . 7 fr. 50

Rousseau (Rod.) et Laisney. — Dictionnaire théorique et pratique de procédure civile, commerciale, criminelle et administrative, avec formules de tous les actes. Nouvelle édit. 1885, 10 vol. in-8 (*Rousseau*) . . . . 96 fr.

Trébutien (E.). — Cours élémentaire du droit criminel. 2e édit., mise au courant de la législation par Laisné-Deshayes et L. Guilhouart. 1878-81, 2 vol. in-8 (*Chevalier-Marescq*). 18 fr.

Villey. — Précis d'un cours de droit criminel, comprenant l'explication du code pénal (partie générale), du code d'instruction criminelle en entier, et des lois qui les ont modifiées jusqu'à la fin de l'année 1891. 5e éd. 1891, in-8 (*Pédone*) 7 fr. 50

Wodon (Léon). — Traité théorique et pratique de la possession et des actions possessoires. 1878, 2e édit., 3 vol. in-8 (*Chevalier-Marescq*). . . . . 21 fr.

9. Droit public et administratif.

Aguillon. — Législation des mines françaises et étrangères. 1886, 3 vol. gr. in-8 (*Baudry*) . . . . 40 fr.

Aucoc (L.). — Conférences sur l'administration et le droit administratif. 2e édit. 1882-1886, 3 vol. gr. in-8 (*Marchal et Billard*). 44 fr.

Batbie (A.). — Traité théorique et pratique de droit public et administratif. 2e édit. avec supplément par A. Boillot. 1885-1894, 9 vol. in-8 (*Larose*) . . . . 72 fr.

Béquet et Simon. — L'Algérie. Gouvernement, administration, législation, 1886, 3 vol. gr. in-8 (*Paul Dupont*) . . 22 fr. 50

Besson (Emmanuel). — Traité pratique de la taxe de 3 0/0 sur le revenu des valeurs mobilières. 1887, in-8 (*Delamotte*). 8 fr.

Blanche (Alfred). — Dictionnaire général de l'administration. Nouv. édit. 1891, 2 vol. gr. in-8 (*P. Dupont*) . . . . 35 fr.

Block (Maurice). — Dictionnaire de l'administration française. 3e édit. 1891-1893, gr. in-8 (*Berger-Levrault*). . . . 35 fr.

Bluntschli (J.-C.). — Le Droit public général, traduit de l'allemand, avec une préface, par Armand de Riedmatten. 2e édit. 1885, in-8 (*Guillaumin*). . . . . 8 fr.

Bluntschli (J.-C.). — Théorie générale de l'État, traduit et précédé d'une préface, par A. de Riedmatten. 3e édit. 1881, in-8 (*Guillaumin*) . . . . 9 fr.

Bœuf (F.). — Résumé de répétitions écrites sur le droit administratif. 14e édit. 1891, in-18 (*Larose*) . . . . 6 fr.

Bogelot (E.) et Périn (J.). — L'Expropriation pour cause d'utilité publique. Manuel pratique des expropriés et des jurés. 1888, in-18 (*Marchal et Billard*) . . . . 1 fr. 50

Boutmy (E.). — Études de droit constitutionnel : France. Angleterre, Etats-Unis. 2e édit. 1888, in-18 (*Plon*) . . . 3 fr. 50

Bunel. — Établissements insalubres, incommodes et dangereux. 2e édit. 1887, gr. in-8 (*Schmid*) . . . . 10 fr.

Chauveau (L.). — Traité des impôts. 1883, in-8 (*Pedone*). 8 fr.

Cilleuls (A. des). — Traité de la législation et de l'administration de la voirie urbaine. 1877, gr. in-8 (*Giard et Brière*). 10 fr.

Croos (de). — Code rural. Régime du sol, police rurale, régime des eaux, etc. 2e édit. 1888, 2 vol. in-12 (*Pedone*) . . 8 fr.

Dareste (F.-R.) et Dareste (P.). — Les Constitutions modernes. Recueil des constitutions en vigueur dans les divers Etats d'Europe, d'Amérique et du monde civilisé. 2e édit. 1891, 2 vol. in-8 (*Giard et Brière*) . . . . 20 fr.

Delalleau, Jousselin et Rendu. — Traité de l'expropriation pour cause d'utilité publique, suivi d'un formulaire d'actes judiciaires et administratifs, par Jules Périn. 8e édit. 1893, 2 vol. in-8 (*Marchal et Billard*) . . . . 16 fr.

Demante (Gabriel). — Exposition raisonnée des principes de l'enregistrement. 4e édit. 1888, 2 vol. in-8 (*Pichon*) . . 15 fr.

Demombynes (G.). — Les Constitutions européennes. Parlements, conseils provinciaux et communaux, et organisation judiciaire dans les divers Etats de l'Europe. 2e édit. 1883, 2 vol. in-8 (*Larose*) . . . . 24 fr.

Dubarry (J.). — Le Secrétaire de mairie. 14e édit. 1892, in-8 (*Thorin*) . . . . 7 fr. 50

Dubarry et Burin du Buisson. — Formulaire des maires et des conseils municipaux. 3e édit. 1892, in-8 (*Thorin*). . . 10 fr.

Ducrocq (Th.). — Cours de droit administratif. 6e édit. 1881-1886, 3 vol. in-8 (*Thorin*) . . . . 24 fr.

Le tome III se vend à part sous le titre de : « Études sur la loi municipale du 5 avril 1884. » In-8 . . . . . . 5 fr.

Dufour (G.). — Traité général de droit administratif appliqué. 8e édit. 1868-1870, 8 vol. in-8 (*Chevalier-Marescq*) . . 72 fr.

Dufour et Tambour. — Traité pratique des ateliers insalubres, dangereux ou incommodes. In-8 (*Chevalier-Marescq*) . 5 fr.

Dupriez (L.). — Les Ministres dans les principaux pays d'Europe et d'Amérique. 2 vol. in-8 (*Rothschild*) . . . . 20 fr.

Féraud-Giraud. — Traité des voies rurales, publiques et privées, et des servitudes rurales de passage. 3e édit. 1886, 2 vol. in-8 (*Marchal et Billard*). . . . . 17 fr.

Ferrand (Joseph). — Les Institutions administratives en France et à l'étranger. 1879, in-8 (*Pichon*). . . . . 6 fr.

Franqueville (comte de). — Le Gouvernement et le Parlement britanniques. 1887, 3 vol. in-8 (*Rothschild*) . . . . . 30 fr.

Franqueville (comte de). — Le Système judiciaire de la Grande-Bretagne. 1893, 2 vol. in-8 (*Rothschild*) . . . . . . 30 fr.

Gauvain (P.). — Législation rurale. 1890, in-8 (*Firmin Didot*). 6 fr.

Grandclaude (l'abbé Eugène). — Principes du droit public. 1872, in-12 (*Lecoffre*) . . . . 3 fr.

Gudin du Pavillon et Rey (P.). — Manuel électoral complet. 3e édit. 1890, in-18 (*Delamotte*) . . . . 1 fr.

Hélie (Faustin-Adolphe). — Les Constitutions de la France. 1880, in-8 (*Chevalier-Marescq*) . . . . 18 fr.

La Bigne de Villeneuve (de). — Éléments de droit constitutionnel français. 1892, in-8 (*Marchal et Billard*) . . . . 8 fr.

Laferrière (F.). — Cours de droit public et administratif. 5e édit. 1860, 2 vol. in-8 (*Giard et Brière*) . . . . . 18 fr.

Laferrière (E.). — Traité de la juridiction administrative et des recours au contentieux. 1887-1888, 2 vol. in-8 (*Larose*). 12 fr.

Leblond. — Code de la chasse et de la louveterie. 2e édit. 1895, 2 vol. in-12 (*Pedone*) . . . . 7 fr.

Marie (J.). — Éléments de droit administratif, à l'usage des étudiants des facultés de droit. 1890, in-8 (*Larose*) . . 10 fr.

Molinier (Victor). — Cours élémentaire de droit constitutionnel. 1887, gr. in-8 (*Rousseau*). . . . . 10 fr.

Moreau (Félix). — Précis élémentaire de droit constitutionnel. 2e éd. 1894, in-18 (*Larose*) . . . . 6 fr.

Muel. — Gouvernements, ministères et constitutions de la France depuis cent ans. 1893, in-8 (*Pedone*) . . . . 8 fr.
Supplément. In-8 . . . . 1 fr.

Naquet (E.). — Traité théorique et pratique des droits d'enregistrement. 1881, 3 vol. in-8 (*Delamotte*). . . . . 22 fr. 50

Naquet (E.). — Traité des droits de timbre. 1894, in-8 (*Delamotte*) . . . . 10 fr.

Paisant et Pidancet. — Code pratique des lois rurales, suivi d'un répertoire analytique. 1891, petit in-8, relié (*Masson*). 3 fr.

Palaa (J.-G.). — Dictionnaire législatif et réglementaire des chemins de fer. 3e édit., avec supplément. 1887-1894, 3 vol. gr. in-8 (*Marchal et Billard*). . . . . 40 fr.

Pierre (Eugène). — Traité de droit politique, électoral et parlementaire. 1893, gr. in-8 (*May et Motteroz*). . . . 15 fr.

Pitois. — Principes de législation coloniale. 1892, gr. in-8 (*Duchemin*) . . . . 6 fr.

Plocque. — Législation des eaux et de la navigation. 1870-1879. 4 vol. in-8 (*Pédone*) . . . . 31 fr. 50

Poudra (Jules) et Pierre (Eugène). — Traité pratique de droit parlementaire. 4e édit. 2 vol. gr. in-8 (*May et Motteroz*) 22 fr.

Puton (Alfred). — Traité d'économie forestière. 1888-1891, 3 vol. gr. in-8 (*Marchal et Billard*). . . . . 30 fr.

Puton (Alfred). — Le Code de la législation forestière. 1883, 1 vol. in-18, cartonné (*Rothschild*) . . . . 3 fr. 50

Récy (R. de). — Traité du domaine public. 2e édit. 1894, 2 vol. in-8 (*P. Dupont*) . . . . 20 fr.

Rendu (Ambroise). — Code municipal, ou Manuel des conseillers municipaux et des maires. Nouv. éd. 1884, 2 vol. in-12 (*Pedone*) . . . . 10 fr.

Rendu (Ambroise). — Formulaire municipal. 1885, in-12 (*Ibid.*). 5 fr.

RENDU (Ambroise). — Code-manuel des conseillers municipaux et des maires. 4e édit. 1884, in-18 (*Fouraut*) . . . . . 2 fr.

REY. — Traité de jurisprudence vétérinaire, contenant la législation sur les vices rédhibitoires et garantie dans les ventes et échanges d'animaux domestiques. 2e édit. 1885, grand in-8 (*Masson*) . . . . 2 fr. 50

RIVET (Auguste). — La Législation dans l'enseignement primaire libre. 1891, gr. in-8 (*Vitte*) . . . . 6 fr.

ROSSI (le comte). — Cours de droit constitutionnel. 2e édit. 1877, 4 vol. in-8 (*Guillaumin*) . . . . 15 fr.

SAINT-GIRONS (A.). — Essai sur la séparation des pouvoirs dans l'ordre politique, administratif et judiciaire. 1881, in-8 (*Larose*). 9 fr.

SAINT-GIRONS (A.). — Manuel de droit constitutionnel. 2e éd. 1885, in-8 (*Larose*). . . . . 9 fr.

SIMONET (J. B.). — Traité élémentaire de droit public et administratif. 2e édit. 1893, in-8 (*Pichon*) . . . . 12 fr. 50

TAILLANDIER (de). — Manuel formulaire de la revision de la liste électorale. 1892, in-16 (*Marchal et Billard*) . . . . 4 fr.

VUATRIN et BATBIE. — Les Lois administratives françaises. 1888, 2 vol. in-8 (*Pichon*) . . . . 22 fr.

WATTEVILLE (le baron de). — Législation charitable, ou Recueil des lois, arrêtés, décrets, ordonnances royales, avis du Conseil d'Etat, qui régissent l'administration des établissements de bienfaisance. 1863-1874, 3 vol. gr. in-8 (*Pichon*). . . 90 fr.

10. Droit commercial et industriel.

AGNEL et DE CORNY. — Manuel général des assurances, ou Guide pratique des assureurs et des assurés. 3e édit. 1889, in-18 (*Marchal et Billard*) . . . . 5 fr. 50

ALAUZET (J.). — Commentaire du code de commerce et de la législation commerciale. 3e éd. 1879, 8 vol. in-8 (*Marchal et Billard*) . . . . 60 fr.

AUGIER. — Traité complet théorique et appliqué de comptabilité commerciale et industrielle. 1886, in-4 (*Chevalier-Marescq*). 10 fr.

BÉDARRIDE (J.). Droit commercial. Commentaire du code de commerce (*Marchal et Billard*).

Des commerçants, des livres de commerce. 1872, 1 vol. in-8. 9 fr.
Des sociétés. 2e éd. 1876, 3 vol. in-8 . . . . 27 fr.
Des bourses de commerce, agents de change et courtiers. 2e éd. 1883, 1 vol. in-8 . . . . 10 fr.
Des commissionnaires. 2e éd. 1889, 1 vol in-8 . . . . 10 fr.
Des achats et ventes. 2e éd. 1884, 1 vol. in-8. . . . . . . 9 fr.
De la lettre de change, des billets à ordre et de la prescription. 2e éd. 1877, 2 vol. in-8. . . . . 18 fr.
Du commerce maritime. 2e édit. 1876, 5 vol. in-8 . . . . . . 45 fr.

Des faillites et banqueroutes. 5e édit. 1874, 3 vol. in-8 (épuisé). » »
De la juridiction commerciale. 2e édit. 1880, 1 vol. in-8 . . . 9 fr.

Bédarride (J.). — Commentaire de la loi du 10 décembre 1874 sur l'hypothèque maritime. 1873, in-8 (*Chevalier-Marescq*). 9 fr.

Bédarride (J.). — Commentaire des lois sur les brevets d'invention, sur les noms des fabricants et des lieux de fabrication, sur les marques de fabrique et de commerce. 1885, 3 vol. in-8 (*Chevalier-Marescq*). . . . . 24 fr.

Bédarride (J.). — Commentaire de la loi du 14 juin 1865 sur les chèques. 1885, 1 vol. in-8 (*Chevalier-Marescq*) . . . 7 fr.

Bédarride (J.). — Des chemins de fer au point de vue du transport des voyageurs et des marchandises. 3e édit. revue et augm. par H.-F. Rivière. 1891, 2 vol. in-8 (*Chevalier-Marescq*). 18 fr.

Bœuf (F.). — Résumé de répétitions écrites sur le droit commercial. 12e éd. 1893, in-18 (*Larose*) . . . . 6 fr.

Boistel (Alphonse). — Cours de droit commercial professé à la Faculté de droit de Paris. 4e éd. 1890, gr. in-8 (*Thorin*). 16 fr.

Boistel (Alphonse). — Manuel de droit commercial, à l'usage des étudiants des Facultés de droit et des écoles de commerce. 2e édit. 1890, in-8 (*Thorin*) . . . . 10 fr.

Bravard-Veyrière et Demangeat. — Traité de droit commercial. 2e édit. 1888-1892, 6 vol. in-8 (*ChevalierMarescq*) . 57 fr.

Buchère (Ambroise). — Traité théorique et pratique des opérations de la Bourse. 3e éd. 1892, in-8 (*ChevalierMarescq*). 10 fr.

Buchère (Ambroise). — Traité théorique et pratique des valeurs mobilières et effets publics. 2e éd. 1881, in-8 (*Chevalier-Marescq*) . . . . 12 fr.

Camberlin (E.). — Manuel pratique des tribunaux de commerce. Nouv. édit., revue et augmentée par Paul Camberlin. 1889, in-18 (*Chevalier-Marescq*). . . . . 12 fr.

Cauvet (Émile). — Traité des assurances maritimes. 1879-1881, 2 vol. in-8 (*Larose*) . . . . 16 fr.

Chaufton (Albert). — Les Assurances. 1884-1886, 2 vol. in-8 (*Chevalier-Marescq*) . . . . 24 fr.

Coulon (Henri) et Houard (Georges). — Code pratique des assurances maritimes, du délaissement, des avaries, du jet et de la contribution. 1888, 2 vol. in-8 (*Rousseau*) . . . 16 fr.

Courcy (A. de). — Questions de droit maritime. 1877-1888, 4 vol. in-8 (*Pichon*) . . . . 20 fr.

Courcy (A. de). — Précis de l'assurance sur la vie. 3e édit. 1887, 1 vol. in-18 (*Pichon*). . . . . 3 fr.

Cresp. — Cours de droit maritime, mis au courant par Auguste Laurin. 1876-1882, 4 vol. in-8 (*Marchal et Billard*) . 34 fr.

DELAMARRE et LE POITEVIN. — Traité complet, théorique et pratique de droit commercial. Nouv. éd. 1860-1861, 6 vol. in-8 (*Chevalier-Marescq*). . . . . 48 fr.

DISLÈRE, DALMAS et DEVILLERS. — Traité de législation coloniale. 1886, 4 vol. in-8 (*P. Dupont*) . . . . 45 fr.

DEVILLENEUVE, MASSÉ et DUTRUC (G.). — Dictionnaire du contentieux commercial et industriel. 6e éd. 1875, 2 vol. gr. in-8 (*Marchal et Billard*) . . . . 30 fr.

DROZ (Alfred). — Traité des assurances maritimes, du délaissement et des avaries. 1881, 2 vol. in-8 (*Thorin*). . . 18 fr.

DUFOURMANTELLE (Maurice). — Code manuel de droit industriel. 1892, 3 vol. in-18 (*Giard et Brière*) . . . . 9 fr.

Première partie. Législation ouvrière. 1 vol.
Deuxième partie. Brevets d'invention et marques de fabrique. 2 vol.

DUFOURMANTELLE (Maurice). — Précis de législation industrielle. 1892, in-18 (*Giard et Brière*). . . . . 6 fr.

DURAND-MORIMBEAU (E.). — La Juridiction commerciale. Manuel-formulaire des juges consulaires à l'usage des magistrats, candidats et justiciables des tribunaux de commerce. 1894, in-8 (*Delamotte*) . . . . 9 fr.

FÉRAUD-GIRAUD. — Code des transports de marchandises et de voyageurs par chemins de fer. 2e éd. 1889, 3 vol. in-12 (*Pedone*) . . . . 15 fr.

FRÉMONT et CAMBERLIN. — Code pratique des liquidations et faillites. 1890, 2 vol. in-12 (*Pedone*) . . . . 8 fr.

GOUGET, MERGER et RUBEN DE COUDER. — Dictionnaire de droit commercial, industriel et maritime. 3e éd. 1879, 6 vol. in-8 (*Chevalier-Marescq*) . . . . 60 fr.

HERBAULT (Paul). — Traité des assurances sur la vie, revu par Daniel de Folleville. 1878, in-8 (*Chevalier-Marescq*). . 9 fr.

HUARD (Adrien) et PELLETIER (Michel). — Répertoire de législation et de jurisprudence en matière de brevets d'invention. Nouv. édit. 1885, in-18 (*Marchal et Billard*) . . . 6 fr. 50

HUARD (Adrien) et MACK (Édouard). — Répertoire de législation, de doctrine et de jurisprudence en matière de propriété littéraire et artistique. 1891, in-8 (*Marchal et Billard*) . 9 fr.

LAURIN (Auguste). — Cours élémentaire de droit commercial. 3e éd. 1890, in-8 (*Larose*) . . . . 10 fr.

LECOMTE (Maxime). — Traité théorique et pratique de la liquidation judiciaire. Commentaire des lois du 4 mars 1889 et du 4 avril 1890. In-8 (*Chevalier-Marescq*) . . . . . . 12 fr.

LEFORT (J.). — Traité théorique et pratique du contrat d'assurance sur la vie. 1894, 3 vol. in-8 (*Thorin*) . . . 37 fr. 50

LESCŒUR (C.). — Essai historique et pratique sur la législation des sociétés commerciales en France et à l'étranger. 1876 (*Chevalier-Marescq*) . . . . 6 fr.

Levé. — Code de la vente commerciale. 1892, in-12 (*Pedone*). 5 fr.

Levé. — Code des comptes courants civils et commerciaux. 1889, in-12 (*Pedone*) . . . . 3 fr.

Lyon-Caen (Ch.) et Renault (L.). — Traité de droit commercial. 2e édit. 1889-1893, 5 vol. in-8 parus (*Pichon*) . . 50 fr.

Lyon-Caen (Ch.) et Renault (L.) Manuel de droit commercial. 2e édit. 1891, in-8 (*Pichon*) . . . . 12 fr.

Lyon-Caen (Ch.) et Renault (L.). — Traité des sociétés commerciales. 1892, in-8 (Ce volume est extrait du *Traité de droit commercial* des mêmes auteurs) (*Pichon*) . . . . . 12 fr.

Nouguier (Louis). — Des Lettres de change et des effets de commerce. 4e édit. 1875, 2 vol. in-8 (*Marchal et Billard*) . 18 fr.

Nouguier (Louis). — Des Actes de commerce, des commerçants et de leur patente. 2e édit., augmentée de traités sur la publication des sociétés, les livres de commerce, la patente. 1884, 2 vol. in-8 (*Marchal et Billard*) . . . . 16 fr.

Pouillet (Eugène). — Traité théorique et pratique des dessins et modèles de fabrique. 2e édit. 1884, in-8 (*Marchal et Billard*) . . . . 5 fr.

Pouillet (Eugène). — Traité théorique et pratique des brevets d'invention et de la contrefaçon. 3e édit. 1889, in-8 (*Marchal et Billard*) . . . . 11 fr.

Pouillet (Eugène). — Traité des marques de fabrique et de la concurrence déloyale. 3e édit. 1892, in-8 (*Marchal et Billard*). 11 fr.

Pouillet (Eugène). — Traité théorique et pratique de la propriété littéraire et artistique et du droit de représentation. 2e édit. 1894, in-8 (*Marchal et Billard*) . . . . 11 fr.

Rambaud (Prosper). — Droit commercial par demandes et réponses. Nouv. édit. 1889, in-18 (*Chevalier-Marescq*) . 6 fr.

Rivière (H.-F.). — Répétitions écrites sur le code de commerce. 8e édit. 1882, in-8 (*Chevalier-Marescq*) . . . . . 12 fr. 50

Rivière (H.-F.). — Commentaire théorique et pratique des lois du 4 mars 1889 et du 4 avril 1890 sur la liquidation judiciaire. 1891, in-8 (*Chevalier-Marescq*) . . . . 10 fr.

Thaller. — Des Faillites en droit comparé. 1887, 2 vol. in-8 (*Rousseau*) . . . . 16 fr.

Vavasseur (A.). — Traité des sociétés civiles et commerciales. 4e édit., mise au courant avec la collaboration de Jacques Vavasseur. 1892-1894, 2 vol. in-8 (*Marchal et Billard*). . 18 fr.

Weil (Denis). — Des Assurances maritimes et des avaries. Commentaire pratique du livre II du code de commerce. 1879, in-8 (*Marchal et Billard*). . . . . 8 fr. 50

SCIENCES ET ARTS

Philosophie.

BAGUENAULT DE PUCHESSE. — L'Immortalité, la mort et la vie. In-12 (*Perrin*) . . . . 3 fr. 50

BALMÈS (Jacques). — L'Art d'arriver au vrai. Philosophie pratique. Traduit de l'espagnol par Edouard Manec, avec une préface de A. de Blanche Raffin. 11e édit. In-12 (*Retaux*) . . . 3 fr.

BALMÈS (Jacques). — Mélanges religieux, philosophiques, politiques et littéraires. Traduction Bareille. 3 vol. in-12 (*Vivès*) (épuisé) . . . . » »

BALMÈS (Jacques). — Philosophie fondamentale. 5e édit. 3 vol. in-12 (*Retaux*). . . . . 10 fr. 50

BÉNARD (Ch.). — La Philosophie ancienne. Histoire générale de ses systèmes. 2 vol. in-8 (*Alcan*) . . . . 18 fr.

BÉNARD (Ch.). — Platon, sa philosophie, sa vie, ses écrits. In-8 (*Alcan*) . . . . 10 fr.

BLANC (l'abbé Élie). — Traité de philosophie scolastique. 3 vol. in-12 (*Vitte*). . . . . 10 fr. 50

BONNIOT (le P. de), S. J. — Les Malheurs de la philosophie. In-8 ou in-18 jésus (*Retaux*) . . . . 6 fr. et 3 fr. 50

BONNIOT (le P. de). — L'Ame et la physiologie. In-8 (*Ibid.*). 7 fr.

BONNIOT (le P. de). — La Bête comparée à l'homme. In-8 (*Ibid.*). 6 fr.

BONNIOT (le P. de). — Le Problème du mal. 2e édit. In-18 j. (*Ibid.*) . . . . 5 fr.

BOSSU (le chanoine). — Sommaire de philosophie. 3e édit. In-8 (Louvain, *Peeters*) . . . . 3 fr.

BOSSU (le chanoine). — Réfutation du matérialisme. 4e édit. In-16 (*Ibid.*). . . . . 2 fr. 50

BRIN (l'abbé P. M.). — Histoire générale de la philosophie. 3 vol in-12 (*Berche et Tralin*). . . . . 10 fr. 50

BOSSUET. — De la connaissance de Dieu et de soi-même, suivie du Traité du libre arbitre, de la Logique et du Traité des causes, avec une introduction et des notes par Ch. Jourdain. In-18 j. (*Firmin-Didot*). . . . . 3 fr.

BOUILLIER (Francisque). — Études familières de psychologie et de morale. 2 vol. in-12 (*Hachette*). . . . . 7 fr.

BROGLIE (l'abbé de). — Le Positivisme et la science expérimentale. 2 vol. gr. in-8 (*Putois-Cretté*). . . . . 15 fr.

BROGLIE (l'abbé de). — La Réaction contre le positivisme. In-12 (*Plon*). . . . . 3 fr. 50

Canet (l'abbé G.). — La Libre pensée contemporaine. 1885, in-8 (*Oudin*) . . . . 7 fr. 50

Carbonnelle (le P.), S. J — Les Confins de la science et de la philosophie. 2e édit. 1881, 2 vol. in-12 (*Palmé*) . . . 6 fr.

Caro (E.). — L'Idée de Dieu et ses nouveaux critiques. In-12 (*Hachette*) . . . . 3 fr. 50

Caro (E.). — Le Matérialisme et la science. In-12 (*Ibid.*). 3 fr. 50

Caro (E.). — Le Pessimisme au xixe siècle. In-12 (*Ibid.*). 3 fr. 50

Caro (E.). — M. Littré et le positivisme. In-12 (*Ibid.*). 3 fr. 50

Caro (E.). — Philosophie et philosophes. In-12 (*Ibid.*). 3 fr. 50

Castelein (le P.), S. J. — Cours de philosophie. 3 vol. in-8 (*Schepens*) . . . . 17 fr.

Ceillier (l'abbé). — L'Existence de l'âme. Conférences. In-12 (*Delhomme et Briguet*). . . . . 3 fr.

Chaignet (A.-Ed). — Histoire de la psychologie des Grecs avant Aristote. 5 vol. in-8 (*Hachette*) . . . . 37 fr. 50

Charaux (Cl.-Ch.). — Notes et réflexions. In-12 (*Ibid.*) . 3 fr.

Charaux (Cl.-Ch.). — L'Ombre de Socrate. In-12 (*Ibid.*) . 3 fr.

Charaux (Cl.-Ch.). — De l'esprit et de l'esprit philosophique. In-12 (*Ibid.*). . . . . , . 3 fr.

Charaux (Cl.-Ch.). — L'Histoire et la pensée. In-12 (*Ibid.*). 3 fr.

Charles (Émile). — Éléments de philosophie. 2 vol. in-8 (*Belin*). 15 fr.

Charles (Émile). — Lectures de philosophie. 2 vol. in-12 (*Ibid.*). 8 fr.

Coconnier (le P.), O. P. — L'Ame humaine, existence et nature. In-12 (*Perrin*). . . . . 3 fr. 50

Cossoles (H. de) (Mlle Gréard). — Du doute. In-12 (*Perrin*). 3 fr. 50

Cossoles (H. de). — La Certitude philosophique. In-12 (*Plon*). 3 fr. 50

* Cousin (Victor). — Du vrai, du beau et du bien. In-8 ou in-12 (*Perrin*) . . . . 7 fr. 50 et 3 fr. 50

Crolet (l'abbé L.). — Doctrine philosophique de saint Thomas d'Aquin, résumée d'après le P. Stockl. In-12 (*Roger et Chernoviz*) . . . . 3 fr.

Domet de Vorges. — Essai de métaphysique positive. In-12 (*Perrin*). . . . . 3 fr. 50

Domet de Vorges. — La Métaphysique en présence des sciences. In-12 (*Perrin*) . . . . 2 fr. 50

Durand (l'abbé Aug.). — Éléments de philosophie scientifique et de philosophie morale. In-8 (*Poussielgue*). . . . . 3 fr. 50

Farges (l'abbé A.). — Études philosophiques pour vulgariser les théories d'Aristote et de saint Thomas, et leur accord avec les sciences. 7 vol. gr. in-8 (*Berche et Tralin*). . . . . 40 fr.

Fénelon. — Œuvres philosophiques. Nouv. édit. par l'abbé E. Barbe. In-12 (*Lecoffre*). . . . . 3 fr.

Fénelon. — De l'existence de Dieu. In-18 j. (*Firmin-Didot*). 3 fr.

* Ferraz (Martin). — Psychologie de saint Augustin. In-8 (*Thorin*) . . . . 7 fr.

* Ferraz (Martin). — Histoire de la philosophie en France au XIXe siècle. 3 vol. in-12 (*Perrin*) . . . . 12 fr.

* Ferraz (Martin). — Histoire de la philosophie pendant la Révolution (1789-1804). In-12 (*Ibid.*) . . . . 3 fr. 50

Fonsegrive (Georges). — Éléments de philosophie. 2 vol. in-12 (*Picard et Kaan*) . . . . 8 fr.

Fonsegrive (Georges). — Essai sur le libre arbitre; sa théorie et son histoire. In-8 (*Alcan*). . . . . 10 fr.

onsegrive (Georges). — François Bacon. In-12 (*Lethielleux*). 3 fr. 50

Fouillée (Alfred). — La Philosophie de Platon. 4 vol. in-12 (*Hachette*) . . . . 14 fr.

Fouillée (Alfred). — Extraits des principaux philosophes. In-8 (*Delagrave*) . . . . 6 fr.

Gardair (J.). — Corps et âme. In-12 (*Lethielleux*). . 3 fr. 50

Gardair (J.). — Les Passions et la volonté. In-12 (*Ibid.*). 3 fr. 50

Gardair (J.). — La Connaissance. In-12 (*Ibid.*). . . 3 fr. 50

Gonzalez (le card.). — Histoire de la philosophie. Trad. par le P. de Pascal. 4 vol. in-8 (*Lethielleux*) . . . . 24 fr.

Gratry (le P.). — De la connaissance de Dieu. 2 vol. in-12 (*Téqui*) . . . . 8 fr.

Gratry (le P.). — De la connaissance de l'âme. 2 vol. in-12 (*Ibid.*) . . . . 7 fr. 50

Gratry (le P.). — Logique. 2 vol. in-8 (*Lecoffre*) . . . . 12 fr.

Gratry (le P.). — Les Sophistes et la critique. In-8 (*Téqui*). 6 fr.

Gratry (le P.). — Étude sur la sophistique contemporaine. In-8 (*Ibid.*) . . . . 5 fr.

Gratry (le P.). — Les Sources. 2 vol. in-18 (*Ibid.*) . 7 fr. 50

Gratry (le P.). — La Philosophie du Credo. In-8 (*Ibid.*). 5 fr.

Gruber (le P.), S. J. — Auguste Comte, sa vie, ses doctrines. Trad. par l'abbé Mazoyer. In-12 (*Lethielleux*). . . 3 fr. 50

Gruber (le P.). — Le Positivisme depuis Auguste Comte jusqu'à nos jours. In-12 (*Ibid.*) . . . . 3 fr. 50

GUTHLIN (l'abbé). — Les Doctrines positivistes en France. In-8 ou in-12 (*Retaux*) . . . . 6 fr. et 3 fr. 50

HELLO (Ernest). — L'Homme, la vie, la science, l'art. 3e édit. in-16 (*Perrin*) . . . . 3 fr. 50

HUIT (Charles). — La Vie et l'œuvre de Platon. 2 vol. gr. in-8 (*Thorin*) . . . . 24 fr.

HULST (Mgr d'). — Mélanges philosophiques. In-8 (*Poussielgue*). 5 fr.

JANET (Paul). — Traité élémentaire de philosophie. In-8 (*Delagrave*) . . . . 9 fr. 50

JANET (Paul). — Éléments de philosophie scientifique et de philosophie morale. In-12 (*Ibid.*) . . . . 4 fr. 50

* JANET (Paul) et SÉAILLES (Gabriel). — Histoire de la philosophie. In-8 (*Ibid.*) . . . . 10 fr. 50

JEHAN (L. G.). — Dictionnaire de philosophie catholique. 3 vol. in-8 (*Migne*). Net . . . . 24 fr.

JOFFRE (le P. F.-A.), S. J. — Cours de philosophie. In-8 (*Delhomme et Briguet*) . . . . 8 fr.

JOLY (Henri). — Cours de philosophie. In-12 (*Delalain*) . 5 fr.

JOLY (Henri). — Psychologie comparée. L'Homme et l'animal. In-16 (*Hachette*) . . . . 3 fr. 50

JOLY (Henri). — L'Imagination. In-12 (*Ibid.*). . . . 2 fr. 25

JOURDAIN (Ch.). — La Philosophie de saint Thomas d'Aquin. 2 vol. in-8 (*Hachette*) (épuisé) . . . . » »

KLEUTGEN (le P.). — La Philosophie scolastique exposée et défendue. Trad. par le R. P. Constant Sierp. 4 vol. in-8 (*Gaume*). 20 fr.

LEFEBVRE (le Dr Ferd.). — Traité élémentaire de logique. Gr. in-8 (Louvain, *Peeters*) . . . . » »

LEIBNITZ. — Œuvres complètes, publiées pour la première fois d'après les manuscrits originaux, avec notes et introduction par A. Foucher de Careil. In-8. T. I à VII, parus (*Firmin-Didot*). Le vol. . . . . 8 fr.

LEIBNITZ. — Œuvres philosophiques, publiées par Paul Janet. 2 vol. in-8 (*Ladrange*) (épuisé) . . . . » »

LESCŒUR (le P.). — Le Dogme de la vie future et la libre pensée contemporaine. In-12 (*Poussielgue*) . . . . . . 3 fr. 75

LÉVÊQUE (Charles). — Les Harmonies providentielles. In-16 (*Hachette*). . . . . 2 fr. 25

LIBERATORE (le P.). — Traité de la connaissance intellectuelle d'après saint Thomas. Trad. sur la 3e édit. italienne par l'abbé Deshayes. In-8 (*Berche et Tralin*) . . . . 7 fr. 50

LOGIQUE (la), ou l'art de penser (Logique de Port-Royal). In-12 (*Lecoffre*) . . . . 2 fr. 50

MAINE DE BIRAN. — Science et psychologie. Nouvelles œuvres inédites publiées avec une introduction par Alexis Bertrand. Gr. in-8 (*Leroux*). . . . . 5 fr.

MANIER (l'abbé). — Traité élémentaire de psychologie intellectuelle. In-12 (*Lecoffre*) . . . . 3 fr.

MARGERIE (Amédée de). — Théodicée. Études sur Dieu, la création et la Providence. 2 vol. in-8 (*Didier*) (épuisé) . . » »

MARGERIE (Amédée de). — La Philosophie contemporaine. In-12 (*Didier*) (épuisé) . . . . » »

MARGERIE (Amédée de). — H. Taine. In-8 écu (*Poussielgue*). 5 fr.

MARIN DE BOYLESVE (le P.), S. J. — Philosophie. Nouv. édit. In-8 (*Lecoffre*) . . . . 7 fr. 50

MARTIGNÉ (le P. Prosper de). — La Scolastique et les traditions franciscaines. In-8 (*Lethielleux*) . . . . 6 fr.

MARTIN (Th. H.). — Les Sciences et la philosophie. Essais de critique philosophique et religieuse. In-12 (*Didier*) (épuisé).

MARTIN (Th. H.). — La Vie future. In-12 (*Didier*) (épuisé) . » »

MARTIN (Th. H.). — Galilée, les Droits de la science et la méthode des sciences physiques. In-12 (*Perrin*) . . . 3 fr. 50

MATIGNON (le P.), S. J. — La Liberté de l'esprit humain dans la foi catholique. In-12 (*Le Clère*) (épuisé) . . . . . . » »

MAUMUS (le P.). — Saint Thomas d'Aquin et la philosophie cartésienne. 2 vol. in-12 (*Lecoffre*) . . . . 8 fr.

MAUMUS (le P.). — Les Philosophes contemporains. T. I. In-12 (*Ibid.*). . . . . 3 fr. 50

MERCIER (Mgr D.). — Cours de philosophie. 2 vol. in-8 (en cours de publicat.) (Louvain, *Uystpruyst*; Paris, *Alcan*). Le vol. 8 fr.

MÉRIC (l'abbé). — La Vie dans l'esprit et dans la matière. 1873, in-12 (*Téqui*) . . . . 3 fr.

MÉRIC (l'abbé). — Le Merveilleux et la science. Étude sur l'hypnotisme. 6e édit. In-12 (*Letouzey et Ané*) . . . . 3 fr. 50

MERKLEIN (l'abbé). — Philosophes illustres, leur vie et leurs doctrines. Nouv. édit. 2 vol. in-8 (*Bloud et Barral*) . 10 fr.

MICHEL (l'abbé). — Conférences apologétiques. Rapports de la raison et de la foi. De l'existence de Dieu. In-12 (*Berche et Tralin*) . . . . 3 fr. 50

MIGNON (l'abbé A.). — Les Origines de la scolastique et Hugues de Saint-Victor. 2 vol. in-8 (*Lethielleux*) . . . . . 12 fr.

MIVART (Saint-Georges). — L'Homme. Trad. de l'anglais par M. Segond. In-12 (*Ibid.*) . . . . 3 fr. 50

MONCHAMP (l'abbé). — Histoire du cartésianisme en Belgique. In-8 (Bruxelles, *Hayez*) . . . . 8 fr.

MOREAU (Louis). — Considérations sur la vraie doctrine. 2e édit., suivie de la 3e édit. du Matérialisme phrénologique. In-12 (*Gaume*) . . . . 3 fr.

Moreau (Louis). — La Destinée de l'homme, ou du mal, de l'épreuve et de la stabilité future. In-12 (*Ibid.*) . . . 2 fr 50

Naville (Ernest). — La Définition de la philosophie. In-8 (*Alcan*) . . . . 5 fr.

Nicolas (Aug.). — Étude sur Maine de Biran. In-12 (*Bray et Retaux*) (épuisé) . . . . » »

Nicole. — Œuvres philosophiques et morales. In-16 (*Hachette*). 3 fr. 50.

Nourrisson (F.). — Tableau des progrès de la pensée humaine, depuis Thalès jusqu'à Hegel. 6e édit. In-12 (*Perrin*) . 4 fr.

Nourrisson (F.). — La Philosophie de saint Augustin. 2 vol. in-12 (*Ibid.*). . . . . 7 fr.

Nourrisson (F.). — Spinoza et le naturalisme contemporain. In-12 (*Ibid.*). . . . . 3 fr.

Nourrisson (F.). — La Philosophie de Leibnitz. In-8 (*Hachette*) (épuisé) . . . . » »

Nourrisson (F.). — Philosophies de la nature. Bacon, Boyle, Toland, Buffon. In-12 (*Perrin*) . . . . 3 fr. 50

Ollé-Laprune (Léon). — La Philosophie de Malebranche. 2 vol. in-8 (*Ladrange*) (épuisé). . . . . » »

Ollé-Laprune (Léon). — De la certitude morale. In-8 (*Belin*). 6 fr.

Ollé-Laprune (Léon). — La Philosophie et le temps présent. In-12 (*Ibid.*) . . . . 3 fr. 50

Ozanam (A. F.). — Dante et la philosophie catholique au xiiie siècle. In-12 (*Lecoffre*) . . . . 3 fr. 50

Pascal. — Pensées sur la religion, publiées d'après le texte authentique et le seul vrai plan de l'auteur, avec des notes philosophiques et théologiques, par l'abbé Victor Rocher. Gr. in-8 jésus (*Mame*) . . . . 20 fr.

Pascal. — Le même ouvrage. In-8 (*Ibid.*) . . . . 2 fr. 50

Piat (l'abbé C.). — La Liberté. I. Historique du problème au xixe siècle; II. Le problème. 2 vol. in-12 (*Lethielleux*). 7 fr.

Planet (Henri). — Essai sur la renaissance des idées religieuses. L'Homme et les croyances. In-8 (*Perrin*) . 7 fr. 50

Platon. — Œuvres complètes, traduites par MM. Émile Saisset et Emmanuel Chauvet. 10 vol. in-18 j. (*Charpentier*) . 35 fr.

Rabier (E.). — Leçons de philosophie : I. Psychologie; II. Logique. 2 vol. in-8 (*Hachette*) . . . . 12 fr. 50

Ravaisson (F.). — La Philosophie en France au xixe siècle. 2e édit. Gr. in-8 (*Hachette*) . . . . 7 fr. 50

REGNON (le P.Th. de), S. J.—La Métaphysique des causes, d'après saint Thomas d'Aquin et Albert le Grand. In-8 (*Retaux*). 12 fr.

SURBLED (le Dr Georges). — Éléments de psychologie physiologique et rationnelle. In-12 (*Masson*) . . . . 3 fr.

TURINAZ (Mgr). — L'Ame, sa spiritualité, sa puissance, sa grandeur, son immortalité. In-12 (*Retaux*) . . . . . . 2 fr.

VALLET (l'abbé P.). — Histoire de la philosophie. 4e édit. In-12 (*Roger et Chernoviz*) . . . . 4 fr.

VALLET (l'abbé P.). — La Tête et le cœur. In-12 (*Ibid.*). 2 fr. 50

VALLET (l'abbé P.). — Le Kantisme et le positivisme. In-12 (*Ibid*.). 2 fr. 50

VALLET (l'abbé P.). — La Vie et l'hérédité. In-12 (*Ibid*) . 3 fr.

VALROGER (le P. de). — La Genèse des espèces, réfutation du darwinisme. In-12 (*Perrin*) . . . . 3 fr. 50

VENTURA (le P.). — La Raison philosophique et la raison catholique. 4 vol. in-8 (*Gaume*). Le t. III est épuisé. Le vol. . 6 fr.

VENTURA (le P.). — La Philosophie chrétienne. 3 vol. in-8 (*Ibid.*). 8 fr.

VILLARD (le P. A.). — Dieu devant la science et la raison. In-8 (*Oudin*) . . . . 4 fr.

ZIGLIARA (le card.). — Œuvres philosophiques. Trad. par l'abbé Murgue. 3 vol. gr. in-8 (*Vitte*) . . . . 18 fr.

Morale.

ANGOT DES ROTOURS (Jules). — La Morale du cœur. Étude d'âmes modernes. In-12 (*Perrin*) . . . . 3 fr. 50

ARISTOTE. — La Morale et la politique. Traduction par M. Thurot. 2 vol. in-8 (*Firmin-Didot*) . . . . 6 fr.

AVOINE (l'abbé H.). — Du sentiment moral et religieux. Droits et devoirs du cœur dans l'ordre des croyances. In-8 (*Perrin*). 7 fr. 50

BAETS (l'abbé de). — Les Bases de la morale et du droit. In-8 (*Alcan*) . . . . 6 fr.

BAUTAIN (l'abbé). — La Conscience, ou la Règle des actions humaines. In-12 (*Perrin*) . . . . 3 fr.

BAUTAIN (l'abbé). — Manuel de philosophie morale. In-12 (*Delhomme et Briguet*) . . . . 3 fr. 50

BLANC (l'abbé Élie). — Les Nouvelles bases de la morale d'après Herbert Spencer, exposition et réfutation. In-12 (*Vitte*). 1 fr. 50

BOUILLIER (Francisque). — Questions de morale pratique. In-12 (*Hachette*) . . . . 3 fr. 50

BOUILLIER (Francisque). — La Vraie conscience. In-12 (*Ibid.*) 3 fr. 50

Bourdaloue. — La Morale chrétienne, avec une préface par le P. Félix. In-16 (*Palmé*). . . . . 3 fr.

Broglie (l'abbé de). — La Morale sans Dieu. In-12 (*Putois-Cretté*) . . . . 3 fr. 50

Caro (E.). — Problèmes de morale sociale. In-12 (*Hachette*). 3 fr. 50

Caro (E.). — Études morales sur le temps présent. In-12 (*Ibid.*). 3 fr 50

Caro (E.). — Nouvelles études morales. In-12 (*Ibid.*). 3 fr. 50

Cathrein (le P.), S. J. — Moralphilosophie. 2 vol. in-8 (Fribourg-en-Brisgau, *Herder*). . . . . 24 fr. 50

Crouzaz-Crétet (P. de). — La Morale et les moralistes sous l'ancien regime. In-12 (*Sauton*) . . . . 3 fr. 50

*Denis (Jacques). — Histoire des théories et des idées morales dans l'antiquité. 2 vol. in-8 (*Thorin*) . . . . 10 fr.

Didiot (le chan. Jules). — Principes de morale catholique. In-12 cart. (*Lefort*) . . . . 1 fr. 50

Examen de la morale indépendante, par un catholique. In-12 (*Téqui*) . . . . 1 fr. 50

Frédault (le Dr). — Les Passions. In-12 (*Palmé*) . . . 3 fr.

Funck-Brentano (Th.). — L'Homme et sa destinée. In-8 (*Plon*). 7 fr. 50

Gratry (le P.). — La Morale et la loi de l'histoire. 2 vol. in-8 ou 2 vol. in-12 (*Téqui*). . . . . 12 fr. et 7 fr. 50

Janet (Paul). — La Famille, leçons de philosophie morale. In-12 (*Calmann-Lévy*) . . . . 3 fr. 50

Jouan (le P.), S. J. — La Conscience. In-12 (*Bricon*) . . 3 fr.

Joubert. — Pensées et correspondance, précédées d'une notice de M. P. de Raynal et de jugements littéraires. 2 vol. in-12 (*Perrin*) . . . . 7 fr.

La Bruyère. — Les Caractères. Gr. in-8 avec grav. (*Mame*). 30 fr.

La Bruyère. — Les Caractères. In-8 (*Firmin-Didot*) . . 3 fr.

La Bruyère. — Caractères. Ed. avec commentaires, par Destailleurs. 2 vol. in-18 j. (*Calmann-Lévy*). . . . . . . 7 fr.

Leibnitz. — Pensées sur la religion et la morale, recueillies par M. Emery. In-8 (*Mame*) . . . . 2 fr. 50

Lescœur (le P.). — La Science du bonheur. In-12 (*Perrin*) 3 fr. 50

Malebranche. — Traité de morale, publié avec introd. et notes par H. Joly. In-12 (*Thorin*) . . . . 3 fr. 50

Mallock (W.-H.). — La Vie vaut-elle la peine de vivre? Études sur la morale positive. Trad. de l'anglais, avec introduction et notes par le P. J. Forbes, S. J. In-12 (*Pedone*) . 3 fr. 50

MARGERIE (Amédée de). — De la famille. Leçons de philosophie morale. 4e édit. 2 vol. in-12 (*Téqui*) . . . . 5 fr.

MÉRIC (l'abbé). — La Morale et l'athéisme contemporain In-12 (*Victorion*) . . . . 3 fr. 50

MEULEY (l'abbé). — La Bonté, science de la vie. In-12 (*Gaume*). 3 fr.

OLLÉ-LAPRUNE (Léon). — Essai sur la morale d'Aristote. In-8 (*Belin*) . . . . 6 fr.

OLLÉ-LAPRUNE (Léon). — Les Sources de la paix intellectuelle. In-12 (*Ibid.*). . . . . 2 fr.

OLLÉ-LAPRUNE (Léon). — Le Prix de la vie. In-12 (*Ibid.*). 4 fr.

PASCAL (le P. de). — Philosophie morale et sociale. 2 vol. in-12 (*Lethielleux*) . . . . 7 fr.

PASTY (l'abbé) — L'Idée de Dieu, son origine et son rôle dans la morale. 2 vol. in-8 (*Lecoffre*). . . . . 8 fr.

PELLICO (Silvio). — Mes Prisons, suivies des Devoirs des hommes, traduction A. de Latour In-18 j. (*Charpentier*) . . 3 fr. 50
Le même ouvrage. In-8 (*Mame*). . . . . . . 2 fr. 50

RONDELET (Antonin). — Le Livre de la vieillesse. In-12 (*Perrin*). 3 fr. 50

ROZAN (Ch.). — La Bonté. 8e édit. In-12 (*Ducrocq*) . . 3 fr. 50

Éducation et Enseignement.

ALLAIN (l'abbé E.). — La Question d'enseignement en 1789, d'après les cahiers. 1886, in-12 (*Laurens*) . . . . 1 fr.

BAUNARD (Mgr). — Dieu dans l'école. Le collège Saint-Joseph de Lille. 1881-1888. Discours, notices et souvenirs. In-8 (*Poussielgue*) . . . . 5 fr.

BAUNARD (Mgr). — Dieu dans l'école. Le collège chrétien. Instructions dominicales. 1889-1892, 2 vol. in-8 (*Ibid.*). . 10 fr.

BAUTAIN (l'abbé). — De l'Éducation publique en France au XIXe siècle. Publication posthume. 1876, in-8 (*Retaux*) . . 5 fr.

BÉESAU (Mgr Amable). — L'Esprit de l'éducation. 3e édit. 1884, in-12 (*Lefort*) . . . . 2 fr.

BONJEAN (Georges). — Enfants révoltés et parents coupables. Etude sur la désorganisation de la famille et ses conséquences sociales. 1895, in-18 j. (*Colin*). . . . . 4 fr.

BONNOT (l'abbé Art.). — Les Fruits de l'école sans Dieu. 1890, in-18 (*Lamulle et Poisson*). . . . . 50 c.

CAPTIER (le P.). — Discours et conférences sur l'éducation, précédés de son oraison funèbre, par le R. P. Adolphe Perraud, prêtre de l'Oratoire. In-12 (*Poussielgue*) . . . . . 3 fr.

CHAUMONT (l'abbé H.). — Du Gouvernement d'une maison chrétienne. In-12 (*Palmé*) . . . . 3 fr. 50

Chaumont (l'abbé H.). — L'Éducation, ses difficultés et son but. (Suite du précédent ouvrage.) In-12 (*Haton*) . . . 3 fr. 50

Daniel (le P.), S. J. — Des Études classiques dans la société chrétienne. In-8 (*Téqui*) . . . . 5 fr.

Delaporte (le P. V.), S. J. — Les Classiques païens et chrétiens. 1894, in-12 (*Retaux*). . . . . 2 fr.

Demange (l'abbé). — De l'Abus des plaisirs dans l'éducation contemporaine. 1883, in-12 (Nancy, impr. *Fringnel et Guyot*).

Dementhon (Ch.). — Directoire de l'enseignement religieux dans les maisons d'éducation. 1893, in-16 (*Poussielgue*) . . 4 fr.

Dupanloup (Mgr). — De l'Éducation. 3 vol. in-12 (*Téqui*). 10 fr. 50
Tome I. De l'Education en général.
Tome II. De l'Autorité et du respect dans l'éducation.
Tome III. L'Homme d'éducation.

Dupanloup (Mgr). — De la haute éducation intellectuelle. 3 vol. in-8 ou 3 vol. in-12 (*Ibid.*) . . . . . 22 fr. 50 et 10 fr. 50
Tome I. Les Humanités.
Tome II. L'Histoire, la philosophie, les sciences.
Tome III. Lettres aux hommes du monde sur les études qui leur conviennent.

Dupanloup (Mgr). — Conseils aux jeunes gens sur l'étude de l'histoire. In-12 (*Ibid.*) . . . . 3 fr.

Dupanloup (Mgr). — Lettres sur l'éducation des filles et sur les études qui conviennent aux femmes dans le monde. In-12 (*Ibid.*). Net . . . . 4 fr.

Dupanloup (Mgr). — La Femme studieuse. In-16 (*Ibid.*). Net. 4 fr.

Dupanloup (Mgr). — L'Enfant. In-16 (*Ibid.*). Net . . . 4 fr.

Durand (H.). — Le Livre des enfants et des mères. 1888, in-4 (*Lecène et Oudin*). . . . . 5 fr.

Duruy (Albert). — L'Instruction publique et la démocratie. 1879-1886. In-16 (*Hachette*) . . . . 3 fr. 50

École neutre (l') en face de la théologie. Cas de conscience, par deux prêtres, docteurs en théologie. 2e édit. 1889, in-8 (*Retaux*). 2 fr.

Éducateur apotre (l'), sa préparation, l'exercice de son apostolat. 1894, in-16 (*Poussielgue*) . . . . 2 fr.

Félix (le P.), S. J. — Paternité et maternité dans l'éducation. In-18 (*Desclée*) . . . . 1 fr.

Fénelon. — Éducation des filles. Précédé d'une introduction par Oct. Gréard In-12 (*Flammarion*) . . . . . . 3 fr.
Le même ouvrage, texte collationné sur l'édit. de 1687, avec une introd. et des notes, par Ch. Defodon. In-12 (*Hachette*). . . . . 1 fr.
Le même ouvrage, Ed. Gosselin. In-18, relié (*Lecoffre*). Net. 0 fr. 80

Fonssagrives (le Dr J. B.). — L'Éducation physique des garçons, ou Avis aux familles et aux instituteurs sur l'art de diriger leur santé et leur développement. In-18 j. (*Delagrave*) (épuisé).

Fonssagrives (le Dr J. B.). — L'Éducation physique des jeunes filles, ou Avis aux mères sur l'art de diriger leur santé et leur développement. In-18 j. (*Delagrave*) . . . . 3 fr. 50

Fouillée (Alfred). — L'Enseignement au point de vue national. 1891, in-12 (*Hachette*) . . . . 3 fr. 50

Franco (le P.), S. J. — Direction morale et religieuse de l'enfance et de la jeunesse. Trad. de l'italien par l'abbé Laffineur. In-12 (*Retaux*). . . . . 3 fr.

Gaume (Mgr.). — Le Ver rongeur des sociétés modernes, ou le Paganisme dans l'éducation. In-8 (*Gaume*) . . . . . 5 fr.

Gaume (Mgr). — Du Catholicisme dans l'éducation. 2e édit. In-8 (*Ibid.*). . . . . 3 fr.

Ginon (le chanoine G.). — Des Moyens de développer par l'éducation la dignité et la fermeté du caractère. 3e édit. In-16 (*Poussielgue*) . . . . 1 fr. 25

*Gréard (Octave). — Éducation et instruction. 1887, 4 vol. in-16 (*Hachette*) . . . . 14 fr.

Guyot-Daubès. — La Méthode dans l'étude et dans le travail intellectuel. 1891, in-18 j. (*Guyot-Daubès*) . . . . . 3 fr.

Laguerre (Mme O.). — L'Enseignement dans la famille. Cours complet d'études pour les jeunes filles. 3 vol. in-8 raisin (*Firmin-Didot*) . . . . 7 fr. 50

Landriot (Mgr). — De l'Esprit chrétien dans l'enseignement des sciences, des lettres, des arts, et dans l'éducation intellectuelle et morale, recueil de discours. In-12 (*Lecoffre*) . . 3 fr. 50

Laprade (V. de). — L'Éducation libérale, l'Hygiène, la Morale, les Etudes. In-12 (*Perrin*). . . . . 3 fr. 50

Laprade (V. de). — L'Éducation homicide. In-12 (*Ibid.*). 1 fr. 50

Lemaistre (Alexis). — Les Jeunes filles aux examens et à l'école. Texte et dessins d'après nature. 1891, gr. in-8 avec grav. (*Firmin-Didot*) . . . . 10 fr.

Mathieu (Mgr). — Conférences aux mères chrétiennes sur l'éducation. In-12 (*Lecoffre*) . . . . 2 fr. 50

Monfat (le P.), S. M.— Les Vrais principes de l'Éducation chrétienne rappelés aux maîtres et aux familles. In-18 j. 2e édit. (*Retaux*). . . . . 3 fr. 50

Monfat (le P.), S. M. — La Pratique de l'éducation chrétienne, d'après les vrais principes. In-18 j. (*Retaux*) . . . 3 fr. 50

Monfat (le P.), S. M. — La Pratique de l'enseignement chrétien, d'après les vrais principes. I. Grammaire et littérature; II. Histoire et philosophie. 2 vol. in-18 j. (*Retaux*) . . . 7 fr.

Nettement (Alfred). — La Seconde Éducation des filles. 3e édit. In-12 (*Lecoffre*) . . . . 3 fr.

Nicolay (Fernand). — Les Enfants mal élevés. Étude psychologique, anecdotique et pratique. 7e édit., in-12 (*Perrin*). 3 fr. 50

Pérez (Bernard). — Les Trois premières années de l'enfant. 5e édit. In-8 (*Alcan*) . . . . 5 fr.

Pérez (Bernard). — L'Enfant de trois à sept ans. 3e édit. In-8 (*Ibid.*). 5 fr.

Pérez (Bernard). — L'Éducation morale dès le berceau. 2e édit. In-8 (*Ibid.*) . . . . 5 fr.

Pérez (Bernard). — Le Caractère, de l'enfant à l'homme. In-8. (*Ibid.*). 5 fr.

Rendu (Eug.) — Sept ans de guerre. L'enseignement primaire libre à Paris. 1887, in-12 (*Perrin*). . . . . . . 3 fr. 50

Rochard (le Dr Jules). — L'Éducation de nos fils. 1890, in-16 (*Hachette*) . . . . 3 fr. 50

Rochard (le Dr Jules). — L'Éducation de nos filles. 1892, in-16 (*Hachette*) . . . . 3 fr. 50

Rouvier (le P. Fréd.), S. J. — La Révolution maîtresse d'école. Etude sur l'instruction laïque, gratuite et obligatoire. 2e édit. 1880, in-12 (*Oudin*) . . . . 3 fr.

Salmon (C.-A.). — Conférences sur les devoirs des instituteurs primaires. In-12 (*Hachette*) . . . . 3 fr. 50

Savigny (la comtesse de). — L'Éducation chrétienne de Marthe. Conseils à ma nièce. 4e édit. 1891, in-12 (*Haton*). . 1 fr. 50

Sicard (l'abbé Augustin). — Manuel d'éducation morale et d'instruction civique. 1887, in-12 (*Oudin*) . . . . . . 1 fr. 50

Sicard (l'abbé Augustin). — L'Éducation morale et civique avant et pendant la Révolution. 1884, in-8 (*Perrin*). . . 7 fr. 50

Sicard (l'abbé Augustin). — Les Études classiques avant la Révolution. 1887, in-12 (*Perrin*) . . . . 4 fr.

Sicard (l'abbé Augustin). — Les Deux maîtres de l'enfance : le prêtre et l'instituteur. 1888, in-12 (*Perrin*) . . . . 3 fr. 50

Sublard (l'abbé). — Esprit de foi dans l'enseignement classique. In-12 (*Delhomme et Briguet*) . . . . 2 fr. 50

Tilloy (l'abbé A.). — Les Fils mal élevés de la famille moderne; le mal et le remède. 1887, in-16 (*Delhomme et Briguet*). 1 fr. 50

Verniolles (l'abbé). — La Lecture et le choix des livres. Conseils à un jeune homme qui termine ses études. In-18 j. (*Retaux*). 2 fr. 50

Politique.

Aristote. — Politique d'Aristote, trad. en français par J. Barthélemy Saint-Hilaire. 3e édit., 1874, in-8 (*Alcan*) . . . 10 fr.

BENOIST (Charles). — Sophismes politiques de ce temps. 1893, in-16 (*Perrin*) . . . . 3 fr. 50

BLANC DE SAINT-BONNET (A.). — De l'Union spirituelle, ou de la Société et de son but au delà des temps. 1841, 3 vol. in-8 (*Ladrange* (épuisé) . . . . » »

BLANC DE SAINT-BONNET (A.). — Restauration française. 2e édit. 1873, gr. in-8 (*Casterman*). . . . . 5 fr.

BLANC DE SAINT-BONNET (A.). — La Légitimité. 1873, gr. in-8 (*Casterman*) . . . . 7 fr.

BLOCK (M.). — Dictionnaire général de la politique. Nouv. édit. entièrement refondue. 1872-74, 2 vol. gr. in-8 (*Otto-Lorenz*) (épuisé) . . . . » »

BONALD (vicomte de). — Œuvres complètes. 1859, 3 vol. gr. in-8 (*Migne*). Net . . . . 24 fr.

BONALD (vicomte de). — Théorie du pouvoir politique et religieux dans la société civile, démontrée par le raisonnement et par l'histoire. 2 vol. in-8 (*Le Clère*) épuisé) . . . . » »

BONALD (vicomte de). — Pensées sur différents sujets. Introd. et notes par M. J. de Bonnefon. In-18 j. (*Plon*) . . . 3 fr. 50

CICÉRON. — De la République, suivi des plus célèbres chapitres de la Politique d'Aristote, de l'Esprit des lois de Montesquieu, et de nombreux extraits de Platon, Polybe. J.-J. Rousseau, V. Cousin, etc., avec introduction critique et notes en français, par A. Fouillée. In-12 cart. (*Delagrave*) . . . . 2 fr.

COQUILLE (J. B. V). — La Royauté française. In-8 (*Lecoffre*). 5 fr.

COQUILLE (J. B. V.). — Politique chrétienne. In-8 (*Palmé*) (épuisé).

CROUSAZ-CRÉTET (P. de). — L'Église et l'État, ou les Deux puissances au XVIIIe siècle, In-18 j. (*Retaux*). . . . . 3 fr. 50

DESCHAMPS (le P.) et JANNET (Claudio). — Les Sociétés secrètes et la Société, ou Philosophie de l'histoire contemporaine. 3 vol. in-8 (*Oudin*). . . . . 22 fr. 50

DONOSO CORTEZ. — Œuvres. 3 vol. in-8 (*Vaton*) (épuisé). » »

DUPANLOUP (Mgr). — La Souveraineté pontificale. In-12 (*Téqui*). 3 fr.

DUPRIEZ (L.). — Les Ministres dans les principaux pays d'Europe et d'Amérique. 1893, 2 vol. in-8 (*Rothschild*). . 20 fr.

GODARD (l'abbé Léon). — Les Principes de 89 et la doctrine catholique. In-8 (*Lecoffre*) . . . . 3 fr.

GRANDCLAUDE (l'abbé). — Principes du droit public. In-12 (*Lecoffre*) . . . . 3 fr.

HALLER (Ch. Louis de). — Restauration de la science politique, ou Théorie de l'état social naturel opposée à la fiction de l'état civil factice. 6 vol. in-8 (*Vaton*) (épuisé) . . . . » »

JANET (Paul). — Histoire de la science politique dans ses rapports avec la morale. 3e édit. consid. augmentée. 1887, 2 vol. in-8 (*Alcan*) . . . . 20 fr.

KELLER (Émile). — L'Encyclique du 8 décembre 1864 et les principes de 1789, ou l'Eglise, l'Etat et la liberté. 2e édit. in-18 j. (*Poussielgue*) . . . . 3 fr.

LAFFITTE (Paul). — Le Paradoxe de l'égalité. 1887, in-16 (*Hachette*). . . . . 3 fr. 50

LAFFITTE (Paul). — Le Suffrage universel et le régime parlementaire. 2e édit. 1889, in-16 (*Hachette*) . . . . 3 fr. 50

LEFÈVRE-PONTALIS (Antonin). — Les Lois et les mœurs électorales en France et en Angleterre. In-18 j. (*Calmann-Lévy*). 3 fr. 50

LEROY-BEAULIEU (Anatole). — La Papauté, le socialisme et la démocratie. In-18 j. (*Calmann-Lévy*). . . . . . . 3 fr. 50

LIBERATORE (le P. Math.), S. J. — Le Droit public de l'Église. Trad. par l'abbé Onclair. In-8 (*Retaux*) . . . . . . 6 fr.

LUÇAY (comte de). — La Décentralisation. Étude pour servir à son histoire en France. In-8 (*Guillaumin*) . . . . . 6 fr.

MARGERIE (A. de). — La Restauration de la France. 3e édit., 1872, in-12 (*Perrin*) . . . . 3 fr. 50

NICOLAS (Auguste). — Études sociales sur la Révolution. Première série : l'Etat sans Dieu ; 2e série : Le mal séculaire de la France ; l'Etat contre Dieu ; la monarchie et la question du drapeau ; Rome et la papauté, etc. In-8 ou in-16 (*Retaux*). 6 fr. et 4 fr.

NICOLAS (A.). — La Révolution et l'ordre chrétien. In-8 (*Retaux*) . . . . 6 fr.

NOURRISSON (F.). — La Politique de Bossuet. In-12 (*Perrin*). 3 fr.

PARIEU (E. de). — Principes de la science politique. 2e édit. 1875, in-8 (*Sauton*) (épuisé) . . . . » »

PARISIS (Mgr). — Cas de conscience sur les libertés publiques. 2e édit. In-8 (*Lecoffre*) . . . . 2 fr. 25

PASCAL (le P. G. de). — Le Pouvoir social et l'ordre économique. 1889, in-12 (*Vitte*). . . . . 1 fr. 50

PÉRIN (Charles). — Les Lois de la société chrétienne (1875). Nouv. édit. 2 vol. in-12 (*Lecoffre*) . . . . 7 fr.

PÉRIN (Charles). — Mélanges de politique et d'économie. 1883, in-12 (*Ibid.*) . . . . 3 fr. 50

POLLOCK (Frederik). — Introduction à l'étude de la science politique. Trad. française. 1893, in-8 (*Thorin*) . . . . 12 fr. 50

RABOISSON (l'abbé). — Du Pouvoir, ses origines, ses limites, ses formes, ses transformations. 1874, in-8 (*Plon*) . . . 6 fr.

RAMIÈRE (le P. H.), S. J. — Les Doctrines romaines sur le libéralisme, envisagées dans leurs rapports avec le dogme chrétien et avec les besoins des sociétés modernes. 1870, in-8 (*Lecoffre*) . . . . 4 fr.

Ribot (Paul). — Du Suffrage universel et de la souveraineté du peuple. 1874, in-8 (*Calmann-Lévy*). . . . . 6 fr.

Saint-Girons (A.). — Essai sur la séparation des pouvoirs. 1881, in-8 (*Larose*) . . . . 9 fr.

Satolli (Mgr), archevêque de Lépante.— Principes de droit public des Concordats. Trad. par Mgr Chazelles. In-8 (*Retaux*). 5 fr.

Veuillot (Louis). — La Guerre et l'homme de guerre (1855); nouv. édit. In-18 j. (*Retaux*). . . . . 3 fr. 50

Economie politique et sociale.

Arnauné (A.). — La Monnaie, le crédit et le change. 1894, in-8 (*Alcan*) . . . . 7 fr.

Audiffret (marquis d'). — Système financier de la France. 2e édit., 6 vol. in-8 (*Dupont*) (épuisé). . . . . » »

Avenel (vicomte G. d'). — La Fortune privée à travers sept siècles. 1895, in-18 j. (*Colin*) . . . . 4 fr.

Auburtin (Fernand). — Le Play (extraits et biographie). In-32 (*Guillaumin*) . . . . 2 fr. 50

Bastiat (F.). — Œuvres complètes, publiées par M. Paillottet. 7 vol. in-12 (*Guillaumin*) . . . . 24 fr. 50

Tome I. Correspondance. Premiers écrits.
— II. Le libre-échange.
— III. Cobden et la Ligue.
— IV et V. Sophismes économiques. Petits pamphlets.
— VI. Harmonies économiques.
— VII. Essais et correspondance.

Baudrillart (H.). — Manuel d'économie politique. 4e édit. 1878, in-12 (*Guillaumin*) . . . . 4 fr.

Baudrillart (H.). — Des rapports de l'économie politique avec la morale et le droit. In-12 (*Guillaumin*) . . . . 4 fr. 50

Baudrillart (H.). — Les Populations agricoles de la France (*Guillaumin*)
I. Maine, Anjou, Touraine, etc. In-8 . . . . 10 fr.
II. Normandie et Bretagne. In-8. . . . . 7 fr. 50
III. Midi. In-8 . . . . 10 fr.

Baudrillart (H.). — Gentilshommes ruraux de la France. In-8 (*Firmin Didot*) . . . . 10 fr.

Béchaux (A.). — Les Revendications ouvrières en France. 2e édit. 1895, in-8 (*Rousseau*). . . . . 3 fr. 50

Block (Maurice). — Annuaire de l'économie politique et de la statistique, publié depuis 1844 par MM. Guillaumin, Joseph Garnier et Maurice Block. In-18 (*Guillaumin*). . . . 9 fr.

Collection complète de 1844 à 1893, y compris la table analytique. 50 vol. . . . . 308 fr. 50

Boutmy (E.). — Études de droit constitutionnel. France, Angleterre, Etats-Unis. 1885, in-18 j. (*Plon*) . . . . . 3 fr. 50

Boutmy (E.). — Le Développement de la constitution et de la liberté politique en Angleterre. 1887, in-18 j. (*Plon*). 3 fr. 50

Brants (Victor). — Lois et méthode de l'économie politique. 1883, in-12 (Louvain, *Peeters*) . . . . 1 fr. 50

Brants (Victor). — La Lutte pour le pain quotidien. Précis de leçons d'économie politique. 1885, in-12 (*Ibid*) . . 3 fr. 50

Brice (Hubert). — Les Institutions patronales. 1895, in-8 (*Rousseau*) . . . . 7 fr. 50

Bureau (Paul). — Le Homestead, ou l'insaisissabilité de la petite propriété foncière. In-8 (*Rousseau*) . . . . . 7 fr. 50

Champagny (le comte de). — La Bible et l'économie politique. 1879, in-12 (*Retaux*). . . . . 2 fr. 50

Cibario (le chevalier). — Économie politique au moyen âge. Traduit par A. Barneaud, et précédé d'une introduction par Wolowski. 2 vol. in-8 (*Guillaumin*) . . . . 6 fr.

Cochin (Augustin). — Abolition de l'esclavage. 2 vol. in-8 (*Douniol*) (épuisé) . . . . » »

Cochin (Augustin). — Études sociales et économiques. 1880, in-12 (*Perrin*) . . . . 3 fr 50

Corbière (l'abbé). — L'Économie sociale au point de vue chrétien. 1863, 2 vol. in-8 (*Roger et Chernoviz*). . . . . 12 fr.

Coste (Ad.). — Alcoolisme ou épargne. In-32 (*Alcan*). 0 fr. 60

Courcelle-Seneuil. — Traité théorique et pratique des opérations de banque. 7e édit., revue et mise à jour par André Liesse. 1895, in-8 (*Guillaumin*). . . . . 8 fr.

Courtois (Alphonse). — Histoire des Banques en France. 2e édit. 1881, in-8 (*Guillaumin*) . . . . 8 fr. 50

Courtois (Alphonse). — Traité élémentaire des opérations de Bourse et de change. 11e éd. 1892, in-12 (*Guillaumin*). 4 fr.

Delaporte (le P. A.). — Le Problème économique et la doctrine catholique. 1867, gr. in-8 (*Victorion*) . . . . 4 fr.

Deloison (Georges). — Traité des valeurs mobilières, françaises et étrangères, et des opérations de Bourse. 1890, in-8 (*Larose*). 12 fr.

Dictionnaire universel, théorique et pratique du commerce et de la navigation. 2 vol. gr. in-8 à 2 col. (*Guillaumin*). 60 fr.

Dupanloup (Mgr). — La Charité chrétienne et ses œuvres. In-12 (*Douniol*) (épuisé) . . . . » »

Ferrand (J.). — Les Pays libres, leur organisation et leur éducation d'après la législation comparée. 1884, in-18 j. (*Pichon*). 3 fr. 50

Foville (A. de). — Études économiques et statistiques sur la propriété foncière. Le morcellement. 1885, in-8 (*Guillaumin*). 6 fr.

Foville (A. de). — La Transformation des moyens de transport et ses conséquences économiques et sociales. 1880, in-8 (*Guillaumin*) (épuisé) . . . . » »

Grégoire (Léon). — Le Pape, les catholiques et la question sociale. 2e édit. 1893, in-12 (*Perrin*) . . . . 3 fr.

Harmel (Léon). — Catéchisme du patron. 1889, in-18 (boulevard Saint-Germain, 262) . . . . 3 fr.

Haussonville (comte d'). — Études sociales, misère et remèdes. 1886, in-8 (*Calmann-Lévy*) . . . . 7 fr. 50

Haussonville (comte d'). — Socialisme et charité. 1895, in-8 (*Calmann-Lévy*) . . . . 7 fr. 50

Hervé-Bazin (F.). — Traité élémentaire d'économie politique. 3e édit. In-12 (*Lecoffre*). . . . . 4 fr.

Howell (Georges). — Le Passé et l'avenir des Trade's Unions, Trad. et préface par Ch. Le Cour Grandmaison. 1892, in-8 (*Guillaumin*) . . . . 7 fr.

Hubert-Valleroux (P.). — Les Corporations d'arts et métiers et les syndicats professionnels. 1883, in-8 (*Guillaumin*) . 8 fr.

Hubert-Valleroux (P.). — Les Associations coopératives en France et à l'étranger. 1884, in-8 (*Guillaumin*) . . . 8 fr.

Hubert Valleroux (P.). — La Charité avant et depuis 1789. 1890, in-8 (*Guillaumin*) . . . . 8 fr.

Hubert-Valleroux (P.). — Le Contrat de travail. 1895, in-8 (*A. Rousseau*) . . . . 8 fr.

Jannet (Claudio). — Le Socialisme d'État et la réforme sociale. 2e édit., 1890, in-8 (*Plon*) . . . . 7 fr. 50

Jannet (Claudio). — Le Capital, la spéculation et la finance au xixe siècle. 1893, in-8 (*Plon*). . . . . 8 fr.

Jannet (Claudio). — Le Code civil et les réformes indispensables à la liberté des familles. 1894, in-18 (*Mame*) (épuisé) . » »

Joly (Henri). — Le Socialisme chrétien. 1892, in-18 (*Hachette*). 3 fr. 50

Juglar (Clément). — Des Crises commerciales et de leur retour périodique. 1889, in-8 (*Guillaumin*) . . . . 12 fr.

Kettler (Mgr de). — La Question ouvrière et le christianisme, trad. par M. Edmond Clocs. 1869, in-12 (Liège, *Grandmont-Donders*) . . . . 1 fr. 50

La Sizeranne (Robert de). — Le Bien de famille insaisissable. In-16 (*Colin*) . . . . 0 fr. 50

La Sizeranne (Robert de). — Le Referendum communal. In-16 (*Colin*). . . . . 1 fr.

Lavergne (L. de). — Les Économistes français du xviiie siècle. 1870, in-8 (*Guillaumin*). . . . . 7 fr. 50

Lavergne (L. de). — Économie rurale de la France depuis 1879. 3e édit. 1866, in-12 (*Guillaumin*) . . . . 3 fr. 50

Lavergne (L. de). — Essai sur l'Économie rurale de l'Angleterre, de l'Ecosse et de l'Irlande. In-8 (*Guillaumin*). 8 fr. 50

Lavergne (le Dr). — L'Agriculture et la population In-12 (*Guillaumin*) . . . . 3 fr. 50

Leclerc (Max). — L'Éducation des classes moyennes et dirigeantes en Angleterre. 1894, in-18 j. (*Colin*) . . . . 4 fr.

Leclerc (Max). — Les Professions et la société en Angleterre. 1894, in-18 j. (*Colin*) . . . . 4 fr.

Legoyt (A.). — Du Progrès des agglomérations urbaines et de l'émigration rurale en Europe et particulièrement en France. 1870, in-8 (*Guillaumin*) . . . . 6 fr.

Lemire (l'abbé J.). — Le Cardinal Manning et son action sociale. 1893, in-12 (*Lecoffre*) . . . . 2 fr. 50

Le Play. — La Réforme sociale en France. 7e édit. 3 vol. in-18 (*Mame*) . . . . 6 fr.

Le Play. — La Constitution de l'Angleterre. 2 vol. in-18 (*Mame*). 4 fr.

Le Play. — La Constitution essentielle de l'humanité. 2e édit. In-18 (*Mame*) . . . . 2 fr.

Le Play. — L'Organisation de la famille. 4e édit. In-18 (*Mame*). 2 fr.

Le Play. — L'Organisation du travail. 6e édit. In-18 (*Mame*). 2 fr.

Leroy-Beaulieu (Paul). — Traité de la science des finances. 5e édit. 2 vol. in-8 (*Guillaumin*). . . . . 25 fr.

Leroy-Beaulieu (Paul). — Essai sur la répartition des richesses. 3e édit. In-8 (*Guillaumin*) . . . . 9 fr.

Leroy-Beaulieu (Paul). — Précis d'économie politique. In-12. (*Delagrave*). . . . . 2 fr. 50

Leroy-Beaulieu (Paul). — La Question ouvrière au xixe siècle. 2e édit. In-18 j. (*Charpentier*) . . . . 3 fr. 50

Leroy-Beaulieu (Paul). —Le Travail des femmes au xixe siècle. In-18 j. (*Ibid.*). . . . . 3 fr. 50

Levasseur (E.). — La Population française. 3 vol. in-8 (*A. Rousseau*) . . . . 37 fr. 50

Liberatore (le P.), S. J. — Principes d'économie politique. Traduits et commentés par le baron Sylvestre de Sacy. In-12 (*Oudin*). . . . . 3 fr. 50

Martin-Doisy. — Dictionnaire d'économie charitable. 4 vol. gr. in-8 à 2 col. (*Migne*). Net . . . . 28 fr.

Méric (abbé). — Les Erreurs sociales du temps présent. 1884, in-12 (*Roger et Chernoviz*) . . . . 1 fr. 50

Metreau (l'abbé). — La Résistance au socialisme, avec une lettre de S. Em. le cardinal Lecot. 1895, in-18 (*Guillaumin*). 3 fr.

Metz-Noblat (Alex. de). — Les Lois économiques. 2e édit. préc. d'une introd. de Claudio Jannet. 1879, in-12 (*Pedone*). 5 fr.

Michel (Jules). — Manuel d'économie sociale. 4e édit. In-18 (*Lecène et Oudin*) (épuisé) . . . . » »

Monnier (Alexandre). — Histoire de l'assistance publique. 3e édit. 1866, in-8 (*Guillaumin*). . . . . 7 fr. 50

Morel (l'abbé Jules). — Du prêt à intérêt, ou des causes théologiques du socialisme. 1873, in-12 (*Lecoffre*). . . . 3 fr. 50

Onclair (le P.). — Entre patrons et ouvriers. Études théologiques et économiques. 1894, in-12 (*Téqui*) . . . . . 2 fr.

Parieu (E. de) — Traité des impôts considérés sous le rapport historique, économique et politique. 4 vol. in-8 (*Guillaumin*) (épuisé) . . . . » »

Paris (comte de). — Les Associations ouvrières en Angleterre. (1869), 7e édit., 1884, in-12 (*Alcan*). . . . . . . 2 fr. 50

Paris (comte de). — De la situation des ouvriers en Angleterre (1873). Nouvelle édit. 1883, in-18 (*Calmann-Lévy*) . . 1 fr.

Paris (comte de). — Le Droit à l'association. 1892, in-18 j. (*Calmann-Lévy*) . . . . 1 fr.

Périn (Charles). — De la richesse dans les sociétés chrétiennes. (1861). 2e édit. 1868, 3 vol. in-12 (*Lecoffre*) . . . . 10 fr. 50

Périn (Charles). — Le Socialisme chrétien. 1879, gr. in-8 (*Lecoffre*). . . . . 2 fr.

Périn (Charles). — Les Doctrines économiques depuis un siècle. 1880, in-12 (*Lecoffre*). . . . . 3 fr. 50

Périn (Charles). — Le Patron, sa fonction, ses devoirs, sa responsabilité. 1886, in-12 (*Desclée*) . . . . 2 fr.

Périn (Charles). — L'Économie politique d'après l'Encyclique sur la condition des ouvriers. Gr. in-8 (*Lecoffre*) . . . . 1 fr.

Périn (Charles). — Premiers principes d'économie politique. In-12 (*Ibid.*). . . . . 3 fr. 50

Perriquet (E.). — Traité théorique et pratique des travaux publics. 1883, 2 vol. in-8 (*Marchal et Billard*) . . . . 16 fr.

Picard (Alfred). — Les Chemins de fer français. Étude historique sur la constitution et le régime du réseau. 1883-1884, 6 vol. in-8 (*Rothschild*) . . . . 110 fr.

Picard (Alfred). — Traité des chemins de fer. 1887, 4 vol. gr. in-8 (*Rothschild*) . . . . 100 fr.

Picard (Alfred). — Traité des eaux. Droit et administration. 1890-1894, 4 vol. in-8 (*Rothschild*). . . . . 48 fr.

Poiré (Paul). — A travers l'industrie. In-8 (*Hachette*) . 8 fr.

Porée (Henri) et Livache (Ach.). — Traité théorique et pratique des manufactures et ateliers dangereux, insalubres ou incommodes. 1887, in-8 (*Marchal et Billard*) . . . . . . 10 fr.

Questions sociales et ouvrières. — I. Régime du travail. Ouvrage publié par le comité des études de l'Œuvre des cercles catholiques d'ouvriers. In-8 (*Lecoffre*) . . . . . 7 fr. 50

Rambaud (l'abbé Camille). — Économie politique et sociale, ou Science de la vie. 1887, in-8 (*Guillaumin*) . . . . . 4 fr.

Rambaud (J.). — Traité élémentaire et raisonné d'économie politique. In-18 j. (*Plon*) . . . . 5 fr.

Rapet (J. J.) — Manuel populaire de morale et d'économie politique. 4e édit. In-12 (*Guillaumin*). . . . . . . 3 fr. 50

Ribbe (Ch. de). — Les Familles et la société en France. 4e édit. 2 vol. in-12 (*Mame*) . . . . 4 fr.

Ribbe (Ch. de). — Le Play d'après sa correspondance. In-12 (*Firmin-Didot*) . . . . 3 fr. 50

Ribbe (Ch. de). — La Vie domestique, ses modèles et ses règles, d'après les documents originaux. 2 vol. in-12 (*Victorion*). 6 fr.

Richter (E.). — Où mène le socialisme. Trad. française, préface de Paul Leroy-Beaulieu. 1892, in-12 (*Le Soudier*). . 1 fr. 50

Rocquigny (comte de). — Les Syndicats agricoles et le socialisme agraire. 1893, in-12 (*Perrin*). . . . . . . 3 fr. 50

Rondelet (Antonin). — Petit manuel d'économie politique. 1868, in-18 (*Lecoffre*) (épuisé). . . . . » »

Rondelet (Antonin). — La Morale de la richesse. In-12 (*Perrin*). 3 fr. 50

Roscher (Guillaume). — Principes d'économie politique, trad. et annotés par Wolowski. 1857, 2 vol. in-8 (*Guillaumin*) (épuisé).

Rubichon. — De l'action du clergé dans les sociétés modernes, avec une seconde partie par L. Mounier. 1859, 2 vol. in-12 (*Lecoffre*) (épuisé). . . . . » »

Say (Léon). — Le Socialisme d'État. 1884, in-18 j. (*Calmann-Lévy*). 3 fr. 50

Say (Léon). — Les Solutions démocratiques de la question des impôts. 2 vol. in-12 (*Guillaumin*) . . . . 6 fr.

Stourm (René). — Cours de finances. Le Budget, son histoire et son mécanisme. 2e édit. In-8 (*Guillaumin*). . . . . 9 fr.

Stourm (René). — Les Finances de l'Ancien Régime et de la Révolution. 2. vol. in-8 (*Guillaumin*) . . . . 16 fr.

Stourm (René). — L'Impôt sur l'alcool dans les principaux pays. 1886, in-12 (*Berger-Levrault*) . . . . 3 fr.

Stourm (René). — Systèmes généraux d'impôts. 1893, in-8 (*Guillaumin*) . . . . 7 fr.

THÉRY (Gustave). — Exploiteurs et salariés 1895, in-12 (*Lecoffre*). 3 fr.

THOROLD-ROGERS (James E.). — Interprétation économique de l'histoire Traduction et introd. par E. Castelot. 1892, in-8 (*Guillaumin*) . . . . 10 fr.

TOUNISSOUX (l'abbé). — Le Bien-être de l'ouvrier. 1870, in-12 (*Guillaumin*) . . . . 3 fr.

VANLAER (Maurice). — Les Monts-de-Piété en France. 1895, in-8 (*Guillaumin*) . . . . » »

VIGNES (Édouard). — Traité des impôts en France. 4e édit., 1880, 2 vol. in-8 (*Guillaumin*) . . . . 16 fr.

VILLENEUVE-BARGEMONT (vicomte de). — Économie politique et chrétienne. 1834, 3 vol. in-8 (*Paulin*) (épuisé). . . . » »

VILLENEUVE-BARGEMONT (vicomte de). — Histoire de l'économie politique. 1841, 2 vol. in-8 (*Guillaumin*) (épuisé). . . » »

WAHL (Albert). — Traité théorique et pratique des titres au porteur français et étrangers. 1891, 2 vol. in-8 (*Rousseau*). 16 fr.

WINTERER (l'abbé). — Le Socialisme contemporain. 3e édit. 1894, in-12 (*Lecoffre*). . . . . 3 fr. 50

WOLOWSKI. — Le Change et la circulation. 1869, in-8 (*Guillaumin*) (épuisé) . . . . » »

Astronomie, Physique, Chimie.

ALHEILIG. — Recette, conservation et travail des bois. Outils et machines-outils employés dans ce travail. Pet. in-8 (*Gauthier-Villars*) . . . . 2 fr. 50

ANDRIEU (Pierre). — Le Vin et les vins de fruits. Analyse du moût et du vin. Vinification. Sucrage. Maladies du vin. Etude sur les levures de vin cultivées. Distillation. In-8 avec 78 fig. (*Gauthier-Villars*) . . . . 6 fr. 50

ANGOT (A.). — Les Aurores polaires. Pet. in-8 (*Alcan*) . 6 fr.

ARAGO (F.). — Astronomie populaire. 4 vol. in-8 avec 283 fig et 27 pl. (*Gauthier-Villars*) . . . . 30 fr.

ARAGO (F.). — Notices scientifiques. 5 vol. in-8 avec 35 fig. sur bois (*Gauthier-Villars*) . . . . 37 fr. 50

BAILLE (J.). — Les Merveilles de l'électricité. In-12 (*Hachette*). 2 fr. 25

BARILLOT (Ernest). — Manuel de l'analyse des vins. Pet. in-8, avec nombr. fig. et tables (*Gauthier-Villars*) . . . 3 fr. 50

BARRAL (G.). — Les Nouvelles découvertes en électricité. In-8 (*Michelet*) . . . . 8 fr.

BARRUEL. — Traité de chimie technique appliquée aux arts et à l'industrie, à la pharmacie et à l'agriculture. 6 vol. in-8 (*Firmin-Didot*) . . . . 48 fr.

Beauregard (le Dr H.). — Le Microscope et ses applications. Pet. in-8 (*Masson*) . . . . 2 fr. 50

Becquerel père et Becquerel (Edm.). — Traité d'électricité et de magnétisme, avec leurs applications aux sciences physiques, aux arts et à l'industrie. 2 vol. in-8 avec grav. (*Ibid.*). 24 fr.

Becquerel père et Becquerel (Edm.). — Résumé de l'histoire de l'électricité et du magnétisme, des applications de ces sciences à la chimie, aux sciences naturelles et aux arts. In-8 (*Ibid.*). 6 fr.

Becquerel (Edm.). — La Lumière, ses causes et ses effets. 2 vol. gr. in-8 raisin avec fig. (*Firmin-Didot*) . . . . 16 fr.
Le tome Ier est épuisé.

Boiteux (Jules). — Lettres à un matérialiste sur la pluralité des mondes habités et les questions qui s'y rattachent. 2e édit., refondue. In-18 j. (*Plon*) . . . . 4 fr.

Bouant. — Leçons de chimie. Notation atonique. In-18 (*Alcan*). 4 fr.

Bouant. — Aide-mémoire de chimie, à l'usage des élèves de la classe de mathématiques spéciales Gr. in-18 (*Delalain*) 2 fr.

Bourquelot (Émile). — Les Fermentations. In-12 (*Société d'éditions scientifiques*) . . . . 3 fr. 50

Bovier-Lapierre (G.). — L'Astronomie pour tous. Description méthodique des astres et des phénomènes, accompagnée de détails historiques et de considérations philosophiques. In-8 avec 120 grav. (*Jouvet*). . . . . 5 fr.

Boys (C.-V.). — Bulles de savon. Quatre conférences sur la capillarité faites devant un jeune auditoire. Traduit de l'anglais par Ch.-Ed. Guillaume, avec de nouvelles notes de l'auteur et du traducteur. In-18 j. avec 60 fig. et 1 pl. (*Gauthier-Villars*) . . . . 2 fr. 75

Branly (E.). — Traité élémentaire de physique. In-8 (*Poussielgue*) . . . . 8 fr. 75

Branly (E.). — Traité élémentaire d'électricité. In-8 (*Ibid.*). 5 fr.

Brault. — Histoire de la téléphonie. In-8 (*Masson*) . . 4 fr.

Brewer (le Dr). — La Clef de la science, ou les Phénomènes de tous les jours expliqués; traduit, revu et corrigé par M. l'abbé Moigno. Nouvelle édition refondue, et mise au courant par Henri de Parville. In-8 j., orné de 250 gravures, terminé par une table analytique (*Laurens*) . . . . 10 fr.

Burat. — Précis de mécanique. 8e édition. In-18 avec 256 fig. (*Masson*) . . . . 3 fr.

Cazin (Achille). — L'Étincelle électrique. In-12 avec 76 fig. (*Hachette*) . . . . 2 fr. 25

Cazin (Achille). — La Chaleur. In-12 (*Hachette*) . . 2 fr. 25

Cazin (Achille). — Les Forces physiques. In-12 (*Hachette*). 2 fr. 25

Colson (R.). — Traité élémentaire d'électricité, avec les principales applications. 2e édition. Pet. in-8 avec 91 fig. (*Gauthier-Villars*) . . . . 3 fr. 75

Colson (R.) —. L'Énergie et ses transformations. In-8 (*Carré*). 4 fr.

Dallet (G.). — La Prévision du temps et les prédictions météorologiques. In-16 (*Baillière*) . . . . 3 fr. 50

Dallet (G.). — Les Merveilles du ciel. In-16 (*Ibid.*) . 3 fr. 50

Deherrypon. — Les Merveilles de la chimie. In-12 (*Hachette*). 2 fr. 25

Delaunay (Ch.). — Cours élémentaire d'astronomie. 7e édition, revue et complétée par Albert Lévy. In-18 j. avec 3 pl. et 386 fig. (*Masson*) . . . . 7 fr. 50

Drincourt (S.). — Traité de physique. In-8 avec fig. (*Colin*). 8 fr.

Drincourt (S.). — Traité de chimie. In-12 avec fig. (*Ibid.*). 5 fr.

Dubois (Edm.). — Cours d'astronomie. 3e édit. In-8 (*Challamel*). 15 fr.

Dumas (J.-B.). — Leçons sur la philosophie chimique, recueillies par Bineau. Nouv. édit. In-8 (*Gauthier-Villars*). . . 7 fr.

Duplais (aîné). — Traité de la fabrication des liqueurs et de la distillation des alcools, suivi du Traité de la fabrication des eaux et boissons gazeuses. 6e édition, revue et augmentée par Duplais jeune. 2 vol. in-8, avec 15 pl. (*Gauthier-Villars*). 16 fr.

Fernet (E.) et Chervet (A.). — Traité de physique élémentaire. 12e édition entièrement revue. Pet. in-8 avec 706 fig. (*Masson*). 8 fr.

Figuier (Louis). — Les Merveilles de la science, ou Description populaire des inventions modernes. 4 vol. gr. in-8 j., illustrés de 1,817 gravures (*Jouvet*) . . . . 40 fr.

Forthomme. — Notions élémentaires de physique et de chimie. In-18, avec 170 grav. (*Masson*) . . . . 3 fr.

Fourtier (H.) et Molteni (A.). — Les Projections scientifiques. Etude des appareils, accessoires et manipulations diverses pour l'enseignement scientifique par les projections. In-18 j. avec 113 fig. (*Gauthier-Villars*). . . . . 3 fr. 50

Frébault (le Dr A.). — La Chimie contemporaine. In-8 (*Masson*). 8 fr.

Ganot. — Traité élémentaire de physique expérimentale et appliquée et de météorologie. In-12 (*Hachette*). . . . 8 fr.

Ganot. — Cours de physique, purement expérimentale, à l'usage des gens du monde. In-12 (*Ibid.*) . . . . 6 fr.

Gay (J.). — Lectures scientifiques. In-12 (*Hachette*) . . 5 fr.

Girard et Dupré. — Analyse des matières alimentaires et de leurs falsifications. In-8 (*Dunod*) . . . . 32 fr. 50

GIRARDIN (J.). — Leçons de chimie élémentaire, appliquée aux arts industriels. Nouvelle édition. 5 vol. in-8 avec 1,403 fig. et 50 échantillons dans le texte, augmentée d'un supplément (*Masson*). 50 fr.

GRAFFIGNY (Henri de). — Traité d'aérostation. In-18 (*Baudry*). 4 fr.

GRIMAUX (le Dr Ed.). — Chimie inorganique élémentaire. 6e édit. In-12 avec fig. (*Alcan*) . . . . 5 fr.

GUILLEMIN (Amédée). — Le Ciel, notions élémentaires d'astronomie physique, 5e édition, illustrée de 62 pl. et de 361 vign. Grand in-8 (*Hachette*) . . . . 30 fr.

HÉBERT (A.). — Examen sommaire des boissons falsifiées. Pet. in-8 (*Gauthier-Villars*). . . . . 2 fr. 50

HÉMENT (Félix). — Les Étoiles filantes et les bolides. In-18 j. avec 32 fig. (*Gauthier-Villars*) . . . . 2 fr. 50

HOEFER (Ferd.). — Histoire de la chimie. 2e édit. 2 vol. in-8 avec fig. (*Firmin-Didot*) . . . . 14 fr.

HOEFER (Ferd.). — Histoire de la physique et de la chimie. In-16 (*Hachette*) . . . . 4 fr.

HOEFER. — Histoire de la zoologie. In-16 (*Ibid.*) . . . 4 fr.

HOEFER. — Histoire de l'astronomie. In-16 (*Ibid.*) . . . 4 fr.

HOEFER. — Histoire des mathématiques. In-16 (*Ibid.*) . 4 fr.

HOSPITALIER (Ed.). — La Physique moderne. L'électricité dans la maison. 2e édit. refondue, in-8 avec 165 grav. (*Masson*). 10 fr.

HOUZEAU et LANCASTER. — Traité élémentaire de météorologie. In-12 (*Baudry*). . . . . 3 fr.

JACQUET (Louis). — La Fabrication des eaux-de-vie. Pet. in-8 (*Gauthier-Villars*) . . . . 2 fr. 50

JANET (Paul). — Premiers principes d'électricité industrielle. Piles. Accumulateurs. Dynamos. Transformateurs. In-8, avec 173 fig. (*Gauthier-Villars*). . . . . 6 fr.

JOLY (A.) — Cours élémentaire de chimie, notation atomique. 3 vol. in-12 (*Hachette*).

Chimie générale ; — Métalloïdes. 1 vol. . . . . 5 fr.
Métaux et Chimie organique. 1 vol. . . . . 5 fr.
Manipulations chimiques. 1 vol. . . . . 2 fr. 50

LAPLACE. — Précis de l'histoire de l'astronomie. 2e édit. In-8 (*Gauthier-Villars*) . . . . 3 fr.

LECLERC (J.). — La Physique expliquée à mes enfants. In-18 j. (*Retaux*) . . . . 5 fr.

LECLERC. — La Chimie expliquée à mes enfants. In-18 j. (*Ibid.*). 3 fr.

LIAIS (L.). — L'Espace céleste et la nature tropicale. Gr. in-8 illustré par Yan' Dargent (*Garnier*). . . . . 12 fr.

LINDET (L.). — La Bière. Pet. in-8 (*Gauthier-Villars et Masson*). 2 fr. 50

MAGNIER DE LA SOURCE. — Analyse des vins. Pet. in-8 (*Gauthier-Villars*) . . . . 2 fr. 50

MAREY (E.-J.). — Le Mouvement. Petit in-8 avec 214 fig. et 3 pl. (*Masson*). . . . . 6 fr.

MAREY (E.-J.). — La Méthode graphique dans les sciences expérimentales et particulièrement en physiologie et en médecine. 2e tirage augmenté d'un supplément sur le développement de la méthode graphique par l'emploi de la photographie. In-8 avec 383 fig. (*Masson*) . . . . 18 fr.

MARION (F.). — Les Merveilles de l'optique. In-12 (*Hachette*). 2 fr. 25

MOIGNO (l'abbé). — Recherches sur les agents explosifs modernes et leurs applications. In-18 j. (*Gauthier-Villars*) . 2 fr.

MOITESSIER. — L'Air. In-12 (*Hachette*) . . . . 2 fr. 25

MONCEL (Comte du). — L'Électricité comme force motrice. In-12 (*Hachette*) . . . . 2 fr. 25

NAVILLE (Ernest). — La Physique moderne, études historiques et philosophiques. 2e édit. Gr. in-8 (*Alcan*). . . . . 5 fr.

ORTOLAN (le P. Th.), O. M. — Astronomie et théologie, ou l'Erreur géocentrique, la pluralité des mondes habités. In-8 (*Delhomme et Briguet*) . . . . 5 fr.

PARVILLE (Henri de). — La Clef de la science. Gr. in-8 (*Laurens*). 10 fr.

PAYEN. — Précis de chimie industrielle. 2 vol. in-8 de texte et 1 vol. in-8 de pl. (*Hachette*) . . . . 32 fr.

PAYEN. — Précis des substances alimentaires. In-8 (*Ibid.*). 9 fr.

PELOUZE (J.) et FRÉMY (E.). — Abrégé de chimie. Nouv. édit. entièrement refondue, 3 vol. in-12 avec plus de 200 fig. intercalées dans le texte. (*Masson*) . . . . 9 fr.

PERRIN (Paul). — Études sur les éclairs. In-18 j. avec fig. (*Gauthier-Villars*) . . . . 2 fr. 50

PETIT (F.). — Traité d'astronomie pour les gens du monde. 2 vol. in-18 j. avec 1286 fig. et une carte céleste (*Gauthier-Villars*) . . . . 7 fr.

PIOGER (l'abbé). — L'Astronomie à travers les âges, avec la réfutation des attaques contre la Bible. In-12 (*Haton*) . 3 fr.

PIZZETTA (J.). — Le Feu et l'eau. Gr. in-18 (*Ibid.*) . . 3 fr. 50

PLUMANDON (J.-R.). — Traité pratique de la prévision du temps. In-8 avec fig et cartes (*Masson*). . . . . 2 fr.

POLIN (H.) et LABIT (H.). — Examen des aliments suspects. Petit in-8 (*Gauthier-Villars et Masson*). . . . . . . 2 fr. 50

POËY (André). — Comment on observe les nuages pour prévoir le temps. 3e édit., revue et augmentée. Petit in-8 contenant 17 pl. chromolithographiques et 3 pl. sur bois (*Gauthier-Villars*) . . . . 4 fr. 50

Poëy (André). — Les Courants atmosphériques d'après les nuages, au point de vue de la prévision du temps. Petit in-8 (*Ibid.*) . . . . 2 fr.

Poggendorff. — Histoire de la physique. Trad. par E. Bibart et G. de la Quesnerie. In-8 avec fig. (*Dunod*) . . . 20 fr.

Radau. — L'Acoustique. In-12 (*Hachette*) . . . . . 2 fr. 25

Radau. — Le Magnétisme. In-12 (*Ibid.*). . . . . . 2 fr. 25

Radau. — La Météorologie nouvelle et la prévision du temps. Pet. in-8 (*Gauthier-Villars*) . . . . 1 fr. 75

Raymond (G.). — Les Grands centres d'action de l'atmosphère. Pet. in-8 avec fig. (*Ibid.*) . . . . 1 fr. 50

Riche (Alfred). — Leçons de chimie, avec nombr. grav. 4e édit. 2 vol. petit in-8 (*Firmin Didot*). . . . . 10 fr.

Riche (Alfred). — Manuel de chimie médicale et pharmaceutique, avec fig. 3e édit. In-18 j. (*Ibid.*). . . . . . . 8 fr.

Schlœsing fils (Th.). — Notions de chimie agricole. Pet. in-8 (*Gauthier-Villars et Masson*) . . . . 2 fr. 50

Secchi (le P. A.). — Les Étoiles, essai d'astronomie sidérale, 2 vol. in-8 avec 17 pl. en noir et en couleur et 63 vignettes (*Alcan*) . . . . 12 fr.

Secchi (le P. A.). — Le Soleil. 2e édit. 1re et 2e parties. 2 vol. gr. in-8 avec atlas (*Gauthier-Villars*) . . . . 30 fr.

On vend séparément :

1re partie. Un volume gr. in-8, avec 150 figures, et un atlas comprenant 6 grandes planches gravées sur acier (I. Spectre ordinaire du soleil et spectre d'absorption atmosphérique. — II. Spectre de diffraction, d'après la photographie de Henri Draper. — III, IV, V et VI. Spectre normal du soleil, d'après Angstrœm, et spectre normal du soleil, portion ultra-violette, par A. Cornu) . . . . 18 fr.

2e partie. Un volume gr. in-8 avec 280 fig. et 13 pl., dont 12 en couleur (I à VIII. Protubérances solaires. — IX. Type des taches du soleil. — X et XI. Nébuleuses, etc. — XII et XIII. Spectres stellaires). . . . . 18 fr.

Sorel (Ernest). — La Distillation. Pet. in-8 (*Gauthier-Villars et Masson*) . . . . 2 fr. 50

Sorel (Ernest). — Rectification de l'alcool. Pet. in-8 (*Gauthier-Villars et Masson*) . . . . 2 fr. 50

Troost (L.). — Précis de chimie. 26e édit., entièrement refondue (notation atomique), suivie de quelques notions de chimie organique. In-18 avec 227 fig. (*Masson*) . . . . . . 3 fr.

Trutat (E.). — Traité élémentaire du microscope. Description des divers microscopes simples et composés. Leur emploi. Pet. in-8 avec 171 fig. (*Gauthier-Villars*) . . . . 8 fr.

Tyndall (John). — Les Microbes. In-8 avec fig. (*Masson*). 8 fr.

TYNDALL (John). — La Chaleur considérée comme un mode de mouvement. 2e édit. française Pet. in-8 avec nombr. fig. (*Gauthier-Villars*) . . . . 8 fr.

TYNDALL (John). — Leçons sur l'électricité, professées en 1875-1876. In-18 avec 58 fig. (*Ibid.*) . . . . 2 fr. 75

TYNDALL (John). — La Lumière. 2e édit. In-18 j. (*Gauthier-Villars*) . . . . 2 fr.

TYNDALL (John). — Chaleur et froid. 2e édit. In-18 j. (*Gauthier-Villars*) . . . . 2 fr.

VIDAL (Léon). — Manuel du touriste photographe. 2 vol. in-12, avec nombr. fig. (*Gauthier-Villars*) . . . . 10 fr.

WEYHER (C.-L.). — Sur les tourbillons, trombes, tempêtes et sphères tournantes. Etudes et expériences. 2e édit. Gr. in-8 avec 44 fig. et 3 pl. (*Gauthier-Villars*) . . . . . 3 fr. 50

WURTZ (Ad.). — Introduction à l'étude de la chimie. Gr. in-8 avec 60 fig. (*Masson*) . . . . 7 fr.

ZURCHER et MARGOLLÉ. — Les Météores. In-16 (*Hachette*). 2 fr. 25

ZURCHER et MARGOLLÉ. — Volcans et tremblements de terre. In-12 (*Ibid.*). . . . . 2 fr. 25

ZURCHER et MARGOLLÉ. — Les Glaciers. In-12 (*Ibid.*) . 2 fr. 25

ZURCHER et MARGOLLÉ. — Les Trombes et les cyclones. In-12 (*Ibid.*). . . . . 2 fr. 25

ZURCHER et MARGOLLÉ. — Les Phénomènes célestes. In-18 (*Alcan*) . . . . 0 fr. 60

Sciences naturelles.

ENCYCLOPÉDIE d'histoire naturelle, ou Traité complet de cette science, d'après les travaux des naturalistes les plus éminents, Buffon, Daubenton, Lacépède, G. Cuvier, F. Cuvier, Geoffroy Saint-Hilaire, Latreille, de Jussieu, Brongniart, etc., et comprenant toutes les découvertes modernes, jusqu'à nos jours, par M. le docteur Chenu, professeur d'histoire naturelle. 31 vol. in-4 ill. de plus de 8.000 grav. sur bois (*Didot*) . . . 120 fr.
Chaque vol. se vend séparément.

ACLOQUE (A.). — Flore de France. In-12 avec 2168 fig. (*Baillière*) . . . . 12 fr.

ARTUS (Maurice). — Éléments de chimie physiologique. In-16 (*Masson*). . . . . 4 fr.

BAILLON (H.). — Histoire des plantes (en cours de publicat.). 13 vol. gr. in-8 (*Hachette*).
Les tomes à I à XI. Le vol. . . . . 25 fr.
Les tomes XII et XIII. Le vol. . . . . 30 fr.

BAILLON (H.). — Traité de botanique médicale phanérogamique. In-8 (*Hachette*). . . . . 28 fr.

BAILLON (H.). — Dictionnaire de botanique. 4 vol. gr. in-4 (*Hachette*). 167 fr. 50

BAYE (baron J. de). — L'Archéologie préhistorique. In-16 avec fig. (*Baillière*). . . . . 3 fr. 50

BEAUGRAND (Charles). — Les Promenades du docteur Bob. Histoire de deux jeunes naturalistes. Gr. in-8 (*Delagrave*) . 2 fr. 60

BELLECROIX et LA RUE (A. de). — Guide pratique du garde-chasse, suivi de Notions élémentaires sur l'exploitation des bois. In-18 j. (*Firmin-Didot*). . . . . 3 fr.

BELZUNG (E.). — Cours élémentaire de botanique. In-12 cart. (*Alcan*) . . . . 2 fr.

BIART (Lucien). — L'Homme et son berceau. Gr. in-8 (*Hennuyer*). 7 fr.

BLANCHARD (Émile). — Mœurs, instincts et métamorphoses des insectes. 2e édit. Gr. in-8 avec nombr. pl. et fig. (*Alcan*). 25 fr.

BLANCHARD (Émile).—La Vie des êtres animés. In-18 j. (*Masson*). 3 fr.

BONNET (Ed.). — Petite Flore parisienne. In-18 cart. (*Masson*). 5 fr.

BONNIER (Gaston) et LAYGUES (G. de). — Flore complète de la France. Gr. in-8 avec nombr. fig. (*Paul Dupont*) . . 9 fr.

BONNIOT (R. P. de), S. J. — Histoire merveilleuse des animaux. In-8 (Tours, *Cattier*). . . . . 4 fr.

BOPPE (L.). — Traité de sylviculture. Gr. in-8 (*Berger-Levrault*). 8 fr. 50

BOULAY (l'abbé). — Muscinées de la France. 1re partie, Mousses. Gr. in-8 (*Masson*). . . . . 15 fr.

BOURON (H.). et HUE (F.). — Histoire d'un bloc de houille. In-8 (*Lecène et Oudin*) . . . . 0 fr. 70

BOUVIER (A.). — Les Mammifères de la France. In-8 (*Carré*). 3 fr. 50

BREHM. Trad. par KUNCKEL D'HERCULAIS. — Merveilles de la nature. Les Insectes. 2 vol. gr. in-8 avec nombr. fig. (*Baillière*). 24 fr.

BREHM. Trad. par Z. GERBE — Les Oiseaux. 2 vol. gr. in-8 avec nombr. fig. (*Ibid.*) . . . . 24 fr.

BREHM. Trad. par Paul CONSTANTIN. — Merveilles de la nature. Le Monde des plantes. 2 vol. gr. in-8 avec nombr. fig. (*Ibid.*). 24 fr.

BREVANS (J. de). — Le Pain et la viande. In-18 j. (*Baillière*). 4 fr.

BROILLIARD (Ch.). — Le Traitement des bois en France. Estimation, partage et usufruit des forêts. Nouv. édit. In-8 (*Berger-Levrault*) . . . . 7 fr. 50

Buffon. — Œuvres choisies. 2 vol. in-18 jésus (*Firmin-Didot*). 6 fr.

Candolle (Alph. de). — L'Origine des plantes cultivées. 3e édit. In-8 (*Alcan*). . . . . 6 fr.

Cannon (David). — Le Propriétaire planteur. Traité pratique et économique du reboisement et des plantations de parcs et de jardins. 1 vol. in-8, avec grav. (*Rothschild*). . . . . 6 fr.

Canu (F.). — Précis de météorologie endogène. In-18 j. (*Gauthier-Villars*) . . . . 3 fr. 50

Capus et Rochebrune (de). — Guide du naturaliste préparateur et du voyageur scientifique. In-18 j. cart. avec nombr. fig. (*Baillière*) . . . . 3 fr.

Cariot (l'abbé). — Étude des fleurs. Botanique élémentaire, descriptive et usuelle. 3 vol. in-12 (*Vitte*) . . . . 15 fr.

Cartailhac (Émile) et Boule (Marcellin). — La Grotte de Reilhac (Causses du Lot), étude ethnographique. — Etude géologique et paléontologique. In-4 avec fig. (Lyon, *Pitrat*).

Cartaillac (Émile). — La France préhistorique, d'après les sépultures et les monuments. 2e édit. In-12, avec nombr. gravu-(*Alcan*). . . . . 6 fr.

Chemin et Verdier. — La Houille et ses dérivés. In-8 carré avec grav. (*Quantin*) . . . . 5 fr.

Cherville (marquis de). — Les Bêtes en robe de chambre. 2e édit. In-18 j. (*Firmin-Didot*) . . . . 3 fr.

Cherville (marquis de). — Le Gibier à poil. In-12. Eaux-fortes, illustrations (*Rothschild*) . . . . 7 fr. 50

Chèvremont (Alexandre). — Les Mouvements du sol sur les côtes occidentales de la France. Gr. in-8 (*Leroux*) . . 15 fr.

Claus (C.). — Éléments de géologie. Trad. sur la 4e édit. allem. In-18 de 1300 p. avec 867 grav. (*Masson*) . . . . . 12 fr.

Cochin (Denys). — L'Évolution et la vie. 3e édit. In-18 j. (*Masson*). . . . . 3 fr.

Cochin (Denys). — Le Monde extérieur. In-8 (*Ibid.*) . 7 fr. 50

Costantin (J.) et Dufour (L.). — Petite flore des champignons comestibles et vénéneux. In-12 avec fig. (*Paul Dupont*) 2 fr.

Costantin (J.). — Atlas des champignons comestibles et vénéneux. Nombr. pl. et fig. (*Paul Dupont*). . . . . 3 fr. 50

Cotteau (G.). — Le Préhistorique en Europe. Congrès. Musées. Excursions. In-16 avec nombr. fig. (*Baillière*) 3 fr. 50

Coupin (Henri). — La Vie dans les mers. In-18 avec fig. (*Alcan*) . . . . 0 fr. 60

Coupin (Henri). — L'Amateur de papillons. In-18 j. (*Baillière*). 4 fr.

Couvreur (Dr). — Les Merveilles du corps humain, sa structure et ses fonctions. In-16 avec fig. et pl. (*Baillière*). . 3 fr. 50

CUENOT (L.). — De l'influence du milieu chez les animaux. Pet. in-8 (*Masson*) . . . . 2 fr. 50

DANA, trad. par HOUTLET. — Manuel du géologue. Gr. in-18 (*Hetzel*) . . . . 4 fr.

DAUBRÉE (A.). — Les Régions invisibles du globe et des espaces célestes. In-8 (*Alcan*) . . . . 6 fr.

DEMONTZEY. — Traité pratique du reboisement et du gazonnement des montagnes. 2e édit. In-8 (*Rothschild*) . . . 15 fr.

DEVAUX (Paul). — Aviculture industrielle. In-8 (*Baillière*). 3 fr. 50

DIERCKX (le P. Fréd.). — L'Homme-singe et le précurseur d'Adam en face de la science et de la théologie. In-8 (*Retaux*). 2 fr. 50

DOLLO (L.). — La Vie au sein des mers (Faune maritime et faune abyssale). In-16 avec fig. (*Baillière*) . . . . 3 fr. 50

DUMONTEIL (Fulbert). Le Monde des fauves. Pet. in-8 avec grav. (*Firmin Didot*) . . . . 0 fr. 50

DUPAIGNE (A.). — Les Montagnes. Gr. in-8 (*Mame*) (épuisé). » »

DUPONCHEL. — Théorie des alluvions artificielles. 1 vol. in-8 (*Alcan*) . . . . 7 fr.

ECORCHARD (Dr). — Nouvelle Théorie élémentaire de la botanique. In-18 avec 210 grav. (*Librairie agricole*) . . . . . 6 fr.

EMERY. — Notions de botanique. 3e édit. In-18 avec fig. (*Masson*). 2 fr. 50

FABRE (J.-H.). — Souvenirs entomologiques. 1re série. In-8 (*Delagrave*). . . . . 2 fr. 25

FABRE (J.-H.). — Nouveaux souvenirs entomologiques. In-12 (*Delagrave*) . . . . 3 fr. 50

FABRE (J.-H.). — Souvenirs entomologiques. 3e série. In-12 (*Delagrave*) . . . . 5 fr.

FABRE (J.-H.). — Souvenirs entomologiques. 4e série. In-8 (*Delagrave*). . . . . 2 fr. 25

FABRE (J.-H.). — La Science élémentaire. Zoologie. Botanique. Chimie. 3 vol. in-18, cartonné (*Delagrave*). Le vol. . . 2 fr.

FABRE (J.-H). — Les Auxiliaires, récits de l'oncle Paul sur les animaux utiles à l'agriculture. In-8 (*Delagrave*) . . . 2 fr.

FAIVRE (Ernest). — La Variabilité des espèces et ses limites. In-18 (*Alcan*) . . . . 2 fr. 50

FALSAN (A.). — La Période glaciaire étudiée principalement en France et en Suisse. In-8 avec nombr. fig. et cartes (*Alcan*). 6 fr.

FARGES (l'abbé). — La Vie et l'évolution des espèces. Gr. in-8 (*Roger et Chernoviz*) . . . . 4 fr.

FAYE (H.). — Sur l'origine du monde. 3e édit. Gr. in-8 (*Gauthier-Villars*) . . . . 6 fr.

FIGUIER (Louis). La Vie et les mœurs des animaux. Zoophytes et mollusques. In-8 avec vign. et grav. (*Hachette*) . . 6 fr.

FIGUIER (Louis). — Les Mammifères. 3e édit. In-8 avec vign. et grav. (*Hachette*) . . . . 6 fr.

FILOZ (N.). — Les Mers de France. In-12 (*Lecoffre*) . . 3 fr.

FOLIN (marquis de). — Pêches et chasses zoologiques. In-18 j. avec fig. (*Baillière*) . . . . 3 fr. 50

GAILHARD (Dr). — Darwinisme et spiritualisme. In-16 (*Perrin*). 3 fr. 50

GAUDRY (Albert). — Les Enchaînements du monde animal dans les temps géologiques. I. Fossiles primaires. II. Fossiles secondaires. III. Mammifères tertiaires. 3 vol. gr. in-8 avec nombr. fig. (*Masson*). Le vol. . . . . 10 fr.

GAUDRY (Albert). — Les Ancêtres de nos animaux dans les temps géologiques. In-16 avec fig. (*Baillière*). . . 3 fr. 50

GÉRARDIN (Léon). — Traité élémentaire de botanique. I. Anatomie et physiologie végétales. In-8 avec fig. (*Baillière*). 8 fr.

GIRARD (Henri). — Aide-mémoire de zoologie. In-18 j. (*Baillière*). 3 fr.

GIRARD (Maurice). — Zoologie. 2 vol. in-12 (*Delagrave*). 4 fr.

GIRARD (Maurice). — Les Métamorphoses des insectes. In-12 (*Hachette*) . . . . 2 fr. 25

GOGUILLOT. — Comment on fait parler les sourds-muets. In-8 (*Masson*) . . . . 8 fr.

GOURRET (Paul). — Les Pêcheries et les poissons de la Méditerranée. In-16 avec fig. (*Baillière*) . . . . 4 fr.

GRANGER (Albert). — Manuel du naturaliste (*Deyrolle*). 4 fr.

HAMARD (l'abbé). — L'Age de la pierre et l'homme primitif. In-18 j. (*Haton*) . . . . 4 fr.

HEUZEY, BOUQUET DE LA GRYE et autres. — Flore pittoresque de la France. In-4 (*Rothschild*) . . . . 35 fr.

HOEFER (Ferdinand). — Histoire de la botanique, de la minéralogie et de la géologie. In-16 (*Hachette*). . . . . . 4 fr.

*HUXLEY, trad. par HENRI GRAVEZ. — Premières notions sur les sciences. In-18 (*Alcan*). . . . . 0 fr. 60

*HUXLEY, trad. par G. SAMY. — La Physiographie. Introduction à l'étude de la nature. 2e édit. In-8 avec nombr. grav. (*Alcan*). 8 fr.

JACCARD (A.). — Le Pétrole, le bitume et les schistes. In-8 avec fig. (*Alcan*) . . . . 6 fr.

JAMES (Dr Constantin). — Moïse et Darwin. In-12 (*Desclée*). 4 fr.

JANNETTAZ — Les Roches. Description et analyse. In-18 j. (*Rothschild*). . . . . 7 fr.

JANNETAZ, VANDERHEYM, FONTENAY et COUTANCES. — Diamants et pierres précieuses. In-8 (*Rothschild*) . . . . 20 fr.

JEANBERNAT (Dr E.). — Les Mémoires d'un hanneton. Gr. in-8 (*Delagrave*). . . . . 10 fr.

JORET (Charles). — La Rose dans l'antiquité et au moyen âge. Histoire, légendes et symbolisme. In-8 (*Bouillon*) . 7 fr. 50

JOUSSET (Dr P.). — Évolution et transformisme. Des origines de l'état sauvage. In-16 (*Baillière*). . . . . 3 fr. 50

KÜNCKEL D'HERCULAIS. — Les Sauterelles. Gr. in-8 avec fig. (*Ibid.*) . . . . 2 fr.

LA BLANCHÈRE (H. de). — Les Amis et les ennemis des plantes. In-8 (*Delagrave*) . . . . 2 fr. 50

LABORDE (Dr J.-V.). — Traité élémentaire de physiologie. In-8, fig. et pl. (*Société des publications scientifiques*). . . 10 fr.

LACROIX-DANLIARD. — La Plume des oiseaux. In-18 j. cart. avec fig. (*Baillière*). . . . . 4 fr.

LACROIX-DANLIARD. — Le Poil des animaux et les fourrures. In-18 j. cart. avec fig. (*Ibid.*) . . . . 4 fr.

LAMBERT (Ed.). — Traité pratique de botanique. Pet. in-8 (*Firmin-Didot*) . . . . 3 fr.

LAMBERT (Ed.). — Nouveau guide du géologue. In-18 avec grav. (*Masson*). . . . . 5 fr.

LANDRIN (Armand). — Les Inondations. In-16 (*Hachette*). 2 fr. 25

LANDRIN (Armand). — Le Chat. In-18 j. (*G. Carré*). . 3 fr. 50

LAPPARENT (A. de). — Cours de minéralogie. 2e édit. Gr. in-8 avec 598 grav. (*Masson*) . . . . 15 fr.

LAPPARENT (A. de). — Précis de minéralogie. 2e éd. In-18 avec 335 grav. (*Ibid.*) . . . . 5 fr.

LAPPARENT (A. de). — Traité de géologie. 3e édition. 2 vol. gr. in-8 avec 726 grav. (*Ibid.*). . . . . 24 fr.

LAPPARENT (A. de). — Abrégé de géologie. 3e édit. In-16 cart. (*Ibid.*). . . . . 3 fr.

LAPPARENT (A. de). — La Géologie en chemin de fer. Description géologique du bassin parisien. In-18 cart. (*Masson*). 7 fr. 50

LARBALÉTRIER. — Le Tabac. Études historiques, chimiques, agronomiques, industrielles. In-18 avec grav. (*Reinwald*) . 3 fr.

LASAULX, trad. par H. FORIS. — Précis de pétrographie. In-18 (*Rothschild*). . . . . 5 fr.

LAVAUD DE LESTRADE (l'abbé). — Transformisme et Darwinisme. Réfutation méthodique. In-12 (*Haton*) . . . . 4 fr.

LAVAUD DE LESTRADE (l'abbé). — Réfutation abrégée et méthodique du Transformisme et du Darwinisme. In-12 (*Ibid.*). 1 fr. 90

LAYENS (G. de). — Le Rucher illustré. In-18 j. (*Paul Dupont*). 2 fr. 50

LECLERC DU SABLON. — Nos fleurs, plantes utiles et plantes nuisibles. In-4 avec illustrations noires et en couleurs (*Colin*). 12 fr. 50

LE HIR (l'abbé D.). — M. de Quatrefages et l'anthropologie. In-12 (*Maison de la bonne presse*) . . . . 1 fr.

LEROY (R. P. M.-D.). — L'Évolution restreinte aux espèces organiques. In-12 (*Delhomme et Briguet*) . . . . . 3 fr. 50

LESBAZEILLES. — Les Forêts. In-16 (*Hachette*) . . . 2 fr. 25

LINDEN. — Curiosités de l'histoire des bêtes. In-8 (*Delagrave*). 2 fr. 60

LOCARD (A.). — La Pêche et les poissons des eaux douces. In-18 j. cart. avec fig. (*Baillière*) . . . . 4 fr.

LUBBOCK (sir John), trad. par BORDAGE (E.). — La Vie des plantes. In-8 avec nombr. fig. (*Baillière*) . . . . 6 fr.

LUBBOCK (sir John). — Les Fourmis, les guêpes et les abeilles. 2 vol. in-8 cart. avec fig. et pl. (*Alcan*) . . . . 12 fr.

LUBBOCK (sir John). — Le Sens et l'instinct chez les animaux, et principalement chez les insectes. In-8 cart. avec grav. (*Alcan*) . . . . 6 fr.

MAIGNE. — Les Mines de la France et de ses colonies. In-18 (*Alcan*) . . . . 0 fr. 60

MAINDRON (Maurice). — Les Papillons. In-16 (*Hachette*). 2 fr. 25

MAISONNEUVE (Dr Paul). — Botanique. Anatomie et physiologie végétales. In-8 (*Poussielgue*) . . . . 4 fr.

MAISONNEUVE (Dr Paul). — Traité élémentaire de zoologie. 1 vol. in-12 (*Ibid.*) . . . . 2 fr. 50

MAISONNEUVE (Dr Paul). — Zoologie, anatomie et physiologie animales. 1 vol. in-8, fig. (*Ibid.*) . . . . 4 fr. 50

MARTEL (E. A.). — Les Abîmes, les eaux souterraines, les cavernes, les sources. In-4 avec pl., nombr. grav. et cartes (*Delagrave*) . . . . 20 fr.

MAUGERET (Mlle Marie). — La Science à travers champs In-8 (*Mame*) . . . . 1 fr.

MÉRIC (l'abbé Élie). — Le Merveilleux et la science. In-12 (*Letouzey et Ané*) . . . . 3 fr. 50

MEUNIER (Stanislas). — La Géologie comparée. In-8 avec fig. (*Alcan*) . . . . 6 fr.

MEUNIER (Stanislas). — Les Météorites. Pet. in-8 (*Masson*). 2 fr. 50

MOLLOY (Rev. Gérald), trad. par l'abbé HAMARD. — Glanures de la science In-8 (*Haton*). . . . . 0 fr.

MOREAU (Henri). — L'Amateur d'oiseaux de volière. In-18 j. cart. avec fig. (*Baillière*) . . . . 6 fr.

Moyen (abbé J.). — Les Champignons. In-12 avec grav. color. (*Rothschild*) . . . . 12 fr.

Murs (O. des). — La Vérité sur le coucou. In-8 (*Klincksieck*). 5 fr.

Nadaillac (marquis de). — Mœurs et monuments des peuples préhistoriques. Gr. in-8 avec nombr. fig. (*Masson*) . 7 fr. 50

Nadaillac (marquis de). — Le Problème de la vie. In-18j. (*Masson*) . . . . 3 fr. 50

Noël (Arthur). — Essai sur les repeuplements artificiels et la restauration des vides et clairières des forêts. In-8 (*Berger-Levrault*) . . . . 6 fr.

Oustalet. — La Protection des oiseaux. 1 vol. in-8, grav. (*Jouvet*). 2 fr.

*Perrier (Edmond). — Traité de zoologie. 2 vol. gr. in-8 (5 fascicules parus) (*Masson*) . . . . 40 fr.

Pérez. — Les Abeilles. In-16 (*Hachette*) . . . . . 2 fr. 25

Pioger (l'abbé). — Les Insectes, leurs métamorphoses, leur structure et leurs mœurs. In-8 (*Haton*) . . . . 6 fr.

Pioger (l'abbé). — Dieu dans ses œuvres. Le Monde des plantes et ses merveilles. Gr. in-8 avec grav. (*Ibid.*) . . . . 3 fr.

Pioger (l'abbé). — Dieu dans ses œuvres. Le Monde des infiniment grands. In-12 (*Ibid*) . . . . 3 fr.

Pioger (l'abbé). — Dieu dans ses œuvres. Le Monde des infiniment petits. In-12 (*Ibid.*) . . . . 3 fr.

Pizzetta (J.). — Dictionnaire populaire illustré d'histoire naturelle, suivi de la biographie des plus célèbres naturalistes. In-4 à 2 col. avec 1,750 grav. (*Hennuyer*) . . . . . 25 fr.

Pizzetta (J.). — Galerie des naturalistes. Histoire des sciences naturelles. 2e édit. In-8 (*Ibid.*) . . . . 7 fr. 50

Pizzetta (J.). — Les Loisirs d'un campagnard. Pet. in-8 illustré (*Ibid.*) . . . . 3 fr. 50

Pouchet (F. A.). — Mœurs et instincts des animaux. Gr. in-8 (*Hachette*) . . . . 3 fr.

Quatrefages (A. de). — Souvenirs d'un naturaliste (1854). 2 vol. in-12 (*Masson*) (épuisé) . . . . » »

Quatrefages (A. de). — L'Espèce humaine, 11e édit. In-8 (*Alcan*) 6 fr.

Quatrefages (A. de). — Histoire générale des races humaines : I. Introduction à l'étude des races humaines; II. Classification des races humaines. Gr. in-8 avec nombr. fig., pl. et cartes (*Hennuyer*) . . . . 27 fr.

Quatrefages (A. de). — Hommes fossiles et hommes sauvages. Gr. in-8 avec nombr. fig. (*Baillière*) . . . . 15 fr.

Quatrefages (A. de). — Les Pygmées. In-12 avec fig. (*Baillière*). 3 fr. 50

QUATREFAGES (A. de). — Charles Darwin et ses précurseurs français. Etude sur le transformisme. 2e édit. In-8 cart. (*Alcan*). 6 fr.

QUATREFAGES (A. de). — Les Émules de Darwin (œuvre posthume). Précédé d'une préface par M. Edm. Perrier et d'une notice biographique sur M. Quatrefages par M. Hamy. 2 vol. in-8 cart. (*Alcan*). . . . . 20 fr.

RADAU (R). — La Constitution intérieure de la terre. In-12 (*Gauthier-Villars*) . . . . 1 fr. 50

RAMBERT (Eugène) et ROBERT (Léo-Paul). — Les Oiseaux dans la nature. 2 vol. in-4, avec pl. coloriées (*Alcan*) (épuisé). » »

RENAULT (M.-B.). — Cours de botanique fossile. 1re, 2e, 3e et 4e années. 4 vol. in-8 avec pl. (*Masson*). Le vol . . . . 25 fr.

RENDU. — Les Insectes nuisibles à l'agriculture, aux jardins et aux forêts de la France. In-12 avec fig. (*Hachette*). . 3 fr.

RICHET (Ch.). — La Chaleur animale. In-8 (*Alcan*). . . 6 fr.

RIS-PAQUOT. — Le Livre du bourgeois campagnard. 2e édit. In-8 (*Laurens*). . . . . 6 fr.

ROLLAND (Eugène). — Les Oiseaux sauvages, t. II de la Faune populaire de France. In-8 (*Maisonneuve*) . . . . . . 10 fr.

ROQUES. — Atlas des champignons comestibles et vénéneux, représentant les cent espèces ou variétés les plus répandues, avec un texte explicatif contenant la description détaillée de cent espèces, l'indication des lieux où elles croissent, leurs qualités alimentaires ou nuisibles. Atlas gr. in-4 de 24 pl. coloriées, cart. (*Masson*) . . . . 15 fr.

ROUSSEAU (Mme). — L'Art de passer son temps au bord de la mer. In-18 avec grav. et pl. color. (*Laurens*) . . . . 2 fr.

SAINT-LOUP (Remi). — Les Oiseaux de basse-cour. In-16 avec fig. (*Baillière*) . . . . 4 fr.

SAPORTA (marquis de) et MARION. — L'Évolution du règne végétal. Les cryptogames. In-8 cart. avec nombr. fig. (*Alcan*) 6 fr.

SAPORTA (marquis de) et MARION. — L'Évolution du règne végétal. Les Phanérogames. 2 vol. in-8 cart. avec nombr. fig. (*Alcan*) . . . . 12 fr.

SAPORTA (marquis de). — Origine paléontologique des arbres cultivés ou utilisés par l'homme. In-16 j. avec fig. (*Baillière*). 3 fr. 50

SCHIMPER. — Traité de paléontologie végétale, ou la Flore du monde primitif dans ses rapports avec les formations géologiques et la flore du monde actuel. 3 vol. gr. in-8, avec atlas in-fol. (*Baillière*). . . . . 150 fr.

SCHŒDLER (Frédéric), trad. par SCHELER et WELTER. — Le Livre de la nature, ou Leçons élémentaires de physique, d'astronomie, etc. 2 vol. in-8 (*Reinwald*) . . . . 16 fr.

SECCHI (le P.). — Les Étoiles. 2e édit. 2 vol. in-8 avec fig. (*Alcan*). 12 fr.

SÉRIZIAT (Dr). — Histoire des coléoptères de France. In-18 j. avec nombr. fig. (*Firmin-Didot*) . . . . 3 fr.

SÉRIZIAT (Dr). — Les Papillons de France. In-8 (*Rothschild*). (épuisé) . . . . » »

SOLANET (l'abbé). — Les Gorges du Tarn illustrées. Gr. in-8 (*Colombier*) . . . . 16 fr.

TROUESSART (Dr). — Les Parasites des habitations humaines et des denrées alimentaires et industrielles. In-16 (*Masson*) 2 fr. 50

VALLET (l'abbé P.). — La Vie et l'hérédité. In-16 (*Retaux*). 3 fr.

VAN TIÉGHEM (Ph.). — Traité de botanique. 2e édit. 2 vol. gr. in-8 avec 1213 grav. (*Masson*) . . . . 30 fr.

VAN TIÉGHEM (Ph.). — Éléments de botanique. 2e édit. 2 vol. in-18 avec 550 grav. (*Ibid.*) . . . . 10 fr.

VÉLAIN (Ch.). — Cours élémentaire de géologie stratigraphique. 4e édit. in-18 avec 435 grav. (*Masson*). . . . 4 fr. 50

VÉLAIN (Ch.). — Les Volcans. Gr. In-8 avec fig. (*Gauthier-Villars*). 3 fr.

VUILLEMIN (Paul). — La Biologie végétale. In-16 avec fig. (*Baillière*) . . . . 3 fr. 50

WALLACE (Alf. Russel). — Trad. par H. DE VARIGNY. Le Darwinisme. Exposé de la théorie de la sélection naturelle avec quelques-unes de ses applications. In-16 (*Lecronnier*) . 9 fr.

WOLF (E.). — Les Hypothèses cosmogoniques. In-8 (*Gauthier-Villars*) . . . . 6 fr. 50

YOUNG (C.-A.). — Le Soleil. In-8 avec fig. (*Alcan*) . . . 6 fr.

ZAHM (le P.). — Sciences catholiques et savants catholiques. Trad. de l'anglais par l'abbé Flugeolet. In-12 (*Lethielleux*). 3 fr. 50

ZEILLER. — Végétaux fossiles des terrains houillers de la France. 1 vol. in-4 avec atlas (*Imprimerie nationale*) . . . 16 fr.

ZSIGMONDY (Dr Emile). — Les Dangers de la montagne. Trad. par Abel Lemercier. In-8 (*Fischbacher*) . . . . . 6 fr.

Agriculture et Horticulture.

DICTIONNAIRE D'AGRICULTURE. Encyclopédie agricole complète, par MM. J.-A. Barral et H. Sagnier. 4 volumes in-8, avec plus de 3,000 figures, brochés (*Hachette*) . . . . . 91 fr.

DICTIONNAIRE PRATIQUE D'HORTICULTURE ET DE JARDINAGE, par G. Nicholson; traduit, mis à jour et adapté à notre climat, à nos usages, par S. Mottet, illustré de plus de 3500 figures et de 80 pl. chromolithographiques hors texte. Ouvrage publié en

80 livraisons. Il paraît une livraison par mois. Les livraisons 1 à 58 sont en vente (*Doin*). Chaque livraison. 1 fr. 50
Volumes in-8 à 2 col. avec pl. chromolith. Souscription à l'ouvrage, payable par avance. . . . . 90 fr.

ENCYCLOPÉDIE PRATIQUE DE L'AGRICULTEUR, par MM. Moll et Gayot, avec la collaboration d'un grand nombre de savants. 13 vol. in-8 à 2 col., contenant de nombreuses gravures insérées dans le texte (*Firmin-Didot*) . . . . 90 fr.
Chaque volume *séparément* . . . . 7 fr.

DICTIONNAIRE UNIVERSEL DE LA VIE PRATIQUE A LA VILLE ET A LA CAMPAGNE, contenant les notions d'une utilité générale et d'une application journalière, et tous les renseignements usuels en matière : 1° de religion et d'éducation; 2° de législation et d'administration ; 3° de finances ; 4° d'industrie et de commerce ; 5° d'économie domestique ; 6° d'économie rurale ; 7° d'exercices de corps et de jeux de société. Rédigé par G. Belèze, avec la collaboration d'auteurs spéciaux. Gr. in-8 (*Hachette*) . . . . 24 fr.

DICTIONNAIRE DES ARTS ET MANUFACTURES ET DE L'AGRICULTURE, par Ch. Laboulaye et une réunion de savants, d'ingénieurs et d'industriels. 7e édition, revue et complétée à la suite de l'Exposition de 1889. 5 vol. grand in-8 (*Masson*) . . . . 120 fr.

PETIT DICTIONNAIRE D'AGRICULTURE, DE ZOOTECHNIE ET DE DROIT RURAL, par M. A. Larbalétrier. 1 vol. in-18 j., relié toile (*Colin*). 2 fr. 50

LE BON JARDINIER, almanach horticole, par Poiteau, Vilmorin, Decaisne, Naudin, Neumann, Pepin, Carrière, Heuzé, etc. In-18 de 1700 pages (*Librairie agricole*). . . . . 7 fr.
La 1re édition du *Bon Jardinier* remonte à 1754 : une édition nouvelle a été publiée régulièrement chaque année depuis 1755.

ANDRÉ (Ed.) — L'Art des jardins. traité général de la composition des parcs et jardins : Historique, principes généraux, pratique, travaux d'exécution. Gr. in-8 avec 11 pl. en chromolith. et 500 fig. (*Librairie agricole*) . . . . . . 35 fr.

AUDOT. — Traité de la composition et de l'ornementation des jardins. 6e éd. 2 vol. in-4 oblong avec 168 planches gravées (*Librairie agricole*) . . . . 25 fr.

AYRAUD. — Traité pratique de l'alimentation rationnelle des animaux domestiques. In-12 (*Masson*) . . . . . 3 fr. 50

BALTET. — Traité de la culture fruitière, commerciale et bourgeoise 2e édition. In-18, avec 350 figures (*Masson*) . . 6 fr.

BALTET. — L'Horticulture française, ses progrès et ses conquêtes depuis 1789. Gr. in-8, avec 110 dessins ou photogravures (*Masson*). 5 fr.

BALTET. — L'Art de greffer les arbres, arbrisseaux et arbustes fruitiers, forestiers, etc. 5e édition. In-12 avec 102 figures (*Masson*) . . . . 4 fr.

Bardonnet des Martels. — Traité des maniements ou de l'appréciation des animaux domestiques, et coupe des animaux de boucherie en France et en Angleterre. In-18 avec 67 fig. (*Librairie agricole*) . . . . 4 fr. 50

Baron. — Les Méthodes de reproduction en zootechnie : croisement, sélection, métissage. In-8 avec figures (*Firmin-Didot*). 6 fr.

Barral. — Drainage des terres arables. 3e édit, 2 vol. in-18 avec 443 grav. et 9 planches (*Librairie agricole*) . . 7 fr.

Barral. — Législation du drainage, des irrigations et autres améliorations foncières permanentes. In-18 avec 18 grav. et 1 planche (*Librairie agricole*) . . . . 7 fr.

Baudry et Jourdier. — Catéchisme d'agriculture. 9e édit. In-18 avec fig. (*Masson*). . . . . 1 fr.

Bellair (G.). — Traité d'horticulture pratique. In-18 avec 340 fig. (*Librairie agricole*) . . . . 6 fr.

Bénion. — Traité des maladies du cheval, notions usuelles de pharmacie et de médecine vétérinaires. In-18 avec grav. (*Librairie agricole*) . . . . 3 fr. 50

Béraud (Émile). — La Législation sur les épizooties et son application. Deuxième édition. In-8 (*Berger-Levrault*). . 4 fr.

Bloudeau. — La Culture selon la science, échos du champ d'expériences de Vincennes. 2e édit. In-18 (*Masson*) . . . 2 fr.

Bois (D.). — Les Plantes d'appartement et les plantes de fenêtres. In-18 cart. avec nombr. fig. (*Baillière*) . . . . . . 4 fr.

Bois (D.). — Le Petit jardin. In-18 cart. avec nombr. fig. (*Ibid.*). 4 fr.

Boitel. — Herbages et prairies naturelles. In-8 de 786 p. avec 120 fig. (*Firmin-Didot*) . . . . 8 fr.

Boitel. — Agriculture générale. In-8 (*Firmin-Didot*). . 6 fr.

Borie (Victor). — Les Animaux de la ferme, espèce bovine. Gr. in-4 cart. avec 65 grav. dans le texte et 46 pl. coloriées (*Librairie agricole*) . . . . 85 fr.

Borie (Victor). — Les Travaux des champs. In-18 avec grav. (*Librairie agricole*). . . . . 1 fr. 25

Borie (Victor). — Les Jeudis de M. Dulaurier. Cours élémentaire d'agriculture. 2 vol. in-18 avec grav. (*Ibid.*) . 1 fr. 50

Boussingault. — Agronomie, Chimie agricole et Physiologie. 2e édition. 8 volumes in-8 avec planches sur cuivre et figures (*Gauthier-Villars*). . . . . 45 fr.
Les tomes I et II (3e édition) et les tomes III à VII (2e édition) se vendent séparément. . . . . 6 fr.

Brocchi (P.). — Traité de zoologie agricole et industrielle comprenant la pisciculture, l'ostréiculture, l'apiculture et la sériciculture. Gr. in-8 cart. avec 63 fig. (*Baillière*) . . . . 18 fr.

BRUNET. — Traité de vinification. In-18 avec fig. (*Masson*). 4 fr.

BUCHARD. — Le Matériel agricole. Machines, outils, instruments employés dans la grande et la petite culture. In-16 cart. avec 142 fig. (*Baillière*) . . . . 4 fr.

BUCHARD. — Les Constructions agricoles et l'Architecture rurale. In-16 cart. avec 143 fig. (*Ibid.*) . . . . 4 fr.

CARRIÈRE. — Encyclopédie horticole; vocabulaire raisonné de tous les termes employés en botanique et en horticulture. In-8 (*Librairie agricole*) . . . . 3 fr. 50

COMTE (Achille) — Notions sanitaires sur les végétaux dangereux. 3 pl. de près d'un mètre carré chacune, et contenant environ 100 fig. coloriées avec soin. Avec texte explicatif. In-4 (*Masson*). . . . . 9 fr.

CORNEVIN (Ch.). — Traité de zootechnie générale. 1891, gr. in-8 avec 204 fig. (*Baillière*) . . . . 22 fr.

CORNEVIN (Ch.). — De la production du lait. Pet. in-8 (*Masson*). 2 fr. 50

CORNEVIN (Ch.). — Des résidus industriels dans l'alimentation du bétail. In-8 illustré (*Firmin-Didot*) . . . . 6 fr.

CORNEVIN (Ch.). — Les Plantes vénéneuses, considérées au point de vue de l'empoisonnement des animaux de la ferme. In-8 avec 60 fig. (*Firmin-Didot*) . . . . 6 fr.

COURTOIS-GÉRARD. — Culture des fleurs, dans les petits jardins, sur les fenêtres et dans les appartements. Nouv. édit. In-16 avec fig. (*Masson*) . . . . 1 fr.

DECAISNE et NAUDIN. — Manuel de l'amateur des jardins, traité général d'horticulture. 4 vol. petit in-8 comprenant plus de 800 fig. (*Librairie agricole*) . . . . 30 fr.

DÉCUGIS. — Les Tourteaux de graines oléagineuses. In-8 (*Librairie agricole*) . . . . 8 fr.

DEHÉRAIN. — Traité de chimie agricole- Développement des végétaux Terre arable. Amendements et engrais. Gr. in-8 avec fig. (*Masson*) . . . . 16 fr.

DÉJERNON. — Les Vignes et les vins de l'Algérie. 2 vol. in-8 (*Librairie agricole*) . . . . 10 fr.
Le tome II est épuisé.

DOMBASLE (Mathieu de). — Traité d'agriculture. 4 vol. in-8 (*Librairie agricole*) . . . . 20 fr.

I. Economie générale. 1 vol.
II et III. Pratique agricole, 2 vol. de 400 p. et 19 grav.
IV. Le Bétail. 1 vol.
Chaque volume se vend séparément.

DOMBASLE (Mathieu de). — Calendrier du bon cultivateur. 11e édit. In-12 de 912 p. et 39 grav. (*Librairie agricole*) 4 fr. 75

DUBOST et PACOUT. — Comptabilité de la ferme; notions géné-

rales, inventaire, comptabilité-matières, comptabilité-espèces, compte moral, produit brut et bénéfices. In-18 (*Librairie agricole*) . . . . 1 fr. 25

Du Breuil (A.). — Instruction élémentaire sur la conduite des arbres fruitiers. Greffe, taille, culture, récolte et conservation des fruits. 13e édit. In-18 avec fig. (*Masson*) . . . 2 fr 50

Du Breuil (A.). — Arbres et arbrisseaux à fruits de table. In-18 avec 555 fig. et pl. grav. (*Masson*). . . . . 8 fr.

Duclaux (E.). — Principes de laiterie. In-18 (*Colin*). . 3 fr. 50

Duclaux (E.). — Le Lait, études chimiques et microbiologiques. In-16 avec fig. (*Baillière*). . . . . 3 fr. 50

Dumur et Cugnet. — Les Bâtiments agricoles; conditions générales qu'ils doivent remplir. In-8 avec atlas de 115 fig. (*Librairie agricole*). . . . . 10 fr.

Dunckelberg. — De la création des prairies irriguées. principes économiques et techniques, suivis d'un appendice sur le drainage et l'irrigation par le drainage. Traduit de l'allemand par M. Cochard. Gr. in-8 avec fig. et cartes coloriées (*Masson*). . . . . 5 fr.

Duplessis. — Traité de nivellement. Gr. in-8 avec 112 fig. (*Librairie agricole*) . . . . 8 fr.

Duvillers. — Parcs et jardins. 2 vol. gr. in-fol. avec 80 pl. imprimées avec luxe, représentant les plans de squares et jardins publics. de parcs particuliers, jardins paysagers, fruitiers, potagers, écoles pratiques, etc. (*Librairie agricole*) . . 260 fr.

Dybowski (Jean). — Traité de culture potagère (petite et grande culture). 2e édit. In-18 avec 144 fig. (*Masson*) . . . . 5 fr.

Dybowsky. — Guide du jardinage. In-12 (*Masson et Flammarion*) . . . . 3 fr.

Ernouf (le baron). — L'Art des jardins : histoire, théorie, pratique de la composition des jardins et des parcs. Nouv. édit. In-4 avec 500 vign. 2 vol. in-18 reliés (*Rothschild*) . . 20 fr.

Ferville (E.). — L'Industrie laitière : le lait, le beurre et le fromage. In-16 avec 88 fig. (*Baillière*) . . . . . . 4 fr.

Fitz-James (duchesse de). — Viticulture franco-américaine. In-8 (*Masson*). . . . . 6 fr.

Foex. — Manuel pratique pour la reconstitution des vignobles. In-18 (*Masson*). . . . . 3 fr. 50

Foex. — Cours complet de viticulture. In-8 (*Masson*). . 20 fr.

Forney. — La Taille des arbres fruitiers, avec une étude sur les bons fruits. Nouv. édit. 2 vol. in-18 avec nombr. fig. (*Librairie agricole*) . . . . 7 fr.

Fritsch et Guillemin. — Traité de la distillation des produits agricoles et industriels. In-8 avec 80 fig. (*Masson*) . . 8 fr.

Fruchier (Dr J.-A). — Traité d'agriculture théorique et prati-

que, plus spécialement appliqué aux conditions agricoles du midi de la France. In-8 avec 140 gr., suivi d'un dictionnaire des plantes cultivées, des animaux domestiques et de leurs principaux produits (*Librairie agricole*) . . . . . 8 fr.

Garola (G.-V.) — L'Alimentation des animaux de la ferme. In-18 avec nombr. tabl et fig. (*Masson*). . . . . . 3 fr.

Garola (G.-V.). — Les Céréales. In-8 avec 272 fig. (*Didot*). 8 fr.

Garola (G.-V.). — La Pratique des travaux de la ferme. In-16 (*Hachette*). . . . . 1 fr. 25

Gasparin (comte de). — Cours d'agriculture. 6 vol. in-8 avec grav. (*Librairie agricole*). . . . . 39 fr. 50

On vend séparément, à 7 fr. 50 le volume :

I. Terrains agricoles, propriétés physiques des terres, valeur des terrains, amendements, engrais.

II. Météorologie agricole, constructions rurales.

III. Mécanique agricole, agriculture générale, cultures spéciales, céréales et plantes légumineuses.

IV. Plantes-racines, plantes oléagineuses, tinctoriales, textiles, fourragères ; vigne et arbres fruitiers.

V. Assolements, systèmes de culture, organisation et administration de l'entreprise agricole.

VI. Principes de l'agronomie : nutrition et habitation des plantes, appendices sur les machines.

Gayot (Eug.). — Les Petits quadrupèdes de la maison et des champs 2 vol in-8 (*Firmin-Didot*) . . . . 14 fr.

Gayot (Eug.). — Les Chevaux de trait français : Origines et familles ; trait léger et gros trait ; élevage, alimentation, travail. In-18 (*Librairie agricole*). . . . . 3 fr. 50

Geoffroy Saint-Hilaire. — Acclimatation et domestication des animaux utiles. 4e édit. In-8 avec grav. (*Librairie agricole*). 9 fr.

George (Dr H.). Traité d'hygiène rurale, suivi des premiers secours en cas d'accidents, comprenant : l'alimentation, l'air, le travail, les maladies contagieuses, les accidents. In-18 avec fig. (*Librairie agricole*). . . . . 3 fr. 50

Girardin et Dubreuil. — Traité élémentaire d'agriculture. 4e édit. 2 vol. in-18 avec 995 fig. (*Garnier*). . . . . 16 fr.

Gossin. — L'Agriculture française. Principes d'agriculture appliqués aux diverses parties de la France. 3e édit. Gr. in-8 avec 600 fig. (*Masson*) . . . . 30 fr.

Grandvoinnet (J.-A.). — Traité élémentaire des constructions rurales. 2 vol. in-18 avec 306 fig. (*Librairie agricole*). 2 fr. 50

Grandvoinnet (J.-A.). — Les Bergeries ; considérations générales sur les habitations du mouton. In-18 avec 169 fig. (*Ibid.*). 5 fr.

Grandeau (L.). — La Production agricole en France, son présent et son avenir. 1885, in-8 (*Berger-Levrault*). . . 3 fr.

Grandeau (L.). — Études agronomiques. 1 vol. par an depuis 1886 (*Hachette*). Chaque vol. . . . . 3 fr. 50

GRANDEAU (L.). — L'Alimentation de l'homme et des animaux domestiques, t. I. La nutrition animale In-8 (*Firmin Didot*). 6 fr.

GRANDEAU (L.). — L'Épuisement du sol et les récoltes. — Le fumier de ferme et les engrais complémentaires. In-16 avec 11 fig. (*Hachette*) . . . . 1 fr. 25.

GUYOT (E.). — Les Animaux de la ferme. In-18 avec 146 fig., cart. (*Baillière*) . . . . 4 fr.

GUYOT. — Étude des vignobles de France, pour servir à l'enseignement mutuel de la viticulture et de la vinification françaises. 2e édit. augmentée de quatre tables alphabétiques. 1876, 3 vol. in-8 avec 974 fig. et une carte viticole de la France (*Masson*). 30 fr.

GUYOT (Jules). — Culture de la vigne et vinification. 2e édit. In-18 avec 30 grav. (*Librairie agricole*). . . . . 3 fr. 50

HARDY. — Traité de la taille des arbres fruitiers. 10e édit. Gr. in-8 avec 140 fig. (*Librairie agricole*) . . . . . 5 fr. 50

HEUZÉ (Gustave). — La petite Culture agricole, légumière et fruitière, dans les campagnes et aux environs des villes. In-18 j, avec 121 grav. (*Colin*) . . . . 3 fr. 50

HEUZÉ (Gustave). — Plantes fourragères. 5e édit. 2 vol. in-18 avec fig. (*Librairie agricole*) . . . . 7 fr.

I. — Les plantes à racines et à tubercules, et les plantes cultivées pour leurs feuilles.
II. — Les Prairies artificielles.

HEUZÉ (Gustave). — Les Plantes industrielles. 3e édit. 4 vol. in-18 (*Librairie agricole*). Le vol. . . . . 3 fr. 50

I. — Plantes textiles ou filamenteuses de sparterie, de vannerie et à carder. 1 vol. in-18 de 364 p. et 50 fig.
II. — Plantes oléagineuses, tinctoriales, saponaires, tannifères et salifères. I vol. in-18 de 432 p. et 69 fig.
III. — Plantes aromatiques, à parfums, à épices et condimentaires.
IV. — Plantes narcotiques, saccharifères, pseudo-alimentaires, lactifères, résineuses, astringentes, médicinales et funéraires.

HEUZÉ (Gustave). — La Pratique de l'agriculture. 2 vol. in-18 avec fig. (*Librairie agricole*). . . . . 7 fr.

HOUDAILLE (F.). — Le Soleil et l'agriculteur, avec un appendice sur la lune et les influences lunaires. Météorologie agricole. In-18 (*Masson*). . . . . 4 fr. 50

JOIGNEAUX. — Le Livre de la ferme et des maisons de campagne. Nouv. édit. entièrement refondue. 2 vol. gr. in-8 avec 1829 fig. (*Masson*). . . . . 32 fr.

JOULIE. — La Production fourragère par les engrais ; prairies et herbages. In-8 (*Librairie agricole*). . . . . . . 3 fr. 50

KEELHOFF (J.). — Traité pratique de l'irrigation des prairies. 2e édition. In-8, avec un atlas de 11 pl. (*Gauthier-Villars*). 12 fr. 50

LARBALÉTRIER (A.). — L'Alcool au point de vue chimique, agricole, industriel, hygiénique et fiscal. In-16 avec 62 fig. (*Baillière*) . . . . 3 fr. 50

LARBALÉTRIER (A.). — Les Engrais et leur application à la fertilisation du sol. In-16 avec 62 fig. (*Ibid.*) . . . . . . 4 fr.

LAURENÇON. — Traité d'agriculture élémentaire et pratique. 2 vol. in-18 avec 44 grav. (*Librairie agricole*) . . 1 fr. 50

LAVERGNE (Bernard). — Agriculture des terrains pauvres. 2e édit. In-18 (*Librairie agricole*) . . . . 3 fr.

LAVALARD (E.). — Le Cheval, considéré dans ses rapports avec l'économie rurale et les industries de transport. 2 vol. in-8 avec 92 fig. (*Firmin-Didot*) . . . . 16 fr.

LE CONTE. — L'Agriculture dans ses rapports avec le pain et la viande, écarts entre les cours du blé et des animaux et ceux du pain et de la viande, leurs causes, remèdes à apporter. In-8 (*Librairie agricole*) . . . . 2 fr.

LECOUTEUX (Ed.). — Cours d'économie rurale, professé à l'Institut national agronomique. 2e éd. 2 vol. in-18 (*Librairie agricole*) . . . . 7 fr.

LECOUTEUX (Ed.). — Principes de la culture améliorante. In-18 (*Librairie agricole*) . . . . 3 fr. 50

LECOUTEUX (Ed.). — L'Agriculture à grands rendements. In-18. (*Librairie agricole*) . . . . 3 fr. 50

LECOUTEUX (Ed.). — Le Blé, sa culture intensive et extensive, commerce, prix de revient, tarifs et législation des céréales. In-18 avec fig. (*Librairie agricole*) . . . . 3 fr. 50

LECOUTEUX (Ed.). — Le Maïs et les autres fourrages verts, culture et ensilage. In-18 avec fig. (*Librairie agricole*) . . 3 fr. 50

LEMOINE. — Élevage des animaux de basse-cour. 3e éd. In-18 avec nombr. fig. (*Masson*). . . . . 2 fr. 50

LEROY (André). — Dictionnaire de pomologie contenant l'histoire, la description, la figure des fruits anciens et modernes les plus généralement connus et cultivés. 6 vol. gr. in-8 avec 1755 fig. (*Librairie agricole*). . . . . 30 fr.

LEROY. — Aviculture : outillage spécial; éclosion; animaux nuisibles; reproduction. In-18 avec fig. (*Librairie agricole*) 3 fr.

LEROY. — La Poule pratique, par un praticien : races de parquet, races de ferme. In-18 avec fig. (*Ibid.*) . . . . 3 fr.

LESCURE (J.). — L'Agriculture algérienne. In-18 avec fig. (*Librairie agricole*). . . . . 3 fr. 50

LE SOURD (Paul). — Traité pratique des vins, cidres, spiritueux et vinaigres. 3e édit. Gr. in-8 avec fig. (*Masson*). . . 12 fr.

LEZÉ (R.). — Les Industries du lait. 1 vol. in-8 avec 112 fig. (*Firmin-Didot*) . . . . 6 fr.

LINDET (L.). — La Bière. Pet. in-8 (*Masson*) . . . . . 2 fr. 50

Lullin de Chateauvieux. — Voyages agronomiques en France. 2 vol. in-8 (*Librairie agricole*) . . . . 12 fr.

Malézieux. — Manuel de la fille de basse-cour. In-18 avec fig. (*Librairie agricole*) . . . . 3 fr.

Manuel théorique et pratique d'horticulture, par un religieux jardinier, de 26 ans d'enseignement et de pratique. In-12 (*Téqui*). 4 fr.

Marié-Davy. — Météorologie et physique agricoles. 1 vol. in-18 avec grav. (*Librairie agricole*) . . . . 3 fr. 50

Marx (Louis). — Le Laboratoire du brasseur. 3e édit. In-8 (*Masson*) . . . . 12 fr.

Magnier de la Source. — L'Analyse des vins. Pct. in-8 (*Masson*). 2 fr. 50

Masure. — Leçons élémentaires d'agriculture. Vie aérienne et vie souterraine des plantes de grande culture. In-18 avec grav. (*Librairie agricole*) . . . . 3 fr. 50

Meunier (Stanislas). — Traité pratique de chimie et géologie agricoles. In-18 (*Rothschild*) . . . . 3 fr. 50

Millet-Robinet (Mme). — Maison rustique des dames, 14e éd. Tenue du ménage. — Manuel de cuisine. — Médecine domestique — Jardin. — Ferme. 2 vol. in-18 avec 225 fig. (*Librairie agricole*) . . . . 7 fr. 75

Millet-Robinet (Mme). — Maison rustique des enfants. In-4 avec 120 grav. et 20 planches (*Librairie agricole*) . . . . 8 fr.

Moll (L.). — La Connaissance générale du bœuf, études de zootechnie pratique sur les races bovines de la France, de l'Algérie, de l'Angleterre, de l'Allemagne, de la Suisse, de l'Autriche, de la Russie et de la Belgique. In-8 avec atlas de 83 fig. (*Firmin-Didot*) . . . . 10 fr.

Moll (L.). — La Connaissance générale du cheval, études de zootechnie pratique In-8 avec atlas de 103 fig. (*Ibid.*). 15 fr.

Moll (L.). La Connaissance générale du mouton, études de zootechnie pratique sur les races ovines françaises et étrangères. In-8, avec 97 fig. (*Ibid.*) . . . . 12 fr.

Moreau et Daverne. — Manuel pratique de la culture maraîchère de Paris, 4e édition. In-8 (*Librairie agricole*). . 5 fr.

Mouillefert. — Les Vignobles et les vins de France et de l'étranger, territoire, climat et cépages des pays vignobles, avec la description, culture et vinification des principaux crus. In-8 avec 7 cartes coloriées et 117 fig. (*Librairie agricole*). 10 fr.

Müntz et Girard — Les Engrais. 3 vol. in-8. Chaque volume se vend séparément (*Firmin-Didot*) . . . . 6 fr.

Tome I. Alimentation des plantes. — Fumiers. — Engrais des villes. — Engrais végétaux.

Tome II. Engrais azotés. — Engrais phosphatés.

Tome III. Engrais potassiques. — Engrais calcaires. — Engrais divers. Engrais composés.

Müntz (A.). — Les Vignes. Recherches expérimentales sur leur culture et leur exploitation. In-8 (*Berger-Levrault*) . 12 fr.

Muller (le Dr P.-E.). — Recherches sur les formes naturelles de l'humus et leur influence sur la végétation et le sol. Traduit de l'allemand par Henry Grandeau. Gr. in-8 avec fig. (*Berger-Levrault*) . . . . 10 fr.

Nanot. — Culture du pommier à cidre, fabrication du cidre, et modes divers d'utilisation des pommes et des marcs. 1 vol. in-18 de 324 pages et 50 fig. (*Librairie agricole*). . 3 fr. 50

Nanot (J.) et Tritschler (L.) — Traité pratique du séchage des fruits et des légumes. In-18 avec fig. (*Librairie agricole*). 3 fr. 50

Naudin et Muller. — Manuel de l'acclimateur, ou Choix des plantes recommandées pour l'agriculture, l'industrie et la médecine. In-8 (*Librairie agricole*) . . . . 7 fr.

Nicolle. — Assolements et systèmes de culture. In-18 (*Librairie agricole*) . . . . 3 fr. 50

Ouvray (E.). — Manuel d'arboriculture fruitière, appendice sur la vigne. In-18 avec 83 fig. (*Librairie agricole*) . . 2 fr. 25

Petit (le prof. P.) — Nutrition et production des animaux : bœuf, cheval, mouton, porc. In-18 j. (*Colin*) . . . 3 fr. 50

Pierre (Isidore). — Chimie agricole, ou l'Agriculture considérée dans ses rapports principaux avec la chimie 2 vol. in-18 ensemble de 778 pages et 25 fig. (*Librairie agricole*). . 7 fr.
Chaque volume se vend séparément.
Tome Ier: L'atmosphère, l'eau, le sol et les plantes.
Tome II. Les engrais.

Ponce (J.). — La Culture maraichère pratique des environs de Paris. In-18 avec 15 pl. (*Librairie agricole*) . . . 2 fr. 50

Pouriau. — La Laiterie. Art de traiter le lait, de fabriquer le beurre et les principaux fromages français et étrangers. 4e édit. In-18 avec 385 fig. et 4 pl. (*Lebroc*) . . . . 6 fr.

Proost (A.). — Les Microbes et la vie. Hygiène et agriculture. 2e édit. Gr. in-8 avec 4 pl. (*Gauthier-Villars*). . . . 3 fr.

Proost (A.). — Manuel de chimie agricole et de physiologie végétale et animale appliquée à l'agriculture. In-8 (*Ibid.*). 5 fr.

Pynaert (Ed.). — Les Serres-vergers. Traité complet de la culture forcée et artificielle des arbres fruitiers. In-8 avec 134 fig. et 4 pl. (*Masson*) . . . . 7 fr. 50

Renard (A.). — Amendements et engrais. In-18 j. (*Colin*) 3 fr. 50

Rieffel. — Manuel du propriétaire de métairies, principalement dans l'ouest de la France. In-18 (*Librairie agricole*). 3 fr. 50

Ringelmann (M.). — Les Machines agricoles 1re série : Culture, ensemencement, récoltes. 2e série : Préparation des récoltes. 3e série : Machines diverses. 3 vol. in-16 (*Hachette*). Chaque vol. 0 fr. 50

Risler (E.). — Physiologie et culture du blé ; principes à suivre pour en diminuer le prix de revient. 2e édit. Pet. in-16 avec fig. (*Hachette*). . . . . 0 fr. 50

Ronna (A.). — Les Irrigations. 3 vol. in-8 avec nombr. fig. (*Firmin-Didot*) . . . . 18 fr.

Ronna (A.). — Le Blé aux États-Unis. In-8 (*Berger-Levrault*). 5 fr.

Saintoin-Leroy. — Cours complet de comptabilité agricole pratique, en partie simple et en partie double. 3e édit. Gr. in-8 avec tableaux (*Librairie agricole*) . . . . 3 fr.

Saintoin-Leroy. — Comptabilité simplifiée, agricole et commerciale, mise à la portée de la moyenne et de la petite culture. Gr. in-8 avec tableaux (*Ibid.*) . . . . 2 fr.

Sanson (André). — Traité de zootechnie, ou Économie du bétail, Nouv, édit. 5 vol. in-18 avec 236 grav. (*Librairie agricole*). 17 fr. 50

Chaque volume se vend séparément . . . . . . 3 fr. 50

Schribaux et Nanot. — Éléments de botanique agricole. In-18 j. avec 260 fig , 2 pl. col. et carte (*Baillière*) . . . . 14 fr.

Serres (Olivier de). — Le Théâtre d'agriculture et mesnage des champs, d'Olivier de Serres, seigneur du Pradel, dans lequel est représenté tout ce qui est requis et nécessaire pour bien dresser, gouverner, enrichir et embellir la maison rustique, édition conforme au texte original, augmentée de notes et d'un vocabulaire, publiée par la Société d'agriculture du département de la Seine. 2 forts vol. gr. in-4 (*Librairie agricole*). 50 fr.

Serres (E.). — Guide hygiénique et chirurgical pour la castration et le bistournage du cheval, du taureau, de la vache, du bélier, du verrat, etc. In-18 avec 20 fig. (*Librairie agricole*). 3 fr. 50

Stebler et Schrœter. — Les Meilleures plantes fourragères, décrites et figurées en planches coloriées. 2 vol. gr. in-4 avec 30 pl. coloriées et de nombr. fig. noires (*Librairie agricole*). 12 fr.

Statistique agricole de la France. — Résultats généraux de l'enquête décennale de 1882, publiés par le ministère de l'agriculture. 1888, gr. in-8, 430 p. de texte et 343 p. de tableaux (*Berger-Levrault*) . . . . 12 fr.

Touaillon (fils). — La Meunerie, la boulangerie, la biscuiterie et les autres industries agricoles alimentaires. In-8 (*Librairie agricole*). . . . . 7 fr.

Tourdonnet (comte de). — Traité pratique du métayage. In-18 (*Librairie agricole*). . . . . 3 fr. 50

Tresca (A.). — Le Matériel agricole moderne, t. Ier. Instruments d'extérieur de ferme. In-8 avec 370 fig. Cartonné (*Firmin-Didot*) . . . . 6 fr.

VIAL (A.-A.). — Connaissance pratique du cheval. 4e édit. In-18 avec 72 fig. (*Librairie agricole*) . . . . 3 fr. 50

VILLE (G.). Le Propriétaire devant sa ferme délaissée (conférences de Bruxelles). 4e édit. 1890, in-18 (*Masson*) . . 2 fr.

VILLE (G.). — La Production végétale et les engrais chimiques (conférences de Vincennes). 3e édit. Gr. in-8 avec fig. et tabl. (*Masson*) . . . . 8 fr.

VILLE (G.). — Les Engrais chimiques. 3 vol. in-18 avec tabl. (*Masson*). . . . . 10 fr. 50

On vend séparément :
I. Les principes et la théorie.
II. Les cultures spéciales.
III. Le fumier et le bétail.

VILMORIN-ANDRIEUX. — Les Légumes usuels. 2 vol. in-18 j. avec 372 fig. (*Colin*). . . . . 7 fr.

VILMORIN-ANDRIEUX. — Les Fleurs de pleine terre, avec plans en chromolithographie de jardins et de parcs paysagers. 4e édit. In-8 illustré de plus de 1600 grav. (*Librairie agricole*). 16 fr.

VILMORIN-ANDRIEUX. — Les Plantes potagères. Description et culture des principaux légumes des climats tempérés. 2e édit. Gr. in-8 avec 760 fig. environ. (*Ibid.*). . . . . . . 12 fr.

YRIARTE (Charles). — Les Fleurs et les jardins de Paris. In-8 (*May et Motteroz*) . . . . 3 fr. 50

ZOLLA (Daniel). — Code manuel du propriétaire agriculteur. In-18 (*Giard et Brière*). . . . . 3 fr. 50

ZOLLA (Daniel). — Les Questions agricoles d'hier et d'aujourd'hui. 1re et 2e séries. 2 vol. in-18 (*Alcan*) . . . . . . 7 fr.

Sciences médicales

ENCYCLOPÉDIE d'hygiène et de médecine publique publiée sous la direction du Dr J. Rochard, paraissant par fascicules. L'ouvrage formera 8 vol. in-8 (*Bataille*) Le fasc. . . . . 3 fr. 50
34 fascicules ont paru. Souscription à l'ouvrage complet 150 fr.

ANGERSTEIN ET ECKLER (les Drs). — La Gymnastique à la maison, à la chambre et au jardin. Trad. par le Dr Alquier. In-16 avec fig. (*Baillière*). . . . . 2 fr.

BABAULT (le Dr). — La Chirurgie du foyer. In-18 (*Rothschild*). 3 fr. 50

BARBIER (le Dr). — La Rougeole. In-18 j. (*Rueff*) . . 3 fr. 50

BASSET (le Dr N.). — Études physiologiques sur l'ivresse. In-16 (*Bataille*). . . . . 6 fr.

BAUCHET. — Du panaris et des inflammations de la main. In-8 (*Bataille*). . . . . 3 fr. 50

Béclard (le Dr J.). — Traité élémentaire de physiologie humaine. 7e édit. 2 vol. gr. in-8 avec de nombr. fig. (*Asselin*). . 23 fr.

Becquerel (le Dr A.). — Traité élémentaire d'hygiène privée et publique. 7e édit. in-8 cart. (*Asselin*). . . . . 10 fr.

Bernard (Claude). — Leçons sur les phénomènes de la vie. 2 vol. in-8 (*Baillière*) . . . . 15 fr.

Bernard (Claude). — Leçons sur les propriétés des tissus vivants. In-8 (*Baillière*) . . . . 8 fr.

Beugnot. — Dictionnaire usuel de chirurgie et de médecine vétérinaire. Nouv édit. 2 vol. in-8 (*Asselin*) . . . . . 20 fr.

Bianchon (Horace). — Nos grands médecins d'aujourd'hui In-8 (*Société d'éditions scientifiques*). . . . . 10 fr.

Binet (le Dr). — Hygiène de la jeune mère et du nouveau-né. In-16 (*Baillière*) . . . . 2 fr.

Bonniot (le P. de), S. J. — Le Miracle et les sciences médicales. In-12 (*Perrin*) . . . . 3 fr. 50

Bonniot (le P. de), S. J. — Le Miracle et ses contrefaçons. 5e édit. In-12 (*Retaux*) . . . . 3 fr. 50

Bouchut (le Dr). — La Vie et ses attributs dans leurs rapports avec la philosophie et la médecine. 2e édit. In-18 (*Baillière*). 3 fr. 50

Bouchut (le Dr). — Hygiène de la première enfance. 8e édit. In-18 j. (*Ibid.*). . . . . 3 fr. 50

Bouchut (le Dr). — Les Signes de la mort et les moyens de prévenir les inhumations prématurées. 3e édit. in-18 j. (*Ibid.*) 3 fr. 50

Bouchut et Després (les Drs). — Dictionnaire de médecine et de thérapeutique. 6e édit. In-4 à 2 col. (*Alcan*) . . . 25 fr.

Boulloche (le Dr P.). — Les Angines à fausses membranes. In-18 j. (*Rueff*). . . . . 3 fr. 50

Bramsen (le Dr). — Les Dents de nos enfants. Conseils aux mères de famille. In-16 avec fig. (*Baillière*). . . . . . . 2 fr.

Bremond (le Dr). — Précis d'hygiène industrielle. In-18 j. avec nombr. fig. (*Ibid.*) . . . . 5 fr.

Briand (J.) et Chaudé (E.). — Manuel complet de médecine légale. 10e édit. 2 vol. gr. in-8 avec pl. et fig. (*Baillière*) 24 fr.

Brissaud (le Dr E.). — Anatomie du cerveau de l'homme. Gr. in-8 avec nombr. fig. et atlas. Gr. in-4 de 43 pl. (*Masson*). 80 fr.

Brissaud (le Dr E.). — Histoire des expressions populaires relatives à l'anatomie, à la physiologie et à la médecine. In-18 (*Ibid.*) . . . . 3 fr. 50

Brochard (le Dr). — Guide des enfants aux bains de mer. 9e édit. In-32 (*Baillière*) . . . . 1 fr.

Brouardel (le Dr). — La Mort et la mort subite. In-8 (*Baillière*). 9 fr.

Cancalon (le Dr). — L'Hygiène nouvelle dans la famille. In-16 (*Société d'éditions scientifiques*). . . . . 4 fr.

Caradec. — L'Art de donner des soins et d'administrer les médicaments aux enfants malades. In-12 cart. (*Doin*). 2 fr. 50

Castex (A.). — Hygiène de la voix parlée et chantée. 3e édit. Pet. in-8 (*Masson*). . . . . 2 fr. 50

Cauvet (le Dr). — Nouveaux éléments d'histoire naturelle médicale. 2 vol. in-18 j. (*Baillière*). . . . . 12 fr.

Chatin (le Dr J.). — La Cellule nerveuse. In-8 avec 2 pl. (*Baillière*) . . . . 2 fr 50

Claude (le Dr). — Premières notions d'homéopathie, à l'usage des familles. 4e édit. In-16 (*Baillière*) . . . . 2 fr.

Colin (le Dr Léon). — Paris, sa topographie, son hygiène, ses maladies. In-18 diamant cart. (*Masson*). . . . . . 6 fr.

Comby (le Dr J.). — Le Livre des mères de famille. Petit dictionnaire d'hygiène infantile. In-18 j. (*Rueff*) . . . . . . 4 fr.

Comby (le Dr J.). — Les Oreillons. In-18 j. (*Rueff*). . 3 fr. 50

Cooreman (le prof.). — Cours complet de gymnastique éducative. Gr. in-8 avec nombr. fig. (*Lamulle et Poisson*) . 3 fr.

Coriveaud (le Dr). — Hygiène des familles. In-16 (*Baillière*). 3 fr. 50

Coriveaud (le Dr). — Hygiène de la jeune fille (*Ibid.*). 3 fr. 50

Coriveaud (le Dr). — La Santé de nos enfants (*Ibid.*). 3 fr. 50

Courmont (le Dr). — Le Cervelet, organe psychique et sensitif. In-8 (*Alcan*). . . . . 2 fr.

Couvreur (le Dr E.). — Les Exercices du corps, le développement de la force et de l'adresse. Etude scientifique. In-16 avec fig. (*Baillière*). . . . . 3 fr. 50

Couvreur (le Dr E.). — Les Merveilles du corps humain, sa structure et son fonctionnement. In-16 avec fig (*Ibid.*) . 3 fr. 50

Cullerre (le Dr). — Magnétisme et hypnotisme. In-16 (*Baillière*). 3 fr. 50

Cullerre (le Dr). — Nervosisme et névroses. Hygiène des énervés et des névropathes. In-16 (*Ibid.*) . . . . . . 3 fr. 50

Dallemagne (le Dr J.). — Dégénérés et déséquilibrés. Gr. in-8 (*Alcan*) . . . . 12 fr.

Daremberg (Ch.). — La Médecine, histoire et doctrines. In-12 (*Perrin*) . . . . 3 fr. 50

Daremberg (Ch.) — Histoire des sciences médicales. 1870, 2 vol. in-8 (*Baillière*) . . . . 20 fr.

David (le Dr Th.). — Les Microbes de la bouche, avec lettre-préface de M. Pasteur. In-8 avec nombr. fig. (*Alcan*) 10 fr.

DEGOIX (le Dr). — Hygiène de la toilette. In-16 (*Baillière*). 2 fr.

DEGOIX (le Dr). — Hygiène de la table. In-16 (*Ibid.*) . . 2 fr.

DONNÉ (le Dr Al.). — Conseil aux mères sur la manière d'élever les enfants. 8e édit. In-8 cart. (*Baillière*) . . . . 4 fr.

DONNÉ (le Dr Al.). — Hygiène des gens du monde. In-16 (*Ibid.*). 3 fr. 50

EGASSE et GUYÉNOT. — Eaux minérales naturelles. In-8 carré (*Société d'éditions scientifiques*). . . . . 7 fr. 50

*FÉRÉ (le Dr Ch.). — La Famille névropathique. In-12 cart. avec grav. (*Alcan*) . . . . 4 fr.

FERRAND (Eusèbe) et DELPECH (A.). — Premiers secours en cas d'accidents et d'indispositions subites. 4e édit. In-18 j. cart. avec nombr. fig. (*Baillière*) . . . . 4 fr.

FERRAND (Dr A.). — L'Aphasie et les troubles de la parole. In-16 (*Rueff*) . . . . 3 fr. 50

FERRAND (le Dr A.). — Traité de thérapeutique médicale. In-12 (*Baillière*) . . . . 9 fr.

FERRAND (le Dr A.). — Formulaire de thérapeutique appliquée, ou les Médicaments classés d'après les indications thérapeutiques. In-18 (*Lecrosnier*) . . . . 4 fr.

FLOURENS. — De la Longévité humaine et de la quantité de vie sur le globe. In-18 j. (*Garnier*). . . . . 3 fr. 50

FONSSAGRIVES (J.-B.). — Hygiène et assainissement des villes. In-8 (*Baillière*) . . . . 8 fr.

FONSSAGRIVES (J.-B.). — Hygiène alimentaire des malades, des convalescents et des valétudinaires. In-8 (*Baillière*) . 9 fr.

FONSSAGRIVES (J.-B.). — Dictionnaire de la santé, ou Répertoire d'hygiène pratique à l'usage des familles et des écoles. Gr. in-8 à 2 col. relié (*Delagrave*). . . . . 18 fr. 50

FONSSAGRIVES (J.-B.). — Entretiens familiers sur l'hygiène. In-12 (*Delagrave*). . . . . 3 fr. 50

FRANCO (le P.), S. J. — L'Hypnotisme revenu à la mode. Traité historique, scientifique, hygiénique, moral et théologique. Trad. par l'abbé J. Moreau sur la 3e édit. italienne. 1891, in-12 (*Vic et Amat*) . . . . 3 fr. 50

FRANCO (le P.). — Le Spiritisme. Manuel scientifique et populaire. Histoire, phénomènes, doctrines, morale, causes, périls et questions connexes. Trad. par Aug. Onclair. 1895. in-12 (*Lecoffre*). 3 fr.

FRÉDAULT (le Dr F.). — Histoire de la médecine. Étude sur nos traditions. 2 vol. in-8 (*Baillière*). . . . . 10 fr.

GALEZOWSKI (X.) et KOPFF (P.-A.). — Hygiène de la vue. In-16 avec fig. (*Baillière*) . . . . 3 fr. 50

GALIPPE et BARRÉ. — Le Pain, aliment minéralisateur. Physiologie, composition, hygiène et thérapeutique. Pet. in-8 (*Masson*). 2 fr. 50

GALIPPE et BARRÉ. — Le Pain, technologie. Pains divers, altérations. Pet. in-8 (*Ibid.*) . . . . 2 fr. 50

GALOPEAU. — Manuel du pédicure, ou l'Art de soigner les pieds. In-32 avec fig. (*Baillière*). . . . . 2 fr.

GAUTIER (le Dr A.). — Chimie appliquée à la physiologie, à la pathologie, à l'hygiène. 2 vol. in-8 avec fig. (*Masson*). 18 fr.

GAUTIER (le Dr A.). — La Chimie de la cellule vivante. Pet. in-8 (*Masson*) . . . . 2 fr. 50

GIRARD (Henri). — Aide-mémoire d'anatomie comparée. In-18 cart. (*Baillière*) . . . . 3 fr.

GOMBAUT (l'abbé). — L'Avenir de l'hypnose. Réflexions sur la nature et les effets du sommeil provoqué. In-12 (*Delhomme et Briguet*) . . . . 3 fr. 50

GRAND-BOULOGNE (Dr de). — Les Petits enfants malades, conseiller médical des mères de famille. In-18 j. (*Téqui*) . 2 fr. 50

GRÉHANT (Adr.-N.). — Les Gaz du sang. Pet. in-8 (*Masson*). 2 fr. 50

GROS (C.-H.). — Mémoires d'un estomac, écrits par lui-même, pour le bénéfice de tous ceux qui mangent et qui lisent. 4e édit. In-16 (*Baillière*) . . . . 2 fr.

GUIBERT (l'abbé J.). — Anatomie et physiologie animales spéciales à l'homme. In-18 j. (*Retaux*) . . . . 4 fr.

GUINOCHET. — Les Eaux d'alimentation. In-16 (*Baillière*). 5 fr.

HAYEM (le Dr G.). — Traitement du choléra. In-18 cart. (*Masson*) . . . . 2 fr. 80

HIRT (Georges). — Les Localisations cérébrales en psychologie, trad. de l'allemand par Arrérat. In-16 (*Alcan*) . . . 2 fr.

HOFFMANN (Ach.). — L'Homéopathie des gens du monde. In-16 (*Baillière*) . . . . 2 fr.

HOGG (Walter Douglas). — Premiers secours aux malades et aux blessés. 6e édit. avec fig. In-18 cart. (*Masson*). . . 1 fr. 25

HUGOUNENQ (le Dr L.). — Traité des poisons. In-8 (*Masson*). 8 fr.

JACQUEMET (le Dr E.). — Les Maladies de la première enfance, premiers soins avant l'arrivée du médecin. In-16 de 175 p. avec fig. (Petite bibliothèque médicale) (*Baillière*) . . 2 fr.

JACQUOT (E.) et WILHU. — Les Eaux minérales de la France. In-8 (*Baudry*) . . . . 20 fr.

*JANET (Pierre). — L'Automatisme psychologique. In-8. 2e édit. (*Alcan*) . . . . 17 fr. 50

JOUSSET (le Dr M.). — Les Maladies de l'enfance. Description et traitement homéopathique. In-16 (*Ibid.*). . . . . 3 fr. 50

KOSSEL (le Dr H.). — Le Traitement de la diphtérie au moyen

du serum de Behring. 5e édit. Trad. par le Dr Delbastaille. In-16 cart. (*Masson*). . . . . 1 fr. 25

LABORDE -- La Méthode expérimentale dans les sciences biologiques. In-18 (*Soc. d'édit. scientifiques*) . . . . . . 2 fr.

LACASSAGNE (le Dr A.). — Précis d'hygiène privée et sociale. 4e édit. In-16 diamant, cart. (*Masson*) . . . . . . 7 fr.

LAGRANGE (le Dr F.). — Hygiène de l'exercice chez les enfants et les jeunes gens. In-12 (*Alcan*) . . . . 3 fr. 50

LAGRANGE (le Dr F.). De l'exercice chez les adultes. In-12 cart. (*Alcan*) . . . . 4 fr.

LA HARPE (E. de). — Formulaire des eaux minérales, de la balnéothérapie et d'hydrothérapie. In-18 cart. (*Baillière*) . 3 fr.

LANDOLF et GYGAX — Précis de thérapeutique ophtalmologique. In-18, relié (*Masson*) . . . . 3 fr. 50

LANGLOIS (P.). — Le Lait. Pet. in-8 (*Ibid.*) . . . . . . 2 fr. 50

LAPERSONNE (le Dr de). — Ophtalmologie : maladie des paupières et des membranes externes de l'œil. Pet. in-8 (*Masson*). 2 fr. 50

LAUMONNIER (le Dr). — Hygiène de l'alimentation dans l'état de santé et de maladie. In-12 cart. (*Alcan*). . . . . . 4 fr.

LAVERAN (le Dr). — Paludisme Pet. in-8 (*Masson*). . 2 fr. 50

LAYET. — Hygiène des professions et des industries. In-18 avec fig. (*Baillière*) . . . . 5 fr.

LECORCHÉ (le Dr). — Traité du diabète. In-8 (*Masson*). . 10 fr.

LELONG le chan.). — La Vérité sur l'hypnotisme. 1890, in-8 (*Roger et Chernoviz*) . . . . 2 fr.

LESAGE (le Dr A.). — Le Choléra. Pet. in-8 (*Masson*) . 2 fr. 50

LETULLE (le Dr). — Pus et suppuration. Pet in-8 (*Ibid.*). 2 fr. 50

LEVILLAIN (le Dr). — Hygiène des gens nerveux. In-12 cart. (*Alcan*) . . . . 3 fr. 50

LÉVY (Michel). — Traité d'hygiène publique et privée. 6e édit. 2 vol. gr. in-8 avec fig. (*Baillière*). . . . . 20 fr.

MACLAGAN (le Dr). — Le Rhumatisme, sa nature et son traitement. Trad. de l'anglais par le docteur Brachet. In-8 (*Masson*). 7 fr.

MAGNAN et SÉRIEUX (le Dr). — La Paralysie générale. Pet. in-8 (*Masson*) . . . . 2 fr. 50

MAISONNEUVE (le Dr P.). — Zoologie, anatomie et physiologie animales. In 8. 2e édit (*Palmé*) . . . . » »

MANACÉINE (Marie) — Le Sommeil, tiers de la vie humaine. Physiologie, pathologie, hygiène et psychologie du sommeil. Trad. du russe par E. Jaubert In-8 (*Masson*). . . . 3 fr.

MAREY. — La Machine animale. 5e édit. In-8 avec fig. (*Alcan*). 6 fr.

MARTHA (le Dr). — Les Intoxications alimentaires. In-18 j. (*Rueff*). 4 fr.

MARTIN (le Dr G.). — L'Opium et ses abus. In-16 (*Soc. d'éditions scientifiques*) . . . . 3 fr. 50

MASSE (J.-N.). — Petit Atlas complet d'anatomie descriptive du corps humain. Nouvelle édition, augmentée des tableaux synoptiques d'anatomie descriptive. Nouv. édit. in-18, demi-reliure, composée de 113 pl., comprenant 500 à 600 fig. dessinées d'après nature, avec texte explicatif (*Masson*). . . . . 20 fr.

MÉRIC (l'abbé). — Le Merveilleux et la science. Étude sur l'hypnotisme. 1888, in-12 (*Letouzey et Ané*) . . . . . 3 fr. 50

MONIN (le Dr E.). — L'Hygiène de l'estomac. In-16 cart. (*Doin*). 4 fr.

MONIN (le Dr E.). — L'Hygiène de la beauté. In-18 cart. (*Doin*). 4 fr.

MONIN (le Dr E.). — La Santé par l'exercice et les agents physiques. In-18 cart. (*Doin*). . . . . 4 fr.

MONIN (le Dr E.). — L'Alcoolisme. Étude médico-sociale. In-12 (*Doin*). . . . . 3 fr.

MONIN (le Dr E.). — L'Hygiène du travail. In-12 (*Hetzel*). 4 fr.

MONIN (le Dr E). — Hygiène et traitement du diabète. 3e édit. In 18 j. (*Soc. d'édit. scientifiques*) . . . . 3 fr. 50

MONTEUUIS (le Dr). — Guide de la garde-malade. Conférences faites aux dames de la Société française de secours aux blessés. In-18 avec fig. (*Baillière*). . . . . 2 fr.

MONTEUUIS (le Dr). — Les Enfants aux bains de mer. In-16 (*Baillière*) . . . . 2 fr.

MOQUIN-TANDON. — Éléments de botanique médicale. In-18 (*Baillière*) . . . . 4 fr.

MOSSO (le Dr A.). — L'Éducation physique de la jeunesse. In-12 cart. (*Alcan*) . . . . 4 fr.

MOSSO (le Dr A.), de Turin. — La Fatigue intellectuelle et physique. In-18 (*Alcan*) . . . . 2 fr. 50

MOUSSOUS (A.). — Maladies congénitales du cœur. Pet. in-8 (*Masson*). . . . . 2 fr. 50

NAPIAS (H.) et MARTIN (A.-J.). — L'Étude et les progrès de l'hygiène en France, de 1878 à 1882, avec préface du prof. Brouardel. 2e édit. In-8 avec nombr. fig. (*Masson*). . . . . 8 fr.

NATTUS (le Dr). — Abus de l'hygiène et des médicaments, ou Moyens antihygiéniques de se conserver la santé. In-18 cart. (*Société d'éditions scientifiques*). . . . . 3 fr.

NAVARRE (Just). — Hygiène coloniale. In-12 (*Doin*) . . 6 fr.

NOGIER (le Dr J.). — L'Éducation des facultés mentales. In-16 (*Baillière*) . . . . 2 fr.

Olivier (le Dr Ad.). — Hygiène de la grossesse. In-16, avec fig. (*Baillière*) . . . . 3 fr. 50

Oriard (T.). — L'Homéopathie mise à la portée de tout le monde (*Ibid.*). . . . . 3 fr. 50

Osborn). — Premiers secours aux malades et aux blessés. In-16 (*Ibid.*). . . . . 2 fr.

Polin (H) et Labit (H.). — Examen des aliments suspects. Pet. in-8 (*Masson*) . . . . 2 fr. 50

Proust (le Dr A.). — Essai sur l'hygiène internationale, ses applications contre la peste, la fièvre jaune et le choléra asiatique, avec une carte indiquant la marche des épidémies de choléra par les routes de terre et la voie maritime. 1873, in-8 (*Masson*). 10 fr.

Proust (le Dr A.). — Douze conférences d'hygiène. Nouv. édit. 1894, in-18 cart. (*Ibid.*). . . . . 2 fr. 50

Proust (le Dr A.). — Le Choléra. Étiologie et prophylaxie. 1883, in-8 (*Ibid.*) . . . . 5 fr.

Ravenez (le Dr). — Le Vin du soldat au point de vue de l'hygiène. In-16 av. fig. (*Baillière*) . . . . 3 fr. 50

Réveillé-Parise (J.-H.). — Hygiène de l'esprit. Physiologie et hygiène des hommes livrés aux travaux intellectuels de l'esprit. Édition entièrement refondue, par le docteur E. Carrière. In-16 (*Ibid.*) . . . . 3 fr. 50

Réveillé-Parise (J.-H). — La Goutte et les rhumatismes. Guide pratique des goutteux et des rhumatisants. Edition nouvelle par le docteur E. Carrière. In-16 (*Ibid.*) . . . . 3 fr. 50

Riant (le Dr). — Hygiène des orateurs. In-16 (*Baillière*) 3 fr. 50

Riant (le Dr). — Hygiène du cabinet de travail. In-16 (*Ibid.*). 2 fr. 50

Riant (le Dr). — Le Surmenage intellectuel et les exercices physiques. In-16 (*Ibid.*). . . . . 3 fr. 50

Richardière (le Dr). — La Coqueluche. In-18 j. (*Rueff*) 3 fr. 50

Richer (Paul). — L'Homme en mouvement. In-8 avec pl. et fig. (*Doin*). 9 fr.

Rochard (J.). — Histoire de la chirurgie française au XIXe siècle. 1875, in-8 (*Baillière*) . . . . 12 fr.

Roger (le Dr H.). — Physiologie normale et pathologique du foie. Pet. in-8 (*Masson*) . . . . 2 fr. 50

Saint-Vincent (le Dr de). — Nouvelle médecine des familles à la ville et à la campagne, 11e édit. In-18 j. cart. avec nombr. fig. (*Baillière*). . . . . 4 fr.

Schmitt (le Dr J.). — Microbes et maladies. In-16 avec fig. (*Baillière*) . . . . 3 fr. 50

Sollier (le Dr Paul). — Guide pratique des maladies mentales. In-18 diamant cart. (*Masson*). . . . . 5 fr.

SOLLIER (le Dr Paul). — Les Troubles de la mémoire. In-18 j. (*Rueff*). . . . . 3 fr. 50

SURBLED (le Dr Georges). — La Morale dans ses rapports avec la médecine et l'hygiène 3 vol. in-18 j. (*Retaux*) . . . 12 fr.
Chaque volume séparément 4 fr.
I. Célibat et mariage.
II. La vie sexuelle.
III. La vie organique.

SURBLED (le Dr G.). — Le Cerveau. In-12 (*Retaux*) . . 2 fr. 50

SURBLED (le Dr G.). — Le Problème cérébral. In-16 (*Masson*). 3 fr.

SURBLED (le Dr G.). — Hygiène pour tous. In-12 (*Retaux*). 3 fr.

TERRIER et PERAIRE (les Drs). — Petit manuel d'antisepsie et d'asepsie chirurgicales. In-12 avec grav. (*Alcan*). . . 3 fr.

TERRIER et PERAIRE (les Drs). — Petit Manuel d'anesthésie chirurgicale. In-12 avec grav. (*Ibid.*) . . . . 3 fr.

TRABUT (le Dr L.). — Précis de botanique médicale. Pet. in-8 avec 830 fig. (*Masson*) . . . . 8 fr.

TROUESSART (le Dr). — Les Parasites des habitations humaines et des denrées alimentaires. Pet. in-8 (*Masson*) . . 2 fr. 50

TROUSSEAU (le Dr). — Hygiène de l'œil. Pet. in-8 (*Ibid.*). 2 fr. 50

VALLET (l'abbé P.). — La Vie et l'hérédité. In-16 (*Retaux*). 3 fr.

VOGL (A.). — Les Aliments, guide pratique pour constater les falsifications. Trad. par Ad. Focillon et G. Dauphin. In-16 avec nombr. grav. (*Rothschild*) . . . . 3 fr. 50

WEBER. — La Goutte. Moyens de s'en préserver et d'en guérir par l'homéopathie. In-16 (*Baillière*) . . . . 2 fr.

Art militaire.

AMBERT (général). — Les Soldats français. Nouv. édit., illustrée. In-8 (*Mame*) . . . . 1 fr.

ARDANT DU PICQ (le colonel). — Études sur le combat. In-12 (*Hachette*) . . . . 3 fr. 50

AUBIER (le colonel). — La Cavalerie dans la guerre moderne. In-12 (*Berger-Levrault*) . . . . 2 fr. 50

CHERFILS (le commandant). — Cavalerie en campagne. Études d'après la carte. Gr. in-8 avec 4 cartes (*Berger-Levrault*). 6 fr.

COURS ABRÉGÉ D'HIPPPOLOGIE. — In-32 (*Lavauzelle*) . 1 fr. 50

DERRÉCAGAIX (le général). — La Guerre moderne. 2 vol. in-8 avec atlas (*Baudoin*) . . . . 20 fr.

DICTIONNAIRE (nouveau) militaire, par un comité d'officiers de toutes armes, sous la direction d'un officier supérieur. Gr. in-8 à 2 col. (*Baudoin*). . . . . 15 fr.

Dragomiroff (le général). — Manuel pour la préparation des troupes au combat. In-12 en 3 parties (*Baudoin*). . 5 fr. 50

Hennebert (lieutenant-colonel). — Fortification. Pet. in-8 (*Gauthier-Villars*) . . . . 2 fr. 50

Hohenlohe-Ingelfingen (le prince Kraft). — Lettres sur l'artillerie. In-8 (*Westhauser*) . . . . 6 fr.

Jomini (le général baron de). — Précis de l'art de la guerre. Nouv. édit. revue par le colonel F. Leconte. 2 vol. in-8 avec atlas (*Baudoin*) . . . . 20 fr.

Lamiraux (le général). — Études pratiques de guerre. 4e édit. In-8 (*Lavauzelle*) . . . . 6 fr.

Langlois (le colonel). — L'Artillerie de campagne en liaison avec les autres armes. 2 vol. in-8 avec atlas (*Baudoin*). 16 fr.

Lahaussois (le commandant M.). — La France armée. Le soldat, sa condition, ses devoirs. In-12 (*Téqui*) . . . . 3 fr.

Laussedat. — Leçons sur l'art de lever les plans. In-4 (*Gauthier-Villars*) . . . . 5 fr.

Maillard (le colonel). — Éléments de la guerre. T. I. 1891, gr. in-8 avec atlas (*Baudoin*) . . . . 12 fr.

Manuel (nouveau) de fortification permanente, par un officier supérieur du génie. In-8 (*Baudoin*) . . . . 7 fr.

Merillon. — La Loi militaire sur le recrutement. In-8 (*Lavauzelle*) . . . . 5 fr.

Niox (le général). — Géographie militaire. 8 vol. in-12 (*Delagrave*). . . . . 34 fr. 50

Pierron (général). — Les Méthodes de guerre actuelles et vers la fin du xixe siècle. Nouvelle édit. 3 tomes en 7 vol. in-12 (*Baudoin*) . . . . 35 fr. 50

Pierron (général). — La Défense des frontières de la France. T. I. 1892, in-8 (*Ibid.*) . . . . 12 fr.

Poudre (la) sans fumée et ses conséquences tactiques. In-12 (*Jouvet*) . . . . 1 fr. 50

Rustow (le colonel W.). — L'Art militaire au xixe siècle. Stratégie, histoire militaire, traduit de l'allemand sur la 5e édit. par le colonel Savin de Larclause. 1882, 2 vol. in-8 avec pl. (*Baudoin*) . . . . 15 fr.

Rustow (le colonel W.). — L'Art militaire au xixe siècle. Tactique générale, trad. par le même. 1872, in-8 (*Baudoin*). 10 fr.

Rustow (le colonel W.). — L'Art militaire au xixe siècle. Études stratégiques sur les guerres les plus récentes (1866-1870), trad. par le même. 1875-1880, 3e édit. In-8 avec pl. (*Ibid.*). . 21 fr.

Weynante (le commandant). — Histoire de la tactique française. In-8 (*Lavauzelle*) . . . . 2 fr. 50

Beaux-Arts — Archéologie.

ARTISTES CÉLÈBRES (les). — Biographies et notices critiques publiées sous la direction de M Paul Leroi et de M. Eug. Müntz. Chaque monographie forme un volume pet. in-4 carré, illustré. Cinq séries : 1re série à 90 cent; 2e série à 1 fr. 40; 3e série à 1 fr. 75 ; 4e série à 2 fr. 25; 5e série à 3 fr. (prix réduits) (*Lemercier*).

Antiquité classique : Phidias, Polyclète.
École anglaise : Reynolds, Turner.
Ecole espagnole : Velasquez, Fortuny.
Ecole flamande : Bernard van Orley, les Brueghel, Philippe et J.-B. de Champaigne.
Ecole hollandaise : Michel van Mierewelt et son gendre, Rembrandt, Gérard Terburg, Van der Meer. Les frères Van Ostade, Jacob van Ruysdaël, Hobbema, les Van de Velde.
Ecole italienne : Fra Bartolommeo et Mariotto Albertinelli, Paul Véronèse, Antonio Canal, Donatello, Benvenuto-Cellini, Tiepolo.
Ecole française. — Peintres : Les Clouet, Watteau, Boucher, La Tour, Greuze, Fragonard, Les Huet, Prud'hon, Mme Vigée Le Brun, Bacon, Gros, Decamps, Eug. Delacroix, Troyon, Corot, Henri Regnault, Hubert-Robert.
Ecole française. — Dessinateurs et graveurs : Jacques Callot, Gérard Edelinck, A. Bosse, les Audran, les Cochin, les Moreau, les Saint-Aubin, Charlet, Raffet, Gavarni.
Ecole française. — Artistes industriels : Bernard Palissy, les Boulle, Jean Lamour.
Ecole française. — Architectes : Philibert de Lorme.
Ecole française. — Sculpteurs : Ligier Richier, Rude, Barye.

BIBLIOTHÈQUE DE L'ENSEIGNEMENT DES BEAUX-ARTS, dirigée par M. Jules Comte In-4 anglais illustré de 100 à 200 grav. inédites. 50 vol. parus (*May et Motteroz*). Le vol. . 3 fr. 50

Anatomie artistique (l'), par Mathias Duval.
Archéologie égyptienne (l'), par Maspero.
Archéologie étrusque et romaine (l'), par Martha.
Archéologie grecque (l'), par Max. Collignon.
Archéologie orientale (l'), par E. Babelon.
Archéologie chrétienne (l'), par André Peraté.
Architecture grecque (l'), par V. Laloux.
Architecture romane (l'), par Corroyer.
Architecture gothique (l'), par Ed. Corroyer.
Architecture de la Renaissance (l'), par Léon Palustre.
Armes (les), par Maindron.
Art arabe (l'), par Al. Gayet.
Art byzantin (l'), par Bayet.
Art chinois (l'), par Paléologue.
Art héraldique (l'), par Gourdon de Genouillac.
Art de la verrerie (l'), par Gerspach.
Art japonais (l'), par L. Gonse.
Art persan (l'), par Gayet.
Broderie et dentelles, par Lefébure.
Composition décorative (la), par Henri Mayeux.
Costume en France (le), par A. Renan.
Faïence (la), par Th. Deck.
Gravure (la), par le vicomte H. Delaborde.
Gravure en pierres fines (la), par E. Babelon.
Lexique des termes d'art, avec 1,400 figures, par Jules Adeline.

Livre (le), illustration et reliure, par Bouchot.
Manuscrits (les) et la miniature, par Lecoy de La Marche.
Meuble (le), t. I et II, par Alfred de Champeaux.
Monnaies et médailles, par F. Lenormant.
Mosaïque (la), par Gerspach.
Musique (la), par H. Lavoix fils.
Musique française (la), par H. Lavoix fils.
Musique allemande (la) par A. Soubies.
Mythologie figurée (la), par Max. Collignon.
Peinture anglaise (la), par Ernest Chesneau.
Peinture antique (la), par Paul Girard.
Peinture espagnole (la), par Paul Lefort.
Peinture flamande (la), par A.-J. Wauters.
Peinture hollandaise (la), par Henri Havard.
Peinture italienne (la), t. I et II, par Georges Lafenestre.
Pierres fines (les), par E. Babelon.
Porcelaine (la), par Vogt.
Précis d'histoire de l'art, par Bayet.
Procédés moderues de la gravure (les), par A. Lostalot.
Sceaux (les), par Lecoy de la Marche.
Sculpture antique (la), par P. Paris.
Styles français (les), par Lechevallier-Chevignard.
Tapisserie (la), par Eug. Müntz.
Vitraux (les), par O. Merson.

BIBLIOTHÈQUE D'HISTOIRE ET D'ART (*Laurens*). 13 vol. in-8 écu illustrés. Le vol. . . . . 3 fr. 50

Histoire de la peinture militaire, par A. Alexandre.
Les jeux (jeux historiques, jeux nationaux, sports modernes), par L. Barron.
L'art dans la parure et dans le vêtement, par Ch. Blanc.
La peinture, par Ch. Blanc.
La sculpture, par Ch. Blanc.
Versailles et les Trianons, par P. Bosq.
L'art pendant la Révolution, par Spire Blondel.
Les monuments de Paris, par A. de Champeaux.
Histoire de l'art en France jusqu'au XIVe siècle, par Horsin-Déon.
Les statues de Paris, par P. Marmottan.
La guerre à toutes les époques, par D. Quesnoy.
Faïences, porcelaines et biscuits, par Ris-Paquot.
Les palais nationaux, par Tarsot et Charlot.

BIBLIOTHÈQUE DES BEAUX-ARTS ILLUSTRÉE. — 6 vol. in-8 j. (*Firmin Didot*). . . . . 4 fr.

Les grands peintres de l'Allemagne, par Th. de Wyzewa.
Les grands peintres de l'Espagne et de l'Angleterre, par Th. de Wyzewa.
Les grands peintres des Flandres et de la Hollande, par Th. de Wyzewa. (Épuisé.)
Les grands peintres de l'Italie, par Th. de Wyzewa. (Epuisé.)
Les grands peintres de la France, par X. Perreau. (Epuisé.)
Les grands peintres de la France (Ecole contemporaine), par Th. de Wyzewa et X. Perreau.

PETITE BIBLIOTHÈQUE D'ART ET D'ARCHÉOLOGIE, fondée sous la direction de L de Ronchaud, et continuée par M. Kaempfen. 1886-1890. 14 vol. in-18 j. à prix divers (*Leroux*).

ALEXANDRE (Arsène). — Histoire de l'art décoratif du XVIe siècle jusqu'à nos jours (1892). Gr. in-4 avec de nombr. grav. (*Laurens*), relié . . . . 80 fr.

Alexandre (Arsène). — Histoire populaire de la peinture. 3 vol. gr. in-8, avec de nombr. grav. (*Laurens*). Le vol. . . . 10 fr.
L'ouvrage aura 4 volumes.

Allard (Paul). — L'Art païen. In-12 (*Perrin*) . . . . 3 fr.

Allard (Paul). — Rome souterraine. Gr. in-8 illustré (*Perrin*). 30 fr.

Allemagne (R. P. d'). — Histoire du luminaire, depuis l'époque romaine jusqu'au XIXe siècle. 1891, gr. in-4 avec nombr. grav. (*Alph. Picard*). . . . . 40 fr.

Auber (le chanoine). — Histoire et théorie du symbolisme religieux avant et après le christianisme. 4 vol. in-8 (*Letouzey et Ané*) . . . . 12 fr.

Barbier de Montault (Mgr). — Traité pratique de la construction, de l'ameublement et de la décoration des églises. 2e édit. 2 vol. in-8 (*Vivès*) . . . . 12 fr.

Barbier de Montault (Mgr). — Traité d'iconographie chrétienne. 2 vol. in-8 (*Ibid.*) . . . . 15 fr.

Barbier de Montault (Mgr). — Œuvres complètes. 2e édit. 10 vol. in-8 (*Lamulle et Poisson*). Le vol. . . . . . 12 fr. 50

Bellaigue (Camille). — L'Année musicale. 1887 et suiv., 9 vol. in-12 (*Delagrave*). Le vol. . . . . 3 fr. 50

Bellier de la Chavignerie et Louis Auvray. — Dictionnaire général des artistes de l'école française. 3 vol. in-8 j. (*Laurens*) . . . . 82 fr. 50

Berty (Adolphe). — La Renaissance monumentale en France, spécimens de composition et d'ornementation, empruntés aux édifices construits depuis Charles VIII jusqu'à Louis XIV. 2 vol. in-4 avec 100 pl. et un texte explicatif accompagnant chaque monographie (*Motteroz*) . . . . 90 fr.

Beulé (E.). — Histoire de l'art grec avant Périclès. In-8 (*Didier*) (épuisé) . . . . » »

Beulé. — Études sur le Péloponèse. In-12 (*Firmin Didot*). 3 fr. 50

Beulé. — Fouilles et découvertes résumées et discutées en vue de l'histoire de l'art. 2 vol. in-12 (*Perrin*) . . . . . 7 fr.

Beulé. — L'Acropole d'Athènes. 2e édit. In-8 (*Firmin Didot*). 8 fr.

Blanc (Ch.). — Grammaire des arts du dessin. Gr. in-8 orné de nombr. grav. (*Laurens*) . . . . 10 fr.

Blanc (Ch.). — Grammaire des arts décoratifs. Gr. in-8 orné de nombr. grav. (*Laurens*) . . . . 10 fr.

Blanc (Ch.) et autres écrivains spéciaux. — Histoire des peintres de toutes les écoles. Nouv. édit. 14 vol. in-4 j. (*Laurens*). 300 fr.

Blanc (Ch.). — Histoire des peintres de l'école française. 3 vol. (*Laurens*) . . . . 75 fr.

BLANC (Ch.). — Histoire des peintres de l'école hollandaise. 2 vol. (*Laurens*) . . . . 50 fr.

BLANC (Ch.) — Histoire des peintres de l'école allemande. 1 vol. (*Laurens*) . . . . 30 fr.

BLANC (Ch.), MANTZ, etc. — Histoire des peintres de l'école flamande. 1 vol. (*Laurens*) . . . . 25 fr.

BLANC (Ch.). — Histoire des peintres de l'école ombrienne et romaine. 1 vol. (*Laurens*) . . . . 20 fr.

BLANC (Ch.). — Histoire des peintres de l'école vénitienne. 1 vol. (*Laurens*) . . . . 20 fr.

BLANC (Ch.). — Histoire des peintres de l'école florentine. 1 vol. (*Laurens*) . . . . 20 fr.

BLANC (Ch.). — Histoire des peintres de l'école milanaise, lombarde. 1 vol. (*Laurens*). . . . . 20 fr.

BLANC (Ch.). — Histoire des peintres de l'école anglaise. 1 vol. (*Laurens*) . . . . 15 fr.

BLANC (Ch.), BURGER. — Histoire des peintres de l'école espagnole. 1 vol. in-4 (*Laurens*) . . . . 15 fr.

BLANC (Ch.). — Histoire des peintres de l'école bolonaise. 1 vol. (*Laurens*) . . . . 10 fr.

BLANC (Ch.) et autres écrivains. — Histoire des peintres, édit. abrégée. 4 vol. (*Laurens*). . . . . 100 fr.

BLANC (Ch.). — Ingres, sa vie, ses ouvrages. Gr. in-8 avec 12 grav. (*Ibid.*). . . . . 25 fr.

BLANC (Ch.). — Les Artistes de mon temps. Gr. in-8 avec grav. (*Firmin Didot*) . . . . 15 fr.

BLANC (Ch.). — Histoire de la Renaissance artistique en Italie, revisée et publiée par Maurice Faucon. 2 vol. in-8 (*Ibid.*) 15 fr.

BLANC (Charles). — Le Trésor de la curiosité, tiré des catalogues de ventes de tableaux et objets d'art de 1730 à 1858. 2 vol. in-8 (*Laurens*) . . . . 6 fr.

BONNAFFÉ. — Le Meuble en France au XVIe siècle. In-4 avec 120 grav. (*Lemercier*). Net. . . . . 8 fr.

BOSC (Ernest). — Dictionnaire de l'art, de la curiosité et du bibelot. 1883, gr. in-8 avec grav. (*Firmin-Didot*) (épuisé). 40 fr.

BOSC (Ernest). — Dictionnaire raisonné d'architecture et des sciences et arts qui s'y rattachent. 4 vol. gr. in-8 avec de nombr. pl. et grav. 2e édit. (*Ibid.*) . . . . 120 fr.

BOUCHOT (Henri). — Le Luxe en France. T. Ier, l'Empire. T. II, la Restauration. 2 vol. gr. in-8, illustrés (*Librairie illustrée*). Le vol. . . . . 25 fr.

BOUCHOT (Henri). — Le Cabinet des estampes de la Bibliothèque nationale. Guide du lecteur et du visiteur. Catalogue général et raisonné des collections qui y sont conservées. In-8 (*Dentu*). . . . . 10 fr.

Bournand (Fr.). — Histoire de l'art chrétien, des origines jusqu'à nos jours. 2 vol. in-8 (*Bloud et Barral*) . . . . 8 fr.

Boussard (J.). — L'Art de bâtir sa maison. Gr. in-8 avec 200 fig. (*Motteroz*) . . . . 30 fr.

Brault (Élie). — Les Architectes par leurs œuvres. Ouvr. rédigé sur les manuscrits de feu A. du Bois. 3 vol. in-8 jésus (*Laurens*) . . . . 45 fr.

Burckhardt. — Le Cicerone. Guide de l'art antique et de l'art moderne en Italie. Trad. par Aug. Gérard. 2 vol. pet. in-8 (*Firmin-Didot*).

1re partie. Art ancien . . . . 6 fr.
2e — Art moderne . . . . 14 fr.

Cahier (le R. P.). — Caractéristique des saints. 2 vol. in-4 (*Poussielgue*). Net . . . . 64 fr.

Cahier et Martin (les RR. PP.). — Mélanges d'archéologie, d'histoire et de littérature. Collection de mémoires sur l'orfèvrerie et les émaux des trésors d'Aix-la-Chapelle, de Cologne, etc., sur les miniatures et les anciens ivoires sculptés de Bamberg, Ratisbonne, Paris, Munich, Londres, etc., sur des étoffes byzantines, siciliennes, etc., sur des peintures et bas-reliefs mystérieux de l'époque carlovingienne, romane, etc. 4 vol. gr. in-4 (*Poussielgue*) (le t. I est épuisé). Le vol . . . 35 fr.

Cahier et Martin (les RR. PP.). — Nouveaux mélanges d'archéologie, d'histoire et de littérature. 4 vol. gr. in-4 (*Firmin-Didot*). Le vol. . . . . 40 fr.

Caumont (A. de). — Abécédaire ou rudiment d'archéologie. 3 vol. in-8 (*Darache*) (épuisé) . . . . » »

I. Architecture religieuse.
II. Architecture civile et militaire.
III. Architecture gallo-romaine.

Caumont (A. de). — Histoire de l'architecture religieuse au moyen âge. In-8 (*A. Lévy*) (épuisé) . . . . » »

Champier (V.). — L'Année artistique 1878-1882. 4 vol. in-8 avec grav. (*May et Motteroz*). Le vol. . . . . 7 fr. 50

Clément (F.). — Histoire abrégée des beaux-arts. 2e édit. Gr. in-8 avec grav. (*Firmin-Didot*) . . . . 15 fr.

Cloquet (L.). — Éléments d'iconographie chrétienne. Types symboliques. 1890, in-8 (*Desclée*) . . . . 5 fr.

Collignon (Maxime). — Histoire de la sculpture grecque. In-4 avec de nombr. grav. (*Firmin-Didot*). . . . . 30 fr.

Cougny (Gaston). — L'Art antique. Choix de lectures sur l'histoire de l'art, l'esthétique et l'archéologie. 1892-94. 2 vol. in-8 avec grav. (*Firmin-Didot*). . . . . 8 fr.

Cougny (Gaston). — L'Art au moyen âge. In-8 avec grav. (*Ibid.*). 4 fr.

Cougny (Gaston). — Albums-manuels de l'histoire de l'art. L'art antique. 1894, in-4 avec de nombr. grav. (*Ibid.*). 4 fr. 50

David (Émeric). — Histoire de la peinture au moyen âge, suivie de l'histoire de la gravure en taille-douce et de la gravure sur bois. In-12 (*Laurens*) . . . . 1 fr.

David (Émeric). — Histoire de la sculpture antique, précédée d'une notice sur la vie et les ouvrages de l'auteur, par le baron de Walckenaer. In-12 (*Ibid.*). . . . . 1 fr.

David (Émeric). — Histoire de la sculpture française, avec des notes et observations par Du Seigneur, statuaire. Ed. publiée par Paul Lacroix. In-12 (*Ibid.*) . . . . 1 fr.

David (Émeric). — Recherches sur l'art statuaire. In-12 (*Ibid.*). 1 fr.

Delaborde (Cte Henri). — L'Académie des beaux-arts depuis la fondation de l'Institut de France. 1891, in-8 (*Plon*). . 6 fr.

Delaborde (Cte Henri). — Études sur les beaux-arts en France et en Italie. 2 vol. in-8 (*Laurens*) . . . . 6 fr.

Demay (G.). — Le Costume au moyen âge d'après les sceaux. In-4 avec 600 grav. (*Retaux*) . . . . 15 fr.

Demmin (Auguste). — Guide des amateurs d'armes et armures anciennes. 2e édit., in-18 j. (*Laurens*). . . . . 16 fr.

Desjardins (Gustave). — Recherches sur les drapeaux français, oriflamme, bannière de France, marques nationales, pavillons de la marine, etc. In-8, avec 43 planches dont 41 en chromolithographie et 56 gravures dans le texte (*Motteroz*) . 50 fr.

Didot (Ambroise-Firmin). — Essai typographique et bibliographique sur l'histoire de la gravure. In-8 (*Firmin-Didot*). 5 fr.

Dictionnaire de l'Académie des beaux-arts, contenant les mots qui appartiennent à l'enseignement, à la pratique, à l'histoire des beaux-arts. Gr. in-8 jésus. 4 vol. et 3 livraisons du tome V ont paru (*Firmin-Didot*). Chaque vol. . . . . . . 16 fr.

Duplessis (Georges). — Histoire de la gravure. Gr. in-8 (*Hachette*). 25 fr.

Duplessis (Georges). — Les Merveilles de la gravure. 1 vol. in-16 (*Hachette*) . . . . 2 fr. 25

Dussieux (L.). — Les Artistes français à l'étranger. Gr. in-8 (*Lecoffre*). . . . . 12 fr.

Fétis. — Biographie universelle des musiciens et bibliographie générale de la musique. 8 vol. gr. in-8, 2e édit. (*Firmin-Didot*). 64 fr.

Fétis (F.-J.). — Histoire générale de la musique. 5 vol. gr. in-8 (*Firmin-Didot*) . . . . 60 fr.
Chaque volume séparément . . . . 12 fr.

Fournel (Victor). — Les Artistes français contemporains. Peintres, sculpteurs. 1884, gr. in-8 avec grav. (*Mame*) . . . . 15 fr.

Fournier (Édouard). — L'Art de la reliure en France aux derniers siècles. In-16 (*Dentu*) . . . . 5 fr.

France (la) artistique et monumentale, publiée sous la direction de M. Henry Havard. 1892-1894, 6 vol. gr. in-8 (*Librairie illustrée*). Le vol. . . . . 150 fr.

Fromentin (Eugène). — Les Maîtres d'autrefois. Belgique, Hollande. 7e édit. In-18 j. (*Plon*). . . . . 4 fr.

Gaborit (l'abbé). — Le Beau dans la nature et dans les arts. 3e édit., 2 vol. in-8 (*Bloud et Barral*) . . . . 10 fr.

Gailhabaud. — Monuments anciens et modernes, collection formant une histoire de l'architecture des différents peuples et de toutes les époques. 4 vol. in-4, composés de 400 planches et d'un texte historique et descriptif (*Firmin-Didot*) . . . . 300 fr.

Garnier (Édouard). — Histoire de la verrerie et de l'émaillerie, 1886, petit in-4 (*Mame*). . . . . 15 fr.

Garnier (Édouard). — Dictionnaire de la céramique. Gr. in-8, avec pl. hors texte (*Lemercier*). Net . . . . 12 fr.

Gay (Victor). — Glossaire archéologique du moyen âge et de la Renaissance. Gr. in-8 av. nombr. dessins. T. 1, seul paru; l'ouvr. aura 2 vol. (*Féchoz*). Net . . . . 25 fr.

Geffroy (Gustave). — La Vie artistique. L'art impressionniste. 1894, 4 vol. in-16 (*Dentu*) . . . . 20 fr.

Gerspach (E.). — La Manufacture nationale des Gobelins. In-8 (*Delagrave*) . . . . 5 fr.

Gonse (Louis). — L'Art gothique. L'architecture, la peinture, la sculpture, le décor. Gr. in-4 avec nombr. grav. et planches, cartonné (*May et Motteroz*) . . . . 100 fr.

Gonse (Louis). — La Sculpture française du xive au xixe siècle. Gr. in-4 avec 150 grav., relié (*Ibid.*) . . . . 60 fr.

Gonse (Louis). — Eugène Fromentin, peintre et écrivain. Gr in-8 avec nombr. planches et héliogravures (*May et Motteroz*). 30 fr.

Gower (Lord). — Iconographie de la reine Marie-Antoinette, précédée d'une lettre de Georges Duplessis. In-4 avec nombr. photograv. en couleur (*May et Motteroz*) . . . . 60 fr.

Grimoard de Saint-Laurent. — Manuel de l'art chrétien. Études d'esthétique et d'iconographie. Gr. in-8 avec grav. et planches (*Berche et Tralin*) . . . . 12 fr.

Gruyer (A.). — Les Vierges de Raphaël et l'iconographie de la Vierge. 3 vol. in-8 (*Laurens*) . . . . 9 fr.

Gruyer (A.). — Raphaël, peintre de portraits. 2 vol. in-8 (*Laurens*) . . . . 6 fr.

Gruyer (A.). — Musée du Louvre. Voyage autour du Salon carré. Ill. par Braun. Gr. in-4 (*Firmin-Didot*) . . . 50 fr.

Guiffrey (Jules). — Histoire de la tapisserie depuis le moyen âge jusqu'à nos jours. Petit in-4 (*Mame*) . . . . . . 15 fr.

Guilhermy (de). — Itinéraire archéologique de Paris. In-12 avec grav. (*Motteroz*) . . . . 8 fr.

*GUYAU (M.-J.). — Les Problèmes de l'esthétique contemporaine. In-8 (*Alcan*). . . . . 5 fr.

HAVARD (Henry). — Dictionnaire de l'ameublement et de la décoration depuis le XIIIe siècle jusqu'à nos jours. Nouv. édit. 4 vol. in-4 à 2 col. avec nombr. illustr. (*May et Motteroz*). Le vol. . . . . 55 fr.

HAVARD (Henry). — L'Art à travers les mœurs. Gr. in-8 avec illustr. (*Ibid.*) (épuisé) . . . . » »

HAVARD (Henry). — Les Arts de l'ameublement. 12 vol. pet. in-8 (*Delagrave*). Le vol. cart. . . . . 2 fr. 50

La menuiserie; — l'orfèvrerie; — la décorafion; — la serrurerie; — l'horlogerie; — la tapisserie; — la verrerie; — la céramique (2 vol.); — l'ébénisterie; — les bronzes d'art; — les styles.

HAVARD (Henry). — (Voir France artistique et monumentale.)

HEISS (Aloïs). — Les Médailleurs de la Renaissance. 9 vol. in-4 avec magnifiques illustrations. (*Rothschild*) . . . 1,000 fr.

INVENTAIRE général des richesses d'art de la France, publié sous les auspices du ministre de l'instruction publique. Vol. in-4 (*Plon*). . . . . 9 fr.

Ont paru : 1re série. Monuments religieux de Paris. 3 vol.
2e — — civils de Paris. 2 vol.
3e — — religieux de la province. 1 vol.
4e — — civils de la province. 6 vol.

JACQUEMART (A.). — Histoire de la céramique. Gr. in-8 (*Hachette*). 25 fr.

JACQUEMART (A.). — Histoire du mobilier. Gr. in-8 (*Ibid.*). 30 fr.

JACQUEMART (A.). — Les Merveilles de la céramique. 2 vol. in-12 (*Ibid.*) . . . . 4 fr. 50

JOUIN (Henry). — Charles Lebrun et les arts sous Louis XIV. Gr. in-4 (*Laurens*) . . . . 60 fr.

JULIEN (Adolphe). — Musiciens d'aujourd'hui. 1re et 2e séries. 2 vol. in-18 j. avec portr. et autograph. (*Lemercier*). Net. 3 fr.

JULIEN (Adolphe). — Hector Berlioz, sa vie et ses œuvres. In-4 avec 14 lithogr., 12 portraits, 3 pl. et 120 grav. (*Lemercier*). Net . . . . 12 fr.

JULIEN (Adolphe). — Richard Wagner, sa vie et ses œuvres. In-4, avec 14 lithogr., 15 portr., 4 eaux-fortes et 120 grav. (*Ibid.*). Net, relié . . . . 30 fr.

KONDAKOFF (N.). — Histoire de l'art byzantin considéré principalement dans les miniatures. Trad. par M. Trawinski. 1890-91. 2 vol. in-4 (*Lemercier*). Net . . . . 10 fr.

LABARTE (Jules). — Histoire des arts industriels au moyen âge et à l'époque de la Renaissance. 3 vol. de texte in-4 (*Motteroz*). 300 fr.

LACROIX (Paul). — L'Ancienne France : Arts et métiers au moyen âge; L'industrie et les arts décoratifs aux deux derniers siècles. 4 vol. gr. in-8 (*Firmin-Didot*) . . . . 16 fr.

Lafenestre (Georges) et Richtemberger (Eugène). — Le Musée national du Louvre. Pet. in-8 avec 100 reproductions photographiques (*Motteroz*) . . . . 10 fr.

Lafenestre (Georges) et Richtenberger (Eugène). — La Peinture en Europe. La Belgique. In-16, avec 100 reprod. photogr. (*May et Motteroz*). Cartonné . . . . 10 fr.

Lance (Ad.). — Dictionnaire des architectes français. 2 vol. in-8 (*Ibid.*) . . . . 25 fr.

Lavignac (Albert). — La Musique et les musiciens, avec fig. In-12 (*Delagrave*) . . . . 5 fr.

Lecoy de la Marche (A.). — La Peinture religieuse. In-4 illustré (*Laurens*) . . . . 10 fr.

Lecoy de la Marche (A.). — Les Manuscrits et les miniatures. 1885, in-8 (*May et Motteroz*). . . . . 3 fr. 50

Lefort (Louis). — Études sur les monuments primitifs de la peinture chrétienne en Italie. In-12 (*Plon*) . . . . 3 fr. 50

Lejeune (Théod.). — Guide théorique et pratique de l'amateur de tableaux. 1864, 3 vol. in-8, ornés de plus de 2,000 monogrammes (*Laurens*) . . . . 45 fr.

Lemonnier. — L'Art français au temps de Richelieu et de Mazarin. In-16 (*Hachette*) . . . . 3 fr. 50

L'Épinois (H. de). — Les Catacombes de Rome. 3e édit., publiée par Paul Allard. In-8 (Bruxelles, *Vromant*) . . . . 4 fr.

Mallet (l'abbé). — Cours d'archéologie religieuse. 2 vol. in-8 (*Poussielgue*) . . . . 8 fr.

Mantz (Paul). — Les Chefs-d'œuvre de la peinture italienne. Pet. in-fol. cart , avec planches (*Firmin-Didot*) . . . 100 fr.

Mantz (Paul). — Antoine Watteau. 1892. Gr. in-8, avec nombr. grav. (*Librairie illustrée*). . . . . 40 fr.

Mantz (Paul). — François Boucher, Lemoyne et Natoire. In-fol. colombier avec 40 pl. et 100 grav. (*May et Motteroz*). 100 fr.

Marryat. — Histoire des poteries, faïences et porcelaines, ouvrage traduit de l'anglais, par MM. le comte d'Armaillé et Salvetat. 2 vol. gr. in-8 (*Laurens*) . . . . 20 fr.

Martigny (Mgr). — Dictionnaire des antiquités chrétiennes. Gr. in-8 (*Hachette*). . . . . 20 fr.

Michel (Émile). — Rembrandt, sa vie, son œuvre et son temps. Gr. in-8 (*Hachette*) . . . . 40 fr.

Michel (Émile). — Les Musées d'Allemagne. In-4 avec grav. (*Lemercier*). Net . . . . 10 fr.

Molinier (Aug.). — Les Manuscrits et la miniature. In-12 (*Hachette*). . . . . 2 fr. 25

Müller (Ottfried). — Manuel complet d'archéologie. Trad. par Pol Nicard. 3 vol. in-18, avec atlas (*Manuels Roret*). 22 fr. 50

MÜNTZ (Eugène). — Les Arts à la cour des papes pendant le XVe et le XVIe siècle. 3 vol. gr. in-8 (*Thorin*). Net . . . . . 40 fr.

MÜNTZ (Eug.). — Histoire de l'art pendant la Renaissance (*Hachette*).

Italie, les primitifs. 1888. . . . . 30 fr.
— l'âge d'or. 1895. . . . . 35 fr.
— la fin de la Renaissance. 1895 . . . . . . 35 fr.

MÜNTZ (Eug.). — Raphaël, sa vie et son temps. 2e édit. Gr. in-8 avec de nombr. grav. (*Hachette*) . . . . 25 fr.

NISARD (Théod.). — L'Archéologie musicale et le vrai chant grégorien. Ouvr. posthume publié par Aloys Kunc. 1890, gr. in-8 (*Lethielleux*) . . . . 15 fr.

PALUSTRE (Léon). — La Renaissance en France. Ouvr. publié en livr. gr. in-fol. avec nombr. planches. 15 livr. ont paru (*May et Motteroz*). La livr. . . . . 25 fr.

PASSAVANT (J.-D.). — Raphaël d'Urbin et son père Giovanni Santi. 2 vol. in-8 (*Laurens*) . . . . 6 fr.

PÉRATÉ (André). — L'Archéologie chrétienne. In-8 (*May et Motteroz*) . . . . 3 fr. 50

PERROT (Georges) et CHIPIEZ (Ch.). — Histoire de l'art dans l'antiquité. 1882-94, 6 vol. gr. in-8, avec de nombr. grav. (*Hachette*). Le vol. . . . . 30 fr.

I. Egypte.
II. Chaldée et Assyrie.
III. Phénicie, Chypre.
IV. Sardaigne, Judée, Asie Mineure.
V. Phrygie, Lydie et Carie, Lycie, Perse.
VI. La Grèce primitive. L'art mycénien.

PEYRE (Roger). — Histoire générale des beaux-arts. 1894, in-12 avec de nombr. grav. (*Delagrave*). . . . . 6 fr. 50

PIERRET (l'abbé). — Manuel d'archéologie pratique. 2e édit. In-8 (*Lethielleux*) . . . . 5 fr.

PINSET (Raphaël) et d'AURIAC (Jules). — Histoire du portrait en France. Gr. in-8 avec nombr. grav. (*May et Motteroz*). 25 fr.

QUICHERAT (Jules). — Histoire du costume. Gr. in-8 (*Hachette*). 20 fr.

RENOUVIER (J.). — Histoire de l'art pendant la Révolution, considéré principalement dans les estampes. 2 vol. in-8 (*Laurens*). 15 fr.

REUSENS (le chan.). — Éléments d'archéologie chrétienne. 2e édit. 2 vol. gr. in-8 avec de nombr. grav. (*Lethielleux*) . . 20 fr.

RICH (Antony). — Dictionnaire des antiquités romaines et grecques, ouvrage traduit de l'anglais et revu par M. Chéruel. 3e édit. pet. in-8 (*Firmin-Didot*) . . . . 10 fr.

RIO (A.-P.). — De l'Art chrétien. Nouv. édit. 4 vol. in-12 (*Retaux*). 15 fr.

RIO (A.-P.). — Épilogue à l'art chrétien. 2 vol. in-8 (*Ibid.*). 16 fr.

RIS (Clément de). — Les Amateurs d'autrefois. Gr. in-8 (*Plon*). 20 fr.

ROHAULT DE FLEURY (Ch.). — L'Évangile. Études iconographiques et archéologiques. 2 vol. gr. in-4 (*Mame*) . . . 50 fr.

ROHAULT DE FLEURY (Ch.). — La Sainte Vierge. Études archéologiques et iconographiques. 2 vol. in-4 avec de très nombreuses planches (*Poussielgue*) . . . . 100 fr.

ROHAULT DE FLEURY (Ch.). — La Messe. Études archéologiques sur ses monuments. Voir plus haut, p. 9.

ROHAULT DE FLEURY (Ch.). — Mémoire sur les instruments de la passion de Notre-Seigneur Jésus-Christ. Gr. in-4 avec pl. et grav. (*Letouzey et Ané*) . . . . 25 fr.

ROLLER (Th.). — Les Catacombes de Rome. Histoire de l'art et des croyances religieuses pendant les premiers siècles du christianisme. 2 vol. in-fol. avec 100 pl. (*May et Motteroz*). 250 fr.

SALMON (l'abbé F.-R.). — Histoire de l'art chrétien aux dix premiers siècles. 1891, gr. in-8 (*Desclée*). . . . . . . 12 fr.

SCHLUMBERGER (G.). — Mélanges d'archéologie byzantine. 1re série, 1895, in-8 (*Leroux*) . . . . 16 fr.

SÉAILLES (Gabriel). — Léonard de Vinci, l'artiste et le savant. 1892, in-8 (*Perrin*) . . . . 7 fr. 50

UZANNE (Octave). — La Reliure moderne, artistique et fantaisiste. 1887, in-8 avec photograv. (*Rouveyre*) . . . . 25 fr.

VACHON (Marius). — Les Arts et les industries du papier en France. In-4 avec nombr. grav. (*May et Motteroz*). . 20 fr.

VIOLLET-LE-DUC. — Dictionnaire raisonné de l'architecture française du XIe au XVIe siècle. 10 volumes gr. in-8 illustrés de 3,745 grav. sur bois (*Ibid.*). . . . . 300 fr.

VIOLLET-LE-DUC. — Dictionnaire raisonné du mobilier français. 6 vol. in-8 avec 2,024 grav. sur bois (*Ibid.*) . . . . 300 fr.

VIOLLET-LE-DUC. — Entretiens sur l'architecture. 2 vol. gr. in-8 plus un atlas en carton (*Ibid.*) . . . . 120 fr.

VIOLLET-LE-DUC. — Habitations modernes, recueillies par Viollet-le-Duc avec la collaboration de F. Narjoux. 2 vol. in-fol. avec 200 pl. (*Ibid.*) . . . . 220 fr.

VIOLLET-LE-DUC. — L'Art russe, ses origines, ses éléments constitutifs, son apogée, son avenir. In-8 avec 97 bois gravés dans le texte, 14 planches en taille-douce et 18 chromolithographies (*Ibid.*) . . . . 25 fr.

VIOLLET-LE-DUC. — Histoire de l'habitation humaine. In-8 illustré de 118 gravures (*Ibid.*). . . . . 9 fr.

VIOLLET-LE-DUC. — Histoire d'une maison. In-8 illustré de 64 grav. (*Ibid*). . . . . 7 fr.

VIOLLET-LE-DUC. — Histoire d'un dessinateur. Comment on apprend à dessiner. In-8 illustré de 126 grav. (*Ibid.*) . . 7 fr.

Wuillemin. — Monuments français inédits pour servir à l'histoire des arts et des costumes, depuis le VIe siècle jusqu'au commencement du XVIIe. Texte par A. Pottier, 1806-1835, 2 vol. in-fol. avec 300 pl (*Welter*). Net. . . . . . 90 fr.

Yriarte (Ch.). — Un Condottiere au XVe siècle. Étude sur les arts à Rimini (*Rothschild*) . . . . 25 fr.

Yriarte (Ch.). — La Sculpture italienne au XVe siècle. Étude sur Civitali (*Ibid.*) . . . . 75 fr.

Mélanges scientifiques.

Bellecroix (Ernest). — La Chasse pratique. In-18 j., avec illustrations de l'auteur (*Firmin-Didot*) . . . . 3 fr.

Bellecroix (Ernest). — Les Chasses françaises. In-18 j. (*Ibid.*). 3 fr.

Bouant (E.). — Dictionnaire-manuel illustré des connaissances pratiques. In-18 (*Colin*). . . . . 6 fr.

Bouant (E.). — Dictionnaire-manuel illustré des sciences usuelles. In-18 (*Ibid.*) . . . . 6 fr.

Bourlet (C.). — Traité des bicycles et bicyclettes, suivi d'une application à la construction des vélodromes. Pet. in-8 (*Gauthier-Villars et Masson*) . . . . 2 fr. 50

Brault (Julien). — Histoire de la téléphonie et exploitation des téléphones en France et à l'étranger, Phonographe et Graphophone. 2e édition Pet. in-8, illustré (*Masson*). . . . 4 fr.

Bury-Palliser (Mme). — Histoire de la dentelle. Trad. par la comtesse de Clermont-Tonnerre. In-8 (*Firmin-Didot*) . 5 fr.

Capron (E.). — Traité pratique des maladies des chiens. In-18 j. (*Firmin-Didot*) . . . . 1 fr. 50

Collignon. — Les Machines. In-12 (*Hachette*) . . . 2 fr. 25

Figuier (Louis). — Les Merveilles de l'industrie, ou Description populaire des procédés industriels depuis les temps les plus reculés jusqu'à nos jours. 4 vol. gr. in-8, illustrés de 1,380 grav. (*Jouvet*) . . . . 40 fr.

Figuier (Louis). — L'Année scientifique et industrielle. Années 1856 à 1894. 38 vol. in-12 (*Hachette*). Le vol. . . 3 fr. 50

Table des 20 premiers vol. In-12 (*Ibid.*) . . . . 3 fr. 50

Foville (A. de). — L'Industrie des transports dans le passé et dans le présent Progrès réalisés. Effets directs et indirects. In-8, avec 2 planches (*Gauthier-Villars*). . . . . . . 2 fr.

Garnier (Jules). — Le Fer. In-12 (*Hachette*). . . . 2 fr. 25

Gérard (A.). — Manuel complet et pratique du cubage des bois, comprenant des exemples sur toutes les méthodes de mesurage, et de nombreuses applications sur le mécanisme des Tables et Tarifs. 2ᵉ édit. Pet. in-8 avec 71 Tables (*Gauthier-Villars*). 3 fr. 50

GUILLEMIN. — Les Chemins de fer. 2 vol. in-12 (*Hachette*). 4 fr. 50

GUILLEMIN. — La Vapeur. In-12 (*Ibid.*). . . . . . . 2 fr. 25

LAURENT (H.). — Théorie des jeux de hasard. Pet. in-8 (*Gauthier-Villars*) . . . . 2 fr. 50

LEFÈVRE. — Abrégé du nouveau Traité de l'arpentage, ou Guide pratique et mémoratif de l'arpenteur, à l'usage des personnes qui n'ont point étudié la géométrie. In-12, avec 18 pl. (*Gauthier-Villars*) . . . . 7 fr.

LUCAS (Ed.). — Récréations mathématiques. 4 vol. pet. in-8 avec fig. (*Gauthier-Villars*). . . . . 29 fr.

Les Traversées; les Ponts; Qui perd gagne; les Dominos; le Calcul sur les doigts; le Calendrier perpétuel; l'Arithmétique en boules; l'Arithmétique en bâtons, etc., etc.

LUCAS (Ed.). — L'Arithmétique amusante. Introduction aux récréations mathématiques. Pet. in-8 (*Ibid.*) . . . 7 fr. 50

MARZY. — L'Hydraulique. In-12 (*Hachette*). . . . . 2 fr. 25

MONCEL (comte du). — Le Téléphone, le Microphone et le Phonographe. In-12 (*Hachette*) . . . . 2 fr. 25

PAIRAULT (Amédée). — Nouveau dictionnaire des chasses ; vocabulaire complet des termes de chasse anciens et modernes. Gr. in-8 (*Pairault*) . . . . 15 fr.

PARVILLE (Henri de). — Causeries scientifiques. 1861 à 1893. 32 vol. in-12 (*Rothschild*). Le vol. . . . . 3 fr. 50

RUDAU. — Les Vêtements et les habitations dans leurs rapports avec l'atmosphère. Pet. in-8 (*Gauthier-Villars*) . . 1 fr. 75

SAUZAY. — La Verrerie. In-12 (*Hachette*) . . . . . 2 fr 25

SOREAU (R.). — Le Problème de la direction des ballons. In-8 (*Michelet*) . . . . 2 fr. 50

TISSANDIER (Gaston). — Petite Bibliothèque de la nature : Recettes et procédés utiles recueillis par M. Gaston Tissandier. 4 séries in-18 (*Masson*). Chaque série . . . . 2 fr. 25

1ʳᵉ série : Recettes et procédés utiles.
2ᵉ série : La science pratique.
3ᵉ série : Nouvelles recettes utiles et appareils pratiques.
4ᵉ série : Recettes et procédés utiles.

TISSANDIER (Gaston). — L'Eau. In-12 (*Hachette*) . . 2 fr. 25

TISSANDIER (Gaston). — La Houille. In-12 (*Ibid.*) . . 2 fr. 25

TISSANDIER (Gaston). — La Navigation aérienne. In-12 (*Ibid.*). 2 fr. 25

TISSANDIER (Gaston). — Les Ballons dirigeables. Application de l'électricité à la navigation aérienne. Avec 35 fig. et 4 pl. In-18 j. (*Gauthier-Villars*) . . . . 2 fr. 50

Tom-Tit. — La Science amusante. Cent expériences. 3 vol. pet. in-8 carré (*Vve Larousse*) . . . . 9 fr.

Tournier (E.). — Le Ciel pittoresque. 3 vol. in-18 (*Michelet*). 6 fr.

Viaris (marquis de). — L'Art de chiffrer et de déchiffrer les dépêches secrètes. Pet. in-8 (*Gauthier-Villars*) . . 2 fr. 50

BELLES-LETTRES

Philologie. Linguistique.

Alezais (R. P. R.). Traité de prononciation anglaise. In-8. (*Klincksieck*) . . . . 3 fr. 50

Ampère (J. J.). — Histoire de la formation de la langue française. In-12 (*Perrin*). . . . . 4 fr.

Antoine (Ferd.). — Manuel d'orthographe latine d'après le manuel de W. Brambach. In-12 cart. (*Klincksieck*) . 2 fr.

Antoine (Ferd.). — Syntaxe de la langue latine. In-8 (*Bouillon*). 8 fr.

Ayer (C.). — Grammaire comparée de la langue française. 4e édition. In-8 (*Fischbacher*). Net . . . . 10 fr.

Bailly (A.). — Dictionnaire grec-français rédigé avec le concours de M. E. Egger. Gr. in-8 cart. toile (*Hachette*) . 15 fr.

Bamberg (Albert von). — Règles fondamentales de la syntaxe grecque. 3e éd. revue et corrigée par Ch. Cucuel. In-12 (*Klincksieck*) . . . . 2 fr. 50

Bartsch (Karl). — Chrestomathie de l'ancien français (VIIIe-XVe siècles), accompagnée d'une grammaire et d'un glossaire. 6e édit. revue et corrigée par A. Horning. Gr. in-8 de 754 col. (*Welter*). Net . . . . 12 fr. 50

Beaussier (M.). — Dictionnaire pratique arabe-français. In-4 (Alger, *Jourdan*). . . . . 45 fr.

Bergaigne (Abel). — Manuel pour étudier la langue sanscrite. Gr. in-8 (*Bouillon*) . . . . 12 fr.

Boissière (P.). — Dictionnaire analogique de la langue française. 7e édit. In-8 (*Larousse*) . . . . 25 fr.

Bonnet (Max). — La Philologie classique. In-8 (*Klincksieck*). 3 fr. 50

Boiste. — Dictionnaire universel de la langue française, avec le latin et les étymologies, et comparé avec le dictionnaire de l'Académie française, par Ch. Nodier, édition revue et corrigée par M. Terzuolo. In-4 (*Firmin-Didot*) . . . . . 20 fr.

Bopp (François). — Grammaire comparée des langues indo-européennes. 5 vol. in-8 (*Hachette*). . . . . 38 fr.

Bos (A.). — Glossaire de la langue d'oïl (XIe-XIVe siècles). In-8 (*Maisonneuve*). . . . . 16 fr.

Bourciez (E.). — Précis de phonétique française. In-12, cart. toile (*Klincksieck*) . . . . 2 fr. 50

Brachet. — Grammaire historique de la langue française. In-18 (*Hetzel*) . . . . 3 fr.

Brachet. — Dictionnaire étymologique de la langue française. In-18 (*Hetzel*) . . . . 8 fr.

Brachet. — Dictionnaire des doublets. In-8 (*Bouillon*) . 3 fr.

Broberg. — Manuel de la langue dano-norvégienne. In-8 (En dépôt chez *Boyveau et Chevillet*) . . . . 7 fr.

Brunot. — Précis de grammaire historique de la langue française. 3e édition. In-16 cart. toile (*Masson*) . . . . . 6 fr.

Burguy. — Grammaire de la langue d'oïl, ou Grammaire des dialectes français aux XIIe et XIIIe siècles. 3 vol. in-8 (*Welter*). 31 fr. 25

Chabaneau (G.). — Histoire et théorie de la conjugaison française. Nouvelle édition. In-8 (*Bouillon*) . . . . . . 5 fr.

Chabot (Mgr Alphonse). — Grammaire hébraïque élémentaire. 4e édition revue, corrigée et augmentée. In-8 (Fribourg-en-Brisgau, *Herder*; Paris, *Lecoffre*). Net. . . . . . . 2 fr.

Clédat (Léon). — Grammaire raisonnée de la langue française. In-16 (*Le Soudier*) . . . . 3 fr. 50

Clifton et Grimaux (Adrien). — Dictionnaire anglais-français et français-anglais. 2 vol. in-8 reliés (*Garnier*) . . . 28 fr.

Curtius (G.). — Grammaire grecque classique, traduite par P. Clairin. In-8 (*Bouillon*). . . . . 7 fr. 50

Darbas (José), Igon (J.-U.). — Nuevo Diccionario francés-español y español-francés. In-8, relié (Toulouse, *Privat*). . . 6 fr.

Darmesteter (Arsène). — Cours de grammaire historique de la langue française. 3 vol. in-12 (*Delagrave*) . . . . . . 6 fr.

Darmesteter (A.). — Traité de la formation des mots composés dans la langue française, comparée aux autres langues romanes et au latin. 2e édition revue, corrigée et en partie refondue. Gr. in-8 (*Bouillon*) . . . . 12 fr.

Dictionnaire de l'Académie française. 7e édit. 2 vol. in-4 (*Firmin-Didot*) . . . . 36 fr.

Du Bellay (Joachim). — La Défense et illustration de la langue françoyse (Edition Emile Person). In-8 (*Cerf*). . . . 5 fr.

Du Cange. — Glossarium mediae et infimae latinitatis (Édition Favre). 10 vol. in-4 (*Welter*). Net . . . . 200 fr.
Sur papier de Hollande. Net. . . . . 300 fr.

DUPINEY DE VOREPIERRE. — Dictionnaire français illustré. 2 vol. in-4 (*Flammarion*). Net . . . . 30 fr.

EGGER. — Notions élémentaires de grammaire comparée, pour servir à l'étude des langues grecque, latine et française. In-12 (*Pedone*) . . . . 3 fr.

FERRARI et CACCIA. — Grand dictionnaire italien-français et français-italien. 2 vol. in-8 (*Garnier*) . . . . 20 fr.

FREUND (Guill.). — Grand dictionnaire de la langue latine. Traduit en français, rédigé et augmenté par Theil. 3 vol. gr. in-4 (*Firmin-Didot*) . . . . 80 fr.

FUCHS (Paul). — Nouvelle grammaire russe. 2e éd. (Heidelberg. *Jules Groos*; dépôt à Paris chez *Boyveau et Chevillet*). 6 fr. 25

GILDO (D.). — Dictionnaire espagnol-français et français-espagnol. 2 vol. in-18 reliés toile (*Ch. Bouret*) . . . . . 8 fr.

GLAIRE (abbé J.-B.). — Principes de la grammaire arabe. Gr. in-8 (*Firmin-Didot*) . . . . 10 fr.

GODEFROY (Fr.). — Dictionnaire de l'ancienne langue française et de tous les dialectes du IXe au XVe siècle (en cours de publication). 10 vol. in-4. Les tomes I à V ont paru (*Bouillon*). Le vol. 50 fr.

GRIMM (J.). — De l'origine du langage, trad. de l'allemand par F. de Wegmann. In-8 (*Bouillon*) . . . . 2 fr.

GUIZOT. — Dictionnaire universel des synonymes de la langue française. In-8 (*Perrin*). . . . . 12 fr.

HALZFELD, DARMESTETER et THOMAS. — Dictionnaire général de la langue française du commencement du XVIIe siècle jusqu'à nos jours. Gr. in-8 (En cours de publication) (*Delagrave*). 30 fr.

HENRY (Victor). — Précis de grammaire comparée de l'anglais et de l'allemand. In-8 (*Hachette*) . . . . 7 fr. 50

HENRY (Victor). — Grammaire comparée du grec et du latin. 3e éd. In-8 (*Hachette*) . . . . 7 fr. 50

*HOVELACQUE (Abel). — La Linguistique. In-18 (*Reinwald*) 4 fr. 50

KOCH (E.). — Grammaire grecque. Traduite par M. l'abbé J.-L. Rouff. In-8 (*Colin*). . . . . 8 fr.

KRAMERS. — Dictionnaire néerlandais-français et français-néerlandais. 2 vol. in-8, demi-chagrin. (*Boyveau et Chevillet*). 40 fr.

LA FAYE. — Dictionnaine des synonymes de la langue française, avec supplément. Gr. in-8 (*Hachette*). . . . . . . 23 fr.

LE GOFF (abbé). — Grammaire latine. In-8 (*Delagrave*) . 3 fr.

LEGRAND (E.). — Nouveau Dictionnaire grec moderne-français. In-32 (*Garnier*). . . . . 6 fr.

LICHTENBERGER (H.). — Histoire de la langue allemande. In-8. (*Laisney*) . . . . 7 fr. 50

Littré. — Dictionnaire de la langue française. 4 vol. grand in-4 brochés, avec supplément (*Hachette*) . . . . 112 fr.

Lopes (José M.). — Nouvelle grammaire théorique et pratique de la langue espagnole. In-12 (*Ch. Leroy*) . . . . 3 fr.

Loubens (D.). — Les Proverbes et locutions de la langue française. In-16 (*Delagrave*) . . . . 3 fr. 50

Madvig (J. R.). — Grammaire latine. Trad. par N. Theil. In-8 ou in-4 (*Firmin-Didot*). . . . . 8 fr.

Madvig (J. N.). — Syntaxe de la langue grecque. Trad. par l'abbé N. Hamant. In-8 (*Klincksieck*). . . . . 6 fr.

Martinez (Francisco). — Le Nouveau Sobrino, ou Grammaire de la langue espagnole. Edition revue et corrigée par Eugenio de Ochoa. In-8 (*Garnier*) . . . . 4 fr.

Marty-Laveaux (Ch.). — De l'Enseignement de notre langue. Petit in-12 (*Lemerre*) . . . . 1 fr.

Melzi (B.). — Nouveau Dictionnaire français-italien et italien-français. In-16, relié toile (*Le Soudier*) . . . . . . 6 fr.

Meyer (Paul). — Recueil d'anciens textes bas-latins, provençaux et français. 2 vol. gr. in-8 (*Bouillon*). . . . . . . 12 fr.

Meyer-Luebke. — Grammaire des langues romanes. 2 vol. in-8. (*Welter*) . . . . 45 fr.

Mistral (Frédéric). — Lou tresor dou felibrige, ou Dictionnaire provençal-français. 2 vol. in-4 (*Champion*) . . . . . 120 fr.

*Muller (Max). — La Science du langage. In-8 (*Pedone*). Net. 7 fr.

Muller (Max). — La Stratification du langage. Trad. par L. Havet. 4 fr.

Noirot. — Dictionnaire des verbes irréguliers. In-18 (*Poussielgue*) . . . . 1 fr. 50

Olinger. — Grammaire néerlandaise. In-12 cart. (*Boyveau et Chevillet*). . . . . 3 fr.

Ollendorff (H.-G.). — Nouvelle méthode pour apprendre à lire, à écrire et à parler une langue en six mois (pour l'allemand, l'anglais, l'espagnol, l'italien, le portugais et le russe). Chaque langue en 2 vol. in-8 reliés (*Ollendorff*) . . . . . 14 fr. 75

Ollendorff (H.-G.). — La Méthode d'allemand, 2 vol. in-8 reliés (*Ibid.*). . . . . 15 75 fr.

Otto. — Grammaire allemande. In-8 (*Gichler* et chez *Boyveau et Chevillet*). . . . . 5 fr.

Petit de Julleville. — Notions sur les origines et l'histoire de la langue française. In-12 (*Delalain*). . . . . . . 2 fr. 50

Pfister (Ch.). — La Limite de la langue française et de la langue allemande en Alsace-Lorraine. In-8 (*Berger-Levrault*). 1 fr. 50

Pinto (Souza). — Nouveau dictionnaire portugais-français et français-portugais. In-32 (*Garnier*) . . . . 6 fr.

Quicherat et Daveluy. — Dictionnaire latin-français. Nouv. édit. entièrement refondue par M. Chatelain. Gr. in-8, cart. toile (*Hachette*) . . . . 9 fr. 50

*Regnaud (Paul). — Origine et philosophie du langage. In-18 (*Fischbacher*) . . . . 4 fr.

Reiff (Ch.-Ph.). — Grammaire russe. Revue par Louis Leger. In-12 (*Maisonneuve*). . . . . 5 fr.

Reinach (Salomon). — Manuel de philologie classique. 2 vol. in-8 (*Hachette*) . . . . 15 fr.

Riemann et Goelzer. — Grammaire latine. In-18 (*A. Colin*). 3 fr. 50

Riemann (O.). — Syntaxe latine. 3e édit., revue par Paul Lejay. In-12, cart. toile (*Klincksieck*) . . . . 6 fr.

Robello. — Grammaire italienne. 9e édit. In-8 cart. (*Ch. Leroy*). 5 fr.

Robertson (T.). — Nouveau cours pratique, analytique, théorique et synthétique de la langue anglaise. 20e édit., 3 vol. in-8 (*Ch. Leroy*) . . . . 14 fr.

Salva (Vicente) et Guim. — Grand dictionnaire espagnol-français et français-espagnol. In-8 (*Garnier*) . . . . 18 fr.

Sauer (C.-M.). — Nouvelle grammaire espagnole (Heidelberg, *Jules Groos*. En dépôt chez *Boyveau et Chevillet*) . 5 fr. 75

Sauer (C.-M.). — Nouvelle grammaire italienne. 7e édit. (*Ibid.*). 5 fr.

Schwob (M,) et Guiyesse (G.). — Étude sur l'argot français. Gr. in-8 (*Bouillon*) . . . . 1 fr. 50

Scheler (Aug.). — Dictionnaire d'étymologie française. 3e édit. In-4 (*Bouillon*). . . . . 18 fr.

Souza (Paulino de). — Grammaire portugaise. In-18 (*Garnier*). 6 fr.

Spiers (A.). — Nouveau dictionnaire général anglais-français et français-anglais. 29e édit. complètement refondue par Witcomb. 2 vol. in-8 (*Mesnil-Dramard*) . . . . 8 fr. 50

Suckau (von). — Dictionnaire allemand-français et français-allemand. 2 vol. in-8 (*Hachette*). . . . . 15 fr.

Thibaut. — Dictionnaire français-allemand et allemand-français. Gr. in-8 (*Mesnil-Dramard*). Relié toile . . . . 10 fr.

Timmermans (A.). — L'argot parisien. In-8 (*Klincksieck*). 6 fr.

Valette (J.-G.-G.). — Grammaire néerlandaise. In-8 (Heidelberg, *Jules Groos*; dépôt chez *Boyveau et Chevillet*) . . 5 fr. 75

Vaugelas. — Remarques sur la langue française. Nouv. édit. par A. Chassang. 2 vol. in-8 (*Cerf*) . . . . 15 fr.

VERGANI. — Grammaire de la langue italienne. Revue par Brunetti. 30e édit. In-12 (*Perrin*). . . . . 1 fr.

VILLATTE (Césaire) et SACHS (Ch.). — Dictionnaire encylopédique français-allemand et allemand-français. 2 vol. gr. in-8 reliés. (*Gichler*) . . . . 92 fr. 50
Supplément français-allemand, relié . . . . . . 14 fr. 40

Éloquence.

AUBERTIN (Ch.). — L'Éloquence politique et parlementaire en France avant 1789. In-8 (*Belin*) . . . . 5 fr.

AULARD (F.-A.). — L'Éloquence parlementaire pendant la Révolution française. Les Orateurs de la Législative et de la Convention. 2 vol. in-8 (*Hachette*) . . . . 15 fr.

BERRYER (P.-Ant.). — Œuvres. 9 vol. in-8 (*Perrin*) . . 63 fr.
I. Discours parlementaires, 5 vol.
II. Plaidoyers, 4 vol.

BOSSUET. — Œuvres oratoires (voir p. 20).

BOSSUET. — Chefs-d'œuvre oratoires, publiés par Lefebvre, et contenant les Oraisons funèbres, Panégyriques, 10 Sermons et 34 extraits de sermons. 2 vol. in-8 (*Firmin-Didot*) . . 6 fr.

BOSSUET. — Chefs-d'œuvre oratoires, avec introd. et notes par D. Bertrand. In-12 (*Delagrave*) . . . . 3 fr.

BOSSUET. — Oraisons funèbres, publiées par P. Jacquinet. In-12 (*Belin*) . . . . 2 fr. 60

BOSSUET. — Oraisons funèbres. Ed. annotée par L. Martel. In-18 (*Classiques pour tous* de la Société bibliographique ; *Sanard et Derangeon*) . . . . 0 fr. 30

BOSSUET. — Choix de sermons. Ed. critique avec introd. et notes par M. Gazier (*Belin*) . . . . 3 fr.

BOUCHER (l'abbé Édouard). — L'Éloquence de la chaire. Histoire littéraire de la prédication. In-8 (*Desclée*) . . . 5 fr.

BOURDALOUE. — Chefs-d'œuvre oratoires. In-12 (*Garnier*). 3 fr.

BOURDALOUE. — Choix de sermons, avec une étude littéraire par D. Nisard. In-12 (*Lecoffre*) . . . . 3 fr.

BOURGAIN (l'abbé L.). — La Chaire française au XIIe siècle. In-8 (*Palmé*) . . . . 7 fr. 50

BOURNAND (Francis). — L'Éloquence et la littérature chrétiennes, des origines au XIXe siècle. Gr. in-8 (*Delhomme et Briguet*). 5 fr.

BOURSIN (l'abbé L.). — La Prédication en France au XIIIe siècle et les sermons de saint Thomas. In-8 (*Berche et Tralin*). 2 fr.

BRÉDIF (Léon). — L'Éloquence politique en Grèce. Démosthène. In-12 (*Hachette*) . . . . 3 fr. 50

Chaignet (A.-Ed.). — La Rhétorique et son histoire. In-8 (*Bouillon*). . . . . 10 fr.

Chaix-d'Est-Ange. — Discours et plaidoyers de V.-Ch. Chaix-d'Est-Ange, publiés par Edmond Rousse. 2e édit. 3 vol. in-8 (*Pedone*) . . . . 40 fr.

Cicéron. — Traité sur l'art oratoire. In-18 j. (*Garnier*) . 3 fr.

Cicéron. — Plaidoyers et discours. 2 vol. gr. in-8 à 2 col. (*Firmin-Didot*). . . . . 24 fr.

Démosthène et Eschine. — Chefs-d'œuvre, trad. par J.-F. Stievenart. In-18 j. (*Charpentier*) . . . . 3 fr. 50

Éloquence (l') académique. — Choix de discours prononcés en séances de l'Académie française depuis sa fondation. In-8 (*Desclée*) . . . . 4 fr.

Éloquence (l') scientifique. — Choix d'éloges prononcés en séances de l'Académie des sciences. In-8 (*Ibid.*) . . . 4 fr.

Éloquence (l') en France depuis 1789. — Première série. Chefs-d'œuvre de l'éloquence parlementaire, recueillis et mis en ordre par Camille Lacroix (*Dupont*). 2 vol. in-8 à . 3 fr. 50

T. I. Constituante et Législative.
T. II. Convention, Directoire.

Falloux (comte de). — Discours et mélanges politiques. 2 vol. in-12 (*Plon*) . . . . 8 fr.

Fénelon. — Dialogues sur l'éloquence, annotés par l'abbé Drioux. In-12 cart. (*Lecoffre*). . . . . 0 fr. 75

Fléchier. — Oraisons funèbres. In-32 (*Plon*) . . . . . 4 fr.

Freppel (Mgr). — Bossuet et l'éloquence sacrée au xviie siècle. 2 vol. in-8 (*Retaux*) . . . . 12 fr.

Gaussens (l'abbé). — Éloges, oraisons funèbres et discours académiques. 2e édit. 2 vol. in-12 (*Lecoffre*). . . . . . 6 fr.

Hulst (Mgr d'). — Mélanges oratoires. 2 vol. in-8 (*Poussielgue*). 8 fr.

Hurel (l'abbé). — Les Orateurs sacrés à la cour de Louis XIV. 2 vol. in-12 (*Perrin*). . . . . 7 fr.

Jacquinet (P.). — Des Prédicateurs du xviie siècle, avant Bossuet. In-8 (*Belin*) . . . . 7 fr. 50

Julien (le chan. J.). — L'Éloquence sacrée et son histoire en France depuis les temps apostoliques jusqu'au xviie siècle. 2 vol. in-12 (*Lecoffre*) . . . . 8 fr.

Lamartine (A. de). — Discours et écrits politiques. 2 vol. in-12 (*Hachette*) . . . . 7 fr.

Lebarcq (le chan.). — Histoire critique de la prédication de Bossuet. 2e édit. In-8 (*Desclée*) . . . . 6 fr.

Lecoy de la Marche (A.). — La Chaire française au moyen âge,

spécialement au XIIIe siècle, d'après les manuscrits contemporains. In-8 (*Retaux*). . . . . 8 fr.

LONGHAYE (le P. Georges), S. J. — La Prédication. Grands maîtres et grandes lois. In-8 (*Retaux*) . . . . . 7 fr. 50

MONTALEMBERT (comte de). — Discours. 3 vol. in-8 (*Lecoffre*). 12 fr.

MUN (comte Albert de). — Discours et écrits divers, publiés par Geoffroy de Grandmaison. 5 vol. in-12 (*Poussielgue*) . 20 fr.

RONDELET (Antonin). — L'Art de parler. In-8 (*Vivès*) . . 6 fr.

TACITE. — Dialogue des orateurs. Texte latin revu et publié avec un commentaire, etc., par H. Goelzer. In-8 (*Hachette*). 4 fr.

THIERS (Ad.). — Discours parlementaires, publiés par M. Calmon. 16 vol. in-8 (*Calmann-Lévy*). Le vol. . . . 7 fr. 50

TIMON (vicomte de CORMENIN). — Livre des orateurs. 2 vol. in-8 ou in-12 (*Pagnerre*) (épuisé). . . . . » »

VILLEMAIN. — La Tribune moderne en France et en Angleterre. 2 vol. in-8 (*Calmann-Lévy*) . . . . 15 fr.

Poètes anciens.

*ANTHOLOGIE des poètes latins, avec la traduction en français, par Eugène Fallex. 2 vol. pet. in-12 cart. (*Lemerre*) . . 12 fr.

*ARISTOPHANE. — Œuvres complètes. Trad. Poyard. In-12 (*Hachette*). . . . . 3 fr. 50

AUSONE. — Trad. Corpet. 2 vol. in-8 (*Garnier*) . . . . 12 fr.

AUSONE. — La Moselle. Éd. critique et trad. par H. de la Ville de Mirmont. Pet. in-4 (*Lemerre*) . . . . 10 fr.

CLAUDIEN. — Œuvres complètes. Trad. Héguin de Guerle. In-18 j. (*Garnier*). . . . . 4 fr. 50

ESCHYLE. — Théâtre. Trad. de La Porte du Theil, avec une introd. par L. Humbert. In-12 (*Garnier*) . . . . 3 fr.

EURIPIDE. — Œuvres complètes. Trad. Artaud. 2 vol. in-18 j. (*Firmin-Didot*). . . . . 6 fr.

EURIPIDE. — Œuvres Trad. par Leconte de Lisle. 2 vol. in-8 (*Lemerre*) . . . . 20 fr.

HOMÈRE.— Œuvres complètes. Traduction suivie d'un essai d'Encylopédie homérique par M. P. Giguet. In-12 (*Hachette*). 3 fr. 50

HOMÈRE. — Iliade et Odyssée. Trad. nouv. en prose par Leconte de Lisle. 2 vol. in-8 (*Lemerre*) . . . . 15 fr.

HOMÈRE. — Iliade. Trad. de Dugas-Montbel, précédée de l'histoire des poésies homériques. In-18 j. (*Firmin-Didot*) . . . 3 fr.

HOMÈRE. — Odyssée. Trad. de Dugas-Montbel, suivie de la Batrachomyomachie, des Hymnes et des fragments de divers poèmes attribués à Homère. In-18 j. (*Ibid.*) . . . . 3 fr.

HOMÈRE. — L'Iliade. Trad. par M. Émile Pessonneaux. In-18 j. (*Charpentier*) . . . . 3 fr. 50

HOMÈRE.— L'Odyssée. Trad. par le même. In-18 j. (*Ibid.*). 3 fr. 50

HOMÈRE. — L'Odyssée. Analyse et extraits par A. Couat. In-8 (*Lecène et Oudin*) . . . . 1 fr. 50

HOMÈRE. — Les Beautés de l'Iliade et de l'Odyssée. Trad. de M. Giguet In-12 (*Hachette*) . . . . 1 fr. 75

*HORACE. — Œuvres poétiques. Trad. par Patin. 2 vol. in-18 j. (*Charpentier*) . . . . 7 fr.

*HORACE. — Œuvres complètes. Texte latin avec la traduction française, publiée sous la direction de M. Nisard. Gr. in-8 (*Firmin-Didot*) (épuisé) . . . . » »

*HORACE. — Œuvres. Trad. de Leconte de Lisle, avec le texte latin. 2 vol. pet. in-12 (*Lemerre*) . . . . 5 fr.

*JUVÉNAL ET PERSE. — Œuvres complètes, suivies des fragments de Turnus et de Sulpicia, traduction de Dussaulx. Nouv. édit., par MM. Jules Pierrot et Félix Lemaistre. In-18 j. (*Garnier*). 3 fr.

LUCAIN. — La Pharsale. Trad. en vers français par L. Gallot. In-8 (*Firmin-Didot*) . . . . 6 fr.

LUCAIN. — La Pharsale. Trad. de Marmontel, revue et complétée par M. H. Durand, précédée d'une étude sur la Pharsale par M. Charpentier. In-18 j. (*Garnier*) . . . . 3 fr.

LUCRÈCE. — Œuvres complètes. Trad. par Lagrange, revue par M. Blanchet. In-18 j. (*Ibid.*) . . . . 3 fr.

*MARTIAL. — Œuvres complètes. Trad. de Verger, Dubois et J. Mangeart. Nouv. édit., par F. Lemaistre, précédée des Mémoires de Martial par Jules Janin. 2 vol. in-18 j. (*Ibid.*) . . 6 fr.

*OVIDE. — Les Métamorphoses. Trad. par Gros. In-18 j. (*Ibid.*), 4 fr. 50

OVIDE. — Les Amours, l'Art d'aimer, etc. Nouv. édit. par F. Lemaistre, précédée d'une Etude sur Ovide et la poésie amoureuse, par Jules Janin. In-18 j. (*Ibid.*) . . . . 3 fr.

OVIDE. — Les Fastes, les Tristes. Trad. par Pessonneaux. 1 vol. in-18 j. (*Ibid.*) . . . . 3 fr.

*OVIDE. — Les Héroïdes, le Remède d'Amour, les Pontiques, Petits poèmes. Trad. par Charpentier. In-18 j. (*Ibid.*) . . . 3 fr.

*PÉTRONE. — Œuvres complètes. Trad. par Héguin de Guerle. In-18 j. (*Ibid.*) . . . . 3 fr.

PHÈDRE. — Fables, suivies des Œuvres d'Avianus, de Denys Caton, de Publius Syrus. Trad. par Levasseur et Chenu. Nouv. édit. revue par Pessonneaux, précédée d'une Etude sur Phèdre par Charpentier. In-18 j. (*Ibid.*). . . . . 3 fr.

PINDARE et les lyriques grecs. Trad. par Poyart. In-18 j. (*Ibid.*). 3 fr.

*PLAUTE. — Théâtre. Trad. par Naudet. 4 vol. in-18 j. (*Ibid.*). 12 fr.

*PLAUTE. — Comédies. Trad. par Sommer. 2 vol. in-12 (*Hachette*). 7 fr.

*POÈTES DE LA GRÈCE. — Extraits et Notices, par Pessonneaux. Homère. — Hésiode. — Callinus. — Tyrtée. — Sapho. — Mimnerme. — Solon. — Anacréon. — Simonide. — Bacchylide. — Pindare. — Eschyle. — Sophocle. — Euripide. — Aristophane. — Aristote. — Ménandre. — Théocrite. — Callimaque. — Bion et Moschus. In-18 j. (*Charpentier*) . . . . 3 fr. 50

SOPHOCLE. — Tragédies. Trad. par L. Humbert. In-18 j. (*Ibid.*). 3 fr.

SOPHOCLE. — Théâtre. Trad. par Émile Pessonneaux. In-18 j. (*Charpentier*). . . . . 3 fr. 50

SOPHOCLE. — Théâtre. Trad. nouv. par Leconte de Lisle. In-8 (*Lemerre*) . . . . 7 fr. 50

STACE. — Trad. nouv. : Tome I, Silves, par MM. Rinn et Achaintre. Tomes 2, 3, 4. La Thébaïde, par MM. Achaintre et Boutteville. L'Achilléide, par M. Boutteville. 4 vol. in-8 (*Garnier*). 14 fr.

TÉRENCE. — Comédies. Trad. de G. Hinstin, avec le texte latin. 3 vol. pet. in-12 (*Lemerre*) . . . . 15 fr.

TÉRENCE. — Comédies. Trad. par Bétolaud. In-18 j. (*Garnier*). 4 fr. 50

TÉRENCE. — Comédies. Trad. par Eugène Talbot, avec le texte latin en regard. 2 vol. in-18 j. (*Charpentier*) . . . . 7 fr.

VALERIUS FLACCUS. — Œuvres. Trad. par Caussin de Perceval. In-8 (*Garnier*) . . . . 3 fr. 50

VIRGILE. — Œuvres. Trad. Cabaret Dupaty. In-12 (*Hachette*). 3 fr. 50

VIRGILE. — Œuvres complètes. Trad. par Émile Pessonneaux. 2 vol. in-18 j. (*Charpentier*) . . . . 7 fr.

VIRGILE — Œuvres complètes. Trad. par Panckoucke, refondue par Félix Lemaistre. 2 vol. in-18 j. (*Garnier*) . . . . 6 fr.

VIRGILE — Bucoliques. Trad. de G. Hinstin, avec le texte latin. Pet. in-12 (*Lemerre*). . . . . 5 fr.

VIRGILE. — Énéide. Trad. de G. Hinstin, avec le texte latin. 2 vol. pet. in-12 (*Lemerre*) . . . . 10 fr.

Poètes français.

I. — *XVe-XVIIIe siècles.*

ANTHOLOGIE PROVENÇALE. — Poésies choisies des troubadours du xe au xve siècle, avec la traduction littérale en regard, par l'abbé Ant. Bayle. 1879, in-12 (Aix, *Makaire*) . . . . 3 fr.

*Anthologie des poètes français, depuis le xve siècle jusqu'à nos jours. Pet. in-12 cart. (*Lemerre*). . . . . . . 2 fr. 50

Fabulistes (les) français, du xie au xixe siècle. Choix de fables en vers français. In-8 (*Desclée*) . . . . 4 fr.

Avant Malherbe. Les poètes français du xve et du xvie siècle, avec préface et notes par Jean Vaudon. In-18 (*Classiques pour tous* de la Société bibliographique; *Sanard et Dérangeon*. 0 fr. 50

Sonnets de vieux maistres françois. 1520-1670. In-16 elzév. (*Plon*) . . . . 4 fr.

Poètes français du xvie siècle. Œuvres choisies. Ed. par L. Becq de Fouquières In-18 j. (*Charpentier*) . . . . 3 fr. 50

*Petits Poètes français, depuis Malherbe jusqu'à nos jours, contenant Racan, Segrais, Mme Déshoulières, Chaulieu, La Fare, Senecé, Vergié, La Motte, Piron, Louis Racine, Lefranc de Pompignan, Gresset, Bernard, Bernis, Lemierre, Saint-Lambert, Marmontel, Le Brun, Malfilâtre, Colardeau, Ducis, Dorat, La Harpe, Léonard, Bonnard, Imbert, Gilbert, Bertin, Parny, Florian, M.-J Chénier, Legouvé, Luce de Lancival, Millevoye, André Chénier. 2 vol. in-8 à 2 col. (*Firmin-Didot*). 20 fr.

Baïf (A. de). — Poésies choisies, suivies de poésies inédites, publ. par L. Becq de Fouquières. In-18 j. (*Charpentier*) . 3 fr. 50

Boileau. — Œuvres poétiques. Édit. Ch. Louandre. In-18 j. (*Ibid.*). 3 fr. 50

Chénier (André). — Poésies. Édit. critique publiée par L. Becq de Fouquières. 2e édit. In-18 j. (*Ibid.*) . . . . 6 fr.

Corneille (Pierre). — L'Imitation de Jésus-Christ. Trad. en vers français. In-4 avec grav. (*Desclée*) . . . . 30 fr.

Florian. — Fables, suivies de son théâtre, avec une préface et des notes par Sainte-Beuve. In-18 j. (*Garnier*). . . . 3 fr.

Gilbert. — Œuvres complètes. Nouv. édit. In-18 j. (*Ibid.*). 3 fr.

Gresset. — Œuvres choisies. In-18 j. (*Ibid.*) . . . . . 3 fr.

La Fontaine. — Fables, suivies de Philémon et Baucis et des Filles de Minée; édit. Ch. Louandre. In-18 j. (*Charpentier*), 3 fr. 50

La Fontaine. — Fables, avec les notes de tous les commentateurs; édit. Lefèvre, texte établi par Walkenaër. In-18 j. (*Firmin-Didot*). 3 fr.

Malherbe. — Poésies, accompagnées du commentaire d'André Chénier. Nouv. édit. publ. par L. Becq de Fouquières. In-18 j. (*Charpentier*) . . . . 3 fr 50

Marot (Clément). — Œuvres. Édition revue sur celle de 1544. 4 vol. in-16 (*Delarue*) . . . . 4 fr.

Millevoye. — Œuvres, avec une notice par Sainte-Beuve. In-18 j. (*Garnier*). . . . . 3 fr.

Moreau (Hégésippe). — Œuvres. In-18 j. (*Ibid.*) . . . 3 fr.

Orléans (Charles d'). — Poésies complètes, publ. par Ch. d'Héricault. 2 vol in-16 (*Lemerre*) (épuisé) . . . . » »

*Regnier (Mathurin). — Œuvres complètes. In-18 j. (*Garnier*). 3 fr.

Ronsard (P. de). — Poésies choisies, publ. par L. Becq de Fouquières. In-18 j. (*Charpentier*) . . . . 3 fr. 50

Vauquelin de la Fresnaye. — Œuvres poétiques. Nouv. édit. par Georges Pellissier. In-12 (*Garnier*) . . . . 2 fr.

*Villon (François). — Œuvres complètes, publ. par P. Jannet. In-18 j. (*Charpentier*) . . . . 3 fr. 50

II. — *XIXe siècle.*

Anthologie des poètes français du xixe siècle. 4 vol gr. in-8 (*Lemerre*). Le vol. . . . . 6 fr.

T. I. D'André Chénier à 1817.
T. II. De 1818 à 1841.
T. III. De 1842 à 1851.
T. IV. De 1852 à nos jours.

Anthologie classique des poètes du xixe siècle, par Gustave Merlet. In-18 cart. (*Ibid.*). . . . . 3 fr. 50

Autran (J.). — Épîtres rustiques. In-18 j. (*Calmann-Lévy*). 3 fr. 50

Autran (J.). — Les Poèmes de la mer. In-18 j. (*Ibid.*). 3 fr. 50

Autran (J.). — La Vie rurale. In-18 j. (*Ibid.*) . . . 3 fr. 50

Barbier (Auguste).— Iambes et poèmes. In-18 j. (*Dentu*). 3 fr. 50

Barbier (Auguste). — Poésies posthumes. In-18 j. (*Lemerre*). 3 fr.

Barbier (Jules). — La Gerbe. In-18 j. (*Lemerre*) . . . 3 fr.

Barthélemy (Auguste). — Némésis. In-12 (*Garnier*). 3 fr. 50

Bornier (Henri de). — Poésies complètes. 1850-1893. In-12 (*Dentu*) . . . . 3 fr. 50

Bourget (Paul). — Poésies (1872-1876). Au bord de la mer. La Vie inquiète. Petits Poèmes. In-18 j. (*Lemerre*) . . . 6 fr.

Brizeux (Auguste). — Marie. — Telen Arvor. — Furnez Breiz. Pet. in-12 (*Lemerre*). . . . . 5 fr.

Brizeux (Auguste). — Les Bretons. Pet. in-12 (*Ibid.*). . 5 fr.

Brizeux (Auguste). — La Fleur d'or. — Histoires poétiques. — Poétique nouvelle. 2 vol. pet. in-12 (*Ibid.*) . . . . . 10 fr.

Coppée (François). — Premières Poésies. In-18 j. (*Lemerre*). 3 fr.

COPPÉE (François). — Les Récits et les élégies. In-18 j. (*Ibid.*). 3 fr.

COPPÉE (François). — Poèmes modernes. In-18 j. (*Ibid.*). 3 fr.

DÉROULÈDE (Paul). — Chants du soldat. In-32 (*Calmann-Lévy*). 1 fr.

DÉROULÈDE (Paul). — Nouveaux chants du soldat. In-32 (*Ibid.*). 1 fr.

DÉROULÈDE (Paul). — Chants du paysan. In-32 (*Ibid.*) . . 1 fr.

FLEURIOT-KÉRINOU. — Flammes de vie. In-12 (*Lemerre*). 3 fr.

FLEURIOT-KÉRINOU. — Les Lointains. In-12 (*Ibid.*) . . . 3 fr.

GRANDMOUGIN (Charles). — Le Christ. In-8 (*Rouam*) . . 2 fr.

GRENIER (Édouard). — Amicis. In-18 j. (*Lemerre*) . . . 3 fr.

GRENIER (Édouard). — Petits Poèmes. In-18 j. (*Ibid.*) . . 3 fr.

GRIMAUD (Émile). — Chants du Bocage vendéen. In-12 (*Lemerre*) (épuisé). . . . . » »

GRIMAUD (Émile). — Petits Drames vendéens, poèmes et sonnets. In-12 (*Ibid.*). . . . . 3 fr.

GRIMAUD (Émile). — Poèmes vendéens. In-4 (*Ibid.*). . . 40 fr.

GRIMAUD (Émile). — Fleurs de Bretagne. In-18 j. (*Ibid.*). 3 fr.

HAREL (Paul). — Aux champs. In-18 j. (*Ibid.*) . . . . 3 fr.

HAREL (Paul). — Sous les pommiers. 2e édit. In-18 j. (*Ibid.*). 3 fr.

HAREL (Paul). — Les Voix de la Glèbe. In-8 (*Ibid.*) . 3 fr. 50

HÉRÉDIA (José-Maria de). — Les Trophées. In-12 (*Lemerre*). 3 fr. 50

HUGO (Victor). — Les Enfants (Le livre des mères). In-18 (*Hetzel*). 3 fr.

HUGO (Victor). — Édition définitive sur les manuscrits originaux. Vol. in-18 (*Ibid.*). Le vol. . . . . 2 fr.

Odes et ballades, 1 vol.
Les Orientales, 1 vol.
Les Feuilles d'automne, 1 vol.
Les Chants du crépuscule, 1 vol.
Les Voix intérieures, 1 vol.
Les Rayons et les ombres, 1 vol.
Les Contemplations, 2 vol.
La Légende des siècles, 4 vol.

LAMARTINE (A. de). — Premières et Nouvelles méditations poétiques. 2 vol. in-16 (*Hachette*) . . . . 7 fr.

LAMARTINE (A. de). — Jocelyn. In-8 (*Ibid.*). . . . . 7 fr. 50

LAMARTINE (A. de). — Harmonies poétiques. In-16 (*Hachette*). 3 fr. 50

LAMARTINE (A. de). — Recueillements poétiques. In-16 (*Ibid.*). 3 fr. 50

LAMARTINE (A. de). — Poésies inédites, publiées par Mme Valentine de Lamartine. In-12 (*Ibid.*) . . . . 3 fr. 50

LAPRADE (Victor de). — Pernette, poème. In-12 (*Perrin*). 3 fr. 50

LAPRADE (Victor de). — Pernette. — Livre d'un père. Pet. in-12 (*Lemerre*) . . . . 6 fr.

LAPRADE (Victor de). — Le Livre d'un père. In-18 (*Hetzel*). 3 fr.

LAPRADE (Victor de). — Les Voix du silence. — Livre des adieux. Pet. in-12 (*Lemerre*) . . . . 6 fr.

LAPRADE (Victor de). — Poèmes civiques. In-12 (*Perrin*). 3 fr. 50

LAPRADE (Victor de). — Psyché. — Odes. — Harmodius. Pet. in-12 (*Lemerre*) . . . . 6 fr.

LAPRADE (Victor de). — Les Symphonies. — Idylles héroïques. Pet. in-12 (*Ibid.*) . . . . 6 fr.

LAPRADE (Victor de). — Poèmes évangéliques. Pet. in-12 (*Ibid.*). 6 fr.

LAPRADE (Victor de). — Tribuns et courtisans. In-18 j. (*Ibid.*). 3 fr.

LECONTE DE LISLE. — Poèmes barbares. In-8 (*Ibid.*) . 7 fr. 50

LECONTE DE LISLE. — Poèmes antiques. In-8 (*Ibid.*) . 7 fr. 50

LECONTE DE LISLE. — Poèmes tragiques. In-8 (*Ibid.*) . 7 fr. 50

Ces trois ouvrages en 3 vol. pet. in-12 (*Ibid.*) . . . . 6 fr.

LECONTE DE LISLE. — Les Érinnyes. In-8 (*Ibid.*). . . . 2 fr.

LECONTE DE LISLE. — L'Apollonide. In-4 (*Ibid.*) . . . 7 fr. 50

LIÉGEARD (Stephen). — Rêves et combats. In-12 (*Hachette*). 3 fr. 50

MANUEL (Eugène). — Poésies du foyer et de l'école. In-8 (*Calmann-Lévy*). . . . . 6 fr.

MANUEL (Eugène). — Pages intimes. In-18 j. (*Ibid.*). . 3 fr. 50

MANUEL (Eugène). — Poèmes populaires. In-18 j. (*Ibid.*). 3 fr. 50

MILLIEN (Achille). — Poèmes et sonnets. In-18 j. (*Lemerre*). 3 fr.

MILLIEN (Achille). — Voix des ruines. In-18 j. (*Ibid.*) . 3 fr.

MILLIEN (Achille). — Premières poésies. In-4 avec eaux-fortes (*Ibid.*). . . . . 20 fr.

MILLIEN (Achille). — Nouvelles poésies. In-4 avec eaux-fortes (*Ibid.*). . . . . 20 fr.

MISTRAL (Frédéric). — Mireille, poème provençal. Texte et trad. Gr. in-8, avec 25 eaux-fortes et 85 dessins (*Hachette*) . 25 fr.

MISTRAL (Frédéric). — Miréio, poème provençal, avec la trad. littérale en regard par l'auteur. In-18 j. (*Charpentier*). 3 fr. 50

MISTRAL (Frédéric). — Mireille. Pet. in-12 (*Lemerre*). . 6 fr.

MISTRAL (Frédéric). — Calendal. Pet. in-12 (*Ibid.*). . . 6 fr.

MISTRAL (Frédéric). — Les Iles d'or. Pet. in-12 (*Ibid.*) . 6 fr.

MISTRAL (Frédéric). — Nerto. poème provençal, avec la traduction en regard. Pet. in-8 (*Hachette*) . . . . 5 fr.

*MUSSET (Alfred de). — Premières poésies. In-18 j. (*Charpentier*). 3 fr. 50

*MUSSET (Alfred de). — Poésies nouvelles. In-18 j. (*Ibid.*). 3 fr. 50

NOLHAC (Pierre de). — Paysages de France et d'Italie. In-18 (*Lemerre*) . . . . 3 fr. 50

POËTES (les) LAURÉATS DE L'ACADÉMIE FRANÇAISE. — Recueil des poèmes couronnés depuis 1800, avec une introduction sur les concours antérieurs (1671-1792), et des notices littéraires et biographiques, par Edmond Biré et Émile Grimaud. 2 vol. in-18 j. (*Retaux*) . . . . 7 fr.

PUYMAIGRE (comte de). — Heures perdues. 2e édit. Pet in-8 (*Plon*). . . . . 3 fr. 50

SÉGUR (le Mis de). — Sainte Cécile, poème tragique. In-12 (*Retaux*) . . . . 2 fr.

SÉGUR (le Mis de). — La Maison, stances et sonnets. 3e édit. In-16 (*Ibid.*) . . . . 3 fr.

SÉGUR (le Mis de). — Sursum corda! In-12 (*Tolra*). . 2 fr. 50

SÉGUR (le Mis de). — Poésies choisies. Gr. in-8 (*Desclée*) . 2 fr.

SULLY-PRUDHOMME. — Poésies (1865-1866). Pet. in-12 (*Lemerre*). 6 fr.

SULLY-PRUDHOMME. — Poésies (1866-1872). Pet. in-12 (*Ibid*). 6 fr.

SULLY-PRUDHOMME. — Poésies (1872-1878). Pet. in-12 (*Ibid*). 6 fr.

SULLY-PRUDHOMME. — Poésies (1878-1879). Pet. in-12 (*Ibid.*). 6 fr.

SULLY-PRUDHOMME. — Poésies (1879-1888). Pet. in-12 (*Ibid.*). 6 fr.

THEURIET (André). — Poésies (1860-1874). Pet. in-12 (*Ibid.*). 6 fr.

THEURIET (André). — Poésies (1874-1894). Pet. in-12 (*Ibid.*). 6 fr.

THEURIET (André). — Jardin d'automne. In-12 (*Ibid.*). . 3 fr.

VICAIRE (Gabriel). — Émaux bressans. In-12 (*Charpentier*). 3 fr. 50

VICAIRE (Gabriel). — Au bois joli. In-12 (*Lemerre*). . . 3 fr.

VIGNY (Alfred de). — Poésies complètes. Pet. in-32 (*Charpentier*) . . . . 4 fr.

Poètes étrangers.

*ARIOSTE. — Roland furieux. Trad. nouv. par Francisque Reynard (1880-81). 4 vol. in-8 (*Lemerre*). . . . . 20 fr.

*ARIOSTE. — Le même ouvr., trad. nouv. par C. Hippeau, 1876. 2 vol in-12 (*Garnier*) . . . . 6 fr.

BYRON (lord). — Beautés de Byron. Extraits (texte anglais) avec préface et notes par A. Biard. 1876, in-12 (*Delagrave*). 2 fr.

CAMOËNS. — Les Lusiades. Trad. nouv. par Edm. Hippeau. 1890, in-12 (*Garnier*). . . . . 3 fr.

CAMOËNS. — Sonnets choisis, trad. pour la première fois par Léonce Cazaubon. In-8 (*Plon*) . . . . 2 fr. 50

DANTE. — La Divine comédie. Trad. Brizeux. In-18 j. (*Charpentier*) . . . . 3 fr. 50

DANTE. — Le Purgatoire du Dante. Traduction et commentaires. par Ozanam. In-18 j. (*Lecoffre*) . . . . 3 fr. 50

GŒTHE. — Faust. Trad. nouv. par Camille Benoit. 2 vol. pet. in-12 (*Lemerre*) . . . . 12 fr.

GŒTHE. — Le Faust de Gœthe. Trad. nouv. en vers français par Aug. Daniel. In-18 j. (*Plon*) . . . . 4 fr.

GŒTHE. — Poésies, trad. par Henri Blaze. In-18 j. (*Charpentier*). 3 fr. 50

KLOPSTOCK. — La Messiade, trad. par la baronne de Carlowitz. In-18 j. (*Charpentier*) . . . . 3 fr. 50

MILTON. — Le Paradis perdu, trad. par Pongerville. In-18 j. (*Ibid.*). . . . . 3 fr. 50

PÉTRARQUE. — Sonnets, trad. par Philibert Le Duc. 2 vol. in-8 (*Welter*) . . . . 16 fr.

PÉTRARQUE. — Rimes, trad. par Francisque Reynard. In-18 j. (*Charpentier*) . . . . 3 fr 50

SCHILLER. — Poésies Trad. par X. Marmier. In-18 j. (*Ibid.*). 3 fr. 50

TASSE (le). — La Jérusalem délivrée, trad. par A. Desplaces. In-18 j. (*Ibid.*) . . . . 3 fr. 50

UHLAND. — Poésies choisies, trad. par A. Pottier de Cyprey. In-16 (*Perrin*) . . . . 3 fr. 50

Poésie populaire ; Folklore.

LITTÉRATURES POPULAIRES (les) de toutes les nations. In-16. T. I à XXX (1881-1890) (*Maisonneuve*). Le vol. cart. 7 fr. 50

CHANSONNIER FRANÇAIS (le) illustré, à l'usage de la jeunesse, publié par le baron d'Avril. — Chants guerriers. — Complaintes. — Romances. — Chansons plaisantes. — Rondes bretonnes — Rondes enfantines. In-18 (*Leroux*) . . . . 2 fr.

NOUVELLE BIBLIOTHÈQUE BLEUE (la), publiée par le baron d'Avril. 10 vol. in-16 (*Maison de la bonne presse*). Le vol. Net. 0 fr. 40

Du temps que la reine Berthe filait. — Les Enfances Roland, — Les Quatre fils Aymon. — Le Mystère de Roncevaux. — Le Chien de

Montargis. — Guillaume Bras-de-Fer, le Marquis au court nez, et son neveu Vivien. — Girart de Rossillon, duc de Bourgogne et d'Aquitaine, qui porta le charbon pendant sept ans. — Le Cid Campéador. — Mystères liturgiques. — Le Mystère du siège d'Orléans.

ARBAUD (Damase). — Chants populaires de la Provence, recueillis et annotés. 1862-64. 2 vol. in-12 (Aix, *Makaire*) . . . 8 fr.

AVRIL (le baron). — La Chanson de Roland, avec un essai sur les chansons de gestes. 5e édit., in-18 (*Classiques pour tous* de la Société bibliographique; *Sanard et Derangeon*). 0 fr. 50

BLADÉ (Jean-Franç.). — Poésies populaires en langue française, recueillies dans l'Armagnac et l'Agenais. 1879, gr. in-8 (*Champion*) . . . . 6 fr. 50

BLADÉ (Jean-Franç.). — Poésies populaires de la Gascogne. 1881, 3 vol. in-16 (*Maisonneuve*) . . . . 15 fr.

BLADÉ (Jean-Franç.). — Contes de la Gascogne. In-18 j. (*Calmann-Lévy*) . . . . 3 fr. 50

BRIZEAUD. — Chants et chansons populaires des provinces de l'Ouest. 1866, 2 vol. in-8 (Niort, *Clouzot*). . . . . . » »

BUCHON (Max). — Noëls et chants populaires de la Franche-Comté. 1863, in-16 (Salins, *Cornu*). . . . . 1 fr.

BUJEAUD (Jérôme). — Chants et chansons populaires des provinces de l'Ouest (Poitou, Saintonge, Aunis et Angoumois), avec les airs originaux. In-8 (Niort, *Clouzot*) . . . . 10 fr.

CASELLI (Jean). — Chants populaires de l'Italie. Texte et trad. 1865, in-12 (Bruxelles, *Lacroix*) (épuisé). . . . . . » »

CHAMPFLEURY ET WÆKERLIN. — Chansons populaires des provinces de France. 1860, 2 vol. gr. in-8 illustrés (*Plon*) . . . 12 fr.

COUSSEMAKER (Edm. de). — Chants populaires des Flamands de France. 1856, gr. in-8 (*Gand*). . . . . 10 fr.

DOZON (Aug.). — Chants populaires historiques. Serbie, Bosnie, etc. Trad. sur les originaux avec introd. et notes. In-8 (*Leroux*). 7 fr. 50

FOUQUIER (Achille). — Chants populaires espagnols. 1882, in-8 (*Libr. des bibliophiles*) . . . . 15 fr.

GAGNON (Ernest). — Chansons populaires du Canada. 1865, in-8 (Québec) . . . . 15 fr.

GAUTIER (Léon). — La Chanson de Roland. Texte critique, accompagné d'une trad. nouv. et précédé d'une introd. Gr. in-8 illustré (*Mame*) . . . . 40 fr.

GAUTIER (Léon). — La Chanson de Roland. Seconde partie, contenant les notes et variantes, le glossaire et la table, avec une carte géographique et 15 grav. sur bois. Gr. in-8 (*Ibid.*). 20 fr.

GAUTIER (Léon). — La Chanson de Roland. Trad. précédée d'une introd. et accompagnée d'un commentaire. Gr. in-8 (*Ibid.*). 3 fr. 50

Grimm. — Contes populaires de l'Allemagne, recueillis par les frères Grimm, trad. par Max Buchon. 1869, in-8 (*A. Rigaud*) (épuisé) . . . . » »

La Villemarqué (Vte de). — Barzas Breiz. Chants populaires de la Bretagne. In-12, avec musique (*Perrin*). . . . . 5 fr.

Leger (Louis). — Recueil de contes populaires slaves. 1882, in-18 (*Leroux*). . . . . 5 fr.

Legrand (Émile). — Recueil de chansons populaires grecques, 1874, in-8 (*Maisonneuve*) . . . . 15 fr.

Legrand (Émile).— Chansons et chants populaires de la Calabre, traduits. 1870, in-8 (*Ibid.*). . . . . 6 fr.

Leroux de Lincy. — Recueil de chants historiques français, depuis le xiie jusqu'au xviiie siècle. 1841, 6 vol. in-12 (*Gosselin*) (épuisé) . . . . » »

Leroux de Lincy. — Chants historiques et populaires du temps de Charles VII et de Louis XI. 1857, pet. in-8 (*Aubry*) (épuisé).

Marcellus (le Cte de). — Chants populaires de la Grèce moderne, traduits. In-18 j. (*Calmann-Lévy*) . . . . 1 fr.

Marmier (Xavier). — Chants populaires du Nord, traduits. 1850, in-12 (*Hachette*) (épuisé) . . . . » »

Millien (Achille). — Chants populaires de la Grèce, de la Serbie et du Montenegro. In-12 (*Lemerre*). . . . . 3 fr.

Millien (Achille). — Chants tchèques et bulgares. In-12 (*Ibid.*). 3 fr.

Pineau (Léon).— Les Contes populaires du Poitou. In-16 (*Leroux*). 5 fr.

Puymaigre (le Cte de). — Chants populaires du pays messin. 2e édit. 1885, 2 vol. in-12 (*Champion*). . . . . . . 8 fr.

Puymaigre (le Cte de). — Petit romancero. Choix de vieux chants espagnols, trad. et annotés In-18 (*Classiques pour tous* de la Société bibliographique ; *Sanard et Derangeon*). . 0 fr. 50

Puymaigre (le Cte de). — Romanceiro. Choix de vieux chants portugais, trad. et annotés. 1881, in-18 (*Leroux*). . . 5 fr.

Puymaigre (le Cte de). — Folklore. In-12 (*Perrin*) . . 3 fr. 50

Rambaud (Alfred). — La Russie épique. Étude sur les chansons héroïques de la Russie, trad. ou analysées. Gr. in-8 (*Maisonneuve*). . . . . 10 fr.

Saint-Albin (Emmanuel de). — Ballades anglaises et écossaises, trad. et annotées. In-18 (*Classiques pour tous* de la Société bibliographique; *Sanard et Derangeon*) . . . . 0 fr. 50

Saint-Albin (Emmanuel de). — Le Livre des ballades allemandes, trad. et annoté. In-18 (*Ibid.*) . . . . 0 fr. 50

Tarbé. —Romancero de Champagne. 1863-65. 5 vol. in-8 (Reims; Paris, *Techener*) (épuisé) . . . . » »

TIERSOT (Julien). — Histoire de la chanson populaire. In-8 carré, avec musique (*Plon*). . . . . 12 fr.

WECKERLIN (J.-B.). — Chansons populaires de l'Alsace. 1883, 2 vol. in-16 (*Maisonneuve*) . . . . 10 fr.

Théâtre.

I. — *Théâtre français.*

THÉATRE FRANÇAIS AU MOYEN AGE, par Monmerqué et Francisque Michel. Gr. in-8 à 2 col. (*Welter*). Net . . . . . . 5 fr.

THÉATRE FRANÇAIS AU XVIe ET AU XVIIe SIÈCLE, ou Choix des comédies les plus remarquables, antérieures à Molière. Introduction, notice sur chaque auteur, par Ed. Fournier. 2 forts vol. in-18 j., avec 8 portraits en couleur (*Garnier*). . 6 fr.

CHEFS-D'ŒUVRE DRAMATIQUES DU XVIIIe SIÈCLE. 2 vol. in-18 j., avec 8 portraits en couleur (*Ibid*.) . . . . 6 fr.

CHEFS-D'ŒUVRE TRAGIQUES, contenant 18 pièces. 2 vol. in-18 j. (*Firmin-Didot*) . . . . 6 fr.

ROTROU, Saint-Genest, Venceslas. — LA FOSSE, Manlius. — CRÉBILLON, Rhadamiste et Zénobie. — LEFRANC DE POMPIGNAN, Didon. — SAURIN, Spartacus. — DE BELLOY, Le Siège de Calais. — LA HARPE, Philoctète, Coriolan — DUCIS, Hamlet, Œdipe chez Admète, Macbeth, Abufar. — CHÉNIER, Charles IX. — LEGOUVÉ, La Mort d'Abel. — LUCE DE LANCIVAL, Hector. — LEMERCIER, Agamemnon, Frédégonde et Brunehaut.

CHEFS-D'ŒUVRE COMIQUES, contenant 64 pièces de 35 auteurs différents, tels qu'Andrieux, Boursault, Brueys, Collin d'Harleville, Dancourt, Destouches, Favart, Gresset, Lemercier, Le Sage, Marivaux, Piron, Scarron, Sedaine, etc. 8 vol. in-18 j. (qui se vendent séparément) (*Ibid*.). Le vol. . . . . 3 fr.

THÉATRE DE LA RÉVOLUTION, ou Choix de pièces de théâtre qui ont fait sensation pendant la période révolutionnaire, publié par Louis Moland. In-12 (*Garnier*) . . . . 3 fr.

COMÉDIES arrangées pour être jouées par des jeunes gens (Molière, Racine, Regnard, Berquin, etc.), collection formant 19 vol. et contenant 65 pièces (*Bricon*) . . . . . . 16 fr.
Chaque vol séparément. . . . . 1 fr.

LES ANNALES DU THÉATRE ET DE LA MUSIQUE, par Ed. Noël et Edm. Stoullig. 1875 et ann. suiv. Vol. in-12 (*Charpentier*). Le vol. 3 fr. 50

*AUGIER (Emile). — Théâtre complet. 7 vol. in-18 j. (*Calmann-Lévy*) Le vol. . . . . 3 fr. 50

BEAUMARCHAIS. Théâtre, In-8 j. (*Calmann-Lévy*) . . . 1 fr.

BORNIER (H. de). — La Fille de Roland, drame en quatre actes, en vers. In-18 j. (*Dentu*) . . . . 3 fr. 50

COLLIN D'HARLEVILLE. — Théâtre, publié par L. Moland. In-18 j. (*Garnier*) . . . . 3 fr.

CORNEILLE. — Œuvres complètes de Pierre Corneille et œuvres

choisies de Thomas Corneille, précédées d'une vie de Pierre Corneille, par Fontenelle, et contenant les notes de Voltaire, La Harpe, Marmontel, Palissot, Saint-Évremond, etc. 2 vol. in-8 à 2 col. (*Firmin-Didot*) . . . . 20 fr.

CORNEILLE. — Œuvres de Pierre et Thomas Corneille ; éd. Ch. Louandre. 2 vol. in-18 j. (*Charpentier*) . . . . 7 fr.

COPPÉE (François). — Théâtre. 4 vol. in-18 (*Lemerre*) . 20 fr.

COPPÉE (François). — Pour la couronne. In-18 (*Ibid.*). 2 fr. 50

CRÉBILLON. — Théâtre choisi. Nouv. édit. par Aug. Vitu (*Ibid.*). 3 fr.

DELAVIGNE (Casimir). — Œuvres complètes. 4 vol. in-18 j. (*Firmin-Didot*) . . . . 12 fr.

DELAPORTE (le P. V.), S. J. — Drames français. In-8 (*Retaux*). 4 fr.

DÉROULÈDE (Paul). — Messire Du Guesclin, drame en 3 actes, en vers. In-32 (*Calmann-Lévy*) . . . . 2 fr.

DUMAS fils (Alexandre). — Théâtre complet. 7 vol. in-18 j. (*Calmann-Lévy*). Le vol. . . . . 3 fr. 50

FEUILLET (Octave). — Théâtre complet. 5 vol. in-18 j. (*Ibid.*). 3 fr. 50

FOURNEL (Victor). — Les Contemporains de Molière, recueil de comédies rares ou peu connues, jouées de 1650 à 1680. 3 vol. in-8 (*Firmin-Didot*) . . . . 18 fr.

HUGO (Victor). — Théâtre. Édit. nationale. 5 vol. petit in-4 (*Testard*) . . . . 150 fr.

MARIVAUX. — Théâtre. Nouv. édit. In-18 j. (*Garnier*). . 3 fr.

LABICHE (Eug.). — Théâtre choisi, avec préface d'Édouard Pailleron. In-4, illustré (*Calmann-Lévy*) . . . . 15 fr.

LECLERCQ (Théodore). — Proverbes dramatiques. 4 vol. in-12 (*Garnier*). . . . . 12 fr.

LONGHAYE (le P.), S. J. — Théâtre chrétien. 2 vol. in-12 (*Retaux*). 12 fr.

MOLIÈRE. — Œuvres complètes. Nouv. édit., publiée par Philarète Chasles. 5 vol. in-18 j. (*Calmann-Lévy*) . . . . 5 fr.

MOLIÈRE. — Œuvres : Nouvelle édition, revue sur les plus anciennes impressions et augmentée de variantes, de notices, de notes, d'un lexique des mots et locutions remarquables, de portraits, de fac-similés, etc., par MM. Eugène Despois et Paul Mesnard. 11 vol. in-8 (*Hachette*). Le vol. . . . . . 7 fr. 50
Album. Gr. in-8 . . . . 7 fr. 50

MOLIÈRE. — Œuvres choisies (pour la jeunesse). 2 vol. in-16 (*Ibid.*). 4 fr. 50

*MUSSET (Alfred de). — Comédies et proverbes. 3 vol. in-18 j. (*Charpentier*) . . . . 10 fr. 50

MYSTÈRE DE LA PASSION (le), représenté à Oberammergau dans

les montagnes de la Bavière, trad. par Émile Paris, sur l'autorisation et sous le patronage du curé d'Oberammergau. In-16 (*Lethielleux*) . . . . 2 fr.

PICARD. — Théâtre choisi. 2 vol. in-12 (*Garnier*) . . . 6 fr.

PONSARD (François). — Œuvres complètes. 3 vol. in-8 (*Calmann-Lévy*) . . . . 22 fr. 50

RACINE. — Théâtre complet, éd. Ch. Louandre. In-18 j. (*Charpentier*) . . . . 3 fr. 50

RACINE. — Théâtre complet. 2 vol. in-18 j. (*Calmann-Lévy*). 2 fr.

REGNARD. — Théâtre, avec notice et notes par Alex. Piédagnel. 2 vol. in-16 (*Lemerre*) . . . . 10 fr.

REGNARD. — Œuvres. Nouv. édit. publiée par Édouard Fournier. 2 vol. in-18 j. (*Garnier*) . . . . 6 fr.

ROTROU. — Théâtre choisi, publié par Félix Hémon. In-18 j. (*Ibid.*). 3 fr.

SANDEAU (Jules). — Le Gendre de M. Poirier. In-18 j. (*Calmann-Lévy*) . . . . 2 fr.

SANDEAU (Jules). — Mlle de la Seiglière. In-18 j. (*Ibid.*) . 2 fr.

SARDOU (Victorien). — Patrie. — Rabagas. — La famille Benoiton. 3 vol. in-18 j. (*Calmann-Lévy*) . . . . 6 fr.

SCRIBE (Eugène). — Bertrand et Raton. — La Camaraderie. — Contes de la reine de Navarre. — Batailles de Dames. 4 vol. in-18 j. (*Dentu*). Le vol. . . . . 2 fr.

VIGNY (Alfred de). — Théâtre complet. In-18 j. (*Calmann-Lévy*). 3 fr. 50

VOLTAIRE. — Théâtre. Nouv. édit. in-18 j. (*Garnier*) . . 3 fr.

II. — *Théâtre étranger.*

*ARISTOPHANE. — Comédies, trad. par Ch. Zévort. In-18 j. (*Charpentier*) . . . . 3 fr. 50

CALDERON. — Théâtre, trad. par A. de la Tour. 2 vol. in-18 j. (*Ibid.*) . . . . 7 fr.

CALDERON. — Théâtre choisi, trad. par L Sandret 2 vol. in-16 (*Classiques pour tous* de la Société bibliographique; *Sanard et Derangeon*) . . . . 1 fr.

CERVANTÈS. — Théâtre, trad. par Alph. Royer. In-18 j. (*Calmann-Lévy*) . . . . 3 fr. 50

GŒTHE. — Théâtre, trad. par Albert Stapfer. 2 vol. in-18 j. (*Charpentier*) . . . . 7 fr.

LESSING. — Théâtre, trad. par Félix Salles. 3 vol. in-18 j. (*Ibid.*). 10 fr. 50

LOPE DE VEGA. — Théâtre, trad. par Damas-Hinard. 2 vol. in-18 j. (*Ibid.*) . . . . 7 fr.

MANZONI. — Théâtre et poésies, trad. par Antoine de Latour. Nouv. édit. In-18 j. (*Ibid.*). . . . . 3 fr. 50

SCHILLER. — Théâtre, trad. nouvelle avec une notice par X. Marmier. 3 vol. in-18 j. (*Ibid.*) . . . . 10 fr. 50

SCHILLER. — Œuvres, trad. par Ad. Regnier. 8 vol. in-8 (*Hachette*). 48 fr.

SHAKESPEARE. — Œuvres complètes, traduites par E. Montégut. 10 vol. in-18 (*Ibid.*). Chaque vol. . . . . 3 fr. 50

SHAKESPEARE. — Œuvres complètes, trad. par Benjamin-Laroche. 6 vol. in-18 j. (*Charpentier*) . . . . 21 fr.

SHAKESPEARE. – Chefs-d'œuvre, trad. en vers français, par Cayrou. 2 vol. gr. in-8 (*Plon*) . . . . 20 fr.

SHAKESPEARE. — Chefs-d'œuvre; Richard III. Le Marchand de Venise. Roméo. Henri IV. Hamlet. Othello. Le Roi Lear. Macbeth. Jules César. 3 vol. in-12 (*Hachette*) . . . . . 3 fr.

SHAKESPEARE. — Œuvres choisies, publiées par Henri de Pezac. 3 vol. in-18 (*Classiques pour tous* de la Société bibliographique; *Sanard et Derangeon*). . . . . 1 fr. 50

SHERIDAN. — Théâtre, trad. par Georges Duval. In-18 j. (*Charpentier*) . . . . 3 fr. 50

TOLSTOÏ (comte Alexis). — La Mort d'Ivan le Terrible. Le Tsar Fédor Ivanovitch. Le Tsar Boris. Préface d'Ivan Tourguéniev, traduction de B. Tseytline et E. Jaubert. 3e édit. In-18 j. (*Savine*) . . . . 3 fr. 50

Romans.

AIMARD (Gustave). — Le Souriquet. 2 vol. in-18 (*Dentu*) . 6 fr.

AIMARD (Gustave). — Le Rancho du Pont-des-Lianes. In-18 (*Dentu*) . . . . 3 fr.

AIMARD (Gustave). — Les Bandits de l'Arizona. In-12(*H. Gautier*) . . . . 3 fr.

ALARCON (Pedro de). — L'Enfant à la boule. Trad. de l'espagnol par M. Deleyne. In-18 (*Hachette*) . . . . . . 1 fr.

ANDERSEN. — Nouveaux contes suédois. In-18 (*Hetzel*) . 3 fr.

ANJOU (Germaine d'). — La Petite-nièce d'O'Connell. In-12 (*Lecoffre*). 2 fr.

ARTHEZ (Danielle d'). — Les Tribulations de Nicolas Mender. Gr. in-8, avec 81 vign (*Hachette*) . . . . 4 fr.

ARTHEZ (Danielle d'). — La Femme de mon fils. In-18 (*Firmin-Didot*). . . . . 2 fr. 50

ARTHEZ (Danielle d') — Arlette. In-18 (*Ibid.*). . . . . 2 fr. 50

ARVOR (Mme Gabrielle). — De chute en chute. In-18 (*H. Gautier*) . . . . 2 fr.

Avenel (J. d'). — Orient et Occident, récits et nouvelles. 2 vol. in-12 (*Lamulle et Poisson*) . . . . 6 fr.

Balleyguier (N.). — Futurs chevaliers. Gr. in-8, illustré (*Delagrave*). . . . . 10 fr.

Barbier (Marie). — Les Nouveaux contes blancs : Bempt, la Princesse Tourmente, Jasminette. Gr. in-8, illustré (*Hetzel*). 7 fr.

Barral (l'abbé Adrien de). — Autour du clocher, coutumes et fêtes chrétiennes. In-18 (*Delhomme et Briguet*). . 2 fr. 50

Bazin (René). — Les Noëllet. In-18 (*Calmann-Lévy*). 3 fr. 50

Bazin (René). — Ma tante Giron. In-18 (*Ibid.*) . . . 3 fr. 50

Bazin (René). — La Sarcelle bleue. In-18 (*Ibid.*). 3 fr. 50

Bazin (René). — Une Tache d'encre. In-18 (*Ibid.*) . . 3 fr. 50

Bazin (René). — Humble amour. In-18 (*Ibid.*) . . . 3 fr. 50

Beaumont (la Ctesse de). — Sacrifice. In-18 (*H. Gautier*). 3 fr.

Beaurepaire-Louvagny (Ctesse de). — Les Sauveteurs de l'asphalte (*Téqui*) . . . . 2 fr.

Beaurepaire-Louvagny (Ctesse de). — Le Crime de Kéralain (*Ibid.*) . . . . 2 fr.

Bergeret (Gaston). — Nicole à Marie. Gr. in-8, avec 46 grav. (*Hachette*) . . . . 7 fr.

Bernard (Daniel). — La Chasse au phénix. Petit in-4, illustré (*Delagrave*). . . . . 2 fr. 90

Berthet (Élie). — Le Charlatan. In-18 (*Dentu*) . . . . 3 fr.

Berthet (Élie). — Le Sac de la Ramée. In-18 (*Ibid.*) . 0 fr. 60

Berthoud (S.-Henry). — L'Esprit des oiseaux. Gr. in-4, illustré (*Mame*) . . . . 3 fr. 35

Besancenet (Alfred de). — Coups d'épée au pays comtois. In-12 (*Sauvaitre*). . . . . 1 fr. 50

Besneray (Mme Marie de). — Au pays de Bernadette. In-18 (*Téqui*) . . . . 2 fr.

Beugny d'Hagerue (G. de). — Le Roman d'un jésuite. In-16 (*Savaëte*). . . . . 3 fr. 50

Beugny d'Hagerue (G. de). — Les Mémoires d'un commis voyageur. In-18 (*Plon*) . . . . 3 fr. 50

Biart (Lucien). — Antonia Bezarez. In-18 (*Ibid.*) . . 3 fr. 50

Biart (Lucien). — Grand-père Maxime, histoire d'un vieux chimiste et de deux orphelins. Petit in-4, illustré (*Ibid.*) . 10 fr.

Biart (Lucien). — Le Pensativo, scènes mexicaines. In-18 (*Hennuyer*) . . . . 3 fr. 50

Biart (Lucien). — La Conquête d'une patrie. Le Pensativo. Gr. in-8, illustré (*Ibid.*) . . . . 7 fr.

BIART (Lucien). — Les Voyages involontaires. Gr. in-8, avec 104 grav. (*Hetzel*). . . . . 9 fr.

BIART (Lucien). — Quand j'étais petit, histoire d'un enfant racontée par un homme. In-8 carré, illustré (*Plon*) . . 10 fr.

BLANDY (S.). — Pierre de touche. In-18 (*Firmin-Didot*) 2 fr. 50

BLANDY (S.) — Tante Marise. In-12 (*Firmin-Didot*) . 2 fr. 50

BOISGOBEY (Fortuné du). — Un Cadet de Normandie au XVIIe siècle. Gr in-8, illustré (*Delagrave*) . . . . 5 fr.

BOISSIN (Firmin). — Jan de la Lune. In-18 (*Savine*) . 3 fr. 50

BONSERGENT (Alfred). — La Maison du Quai-Planté. In-18 (*Hennuyer*) . . . . 3 fr. 50

*BORDEU (Charles de). — La Marie bleue. In-18 (*Quantin*). 3 fr. 50

*BORDEU (Charles de). — Le Dernier Maître. In-18 (*Ibid.*). 3 fr. 50

*BORDEU (Charles de). — Jean Pec. In-18 (*Plon*). . . 3 fr. 50

BORNIER (Henri de). — Louise de Vauvert. In-18 (*Dentu*). 3 fr. 50

BORNIER (Henri de). — La Lizardière. In-18 (*Ibid.*) . . 1 fr.

BOUNIOL (Bathild). — A l'ombre du drapeau, épisodes de la vie militaire. Empire, Algérie, Crimée. In-12 (*Retaux*). 2 fr. 50

BOURDON (Mme). — Anne-Marie. In-18 (*Ibid.*) . . . . . 2 fr.

BOURDON (Mme). — La Charité, légendes. In-18 (*Ibid.*) . . 2 fr.

Le même, in-8, illustré (*Ibid.*). . . . . 1 fr.

BOURDON (Mme). — Le Droit d'aînesse, ou Dévouement filial et fraternel. In-18 (*Ibid.*) . . . . 2 fr.

BOURDON (Mme). — Études et notices historiques. In-18 (*Ibid.*). 2 fr.

BOURDON (Mme). — Léontine, histoire d'une jeune femme. In-18 (*Ibid.*). . . . . 2 fr.

BOURDON (Mme). — La Femme d'un officier. In-18 (*Lethielleux*). 2 fr.

BOURDON (Mme). — Mademoiselle de Neuville. In-18 (*Ibid.*). 2 fr.

BOURDON (Mathilde). — Mademoiselle de Chênevaux. In-18 (*H. Gautier*) . . . . 2 fr.

*BOURGET (Paul). — Le Disciple. In-18 (*Lemerre*) . . . 3 fr. 50

*BOURGET (Paul). — Cosmopolis. In-18 (*Ibid.*) . . . 3 fr. 50

*BOYER D'AGEN. — Le Pays natal. In-18 (*Victor Havard*). 3 fr. 50

*BOYER D'AGEN. — Pascal Bordelas. In-18 (*Ibid.*) . . 3 fr. 50

BRET (Jacques). — Messieurs de Cisay. In-12 (*Lecoffre*) . 2 fr.

BRET (Jacques). — Eljen! In-18 (*Retaux*) . . . . . . 2 fr.

BRISAY (H. de) et LAUMONIER (D.). — Le Secret de l'abbé Fauvel. In-18 (*Delhomme et Briguet*) . . . . 3 fr.

Buet (Charles). — Aubanon Cinq-Liards. In-18 (*H. Gautier*). 3 fr.

Buet (Charles). — La Tour Griffe-d'Or. In-12 (*Delarue*). 2 fr.

Buet (Charles). — Castelvautour. In-8, illustré (*Delarue*). 3 fr. 50

Buet (Charles). — Scènes de la vie cléricale. In-12 (*Victorion*). 3 fr.

Buet (Charles). — Les Savoyardes. In-12 (*Ibid.*). . . . 3 fr.

Buet (Charles). — Le Roi Charlot. 2 vol. in-12 (*Ibid.*) . 6 fr.

Buet (Charles). — La Petite Princesse. In-18 (*Dentu*). . 3 fr.

Buxy (B. de). — Le Secret de Lusabran. In-18 (*H. Gautier*). 3 fr.

Buxy (B. de). — Une Jeune belle-mère. In-18 (*Ibid.*) . . 3 fr.

Caballero (Fernan).—Un Été à Bornos, trad. par Aug. Dumas. In-12 (*Téqui*) . . . . 3 fr.

Caballero (Fernan). — Nouvelles andalouses : scènes de mœurs contemporaines, trad. par A. Germond de Lavigne. In 12 (*Hachette*) . . . . 1 fr.

Calemard de la Fayette (Ch.). — Peau de bique, ou la Prime d'honneur. In-12. (*Ibid.*) . . . . 1 fr. 25

Calmettes (Fernand). — Brave Fille. In-18 (*Plon*) . 3 fr. 50

Camp (Maxime du). — Bons cœurs et braves gens. Gr. in-8, avec 50 grav. (*Hachette*) . . . . 7 fr.

Campfranc (M. du). — Toit de chaume. In-18 (*H. Gautier*). 3 fr.

Campfranc (M. du). — Sœur Louise. In-18 (*Ibid.*) . . . 3 fr.

Campfranc (M. du). — Obéissance. In-18 (*Ibid.*) . . . 3 fr.

Campfranc (M. du). — Perle fine. In-18 (*Ibid.*) . . . . 3 fr.

Campfranc (M. du). — Le Balcon de la Chênaie. In-18 (*Firmin-Didot*). . . . . 2 fr. 50

Campfranc (M. du). —Le Marquis de Villepreux. In-18 (*H. Gautier*) . . . . 2 fr.

Campfranc (M. du). — Exil. In-18 (*Ibid.*) . . . . . . 3 fr.

Cassan (Marie). — Le Notaire de Lozers. In-12 (*Ibid.*) . 2 fr.

Cassan (Marie). — Jacques Raulland. In-12 (*Ibid.*). . . 2 fr.

Cauvain (Henri). — Maximilien Heller. In-12 (*Lecoffre*) . 2 fr.

Cauvain (Henri). — Le Roi de Gand. In-12 (*Ibid.*) . . . 2 fr.

Célières (Paul). — Le Chef-d'œuvre de Papa Schmeltz. In-8, illustré (*Hennuyer*) . . . . 7 fr.

Célières (Paul). — Les Mémorables aventures du docteur J.-B. Quiès. In-4, avec 125 dessins (*Ibid.*) . . . . 12 fr.

Célières (Paul). — Le Roman d'une mère. In-18 (*Ibid.*). . . . . . . 3 fr. 50

CERVANTÈS. — Don Quichotte de la Manche, trad. de Lucien Biart. 1878, in-12 (*Hetzel*) . . . . 3 fr.

CERVANTÈS. — Don Quichotte de la Manche, trad. de M Damas-Hinard. 2 vol. in-18 j. (*Charpentier*) . . . . 7 fr.

CHANDENEUX (Claire de). — Blanche-Neige. In-12 (*H. Gautier*). 2 fr.

CHANDENEUX (Claire de). — Souvenirs de Bérénice. In-18 (*Plon*). 3 fr.

CHANDENEUX (Claire de). — Cléricale. In-18 (*H. Gautier*). 3 fr.

CHATEAU (Pierre du). — Dix-huit cents francs de rente. In-18 (*Firmin-Didot*) . . . . 2 fr. 50

CHATEAU (Pierre du). — Deux Puissances ennemies. In-18 (*H. Gautier*) . . . . 2 fr.

CHATEAU (Pierre du). — Les Locataires de M. Godillot. In-18 (*Ibid.*) . . . . 2 fr.

CHATEAU (Pierre du). — Notre Demoiselle. In-18 (*H. Gautier*). 2 fr.

CHATEAUBRIAND. — Les Martyrs. In-18 j. (*Firmin-Didot*). 3 fr.

CHARLIEU (H. de). — La Mission du capitaine. Gr. in-8 (*Delagrave*) . . . . 5 fr.

*CHERBULIEZ (Victor). — La Vocation du comte Ghislain. 1 vol. in-18 (*Hachette*) . . . . 3 fr. 50

CHÉRON DE LA BRUYÈRE (Mme). — Cœur d'or. In-18 (*Haton*). 2 fr.

CHÉRON DE LA BRUYÈRE (Mme). — La Tante Derbier. Gr. in-8, avec grav. (*Hachette*) . . . . 4 fr.

CHERVILLE (le Mis G. de). — Contes d'un coureur des bois. In-12, illustré (*Flammarion*) . . . . 3 fr. 50

CHERVILLE (le Mis G. de). — Les Contes de ma campagne. Gr. in-4, illustré (*Firmin-Didot*) . . . . 5 fr.

CHERVILLE (le Mis G. de). — Récits de terroir. Gr. in-4, illustré (*Ibid.*) . . . . 5 fr.

CHERVILLE (le Mis G. de). — Contes de chasse et de pêche. In-12 (*Ibid.*) . . . . 3 fr.

CHERVILLE (le Mis G. de). — Muguette. In-12 (*Ibid.*) . . 3 fr.

CHEVALIER (A.). — Le Sacrifice de Lancelot, imité de l'anglais de lady Noël. In-4, avec 36 grav. (*Mame*) . . . . 3 fr. 35

*CLARETIE (Jules). — Candidat. In-18 (*Dentu*) . . . . 3 fr. 50

COLOMB (Mme J.). — Sabine. In-18 (*Firmin-Didot*) . . 2 fr. 50

COLOMB (Mme J.). — Denis le tyran. Gr. in-8, avec grav. (*Hachette*) . . . . 4 fr.

COLOMB (Mme J.). — Hélène Corianis. Gr. in-8, avec grav. (*Ibid.*) . . . . 4 fr.

COLOMB (Mme J.). — Danielle. Gr. in-8, avec grav. (*Hachette*). 4 fr.

COLOMB (Mme J.). — Hervé Plémeur. Gr. in-8, avec grav. (*Ibid.*). 4 fr.

COLOMB (Mme J.). — Les Conquêtes d'Hermine. Gr. in-8, avec grav. (*Ibid.*). . . . . 4 fr.

COLOMB (Mme J.). — Jean l'Innocent. Gr. in-8, avec grav. (*Ibid.*). 4 fr.

CONSCIENCE (Henri). — Scènes de la vie flamande. Trad. par Wocquier. 2 vol. in-12 (*Calmann-Lévy*) . . . . . . 2 fr.

CONSCIENCE (Henri). — Les Heures du soir. Trad. par Wocquier. In-12 (*Ibid.*). . . . . 1 fr.

CONSCIENCE (Henri). — Le Fléau du village. Le Bonheur d'être riche. Trad. par Wocquier. In-12 (*Ibid.*) . . . . . 1 fr.

CONSCIENCE (Henri). — L'Orpheline. La Fille de l'épicier. Quentin Metzys, etc. Trad. par Wocquier. In-12 (*Ibid.*) . . 1 fr.

CONSCIENCE (Henri). — Le Jeune docteur. In-12 (*Ibid.*) . 1 fr.

CONSCIENCE (Henri). — Le Lion de Flandre. 2 vol. in-12 (*Ibid.*). 2 fr.

CONSCIENCE (Henri). — Le Mal du siècle. In-12. (*Ibid.*) . 1 fr.

CONSCIENCE (Henri). — La Mère Job. In-12. (*Ibid.*) . . . 1 fr.

CONSCIENCE (Henri). — L'Orpheline. In-12. (*Ibid.*) . . . 1 fr.

CONSCIENCE (Henri). — Scènes de la vie flamande. 2 vol. in-12 (*Ibid.*). . . . . 2 fr.

CONSCIENCE (Henri). — Souvenirs de jeunesse. 2 vol. in-12 (*Ibid.*). 1 fr.

CONSCIENCE (Henri). — La Tombe de fer. In-12 (*Ibid.*) . . 2 fr.

CONSCIENCE (Henri). — Le Tribun de Gand. 2 vol. in-12 (*Ibid.*). 2 fr.

CONSCIENCE (Henri). — Les Veillées flamandes. In-12 (*Ibid.*). 1 fr.

CONSCIENCE (Henri) — L'Année des merveilles. In-12 (*Ibid.*). 1 fr.

CONSCIENCE (Henri). — Aurélien. 2 vol. in-12 (*Ibid.*) . . 2 fr.

CONSCIENCE (Henri). — Batavia. In-12 (*Ibid.*). . . . . 1 fr.

CONSCIENCE (Henri). — Le Conscrit (*Ibid.*) . . . . . . 1 fr.

CONSCIENCE (Henri). — Le Coureur des grèves (*Ibid.*). . 1 fr.

CONSCIENCE (Henri). — Le Démon de l'argent (*Ibid.*) . . 1 fr.

CONSCIENCE (Henri). — Le Démon du jeu (*Ibid.*). . . . 1 fr.

CONSCIENCE (Henri). — Le Fléau du village (*Ibid.*) . . . 1 fr.

CONSCIENCE (Henri). — Le Gentilhomme pauvre (*Ibid.*) . 1 fr.

CONSCIENCE (Henri). — La Guerre des paysans (*Ibid.*). . 1 fr.

CONSCIENCE (Henri). — Heures du soir (*Ibid.*). . . . . 1 fr.

Conscience (Henri). — Le Pays de l'or (*Ibid.*) . . . . 1 fr.

Conscience (Henri). — La Tombe de fer (*Ibid.*). . . . 1 fr.

Conscience (Henri). — Le Pays de l'or (*Ibid.*) . . . . 1 fr.

Conscience (Henri). — Le Chemin de la fortune (Suite du précédent) (*Ibid.*). . . . . 1 fr.

Conscience (Henri). — Le Gentilhomme pauvre. (*Ibid.*). 1 fr.

Cooper (Fenimore). — Chefs-d'œuvre, trad. par Benjamin Laroche. 6 vol. in-8 (*Firmin-Didot*) . . . . 10 fr.
Chaque volume se vend séparément. . . . . 2 fr.

1 Le Dernier des Mohicans.
2 Les Pionniers.
3 Le Pilote.
4 L'Espion.
5 La Prairie.
6 Le Corsaire Rouge.

Courcy (Alfred de). — Château à vendre. In-12 (*Ibid.*) . 3 fr.

Courcy (Alfred de). — Trop tard. In-12 (*Ibid.*) . . . . 2 fr.

Courcy (Alfred de). — Le Roman caché In-12 (*Ibid.*). . 3 fr.

Craven (Mme Augustus). — Anne Severin. In-12 (*Perrin*) 4 fr.

Craven (Mme Augustus). — Éliane. 2 vol. in-12 (*Ibid.*) . 6 fr.

Craven (Mme Augustus). — Le Valbriant. In-12 (*Ibid.*) 3 fr. 50

Craven (Mme Augustus). — Le Mot de l'énigme. 2 vol. in-12 (*Ibid*) . . . . 6 fr.

Craven (Mme Augustus), — Fleurange. 2 vol. in-12 (*Ibid.*) 6 fr.

Crawford (Marion). — Zoroastre. In-12 (*Colin*) . . 3 fr. 50

Cummins (Miss). — L'Allumeur de réverbères. In-16 (*Hachette*). 1 fr.

Cummins (Miss). — La Rose du Liban. In-16 (*Ibid.*) . . 1 fr.

Cummins (Miss). — Mabel Vaughan. In-16 (*Ibid.*) . . . 1 fr.

Cummins (Miss). — Les Cœurs hantés. In-16 (*Ibid.*) . . 1 fr.

Danjou (P.-Louis). — Ma Foi, ma patrie, récits édifiants et humoristiques. In-8, avec grav. (*Retaux*) . . . . . . 4 fr.

Darville (Lucien). — La Grande victime. In-18 (*H. Gautier*). 2 fr.

Darville (Lucien). — La Vengeance du prêtre. In-18 (*Ibid.*). 2 fr.

*Daudet (Alphonse). — Jack. In-12, illustré (*Marpon et Flammarion*) . . . . 3 fr. 50

*Daudet (Alphonse). — Tartarin de Tarascon. In-18, illustré (*Ibid.*). . . . . 3 fr. 50

*Daudet (Alphonse). — Le Petit Chose. In-18 (*Charpentier*) 3 fr.

David-Sauvageot (A.). — Ennemis d'enfance. Gr. in-8, illustré (*Colin*). . . . . 7 fr.

DELORME (Marie). — Contes du pays d'Armor. Gr. in-8, illustré (*Colin*). . . . . 7 fr.

DELORME (Marie). — Yves Kerhélo. In-18, avec grav. (*Ibid.*). 2 fr.

DELORME (Sixte). — Les Dix doigts de Jean Ruté. Gr. in-8, avec illustr. (*Delagrave*) . . . . 5 fr.

DELPIT (Albert). — Solange de Croix-Saint-Luc. In-12 (*Ollendorff*) . . . . 3 fr. 50

DELPIT (Albert). — Yvonne. In-18 j. (*Calmann-Lévy*). 3 fr. 50

DESLYS (Charles), — La Fille à Jacques, suivie de : Les Dix-sept ans de Marthe. In-12 avec grav. (*Mame*) . . . . . 2 fr.

DESLYS (Charles). — Les Récits de la grève. In-12 (*Perrin*). 3 fr. 50

DESLYS (Charles). — L'Héritage de Charlemagne. Gr. in-8, avec grav. (*Hachette*) . . . . 3 fr.

DESLYS (Charles). — La Mère aux chats, la Balle d'Iéna, la Fille du rebouteur, le Bien d'autrui. Gr. in-8, avec grav. (*Ibid.*). 4 fr.

DESTOURNELLES (Alfred). — Le Loup dans la bergerie. In-12 (*Perrin*) . . . . 3 fr.

DHORMOYS (Paul). — Souvenirs d'un chasseur. In-8, avec grav. (*Hachette*) . . . . 2 fr.

DICKENS (Charles). — Œuvres traduites de l'anglais. 24 vol. in-16 (*Ibid.*), le vol. . . . . 1 fr.

Aventures de M. Pickwick. 2 vol.
Barnabé Rudge. 2 vol.
Bleak-House. 2 vol.
Contes de Noël. 1 vol.
Dombey et fils. 3 vol.
La Petite Dorrit. 2 vol.
Le Magasin d'antiquités. 2 vol.
Les Temps difficiles. 1 vol.
Olivier Twist. 1 vol.
Paris et Londres en 1793. 1 vol.
Vie et aventures de Martin Chuzzlewit. 2 vol.
Les Grandes espérances. 2 vol.
L'Ami commun. 2 vol.
Le Mystère d'Edwin Drood. 1 vol.

DICKENS (Charles). — Le Magasin d'antiquités. Gr. in-8, avec grav. (*Ibid.*) . . . . 2 fr. 60

DICKENS (Charles). — Nicolas Nickleby. Gr. in-8, avec grav. (*Ibid.*). . . . . 6 fr. 50

DICKENS (Charles). — David Copperfield. Gr. in-8, avec grav. (*Ibid.*). . . . . 6 fr. 50

DISRAELI (Lord Beaconsfield). — Sybil, trad. de l'anglais. In-16 (*Ibid.*). 1 fr.

DISRAELI. — Lothair, traduit par Bernard-Derosne. In-16 (*Ibid.*). . . . . 1 fr.

Dombre (Mlle Roger). — La Maison sans fenêtres. In-18 (*H. Gautier*) . . . . 2 fr.

Dombre (Mlle Roger). — Une Pupille gênante. In-18 (*Ibid.*) 2 fr.

*Dombre (Mlle Roger). — Doctoresse. In-18 (*Firmin-Didot*). 2 fr. 50

Dostoïevsky (Th.). — Souvenirs de la maison des morts. Trad. du russe. (In-18 *Plon*) . . . . 3 fr. 50

Dostoïevsky (Th.). — Humiliés et offensés. Trad. du russe par E. Humbert. In-18 (*Ibid.*) . . . . 3 fr. 50

Drault (Jean). — Le Soldat Chapuzot, scènes de la vie de caserne. In-12 (*Lecoffre*) . . . . 2 fr.

Drault (Jean). — Chapuzot est de la classe, nouvelles scènes de la vie de caserne. In-18, illustré (*H. Gautier*). . . . . 3 fr.

Drault (Jean). — La Cantine Chapuzot. In-18, illustré (*H. Gautier*) . . . . 3 fr.

Drault (Jean). — La Pédale humanitaire. In-18 (*Ibid.*) . 3 fr.

Drault (Jean). — Le Dernier sire de Lavardin. In-8, illustré (*Lecoffre*). 2 fr.

Droz (Gustave). — Tristesses et sourires. In-18 (*Ollendorff*) 3 fr. 50

Drumont (Édouard). — Le Dernier des Trémolin. In-18 (*Flammarion*) . . . . 0 fr. 60

Dubarry (Armand). — Les Aventuriers de l'Amazone. Gr. in-8. avec grav. (*Jouvet*) . . . . 7 fr.

Dupuis (Eudoxie). — Au temps de Guillaume Tell. Gr. in-8, illustré (*Delagrave*) . . . . 5 fr.

Dupuis (Eudoxie). — Un Déshérité. Gr. in-8, avec grav. (*Ibid.*). 5 fr.

Duruy (Georges). — L'Unisson. In-16 (*Hachette*) . . 3 fr. 50

Ebers (Georges). — Ouarda, roman de l'antique Égypte, trad. de l'allemand par C. d'Hermigny. 2 vol. in-12 (*Firmin-Didot*). 6 fr.

*Étiau (Jean d'). — Les Prétendants de Viviane. In-18 (*Plon*). 3 fr. 50

Fabre (Ferdinand). — Xavière. In-18 (*Charpentier*) . 3 fr. 50

Fabre (Ferdinand). — Toussaint Galabru. In-18 (*Ibid.*). 3 fr. 50

Faligan (Ernest). — Suzanne de Pierrepont. In-18 (*H. Gautier*). 3 fr.

Faligan (Ernest). — Le Mendiant de la Coudraie. In-18 (*Ibid.*). 2 fr.

Fauquez (Henri). — Les Adoptés de Boisvallon. Gr. in-8, illustré (*Hetzel*) . . . . 7 fr.

Fénelon. — Aventures de Télémaque, avec des notes géographiques et littéraires et les passages des auteurs grecs et latins que Fénelon a imités : éd. Lefèvre. In-8 (*Firmin-Didot*). 3 fr.

FERRET (l'abbé). — Les Contes. 2 vol. in-12 (*Gaume*) . . 3 fr.

FERRY (Gabriel). — Costal l'Indien. Gr. in-8, illustré (*Hachette*). 4 fr. 50

*FEUILLET (Octave). — Histoire de Sibylle. In-18 j. (*Calmann-Lévy*). 3 fr. 50

*FEUILLET (Octave). — Le Roman d'un jeune homme pauvre. In-18 j. (*Ibid.*) . . . . 3 fr. 50

FEUILLET (Octave). — La Morte. In-18 j. (*Ibid.*) . . . 3 fr. 50

FÉVAL (Paul). — Œuvres, revues et corrigées par l'auteur. Chaque volume in-12 (*Ollendorff*) . . . . 2 fr.
Voir détail sur catalogue spécial.

FLEURIOT (Zénaïde). — Au Galadoc. In-16 (*Hachette*) . . 2 fr.

Le même ouvrage. Gr. in-8, avec grav. (*Ibid.*). . . 4 fr.

FLEURIOT (Zénaïde). — Le Cœur et la tête. In-18 (*Ibid.*) . 2 fr.

FLEURIOT (Zénaïde). — Papillonne, suivie de Souvenirs de jeunesse d'un vieux montagnard. Gr. in-8, avec grav. (*Ibid.*). 7 fr.

FLEURIOT (Zénaïde). — L'Héritier de Kerguignon. In-12 (*Ibid.*). 2 fr.

FLEURIOT (Zénaïde). — Désertion. In-18 (*H. Gautier*) . . 3 fr.

FLEURIOT (Zénaïde). — Bengale. In-16 (*Hachette*) . . . 2 fr.

FLEURIOT (Zénaïde). — La Vie en famille. In-12 (*Ibid.*) . 2 fr.

FLEURIOT (Zénaïde). — De trop. In-16 (*Ibid.*) . . . . . 2 fr.

FLEURIOT (Zénaïde). — Une Famille bretonne. In-18 j. (*Retaux*). 2 fr.

FLEURIOT (Zénaïde). — Les Prévalonnais, scènes de province. 2 vol. in-18 j (*Hachette*) . . . . 2 fr.

FLEURIOT (Zénaïde). — Sans nom. In-18 j. (*Ibid.*) . . . 2 fr.

FLEURIOT (Zénaïde). — Souvenirs d'une douairière. In-18 j. (*Ibid.*). 2 fr.

FLEURIOT (Zénaïde). — L'Exilée du Val-Argant. In-18 (*Lecoffre*). 3 fr.

FLEURIOT (Zénaïde). — Les Premières pages. Gr. in-8, avec grav. (*Hachette*) . . . . 4 fr.

FLEURIOT (Zénaïde). — Sous le joug. In-12 (*H. Gautier*). 3 fr.

FLEURIOT (Zénaïde). — Câline. Gr. in-8, avec 103 grav. (*Hachette*). . . . . 4 fr.

FLEURIOT (Zénaïde). — Cœur muet. In-8, avec grav. (*Ibid.*). 7 fr.

FLEURIOT (Zénaïde). — Le Clan des têtes chaudes. Gr. in-8, avec grav. (*Ibid.*). . . . . 4 fr.

FLEURIOT (Zénaïde). — Feu et flamme. Gr. in-8, avec grav. (*Hachette*). . . . . 4 fr.

FLEURIOT-KÉRINOU (Fr.). — De Fil en aiguille. In-12 (*Ibid.*). 2 fr.

FLORAN (Mary). — Daniel Levar. In-18 (*Charpentier*) . 2 fr. 50

FLORAN (Mary). — Bonheur méconnu. In-18 (*Calmann-Lévy*). 3 fr. 50

FOË (Daniel de). — Robinson Crusoé, trad. de l'anglais. In-18 j. (*Firmin-Didot*) . . . . 3 fr.

FOË (Daniel de). — La Vie et les aventures de Robinson Crusoé, In-18 (*Hachette*) . . . . 2 fr. 25

FOË (Daniel de). — Aventures de Robinson Crusoé, édit. illustrée 2 vol. in-12 (*Mame*) . . . . 2 fr.

FORNELLES (Albert). — La Campagne de l' « Invincible. » In-18 (*Lecoffre*) . . . . 2 fr.

FOURNEL (Victor). — La Confession d'un père. In-18 j. (*Calmann-Lévy*) . . . . 3 fr. 50

FOURNEL (Victor). — L'Ancêtre. In-18 j. (*Ibid.*), . . 3 fr. 50

FOURNIELS (Roger des). — Floréal. In-18 (*H. Gautier*). . 3 fr.

FRANAY (Gabriel). — Flossette. Gr. in-4, illustré (*Colin*). 7 fr.

FRESNEAU, née de SÉGUR (Mme). — Les Protégés d'Isabelle. In-18, avec grav. (*Hachette*) . . . . 2 fr. 25

FRESNEAU, née de SÉGUR (Mme). — Deux Abandonnées. In-16, avec grav. (*Ibid.*). . . . . 2 fr. 25

FRESNEAU, née de SÉGUR (Mme). — Comme les grands. In-16, avec grav. (*Ibid.*) . . . . 2 fr. 25

FRESNEAU, née de SEGUR (Mme). — Une Année du petit Joseph. In-16 carré, avec grav. (*Ibid.*) . . . . 2 fr. 25

FULLERTON (lady). — Ginevra, ou le Manoir de Grantley. In-12 (*Téqui*) . . . . 2 fr.

FULLERTON (lady). — L'Oiseau du bon Dieu. In-16 (*Hachette*). 1 fr.

FULLERTON (lady). — Ellen Middleton. In-16 (*Ibid.*) . . 1 fr.

FULLERTON (lady). — La Fille du notaire, trad. de l'anglais par W. Fitz-Gérald. In-8 (*Mame*) . . . . 0 fr. 75

FULLERTON (lady). — Constance Sherwood, adapté par A. Chevalier. In-4, illustré (*Ibid.*) . . . . 2 fr. 50

FULLERTON (lady). — Rose Leblanc. In-8 (*Téqui*) . . . 5 fr.

GAUTIER (Léon). — Scènes et nouvelles catholiques. In-12 (*Victorion*) . . . . 2 fr.

GAUTIER (Léon). — Voyage d'un catholique autour de sa chambre. In-18 (*Ibid.*) . . . . 3 fr.

GEVIN-CASSAL (Mme O.). — Souvenirs du Sundgau, récits de la Haute-Alsace. In-18 (*Lecène et Oudin*) . . . . 3 fr. 50

Girardin (J.). — Le Commis de M. Bouvat. Gr. in-8, avec grav. (*Hachette*) . . . . 4 fr.

Girardin (J.). — Le Fils Valansé. Gr. in-8, avec grav. (*Ibid.*). 4 fr.

Girardin (J.). — Les Certificats de François. Gr. in-8, avec grav. (*Ibid.*) . . . . 2 fr.

Girardin (J.). — Tom Brown, scènes de la vie de collège en Angleterre, imité de l'anglais. In-8, avec grav. (*Ibid.*) 2 fr.

Girardin (J,). — Les Millions de tante Zézé. Gr. in-8, avec 112 vign. (*Ibid.*) . . . . 4 fr.

Girardin (J.). — Le Roman d'un cancre. Gr. in-8, avec grav. (*Ibid.*) . . . . 4 fr.

Girardin (J.). — Second Violon. Gr. in-8, avec grav. (*Ibid.*). 4 fr.

Girardin (J.). — Histoire d'un Berrichon. Gr. in-8, avec grav. (*Ibid.*) . . . . 4 fr.

Girardin (J.). — Les Locataires des demoiselles Rocher In-8 (*Ibid.*) . . . . 2 fr. 60

Girardin (J.). — Les Théories du docteur Wurtz. In-12 (*Ibid.*). 2 fr.

Girardin (J.). — La Famille Gaudry. Gr. in-8, avec grav. (*Ibid.*). 4 fr.

Giron (Aimé). — Chez l'oncle Aristide. In-18 (*H. Gautier*). 3 fr.

Giron (Aimé). — Les Trois rois Mages. Gr. in-8, avec grav. (*Hachette*) . . . . 4 fr.

Giron (Aimé). — Une Lune de miel. In-18 (*Ollendorff*) 3 fr. 50

Giron (Aimé). — Un Mariage difficile. In-12 (*H. Gautier*). 3 fr.

Giron (Aimé). — Ces Pauvres petits ! In-16, avec vign. (*Hachette*). 2 fr. 25

Giron (Aimé) — Maître Bernillon, notaire. In-18 (*H. Gautier*). 3 fr.

Giron (Aimé). — La Béate. — In-12 (*Ibid.*) . . . . . 3 fr.

Giron (Aimé). — Les Lurons de la Ganse. In-18 (*Ibid.*). 3 fr.

Giron (Aimé). — Contes et histoires pour les enfants. In-4, illustré, cartonné (*Firmin-Didot*) . . . . 10 fr.

Giron (Aimé). — Le Manoir de Meyrial. In-18 (*H. Gautier*). 3 fr.

Gossot (Émile). — Madeleine, souvenirs de la vie de province. In-18 (*Perrin*) . . . . 3 fr. 50

Gouraud (Julie). — Quand je serai grande. In-18, avec vign. (*Hachette*) . . . . 2 fr. 25

Gouraud (Julie). — Minette. In-18, avec grav. (*Ibid.*) . 2 fr. 25

GOURAUD (Julie). — Pierrot. In-18, avec grav. (*Ibid.*) . 2 fr. 25

GOURAUD (Julie). — Le Petit Bonhomme. In-18, avec grav. (*Ibid.*). . . . . 2 fr. 25

GOURAUD (Julie). — Lettres de deux poupées. In-16 (*Ibid.*). 2 fr. 25

GOURAUD (Julie). — Les Mémoires d'un petit garçon. In-16 (*Ibid.*). . . . . 2 fr. 25

GOURAUD (Julie). — Les Mémoires d'un caniche. In-16 (*Ibid.*). 2 fr. 25

GOURAUD (Julie). — Le Petit colporteur. In-16 (*Ibid.*) . 2 fr. 25

GOURAUD (Julie). — Cécile, ou la Petite sœur. In-16 (*Ibid.*). 2 fr. 25

GOURAUD (Julie). — L'Enfant du guide. In-16 (*Ibid.*) . 2 fr. 25

GOURAUD (Julie). — Les Enfants de la ferme. In-16 (*Ibid.*). 2 fr. 25

GOURAUD (Julie). — Le Livre de maman. In-16 (*Ibid.*). 2 fr. 25

GOURAUD (Julie). — Petite et Grande. In-16 (*Ibid.*) . 2 fr. 25

GOURAUD (Julie). — Les Quatre pièces d'or. In-16 (*Ibid.*). 2 fr. 25

GOURAUD (Julie). — Les Deux enfants de Saint-Domingue In-16 (*Ibid.*). . . . . 2 fr. 25

GOURAUD (Julie). — La Petite maîtresse de maison. In-16 (*Ibid.*). 2 fr. 25

GOURAUD (Julie). — Les Filles du professeur. In-16 (*Ibid.*). 2 fr. 25

GOURAUD (Julie). — La Famille Harel. In-16 (*Ibid.*) . 2 fr. 25

GOURAUD (Julie). — Aller et retour. In-16 (*Ibid.*) . 2 fr. 25

GOURAUD (Julie). — Les Petits voisins In-16 (*Ibid*) . 2 fr. 25

GOURAUD (Julie). — Le Petit bonhomme. In-16 (*Ibid.*) . 2 fr. 25

GOURAUD (Julie). — Pierrot. In-16 (*Ibid.*) . . . . . 2 fr. 25

GOURAUD (Julie). — Minette. In-16 (*Ibid.*) . . . . . 2 fr. 25

GOURAUD (Julie). — Cousine Marie. In-8 (*Ibid*) . . . 4 fr.

GOURMONT (Remi de). — Merlette. In-18 (*Plon*). . . 3 fr. 50

GRANGE (Jean). — Aventures d'un gentilhomme poitevin. In-12 (*Haton*) . . . . 2 fr.

GRANGE (Jean). — Les Récits du commissaire. In-18 (*Letouzey et Ané*) . . . . 3 fr. 50

GRANGE (Jean). — Histoire des quatre saisons. In-12 (*Téqui*). 2 fr.

GRANGE (Jean). — Le Prieur des Pénitents bleus. In-12 (*Haton*). 2 fr.

Grange (Jean). — Souvenirs d'un enfant de chœur. In-12 (*Haton*). 3 fr.

Gréville (Henry). — Vieux Ménage. In-18 (*Plon*) . . 3 fr. 50

Gréville (Henry). — Perdue. In-8, illustré (*Ibid.*). . . 8 fr.

Gréville (Henry). — Perdue. In-18 (*Ibid.*). . . . . . 3 fr. 50

Gréville (Henry). — Aurette. In-18 (*Ibid.*) . . . . . . 3 fr.

Gréville (Henry). — Jolie propriété à vendre. In-18 (*Ibid.*). 3 fr. 50

Gréville (Henry). — Idylles In-8 (*Ibid.*) . . . . 6 fr.

Gréville (Henry). — Louis Breuil, histoire d'un pantouflard. In-18 (*Ibid.*). . . . . 3 fr.

Gréville (Henry). — La Seconde Mère. In-18 (*Ibid.*) . 3 fr. 50

Gué (Paul). — Cœurs blessés. Gr. in-8, avec grav. (*Hachette*). 7 fr.

Guizot (F.). — L'Amour dans le mariage. In-16 (*Hachette*). 1 fr.

Harel (Paul. — Souvenirs d'auberge. In-18 (*Vic et Amat*). 2 fr.

Harel (Paul). — La Hanterie. In-12 carré (*Lemerre*). 3 fr. 50

Hauff (W.). — Contes merveilleux, trad. par L. de Hessem. Gr. in-4 avec grav. (*Mame*) . . . . 5 fr. 50

Heiberg (L.). — Nouvelle danoise. Trad. par Xavier Marmier. In-12 (*Hachette*) . . . . 1 fr.

Héricault (Charles d'). — Les Noces d'un Jacobin (Journal d'Alcibiade Ceyrat). In-12 (*Perrin*) . . . . 3 fr.

Héricault (Charles d'). — Rose-de-Noël. In-12 (*Ibid.*). . 3 fr.

Héricault (Charles d'). — Les Bourgeois de Quatre-vingt-treize, La Fille de Notre-Dame. In-18 (*Ibid.*). . . . . 3 fr.

Héricault (Charles d'). — Les Aventures de deux Parisiennes pendant la Terreur. In-18 (*Ibid.*) . . . . 3 fr.

Héricault (Charles d'). — Le Roman d'un propriétaire. In-12 (*Ibid.*). . . . . 3 fr. 50

Héricault (Charles d'). — La Fiancée de la Fontenelle. In-18 (*Ibid.*). . . . . 3 fr. 50

Héricault (Charles d'). — Une Veuve millionnaire. In-18 (*Firmin-Didot*) . . . . 2 fr. 50

Hervilly (Ernest d'). — En bouteille à travers l'Atlantique. De Key-West (Floride), au Cap-Nord (Norwège), par le Gulf-Stream. In-4, illustré (*Jouvet*) . . . . 4 fr. 50

Hoffmann. — Fantaisies dans la manière de Callot, trad. par H. de Curzon. In-18 (*Hachette*) . . . . 1 fr.

Hue (Fernand). — Les Voleurs de locomotives. Gr. in-4, illustré (*Lecène et Oudin*). . . . . 5 fr.

Hue (Fernand). — Les Bouchers bleus. Gr. in-4, ill. (*Ibid.*). 5 fr.

Hugues (William-L.). — Les Bébés d'Hélène, imité de J. Habberton. In-4, illustré (*Hennuyer*) . . . . 5 fr.

Jacob (le Bibliophile) [Paul Lacroix]. — Le Dieu Pepetius, roman archéologique In-8, illustré (*Delagrave*) . . 2 fr. 75

Jacob (le Bibliophile) [Paul Lacroix]. — Les Enfants dans la famille. Gr. in-8, avec 4 aquarelles hors texte et 57 dessins (*Ibid.*). . . . . 3 fr 80

Josépha (Marie-Thérèse). — Sans brevet. In-12 (*H. Gautier*). 2 fr.

Juillet (Maxime). — Châtiment. In-18 (*Retaux*) . . . 1 fr.

Julliot (François de). — Terre de France. In-18 (*Ibid.*). 3 fr. 50

Karr (Mlle Thérèse-Alphonse). — Les Noms effacés. In-12 (*Delhomme et Briguet*) . . . . 2 fr. 50

Karr (Mlle Thérèse-Alphonse). — Le Peintre à la violette. L'Imagier de Bethléem. In-12 (*Ibid.*) . . . . 2 fr. 50

Keary (Miss Annie). — L'Irlande il y a quarante ans. Trad. de l'anglais par Mme de Witt. In-16 (*Hachette*) . . . . 1 fr.

La Brète (Jean de). — Mon oncle et mon curé. In-18 (*Plon*). 3 fr. 50

La Brète (Jean de). — Le Roman d'une croyante. In-18 (*Ibid.*). 3 fr. 50

La Brète (Jean de). — Badinage. In-18 (*Ibid.*). . . 3 fr. 50

La Brière (Léon de). — Le Chemin n° 107. In-18 j. (*Calmann-Lévy*) . . . . 3 fr. 50

La Brière (Léon de). — Au Cercle. In-18 j. (*Ibid.*) . 3 fr. 50

La Brière (Léon de). — Blanc et noir, contes courts. In-18 j. (*Chailley*). . . . . 3 fr. 50

La Brière (Léon de). — Contes et souvenirs. In-18 j. (*Chailley*). 3 fr. 50

Lalaing (S. de). — Mademoiselle Bréval. In-12 (*Firmin-Didot*). 2 fr. 50

La Landelle (G. de). — Aventures d'un gentilhomme. 2 vol. in-12 (*Lecoffre*). . . . . 4 fr.

La Landelle (G. de). — Les Quarts de jour. 5 vol. in-12 (*Ibid.*). 10 fr.

La Landelle (G. de). — Les Quarts de nuit. 6 vol. in-12 (*Ibid.*). 12 fr.

Chaque volume se vend séparément.

La Landelle (G. de). — La Gorgone. In-8 (*Libr. mondaine*). 1 fr.

La Landelle (G. de). — Une Haine à bord (*Dentu*) . . 1 fr.

La Landelle (G. de). — Les Passagères. In-18 j. (*Calmann-Lévy*). 1 fr.

La Marsonnière (J.-L. de). — Claudia Varenilla, récit des temps mérovingiens. In-12 (*Lecène et Oudin*) . . . 3 fr. 50

La Marsonnière (J.-L. de). — Un Drame au logis de la Lycorne (récit du xvie siècle). In-12 (*Ibid.*) . . . . 3 fr. 50

*Lamartine. — Le Tailleur de pierres de Saint-Point. In-12 (*Hachette*). . . . . 1 fr. 25

*Lamartine. — Geneviève : Histoire d'une servante. Gr. in-18 j. (*Calmann-Lévy*) . . . . 1 fr.

Lambelin (Roger). — Fils de Chouan, roman contemporain. In-18 (*Plon*). . . . . 3 fr. 50

Lamothe (A. de). — Les Camisards. Gr. in-8, illustré (*H. Gautier*). 8 fr.

Lamothe (A. de). — Espérit Cabassu. In-18 (*Ibid.*). . . 3 fr.

Lamothe (A. de). — Les Grands soucis du docteur Sidoine. In-12 (*Ibid.*) . . . . 3 fr.

Lamothe (A. de). — La Filleule du baron des Adrets. In-18 (*Ibid.*). 3 fr.

Lamothe (A. de). — Quinze mois dans la lune. In-18 (*Ibid.*) 3 fr.

Lamothe (A. de). — Le Puits sanglant. In-18 (*Ibid.*) . . 3 fr.

Langlois (Mme Henri). — Lady Hester. In-18 (*Delhomme et Briguet*) . . . . 2 fr.

Large (Henriette). — Là-bas! In-18 (*Ibid.*). . . . . . 3 fr.

Large (Henriette). — Petite Marie. In-12 (*Ibid.*). . . . 3 fr.

Large (Henriette). — Jean Moineau. In-18 (*Ibid.*) . . . 3 fr.

Large (Henriette). — Mon cousin Rustique. In-18 (*Ibid.*). 3 fr.

La Rochère (comtesse de). — Le Secret de Vandeau. In-18 (*Ibid.*). 3 fr.

La Rochère (comtesse de). — Aline de Chanterive. In-18 (*Ibid.*). 2 fr. 50

La Ronce (Jacques). — Les Tubeuf, mœurs provinciales. In-18 (*Lemerre*) . . . . 3 fr. 50

La Tour du Pin (comtesse de). — Les Amours purs. In-12 (*Perrin*) (épuisé) . . . . » »

La Tour du Pin (comtesse de). — Les Ancres brisées. In-12 (*Ibid.*) . . . . 2 fr.

Laurie (André). — Le Secret du Mage. Gr. in-8, illustré (*Hetzel*). 7 fr.

Laurie (André). — De New-York à Brest en sept heures. In-18, illustré (*Ibid.*). . . . . 3 fr.

Laurie (André). — Selene Company (limited). 2 vol. in-18 (*Ibid.*). 6 fr.

Laurie (André). — Le Capitaine Trafalgar. In-18 (*Ibid.*) 3 fr.

LAURIE (André). — De New-York à Brest en sept heures. Gr. in-8, illustré, ou in-12 (*Ibid.*). . . . . 7 fr. et 3 fr.

LAVAL (H.-B. de). — Trompe-la-Mort. In-12 (*Téqui*) . . 3 fr.

LE FAURE (G.). — Le Volontaire de 1815. In-12 (*Firmin-Didot*). 3 fr. 50

LE FAURE (G.). — Les Exploits de Cabreloche. In-4, avec 100 dessins (*Dentu*) . . . . 6 fr.

LE GAL-LA-SALLE. — L'Héritage de Jacques Farruel. In-8, ill. (*Hachette*) . . . . 1 fr. 10

*LESAGE. — Histoire de Gil-Blas de Santillane. Accompagnée de notes et d'une notice par M. Saint-Marc Girardin. In-18 j. (*Charpentier*) . . . . 3 fr. 50

LESAGE. — Histoire de Gil-Blas de Santillane. Édit. expurgée. In-8 (*Desclée*) . . . . 4 fr.

LEVRAY (Marguerite). — Fauvette, suivie de l'Héritage de Rosélian. In-4, avec grav. (*Mame*). . . . . 3 fr. 25

LEVRAY (Marguerite). — L'Orpheline des Fauchettes, suivi de l'Oncle Jacques et de : les Étapes de Franconnette. In-8, avec grav. (*Ibid.*) . . . . 2 fr. 50

LEVRAY (Marguerite). — Germaine de Nanteuil. In-12, avec grav. (*Ibid.*). 1 fr.

LEVRAY (Marguerite). — Le Serment de Régine. In-18 (*Delhomme et Briguet*) . . . . 3 fr.

*L'HÔPITAL (Joseph). — Mon onc' Jean. In-18 (*Firmin-Didot*). 3 fr. 50

LIONNET (Ernest). — Le Pré aux biques. In-18 (*H. Gautier*). 2 fr.

LIONNET (Ernest). — Paul Barbet. In-18 (*Ibid.*) . . . . 2 fr.

LIX (Tony). — Les Neveux de la chanoinesse. In-12 (*Bloud et Barral*) . . . . 3 fr.

LOTI (Pierre). — Pêcheur d'Islande. In-18 (*Calmann-Lévy*). 3 fr. 50

Le même ouvrage. Gr. in-8, avec grav. (*Ibid.*) . . . 15 fr.

LOYSEAU (Jean). — Trop belle. 2 vol. in-18 (*H. Gautier*). 5 fr.

LYTHE (Marcelle). — Le Château de fer. In-18 (*Bourguet-Calas*). 2 fr. 50

LYTHE (Marcelle). — Révoltée. In-18 (*Ibid.*) . . . . 2 fr. 50

LYTTON (lord). — Glenaveril. Trad. de l'anglais par L. d'Alq. In-18 (*Hachette*) . . . . 1 fr.

MAËL (Pierre). — Le Torpilleur 29. In-18 (*Dentu*) . . 3 fr. 50

*MAËL (Pierre). — Pilleur d'épaves. In-18 (*Flammarion*). 0 fr. 60

MAËL (Pierre). — Flot et jusant, mœurs maritimes. In-18 (*Dentu*) 3 fr. 50

MAËL (Pierre). — Sauveteur. In-18 (*Ibid.*). . . . . 3 fr. 50

MAËL (Pierre). — Mer sauvage. In-18 (*Firmin-Didot*) 3 fr. 50

MAËL (Pierre). — Mer bénie. In-18 (*Ibid.*). . . . . 3 fr. 50

MAËL (Pierre). — Terre de fauves. Gr. in-8 illustré (*Hachette*). 7 fr.

MAENDIE (lady). — Sur la piste. Trad. de l'anglais par B.-H Gausseron. In-18, avec dessins (*Quantin*) . . . 2 fr.

MAHON (Alfred). — Veillées de Touraine. In-12 (*Oudin*). 1 fr. 25

MAISTRE (Xavier de). — Œuvres complètes. In-18 j. (*Charpentier*). 3 fr. 50

MANZONI. — Les Fiancés. Édition abrégée. Gr. in-8, avec 40 grav. (*Hachette*) . . . . 7 fr.

Le même ouvrage, trad. par Rey-Dusseuil. In-18 j. (*Charpentier*) . . . . 3 fr. 50

MARCEL (Étienne). — Une Amitié d'enfance. In-18 (*Hennuyer*). 3 fr. 50

MARCEL (Étienne). — L'Hetman Maxime, scènes de la vie en Ukraine. Gr. in-8 illustré (*Ibid.*) . . . . 7 fr.

MARCEL (Étienne). — Un Isolé. In-18 (*H. Gautier*). . . 3 fr.

MARCEL (Étienne). — Armelle. In-12 (*Ibid.*) . . . . . 2 fr.

MARCEL (Étienne). — La Famille du baronnet. Gr. in-8, avec grav. (*Firmin-Didot*) . . . . 3 fr.

MARCEL (Étienne). — Dymitr le Cosaque. Gr. in-8, avec grav. (*Ibid.*) . . . . 3 fr.

Le même ouvrage, suivi de Sous la montagne. 2 vol. in-18 (*Ibid.*) . . . . 5 fr.

MARCEL (Étienne). — Un Noble cœur. In-18 j. (*Retaux*). 2 fr.

MARCEL (Étienne). — Souvenirs d'une jeune fille. In-18 j. (*Lecoffre*). . . . . 2 fr.

MARCEL (Étienne). — Les Tuteurs d'Odette, ou la Famille et le monde. In-18 j. (*Retaux*) . . . . 2 fr. 50

MARCEL (Étienne). — Un Drame en province. In-18 j. (*Lecoffre*). 2 fr.

MARCEL (Étienne). — Grand'mère. In-12 (*Firmin-Didot*). 2 fr. 50

MARCEL (Mme Jeanne). — Le Frère et la sœur. In-18, illustré (*Hachette*) . . . . 2 fr. 25

MARCEL (Mme Jeanne). — Un Bon gros pataud. In-18, avec grav. (*Hachette*) . . . . 2 fr. 25

MARÉCHAL (Marie). — L'Hôtel Woronzoff. Gr. in-8, avec grav. (*Firmin-Didot*). . . . . 3 fr.

MARGERIE (Eugène de). — Contes d'automne. In-12 (*Téqui*). 2 fr.

MARGERIE (E. de). — Les Six Chevaux du corbillard. In-12 (*Ibid.*) . . . . 2 fr.

MARGERIE (E. de). — Frère Arsène, épisode de la République française. In-12 (*Téqui*). . . . . 2 fr.

MARMIER (Xavier). — Contes populaires de différents pays (1re et 2e séries). 2 vol. in-16 (*Hachette*) . . . . 7 fr.

MARMIER (Xavier). — A la ville et à la campagne, nouvelles trad. de l'anglais, du danois, du suédois et de l'allemand. In-12 (*Ibid.*). . . . . 3 fr. 50

MARMIER (Xavier). — Nouvelles du Nord, trad. du russe, du suédois, du danois, etc. In-18 (*Ibid.*) . . . . 3 fr. 50

MARMIER (Xavier). — Contes des grand'mères. Gr. in-8, avec 10 compositions hors texte et 46 dessins dans le texte (*Jouvet*). 12 fr.

MARMIER (Xavier). — Histoires allemandes et scandinaves. In-8 (*Calmann-Lévy*) . . . . 1 fr.

MARMIER (Xavier). — Gazida. In-12 (*Hachette*) . . . 3 fr. 50

MARMIER (Xavier). — Les Fiancés du Spitzberg. (*Ibid.*). 3 fr. 50

MARMIER (Xavier). — En Alsace. L'Avare et son trésor. In-12 (*Ibid.*). 3 fr. 50

MARMIER (Xavier). — Histoire d'un pauvre musicien. In-12 (*Ibid.*). 3 fr. 50

MARMIER (Xavier). — Le Roman d'un héritier. In-12 (*Ibid.*). 3 fr. 50

MARMIER (Xavier). — Les Mémoires d'un orphelin. (*Ibid.*). 3 fr. 50

MARTIGNAT (Mlle de). — Une Petite-nièce d'Amérique. In-18, avec grav. (*Ibid.*). . . . . 2 fr. 25

MARTIGNAT (Mlle de). — Une Vaillante Enfant. In-18, avec grav. (*Ibid.*). . . . . 2 fr. 25

MARTIGNAT (Mlle de). — L'Héritière de Maurivèze. In-18, avec grav. (*Ibid.*). . . . . 2 fr. 25

MARTIGNAT (Mlle de). — Le Pupille du général. In-18, avec grav. (*Ibid.*). . . . . 2 fr. 25

MARYAN (M.). — Une Cousine pauvre. In-18 (*H. Gautier*). 3 fr.

MARYAN (M.). — Petite Reine. In-18 (*Bloud et Barral*) . 3 fr.

MARYAN (M.). — Ce que ne peut l'argent. In-18 (*Retaux*). 2 fr.

MARYAN (M.). — La Faute du père. In-18 (*Firmin-Didot*). 2 fr. 50

MARYAN (M.). — Dans un vieux logis. In-18 (*Ibid.*). . 2 fr. 50

MARYAN (M.). — La Faute du père. Gr. in-8, avec grav. (*Ibid.*). 3 fr.

MARYAN (M.). — Clémentine de la Fresnaye. In-12 (*Retaux*). 2 fr.

MARYAN (M.). — Les Chemins de la vie. In-12 (*Ibid.*) . . 3 fr.

MARYAN (M.). — Le Prieuré. In-18 (*Bloud et Barral*) . 3 fr.

MARYAN (M.). — Le Secret de Solange. In-18 (*H.Gautier*). 3 fr.

MARYAN (M.). — Ellen Gordon. In-18 (*Firmin-Didot*) . 2 fr. 50

MASSA (la comtesse de). — La Chanoinesse d'Ambremont. In-12 (*Perrin*) . . . . 3 fr. 50

MAYNE-REID. — Aventures de terre et de mer. Gr. in-8, avec 200 illustr. (*Hetzel*) . . . . 10 fr.

MAYNE-REID. — La Chasse au léviathan, trad. par J. Girardin. In-18, avec grav. (*Hachette*) . . . . 2 fr. 25

MAYNE-REID. — Les Exploits des jeunes Boërs. Adaptation par S. Blandy. In-16, illustré (*Hetzel*) . . . . 1 fr. 50

MÉAULLE (F.). — Perdus dans la grande ville. Gr. in-4, avec grav. (*Mame*) . . . . 5 fr. 50

MÉAULLE (F.). — Délaissée. Gr. in-4, avec grav. (*Ibid.*) 3 fr. 35

MÉAULLE (F.). — Le Testament du duc Job. Gr. in-4, avec grav. (*Ibid.*) . . . . 5 fr. 50

MÉRY. — La Comédie des animaux. Gr. in-8, illustré (*Delagrave*). 3 fr. 90

MESNIL (le vicomte Henri du). — La Dernière des ravaudeuses, suivie de : les Deux Chats de la rue Gracieuse. In-18 (*Bloud et Barral*) . . . . 3 fr.

MESNIL (le vicomte Henri du). — Jeanne Herbelin. In-18 (*Delhomme et Briguet*) . . . . 3 fr.

MEUNIER (E.). — Tante Michette. In-12 (*Delhomme et Briguet*). 3 fr.

MEUNIER (E.). — Les Idées de tante Vieillotte, journal d'une vieille femme. In-12 (*Ibid.*) . . . . 3 fr.

MEYER (H.). — Le Serment de Paul Marcorel. Gr. in-8, avec 51 vign. (*Hachette*) . . . . 4 fr.

MILES (A.). — Une Famille de polytechniciens. Gr. in-8, avec 28 grav. (*Firmin-Didot*) . . . . 3 fr.

MOLÈNES (Paul de). — Les Commentaires d'un soldat. In-12 (*Flammarion*) . . . . 3 fr. 50

MOLÈNES (Paul de). — Aventures du temps passé (Briolan). In-12 (*Ibid.*). . . . . 3 fr. 50

MOLÈNES (Paul de). — Voyages et pensées militaires. In-12 (*Ibid.*). 3 fr. 50

MOLÈNES (Paul de). — Histoires et récits militaires. In-12 (*Ibid.*). 3 fr. 50

MOLÈNES (Paul de). — Caractères et récits du temps. In-12 (*Calmann-Lévy*) . . . . 1 fr.

MOLÈNES (Paul de). — Mémoires d'un gentilhomme du siècle dernier (*Ibid.*) . . . . 3 fr. 50

MOLÈNES (Paul de). — Les Commentaires d'un soldat Récit des campagnes de Crimée et d'Italie. In-12 (*Flammarion*). 3 fr. 50

MONTAL (Mlle Marie). — L'Idéal de Germaine. In-18 (*Perrin*). 3 fr. 50

MORBOIS (Mme A. de). — Sacrifice. In-18 (*Firmin-Didot*). 2 fr. 50

MOUSSAC (la marquise de). — Popo et Lili, histoire de deux jumeaux. In-16, avec grav. (*Hachette*) . . . . . . 2 fr. 25

MOUTON (Eugène). — Joël Kerbabu. Gr. in-8, avec grav. (*Ibid.*). 7 fr.

MOUTON (Eugène). — Les Voyages merveilleux de Lazare Poban, marseillais Gr. in-8, avec grav. (*Ibid.*) . . . . . . 7 fr.

*MOUTON (Eugène). — Le Supplice de l'opulence. In-18 (*Ollendorff*) . . . . 3 fr. 50

MULLER (Eugène). — Scènes villageoises. Petit in-4, illustré (*Delagrave*) . . . . 2 fr. 75

MULLER (Eugène). — Nizelle, souvenirs d'un orphelin. In-18, avec grav. (*Hennuyer*) . . . . 3 fr. 50

MULLER (Eugène). — Nizelle, souvenirs d'un orphelin. Gr. in-8, illustré (*Ibid.*) . . . . 5 fr.

NANTEUIL (Mme P. de). — Le Secret de la grève. Gr. in-8, avec grav. (*Hachette*) . . . . 4 fr.

NANTEUIL (Mme P. de). — Capitaine. Gr. in-8, avec grav. (*Ibid.*). 4 fr.

NANTEUIL (Mme P. de). — Les Élans d'Élodie. In-18 (*Ibid.*). 2 fr.

NANTEUIL (Mme J. de). — Une Poursuite. Gr. in-8, avec grav. (*Ibid.*) . . . . 4 fr.

NANTEUIL (Mme J. de). — Alexandre Vorzof. Gr. in-8, avec grav. (*Ibid.*) . . . . 4 fr.

NANTEUIL (Mme J. de). — L'Héritier des Vaubert. Gr. in-8, avec grav. (*Ibid.*) . . . . 4 fr.

NANTEUIL (Mme P. de). — L'Épave mystérieuse. Gr. in-8, avec grav. (*Ibid.*) . . . . 4 fr.

NANTEUIL (Mme P. de). — Le Général du Maine. Gr. in-8, avec grav. (*Ibid.*) . . . . 4 fr.

*NARJOUX (Félix). — Monsieur le député de Chavone. In-18 (*Plon et Nourrit*) . . . . 3 fr. 50

*NARJOUX (Félix). — Monsieur le préfet des Hauts-Monts. In-18 (*Ibid.*) . . . . 3 fr.

NAVERY (Raoul de). — Une Erreur judiciaire. In-24 carré (*H. Gautier*) . . . . 3 fr.

NAVERY (Raoul de). — Le Magistrat. In-18 (*Ibid.*) . . . 3 fr.

NAVERY (Raoul de). — Le Martyre d'un père. In-18 (*Ibid*). 3 fr.

NAVERY (Raoul de). — Le Val perdu. In-12 (*Ibid.*) . . . 2 fr.

NAVERY (Raoul de). — La Chambre n° 7. In-12 (*Ibid.*). . 3 fr.

NAVERY (Raoul de). — Les Mirages d'or. In-12 (*Ibid.*) . 3 fr.

NAVERY (Raoul de). — Le Serment du Corsaire. In-12 (*Ibid*). 3 fr.

NIVELLE (Jean de) [Charles CANIVET]. — Contes de la mer et des grèves. In-8 carré, avec grav. (*Jouvet*) . . . . . 4 fr. 50

NIVELLE (Jean de) [Charles CANIVET]. — Contes du vieux pilote. In-8 carré, avec grav. (*Ibid.*). . . . . 4 fr. 50

NOCÉ (F. de). — Cécilia, ou les Premiers temps du christianisme en Italie et en Grèce. Gr. in-4, illustré (*Mame*) . . 3 fr. 35

NOCÉ (F. de). — La Duchesse de Rosenwald. In-18 (*Haton*). 3 fr.

NODIER (Ch.). — Contes de la veillée. In-18 j. (*Charpentier*). 3 fr. 50

NODIER (Ch.). — Contes fantastiques. In-18 j. (*Ibid.*) . 3 fr. 50

NOËL (lady). — Un Lâche. Trad. de l'anglais par A. Chevalier. In-12 (*Firmin-Didot*) . . . . 2 fr. 50

OHNET (Georges). — Le Docteur Rameau. In-18 (*Ollendorff*). 3 fr. 50

OHNET (Georges). — Le Maître de forges. In-18 (*Ibid.*) 3 fr. 50

ORCET (G. d'). — Les Grands pauvres. In-18 (*Plon*) . 3 fr. 50

OUIDA. — Sainte-Rosalie-aux-Bois. In-12 (*Perrin*) . . 3 fr. 50

OUIDA. — Cigarette. 2 vol. in-18 (*Plon*). . . . . . . 6 fr.

*OUIDA. — Le Chemin de la gloire. 2 vol. in-18 (*Perrin*) 7 fr.

OURLIAC (Éd.). — Confessions de Nazarille (*Calmann-Lévy*). 1 fr.

OURLIAC (Éd.). — Contes de la famille (*Ibid.*) . . . . 1 fr.

OURLIAC (Éd.). — Contes sceptiques (*Ibid.*) . . . . . 1 fr.

OURLIAC (Éd.). — Fantaisies (*Ibid.*) . . . . 1 fr.

OURLIAC (Éd.). — Les Garnaches (*Ibid.*) . . . . 1 fr.

OURLIAC (Éd.). — La Marquise de Montmirail (*Ibid.*) . . 1 fr.

OURLIAC (Éd.). — Nouveaux Contes du Bocage (*Ibid.*). . 1 fr.

OURLIAC (Éd.). — Nouvelles (*Ibid*). . . . . 1 fr.

OURLIAC (Éd.). — Les Portraits de famille (*Ibid.*) . . . 1 fr.

OURLIAC (Éd.). — Théâtre du seigneur Croquignol. (*Ibid.*) 1 fr.

OURLIAC (Éd.). — Les Portraits de famille. In-8 (*Ibid.*) . 1 fr.

OURLIAC (Éd.). — Contes du Bocage. In-12 (*Ibid.*) . . 3 fr. 50

PARSEVAL DES CHÊNES (G. de). — Deux Épaves. In-18 (*Plon*). 3 fr. 50

PELLICO (Silvio). — Mes Prisons. In-12 (*Mame*) . . . . 1 fr.

PERRAULT (Pierre). — Les Expédients de Farandole. Gr. in-4, illustré, relié (*Colin*) . . . . 10 fr.

PERRET (Paul). — Le Mariage en poste. In-12 (*Calmann-Lévy*). 1 fr.

PEYREBRUNE (Georges de). — Les Frères Colombe. In-18 (*Ollendorff*) . . . . 3 fr. 50

PEYRONNY (Mme de). — Deux Cœurs dévoués. In-16 (*Hachette*). 2 fr. 25

PIONIS (Paul). — A la pointe de la plume. In-32, illustré (*Fischbacher*) . . . . 4 fr.

PITRAY (la Vtesse de). — Voyages abracadabrants du gros Philéas. In-12 (*Gaume*). . . . . 3 fr.

PITRAY (la Vtesse de). — Cœur de fer. In-18 (*Haton*) . . 3 fr.

POITEVIN (Marie). — Un Roman de province. In-18 (*Firmin-Didot*). . . . . 2 fr. 50

POITEVIN (Marie). — Les Grancogne-Léogan. In-12 (*Ibid.*). 2 fr. 50

POITEVIN (Marie). — Fleur sauvage. In-12, illustré (*Lecène et Oudin*) . . . . 1 fr. 25

POITEVIN (Marie). — L'Héritage de Tantale. In-18 (*Firmin-Didot*). 2 fr. 50

POITEVIN (Marie). — Le Père Topi. In-12 (*H. Gautier*) . 2 fr.

POITIERS (le Dr Louis de). — Les Victimes du brevet. In-12 (*H. Gautier*) . . . . 3 fr.

POLI (Oscar de). — Petit Capet. In-18 (*Ibid.*). . . . . 3 fr.

POLI (Oscar de). — Les Régicides. 2 vol. in-12 (*Ibid.*). . 6 fr.

PONT-JEST (René de). — Les Crimes d'un ange. In-18 (*Dentu*). 3 fr. 50

PONTMARTIN (A. de). — Contes d'un planteur de choux (*Calmann-Lévy*) . . . . 1 fr.

PONTMARTIN (A. de). — Les Corbeaux du Gévaudan (*Ibid.*). 1 fr.

PONTMARTIN (A. de). — Entre chien et loup (*Ibid.*). . . . 1 fr.

PONTMARTIN (A. de). — Le Filleul de Beaumarchais (*Ibid.*). 1 fr.

PONTMARTIN (A. de). — La Fin du procès (*Ibid.*) . . . 1 fr.

PONTMARTIN (A. de). — Mémoires d'un notaire (*Ibid.*) . . 1 fr.

PONTMARTIN (A. de). — Or et Clinquant (*Ibid.*). . . . 1 fr.

PONTMARTIN (A. de). — Pourquoi je reste à la campagne (*Ibid.*). 1 fr.

PONTMARTIN (A. de). — Le Radeau de la Méduse (*Ibid.*). 1 fr.

PONTMARTIN (A. de). — Contes d'un planteur de choux. In-18 (*Ibid.*) . . . . 1 fr.

PONTMARTIN (A. de). — Aurélien. In-18 (*Ibid.*) . . . . 1 fr.

PONTMARTIN (A. de). — Péchés de vieillesse. In-18 (*Ibid.*). 3 fr. 50

PORADOWSKA (Marguerite). — Le Mariage du fils Grandsire. Gr. in-8, illustré (*Hachette*) . . . . 7 fr.

PUYMAIGRE (le comte de). — Vieilles nouvelles. In-18 (*Sauvaitre*). 3 fr. 50

RACOT (Adolphe). — La Brèche aux loups. In-18 (*Quantin*). 3 fr. 50

RACOT (Adolphe). — La Conquête de Floriane. In-18 (*Dentu*). 3 fr. 50

RAMBAUD (Alfred). — L'Anneau de César. Gr. in-8, illustré (*Hetzel*) . . . . 10 fr.

REYMOND (J.). — Gabriel, ou la Fin de la piraterie sous l'empereur Constantin. 2 vol. in-8 (*Bloud et Barral*) . . . 6 fr.

ROCOFFORT (Alexandre). — Le Château de Trélor. In-18 (*Plon*). 3 fr. 50

*ROD (Édouard). — La Sacrifiée. In-18 (*Perrin*). . . 3 fr. 50

*ROD (Édouard). — La Vie privée de Michel Teissier. In-18 (*Ibid.*). 3 fr. 50

*ROD (Édouard). — La Seconde vie de Michel Teissier. In-18 (*Ibid.*). . . . . 3 fr. 50

RONDELET (Antonin). — Une Femme bien malheureuse. In-18 (*Ibid.*). . . . . 3 fr. 50

RONDELET (Antonin). — La Ressuscitée de Cologne. In-18 (*H. Gautier*) . . . . 3 fr.

ROSSI (A.-M.) et MÉAULLE (F.). — L'Homme aux yeux de verre, aventures au Dahomey. Gr. in-4, avec 106 grav. (*Mame*). 12 fr.

ROUSSELET (Louis). — La Peau du tigre. Gr. in-8, avec grav. (*Hachette*) . . . . 4 fr.

ROUSSELET (Louis). — Le Tambour du Royal-Auvergne. Gr. in-8, avec grav. (*Ibid.*). . . . . 4 fr.

ROUZÉ (C.). — Contes et légendes au houblon. In-12, avec grav. (*Lecène et Oudin*). . . . . 1 fr. 25

SAINT-GERMAIN (J.-T. de). — Pour une épingle. In-32 carré, avec deux eaux-fortes (*Charpentier*) . . . . 4 fr.

SAINT-AULAIRE (le comte A. de). — Les Dessous de l'histoire. In-18 j. (*Calmann-Lévy*) . . . . 3 fr 50

SAINTINE (X.-B.). — Picciola, nouvelle édition, revue par l'auteur. In-12 (*Hachette*) . . . . 3 fr. 50

SAINTINE (X.-B.). — Seule. In-16 (*Ibid.*). . . . . . . 3 fr. 50

SAMSON (Mme Jules). — Temps d'épreuve. épisodes de la vie d'une jeune fille. Gr. in-8, illustré (*Hennuyer*) . . . . . 7 fr.

SAMSON (Mme Jules). — Trop mondaine. In-18 (*Ibid.*) . 3 fr. 50

SANDEAU (Jules). — La Maison de Penarvan. In-12 (*Calmann-Lévy*) . . . . 3 fr. 50

SANDEAU (Jules). — Mademoiselle de la Seiglière. In-12 (*Charpentier*) . . . . 3 fr. 50

SANDEAU (Jules). — Madeleine. In-18 (*Ibid.*) . . . . 3 fr. 50

SANDEAU (Jules). — La Petite Fée du village. Gr. in-8, illustré (*Hetzel*) . . . . 7 fr.

SCHIRMER (A.). — Le Ménétrier de la République, épisode de la vie de Chérubini. Trad. de l'allemand par J. de Rochay. In-12, avec grav. (*Mame*) . . . . 2 fr.

SCHULTZ (Jeanne). — La Neuvaine de Colette. Gr. in-8, illustré. 60 dessins (*Plon*) . . . . 15 fr.
Le même. In-12 (*Calmann-Lévy*) . . . . 3 fr. 50

*SCOTT (Walter). — Œuvres complètes, traduction revue par Barré. 28 vol. in-8 (*Firmin-Didot*).
Chaque volume se vend séparément . . . . 2 fr.

Tomes I. Waverley.
— II. L'Antiquaire.
— III. Guy Mannering.
— IV. Rob-Roy.
— V. Kenilworth.
— VI. La Prison d'Édimbourg.
— VII. Le Vieillard des tombeaux.
— VIII. Ivanhoë.
— IX. Le Château dangereux. — Les Eaux de Saint-Ronan.
— X. Woodstock.
— XI. Les Aventures de Nigel.
— XII. Le Monastère.
— XIII. La Fiancée de Lammermoor. — Montrose.
— XIV. L'Abbé.
— XV. Peveril du Pic.
— XVI. Anne de Geierstein (Charles le Téméraire).
— XVII. Les Chroniques de la Canongate.
— XVIII. Les Fiancés (Richard en Palestine).
— XIX. Le Talisman.
— XX. Le Pirate.
— XXI. Redgauntlet.
— XXII. Le Nain noir.
— XXIII. Robert de Paris.
— XXIV. Quentin Durward.
— XXV. La Saint-Valentin (La jolie fille de Perth).
— XXVI. La Dame du lac, etc.
— XXVII. Œuvres poétiques. — Ballades. — Mélanges.
— XXVIII. Description et histoire de l'Ecosse.

SHAW (Plora). — Castel-Blair, histoire d'une famille irlandaise. Trad par A. Chevalier. In-8, avec grav. (*Mame*) . 2 fr. 50

SILVA (F. de). — Le Livre de Maurice. In-8, illustré (*Hetzel*). 4 fr. 50

SIMOND (Charles). — L'Agonie d'une race. In-18 (*H. Gautier*). 3 fr.

SOUVESTRE (Émile). — Scènes de la Chouannerie. In-18 j. (*Calmann-Lévy*). Le vol. . . . . 1 fr.

Les Anges du foyer.
Au Bord du lac.
Au Bout du monde.
Au Coin du feu.
Les Clairières.
Confessions d'un ouvrier.
Contes et nouvelles.
Dans la prairie.
Les Derniers Bretons, 2 vol.
Les Derniers paysans.
Souvenirs d'un vieillard, la dernière étape.
Sur la pelouse.
Théâtre de la jeunesse.
En Famille.
En Quarantaine.
Le Foyer breton, 2 vol.
Le Mémorial de famille.
Pendant la moisson.
Un Philosophe sous les toits.
Les Soirées de Meudon.
Sous la tonnelle.
Sous les filets.
Sous les ombrages.

STANY (le commandant). — Mabel. Gr. in-8, avec 60 vign. (*Hachette*). 4 fr.

STANY (le commandant). — Geneviève de Nauvailles. 2 vol. in-18 (*H. Gautier*) . . . . 4 fr.

STANY (le commandant). — La Terreur sous Rosas. In-18 (*Ibid.*) . . . . 2 fr.

STANY (le commandant). — Le Marquis de Kéralain. In-18 (*Ibid.*). 2 fr.

STANY (le commandant). — Une Faute. In-18 (*Calmann-Lévy*). 1 fr.

STANY (le commandant). — L'Abbé Corentin. In-18 (*Téqui*). 2 fr.

STOLZ (Mme de). — La Montre de tante Marie. In-18 (*Haton*). 3 fr.

STOLZ (Mme de). — Les Deux Docteurs. In-18 (*Ibid.*) . . 3 fr.

STOLZ (Mme de). — Les Petits cancans. In-18 (*Ibid.*) . . 3 fr.

STOLZ (Mme de). — Diamant, bronze et or. In-18 (*Ibid.*) . 3 fr.

STOLZ (Mme de). — L'Héritage de mon oncle. In-18 (*Ibid.*). 3 fr.

STOLZ (Mme de). — Trois Filles à marier. In-12 (*Delhomme et Briguet*) . . . . 3 fr.

STOLZ (Mme de). — Le Sauvage de Sombreval. In-18 (*Haton*). 3 fr.

Summer (Mary). — Le Fiancé d'Yvonne. In-18 (*Calmann-Lévy*). 3 fr. 50

Summer (Mary). — La Jeunesse de 1830. In-18 (*Dentu*) . 3 fr.

Thomin (Lucien). — Mémoires d'un instituteur. In-12 (*Téqui*). 2 fr.

Tinseau (Léon de). — Ma Cousine Pot-au-feu. In-18 (*Calmann-Lévy*) . . . . 3 fr. 50

Tinseau (Léon de). — Ma Cousine Pot-au-feu. Gr. in-8, avec 46 grav. (*Ibid.*) . . . . 10 fr.

Tinseau (Léon de). — Sur le seuil. In-18 (*Ibid.*). . . . 3 fr. 50

Tinseau (Léon de). — Bouche close. In-18 (*Ibid.*) . . . 3 fr. 50

Tissot (Marcel). — La Veuve d'Attila. In-18 (*H. Gautier*). 3 fr.

Tissot (Marcel). — Montmahoux et Passavant. In-18 (*Ibid.*). 3 fr. 50

*Tolstoï (le comte Léon). — La Guerre et la paix, roman historique. 3 vol. in-18 (*Hachette*). . . . . 9 fr.

*Tolstoï (le comte Léon). — Les Cosaques, souvenirs du siège de Sébastopol. Trad. du russe. In-18 (*Ibid.*) . . . . . . 3 fr.

*Tolstoï (le comte Léon). — A la recherche du bonheur. Trad. du russe par Halpérine. In-18 (*Perrin*) . . . . 3 fr.

*Tolstoï (le comte Léon). — Katia. Trad. du russe par le comte d'Hauterive. In-18 (*Ibid.*) . . . . 3 fr.

Toudouze (Gustave). — Enfant perdu. Gr. in-8, avec grav. (*Hachette*). 7 fr.

Tourguéneff (Ivan). — Récits d'un chasseur. Trad. du russe par H. Delaveau. Illustr. In-12 *Dentu*) . . . . 4 fr.

Tourguéneff (Ivan). — Scènes de la vie russe. Nouvelles russes traduites par X. Marmier 2 vol. in-12 (*Hachette*) . . 2 fr.

Tourguéneff (Ivan). — Les Mémoires d'un seigneur russe. Trad. par E. Charrière. 2 vol. in-12 (*Ibid.*) . . . . 2 fr.

Trouessart (Mlle). — Le Mariage d'Hervé. In-18 (*Firmin-Didot*). 2 fr. 50

Trouessart (Mlle). — Aveugle !!! In-18 (*Ibid.*) . . . 2 fr. 50

Twain (Mark). — Le Prince et le Pauvre. In-8, avec grav. (*Lecène et Oudin*). . . . . 1 fr. 25

Twain (Mark). — Les Aventures de Tom Sawyer. Trad. de W.-L. Hugues. In-8 carré, illustré (*Hennuyer*) . . . . 5 fr.

Twain (Mark). — Les Aventures de Huck Finn, l'ami de Tom Sawyer. Trad. de W.-L. Hugues. In-8 carré, illustré (*Ibid.*). 5 fr.

Vallon (George du). — Le Mari de Simonne. In-18 (*Firmin-Didot*). . . . . 2 fr. 50

VALLON (George du). — Raymond de Vauclair. In-18 (*H. Gautier*) . . . . 2 fr.

VALLON (George du). — Fortmoselle. In-18 (*Delhomme et Briguet*) . . . . 3 fr.

VALLON (George du). — Un Roman en Alsace. In-18 (*Ibid.*). 3 fr.

VALLON (George du). — Chez les Magyars. In-18 (*H. Gautier*). 2 fr.

VALLON (George du). — Libre penseuse ! In-18 (*Ibid.*). . 2 fr.

VATTIER (V.). — Vingt millions de rente. In-12 (*Ibid.*). . 3 fr.

VELDENZ (A.). — Dans le tourbillon du monde, trad. de l'allem. par J. de Rochay. In-12 (*Lecoffre*) . . . . 2 fr.

VERDUN (Paul). — L'Homme aux cent millions. In-18 (*Henri Gautier*) . . . . 3 fr.

VERDUN (Paul). — Un Lycée sous la troisième République. In-18 (*Dentu*) . . . . 3 fr. 50

VERLEY (A.). — Les Chambres de Fernande. In-18 (*Lecoffre*). 2 fr.

VERLEY (A.). — Miss Fantaisie. In-16, avec grav. (*Hachette*). 2 fr. 25

VERNE (Jules). — Claudius Bombarnac. Le Château des Carpathes. Gr. in-8, avec 93 dessins, 12 grands dessins en couleurs et 2 cartes (*Hetzel*) . . . . 9 fr.

VERNE (Jules). — Le Château des Carpathes. In-8, illustré (*Ibid.*). 4 fr. 50

VERNE (Jules). — Claudius Bombarnac. In-18, illustré (*Ibid.*). 4 fr. 50

VERNE (Jules). — Mistress Branican. Gr. in-8, avec 83 illustr. et 12 pl. en chromotyp. (*Ibid.*) . . . . 9 fr.

VERNE (Jules). — Mistress Branican 2 vol. in-18 (*Ibid.*). 6 fr.

VERNE (Jules). — César Cascabel. Gr. in-8, avec 85 dessins, 12 grav. en chromotyp. et 2 cartes (*Ibid.*) . . . . . 9 fr.

VERNE (Jules). — Famille sans nom. Gr. in-8, avec 85 dessins et une carte en couleurs (*Ibid.*). . . . . 9 fr.

VERNE (Jules). — Famille sans nom. 2 vol. in-18 (*Ibid.*). 6 fr.

VERNE (Jules). — Sans dessus dessous. Gr. in-8, avec 36 dessins (*Ibid.*). . . . . 4 fr. 50

VERNE (Jules). — Mirifiques aventures de maître Antifer. In-4, avec 78 grav. de G. Roux et 2 cartes en couleurs (*Ibid.*). 9 fr.

VERNE (Jules). — Le même. 2 vol. in-18, avec grav. (*Ibid.*). 6 fr.

VEUILLOT (L). — Corbin et d'Aubecourt. In-18 (*Retaux*) . 2 fr.

VEUILLOT (L.). — Pierre Saintive. In-8 (*Mame*). . . 2 fr. 50

VEUILLOT (L.). — Historiettes et fantaisies. In-12 (*Retaux*). 3 fr. 50

VIC (Renée de). — Caritas (Un Secret de famille). In-18 (*Dentu*). 2 fr.

VILLENEUVE (A. de). — La Légende merveilleuse, récits du temps de la reine Berthe. Gr. in-4, illustré (*Mame*). . . 3 fr. 35

VINCENT (Charles). — L'Épopée nationale La Naissance d'une ville. In-4, illustré (*Dentu*) . . . . 9 fr.

VINCENT (Charles). — L'Épopée nationale. La Mort d'un Empire. In-4, illustré (*Ibid.*) . . . . 9 fr.

VINCENT (Jacques). — Vaillante. In-18 (*Plon*) . . . 3 fr. 50

VIVIER (Alexandre). — Un Vaillant. In-12 (*Téqui*). . 1 fr. 25

VOGÜÉ (le vicomte E.-Melchior de). — Cœurs russes. In-18 (*Colin*). 3 fr. 50

WILLIA. — Le Petit Marquis. In-12 (*Perrin*). . . . 3 fr. 50

WISEMANN (le cardinal). — Fabiola, ou l'Église des catacombes. Trad. de R Viot. In-12, avec 10 grav. (*Mame*) . . 2 fr. 50

WISEMANN (le cardinal). — Fabiola, ou l'Église des catacombes. Trad. de R. Viot, et précédée d'une introd. par L. Gautier. In-4, 85 grav. (*Ibid.*). . . . . 5 fr. 50

WITT (Cornélis de). — Reine et maîtresse. In-18 (*Hachette*). 2 fr.

WITT, née GUIZOT (Mme de). — Les Bourgeois de Calais. In-4, illustré (*May et Motteroz*). . . . . 7 fr. 50

WITT, née GUIZOT (Mme de). — Alsaciens et Alsaciennes. Gr. in-8, avec grav. (*Hachette*) . . . . 4 fr.

WITT, née GUIZOT (Mme de) — Notre-Dame Guesclin. La Jacquerie, Delhi et Cawnpore. Gr. in-8, avec grav (*Ibid.*) . . 4 fr.

WITT, née GUIZOT (Mme de). — A la montagne. In-16 carré, avec grav. (*Ibid.*). . . . . 2 fr. 25

WITT, née GUIZOT (Mme de). — Un Héritage. In-16 (*Ibid.*). 2 fr.

WITT, née GUIZOT (Mme de). — Un Jardin suspendu. Un Village primitif. Le Tapis des quatre Facardins. Gr. in-8, avec grav. (*Ibid.*). . . . . 4 fr.

WITT, née GUIZOT (Mme de). — A travers pays, esquisses de province. In-16 (*Ibid.*) . . . . 2 fr.

WITT, née GUIZOT (Mme de). — Sous tous les cieux. In-16 (*Ibid.*). 2 fr.

WITT, née GUIZOT (Mme de). — Ceux qui nous aiment et ceux que nous aimons. In-16 (*Ibid.*) . . . . 2 fr.

WITT, née GUIZOT (Mme de). — Normands et Normandes, scènes historiques. Gr. in-8, avec grav. (*Ibid.*) . . . . 4 fr.

WITT, née GUIZOT (Mme de). — Tout simplement. In-18 (*Ibid.*). 2 fr.

WYSS (J.-R.). — Le Robinson suisse, trad. par F. Muller. Gr. in-4, avec grav. (*Mame*) . . . . 5 fr. 50

Histoire et critique littéraires.

AMPÈRE (J.-J.). — Histoire littéraire de la France avant et sous Charlemagne. 3 vol. in-8 (*Perrin*). . . . . . . 22 fr. 50

AMPÈRE (J.-J.). — La Grèce, Rome et Dante. Étude littéraire d'après nature. In-8 (*Ibid.*) . . . . 7 fr. 50

AUBERTIN (Charles). — Histoire de la langue et de la littérature française au moyen âge, d'après les travaux les plus récents. 2e édit. 2 vol. in-8 (*Belin*). . . . . 16 fr.

BARBEY D'AUREVILLY.— Les Œuvres et les hommes au XIXe siècle.
- I. Les Philosophes et les écrivains religieux. Nouv. édit., 1887, in-8 (*Quantin*) . . . . 7 fr. 50
- II. Les Historiens politiques et littéraires. (1861), in-12. Nouv. édit., 1888, in-8 (*Quantin*) . . . . 7 fr. 50
- III. Les Poëtes. (1863). Nouv. édit. in-18 (*Lemerre*) . . . 3 fr. 50
- IV. Les Romanciers. (1866). Nouv. édit., 1876, in-12 . . . . 4 fr.
- V. Les Bas bleus. 1877, in-12. . . . . 4 fr.
- VI. Littérature étrangère. In-18 (*Lemerre*) . . . . . . 3 fr. 50
- VII. Littérature épistolaire. In-18 (*Ibid.*). . . . . . . 3 fr. 50

BARBEY D'AUREVILLY. — Les Prophètes du passé : J. de Maistre, Bonald, Chateaubriand, Lamennais, Blanc de Saint-Bonnet. 1880, in-12 . . . . 3 fr.

BARBEY D'AUREVILLY. — Journalistes et polémistes. In-18 (*Lemerre*) . . . . 3 fr. 50

BAYLE (l'abbé A.). — Étude sur Prudence, suivie du Cathémérinon traduit et annoté. In-8 (*Retaux*) . . . . 4 fr.

BAYLE (l'abbé A.). — Massillon, étude historique et littéraire. In-18 j. (*Ibid.*) . . . . 3 fr.

BÉDIER (Joseph). — Les Fabliaux. Études de littérature populaire et d'histoire du moyen âge. In-8 (*Bouillon*) . . . 12 fr. 50

BERGER. — Histoire de l'éloquence latine, publiée par B. V. Cucheval. 2 vol. in-16 (*Hachette*) . . . . 7 fr.

BIRÉ (Edmond). — Portraits littéraires 1888, in-8 (*Vitte*). 3 fr. 50

BIRÉ (Edmond). — Causeries littéraires. 1889, in-8 (*Vitte*). 3 fr. 50

BIRÉ (Edmond). — Portraits historiques et littéraires. 1892, in-18 j. (*Ibid.*) . . . . 3 fr. 50

BOSSERT (Ad.). — La Littérature allemande au moyen âge et les origines de l'épopée germanique 2e édit. In-12 (*Hachette*). 3 fr. 50

BOSSERT (Ad.). — Histoire abrégée de la littérature allemande. In-12 (*Ibid.*) . . . . 4 fr.

Bossert (Ad.). — Gœthe, ses précurseurs et ses contemporains. 2e édit. In-12 (*Ibid.*) . . . . 3 fr. 50

Boucher (Léon). — Histoire de la littérature anglaise. In-18 j. (*Garnier*) . . . . 3 fr. 50

Bougeault (A.). — Histoire des littératures étrangères. 3 vol. in-18 (*Plon*) . . . . 18 fr.
Chaque volume se vend séparément.

Bougeault (A.). — Précis historique et chronologique de la littérature française. In-12 (*Delagrave*) . . . . 3 fr.

Broglie (le duc de). — Nouvelle étude de littérature et de morale. In-12 (*Perrin*) . . . . 3 fr. 50

Broglie (le prince Emmanuel de). — Fénelon à Cambrai, d'après sa correspondance (1699-1715). In-8 (*Plon*) . . 7 fr. 50

Broglie (le prince Emmanuel de). — Mabillon et la société de l'abbaye de Saint-Germain des Prés à la fin du xviie siècle (1164-1707). 2 vol. in-8 (*Ibid.*) . . . . 15 fr.

Broglie (le prince Emmanuel de). — La Société de l'abbaye de Saint-Germain des Prés au xviiie siècle. Bernard de Montfaucon et les Bernardins (1715-1750). 2 vol. in-8 (*Ibid.*) . 15 fr.

Brunetière (Ferd.). — L'Évolution des genres dans l'histoire de la littérature française. In-12 (*Hachette*) . . . . 3 fr. 50

Brunetière (Ferd.). — L'Évolution de la poésie lyrique en France au xixe siècle. In-12 (*Ibid.*) . . . . 3 fr. 50

Brunetière (Ferd,). — Études critiques sur l'histoire de la littérature française. 5 séries in-12 (*Ibid.*). . . . . 17 fr. 50

Brunetière (Ferd). — Les Époques du théâtre français. In-18 j. (*Calmann-Lévy*) . . . . 3 fr. 50

Brunetière (Ferd). — Histoire et littérature. 1884-1887, 3 vol. in-18 j. (*Calmann-Lévy*). Le vol. . . . . 3 fr. 50

Brunetière (Ferd.). — Essais sur la littérature contemporaine. In-18 j. (*Ibid.*) . . . . 3 fr. 50

Brunetière (Ferd). — Nouveaux essais. In-18 j. (*Ibid.*). 3 fr. 50

Caro (E.). — Variétés morales et littéraires. 1888, in-12 (*Hachette*). . . . . 3 fr. 50

Caro (E.). — Mélanges et portraits. 1888, 2 vol. in-12 (*Ibid.*). 7 fr.

Caro (E.). — Poètes et romanciers. 1888, in-12 (*Ibid.*). 3 fr. 50

Chaignet (A.-Ed). — Les Héros et les héroïnes d'Homère. In-8 (*Ibid.*). . . . . 7 fr. 50

Chauvin (le P.), de l'Oratoire, et Le Bidois (G.). — La Littérature française par les critiques contemporains. Choix de jugements, avec notes et notices. I. Du moyen âge au xviie siècle. Nouv. édit. In-12 (*Belin*) . . . . 3 fr. 50

II. Du règne de Louis XIV à 1830. 5e édit. In-12 (*Ibid.*). 4 fr.

Chevalier (le chanoine Ulysse). — Poésies liturgiques du moyen âge. Gr. in-8 (*Alph. Picard*) . . . . 8 fr.

Clédat (Léon). — La Poésie lyrique et satirique en France au moyen âge. In-8 (*Lecène et Oudin*) . . . . 1 fr. 50

Clément (Félix). — Histoire de la poésie chrétienne depuis le IVe siècle jusqu'au XVe. In-8 (*Gaume*) . . . . 5 fr.

Cochin (Henri). — Boccace. Études italiennes. In-18 j. (*Plon*). 3 fr. 50

Cornut (le P. Étienne), S. J. — Les Malfaiteurs littéraires. In-18 j. (*Retaux*) . . . . 3 fr. 50

Croiset (Maurice). — Histoire de la littérature grecque. 4 vol. in-8 (*Thorin*) . . . . 32 fr.

Crouslé (L.). — Fénelon et Bossuet. Études morales et littéraires. 2 vol. gr. in-8 (*Champion*) . . . . 20 fr.

Cucheval (V.). — Histoire de l'éloquence romaine depuis la mort de Cicéron jusqu'à l'avènement d'Hadrien. 2 vol. in-16 (*Hachette*) . . . . 7 fr.

Delaporte (le P. V.), S. J. — Du Merveilleux dans la littérature française sous le règne de Louis XIV. Gr. in-8 (*Retaux*). 7 fr. 50

Delaporte (le P. V.), S. J. — L'Art poétique de Boileau, commenté par Boileau et par les contemporains. 3 vol. in-8 (*Desclée*) . . . . 12 fr.

Darmesteter (Arsène). — Le XVIe siècle en France. Tableau de la littérature et de la langue. 2e édit. 1883 (*Delagrave*). 6 fr.

Demogeot (Jacques). — Histoire de la littérature française. depuis ses origines jusqu'à nos jours In-12 (*Hachette*) . 4 fr.

Demogeot (Jacques). — Histoire des littératures étrangères, considérées dans leurs rapports avec le développement de la littérature française 2 vol. in-12 (*Ibid.*) . . . . 8 fr.

Desjardins (Albert). — Les Moralistes français du XVIe siècle. In-12 (*Perrin*) . . . . 4 fr.

Dozy (R.). — Recherches sur l'histoire et la littérature de l'Espagne pendant le moyen âge. 3e édit. 1881, 2 vol. in-8 (*Maisonneuve*) . . . . 20 fr.

Étienne. — Histoire de la littérature italienne. In-12 (*Hachette*). 4 fr.

Fauriel. — Dante et les origines de la langue et de la littérature italienne. 1854, 2 vol. in-8 (*Durand*) (épuisé). . . » »

Fauriel. — Histoire de la poésie provençale. 1846, 3 vol. in-8 (*Duprat*) (épuisé) . . . . » »

Faguet (Émile). — La Tragédie française au XVIe siècle. Nouv. édit. In-8 (*Welter*) . . . . 10 fr.

Faguet (Émile). — XVIIe siècle. Études littéraires et dramatiques. Nouv. édit. In-12 (*Lecène et Oudin*) . . . . 3 fr. 50

FAGUET (Émile). — XVIIIe siècle. Études littéraires. In-12 (*Ibid.*). 3 fr. 50

FAGUET (Émile). — XIXe siècle. Études littéraires. In-12 (*Ibid.*). 3 fr. 50

FEUGÈRE (Anatole). — Bourdaloue, ses prédications et son temps. In-8 et in-12 (*Perrin*). . . . . 7 fr. 50 et 4 fr.

FILERS (Augustin). — Histoire de la littérature anglaise. 1883, in-12 (*Hachette*) . . . . 6 fr.

FOLLIOLEY (l'abbé). — Histoire de la littérature française au XVIIe siècle. 5e édit. 3 vol. in-8 (Tours, *Cattier*) . . . 12 fr.

FOURNEL (Victor). — De Malherbe à Bossuet, études littéraires et morales sur le XVIIe siècle. In-12 (*Firmin-Didot*) . . 3 fr.

FOURNEL (Victor). — Le Théâtre au XVIIe siècle. La Comédie. In-18 j. (*Lecène et Oudin*). . . . . 3 fr. 50

FOURNEL (Victor). — Figures d'hier et d'aujourd'hui. In-18 j. (*Calmann-Lévy*) . . . . 3 fr. 50

GAUTIER (Léon). — Les Épopées françaises. Études sur les origines et l'histoire de la littérature française. 2e édit. 4 vol. in-8 (*Welter*) . . . . 80 fr.

GAUTIER (Léon) — Histoire de la poésie liturgique au moyen âge. T. I. 1887 (*Alph. Picard*) . . . . 10 fr.

GAUTIER (Léon). — Œuvres poétiques d'Adam de Saint-Victor. 3e édit. in-12 (*Ibid.*) . . . . 4 fr.

GAUTIER (Léon). — Portraits du XIXe siècle. 3 vol. in-8 (*Sanard et Derangeon*) . . . . 13 fr. 50

GAUTIER (Léon). — La Littérature catholique et nationale. 1894, in-8 (*Desclée*) . . . . 4 fr.

GÉRUZEZ (E.). — Histoire de la littérature française jusqu'à la Révolution. 2 vol in-12 (*Perrin*). . . . . 7 fr.

GÉRUZEZ (E.). — Histoire de la littérature française pendant la Révolution, 1789-1800. In-12 (*Perrin*). . . . . . 3 fr. 50

GIDEL (Ch.). — Nouvelles études. Gr. in-8 (*Ibid.*). . . . 10 fr.

GIDEL (Ch.). — Histoire de la littérature française, 1874-1883. 3 vol in-16 (*Lemerre*) . . . . 18 fr.

Le même ouvrage à l'usage des classes. 3 vol. in-16 cart. (*Ibid.*) . . . . 7 fr. 50

GODEFROY (Frédéric). — Histoire de la littérature française depuis le XVIe siècle jusqu'à nos jours. 2e édit. 10 vol. in-8 (*Gaume*). 65 fr.

GODEFROY (Frédéric). — Abrégé de l'histoire de la littérature française. 3 vol. in-8 (*Ibid.*) . . . . 18 fr.

GODEFROY (Frédéric). — Histoire de la littérature française au XIXe siècle. In 8 (*Ibid.*) . . . . 5 fr.

HALLBERG (Eugène). — Histoire des littératures étrangères (littératures scandinave, allemande, hollandaise, depuis leurs origines jusqu'en 1850). Pet. in-12 (*Lemerre*) . . . . 6 fr.

HALLBERG (Eugène). — Histoire des littératures étrangères (littératures anglaise, slave, depuis leurs origines jusqu'en 1850). Pet. in-12 (*Ibid.*) . . . . 6 fr.

HEINRICH (G.-A.). — Histoire de la littérature allemande. 2ᵉ édit. 3 vol. gr. in-8 (*Leroux*) (*Pitrat*) Net . . . . . . 22 fr. 50

HUBBARD (Gustave). — Histoire de la littérature contemporaine en Espagne. In-18 j. (*Charpentier*). . . . . 3 fr. 50

JANET (Paul). — Les Passions et les caractères dans la littérature au XVIIᵉ siècle. In-18 j. (*Calmann-Lévy*). . . . 3 fr. 50

JEANROY (Alfred). — Les Origines de la poésie lyrique en France au moyen âge. In-8 (*Hachette*) . . . . 10 fr.

JEANROY-FÉLIX (Victor). — Nouvelle histoire de la littérature française (depuis la Révolution jusqu'à nos jours). 4 vol. in-8 (*Bloud et Barral*) . . . . 20 fr.

LARROUMET (Gustave). — Marivaux, sa vie et ses œuvres. 2ᵉ édit. In-16 (*Hachette*) . . . . 3 fr. 50

LARROUMET (Gustave) — Études de littérature et d'art, 1893-1895, trois séries. In-16 (*Ibid*). Le vol. . . . . 3 fr. 50

LATOUR (Antoine de). — L'Espagne religieuse et littéraire. In-18 j. (*Calmann-Lévy*) . . . . 3 fr. 50

LATOUR (Antoine de). — Études littéraires sur l'Espagne contemporaine (*Ibid.*). . . . . 3 fr. 50

LE CLERC (Victor) et RENAN (Ernest). — Histoire littéraire de la France au XIVᵉ siècle. 2 vol. gr. in-8 (*Ibid.*) . . . . 16 fr.

LECOY DE LA MARCHE (A.). — Le XIIIᵉ siècle littéraire et scientifique. In-8 (*Desclée*) . . . . 4 fr.

LEMAITRE (Jules). — Les Contemporains. Études et portraits littéraires. 1885-1889, 7 vol. in-12 (*Lecène et Oudin*) . 4 fr. 50

LENIENT (Ch.). — La Poésie patriotique en France au moyen âge. In-16 (*Hachette*) . . . . 3 fr. 50

LENIENT (Ch). — La Poésie patriotique en France dans les temps modernes. 1894, 2 vol. in-16 (*Ibid.*). . . . . . 7 fr.

LIVET (Ch.-L). — Précieux et précieuses. Caractères et mœurs littéraires du XVIIᵉ siècle. 3ᵉ édit. (*Welter*). . . . 7 fr. 50

LOMÉNIE (Louis de). — Beaumarchais et son temps. 2 vol. in-18 j. (*Calmann-Lévy*) . . . . 7 fr.

LONGHAYE (le P. Georges), S. J. — Théorie des belles-lettres. L'âme et les choses dans la parole. 2ᵉ édit. (*Retaux*). 7 fr. 50

LONGHAYE (le P. Georges). — Histoire de la littérature française au XVIIᵉ siècle. 4 vol. in-8 (*Ibid.*) . . . . 20 fr.

***MARC-MONNIER. — Histoire de la littérature moderne. I, la Re-**

naissance. II, la Réforme. 2 vol. pet. in-8 (*Firmin-Didot*). 10 fr.

MAURY (Alfred). — Les Académies d'autrefois; l'ancienne Académie des sciences. In-8 et in-12 (*Perrin*). . 6 fr. et 3 fr. 50

MAURY (Alfred). — L'Ancienne Académie des inscriptions et belles-lettres. In-8 et in-12 (*Ibid.*) . . . . 6 fr. et 3 fr. 50

MÉRIT (l'abbé). — Lettres sur le beau en littérature. 5e édit. In-12 (*Belin*) . . . . 1 fr. 50

MERLET (Gustave) et LENTILHAC (Eugène) — Études littéraires sur les chefs-d'œuvre des classiques français (XVIIe et XVIIIe siècles). 2 vol. in-8 (*Hachette*) . . . . 10 fr.

MERLET (Gustave). — Tableau de la littérature française (1800-1815). 3 vol. in-8 (*Perrin*). . . . . 23 fr.

MERLET (Gustave). — Portraits d'hier et d'aujourd'hui. 4 vol. in-12 (*Ibid.*). . . . . 12 fr.

MÉZIÈRES (A.). — Shakespeare, ses œuvres et ses critiques. 5e édit. In-12 (*Ibid.*). . . . . 3 fr. 50

MÉZIÈRES (A.). — Prédécesseurs et contemporains de Shakespeare. 4e édit. In-12 (*Ibid.*) . . . . 3 fr. 50

MÉZIÈRES (A.). — Contemporains et successeurs de Shakespeare. 3e édit. In-12 (*Ibid.*). . . . . 3 fr. 50

MÉZIÈRES (A.). — W. Gœthe. Les œuvres expliquées par la vie. Nouv. édit. 2 vol. in-16 (*Hachette*). . . . . 7 fr.

MÉZIÈRES (A.). — Pétrarque. Nouv. édit. In-16 (*Ibid.*). 3 fr. 50

*MORILLOT (Paul). — Le Roman en France depuis 1610 jusqu'à nos jours. 1893, in-12 (*Masson*) . . . . 5 fr.

MÜLLER (Otfried). — Histoire de la littérature grecque jusqu'à Alexandre le Grand. Trad. par C. Hillebrand. 3e édit. 3 vol. in-12 (*Pedone*). . . . . 15 fr.

NETTEMENT (Alfred). — Histoire de la littérature française sous la Restauration. 4e édit. 2 vol. in-8 (*Lecoffre*). . . . 10 fr.

NETTEMENT (Alfred) — Histoire de la littérature française sous le gouvernement de Juillet 3e édit. 2 vol. in-8 (*Ibid.*). 11 fr.

NETTEMENT (Alfred). — Le Roman contemporain. Ses vicissitudes, ses divers aspects, son influence. In-8 (*Ibid.*). 5 fr. 50

NISARD (Désiré). — Histoire de la littérature française. 14e édit. 4 vol. in 12 (*Firmin-Didot*) . . . . 16 fr.

NISARD (Désiré). — Précis de l'histoire de la littérature française In-12 (*Ibid.*). . . . . 4 fr.

NOLHAC (Pierre de). — Pétrarque et l'humanisme. Gr. in-8 (*Bouillon*) . . . . 16 fr.

OZANAM (A.-F.). — Les Poètes franciscains et les études sur les sources poétiques de la *Divine Comédie*. In-8 ou in-12 (*Lecoffre*). . . . . 7 fr. et 3 fr. 50

OZANAM (A.-F.). — Dante et la philosophie catholique au XIIIe siècle. In-12 (*Ibid.*) . . . . 3 fr. 50

PARIS (Gaston). — La Poésie du moyen âge. Leçons et lectures. 2 vol. in-12 (*Hachette*) . . . . 7 fr.

PARIS (Gaston). — Manuel d'ancien français. La littérature française au moyen âge (XIe-XIVe siècles). 2e édit. In-12 (*Hachette*) . . . . 2 fr. 50

PATIN (Th.). — Études sur les tragiques grecs. 4 vol in-12 (*Ibid.*) . . . . 14 fr.

Chaque volume se vend séparément :

Études sur Eschyle . . . . 3 fr. 50
Etudes sur Sophocle. . . . . 3 fr. 50
Etudes sur Euripide. 2 vol. . . . . 7 fr.

PETIT DE JULLEVILLE (L.). — Leçons de littérature française. In-16, cart. (*Masson*). . . . . 4 fr.

PETIT DE JULLEVILLE (L.). — Histoire du théâtre en France, ses mystères. 1880, 2 vol. in-8 (*Hachette*). . . . . . . 15 fr.

PETIT DE JULLEVILLE (L.). — Histoire du théâtre en France Les comédiens en France au moyen âge. 1885, in-12 (*L. Cerf*). 3 fr. 50

PETIT DE JULLEVILLE (L.). — Histoire du théâtre en France. La Comédie et les mœurs en France au moyen âge. 1886, in-12 (*Ibid.*). . . . . 3 fr. 50

PETIT DE JULLEVILLE (L.). — Le Théâtre en France. Histoire de la littérature dramatique depuis ses origines jusqu'à nos jours. 1889, in-12 (*Colin*) . . . . 3 fr. 50

PIERRON (A.). — Histoire de la littérature grecque. In-12 (*Hachette*) . . . . 4 fr.

PIERRON (A.). — Histoire de la littérature romaine. In-12 (*Ibid.*). 4 fr.

PONTMARTIN (A. de). — Causeries littéraires. 3 vol. in-18 j. (*Calmann-Lévy*). . . . . 10 fr. 50

PONTMARTIN (A. de). — Causeries du samedi. 3 vol. in-18 j (*Ibid.*). 10 fr. 50

PONTMARTIN (A. de). — Derniers samedis. 3 vol. in-18 j (*Ibid.*). 10 fr. 50

PONTMARTIN (A. de). — Nouveaux samedis. 20 vol. in-18 j. (*Ibid.*). Le vol. . . . . 3 fr. 50

PONTMARTIN (A. de). — Souvenirs d'un vieux critique. 1881-1889, 10 vol. in-12 (*Ibid.*). Le vol. . . . . 3 fr. 50

PUYMAIGRE (Comte de). — Les Vieux auteurs castillans. Histoire de l'ancienne littérature espagnole. Nouv. édit. 2 vol. in-12 (*Savine*) . . . . 7 fr.

RIGAL (Eug.). — Alexandre Hardy et le théâtre français au commencement du XVIIe siècle. In-8 (*Hachette*) . . . 15 fr.

Roux (Amédée). — Histoire de la littérature contemporaine en Italie. In-18 j. (*Charpentier*) . . . . 3 fr. 50

Saint-Marc Girardin. — La Fontaine et les fabulistes. 2 vol. in-18 j. (*Calmann-Lévy*) . . . . 7 fr.

Sainte-Beuve — Tableau de la poésie française au xvi° siècle. Ed. définitive, publiée par Jules Troubat. 2 vol. in-16 (*Lemerre*). 12 fr.

Sainte-Beuve. — Causeries du lundi. 15 vol. in-18 j. (*Garnier*). 52 fr. 50

Sainte-Beuve. — Nouveaux lundis. 13 vol in-18 j. (*Calmann-Lévy*) . . . . 45 fr. 50

Sainte-Beuve. — Portraits littéraires et Derniers portraits. 4 vol. in-18 j. (*Garnier*) . . . . 14 fr.

Saint-Marc Girardin. — Cours de littérature dramatique. 5 vol. in-18 j (*Charpentier*) . . . . 17 fr. 50

Saint-Marc Girardin. — Essais de littérature et de morale. 2 vol in-18 j. (*Ibid.*). . . . . 7 fr.

Saint-Marc Girardin. — Tableau de la littérature française au xvi° siècle. In-12 (*Perrin*). . . . . 3 fr. 50

Sepet (Marius). — Le Drame chrétien au moyen âge. 1878, in-12 (*Ibid.*) . . . . 3 fr.

Sepet (Marius). — Les Prophètes du Christ, étude sur les origines du théâtre au moyen âge 1878, gr. in-8 (*Perrin*) (épuisé).

Sepet (Marius). — Le Drame chrétien au moyen âge. In-12 (*Ibid.*) (épuisé) . . . . » »

Stiernet (J.-B.). — Littérature française au xvii° siècle. In-8 (*Lamulle et Poisson*) . . . . 5 fr.

*Taine (H.). — Histoire de la littérature anglaise. 5 vol. in-12 (*Hachette*) . . . . 17 fr. 50

Taine (H.). — Essai sur Tite-Live. In-12 (*Ibid.*) . . 3 fr. 50

Ticknor — Histoire de la littérature espagnole. Trad. par Magnabal. 3 vol. in-8 (*Ibid.*) . . . . 27 fr.

Tiersot (Julien). — Histoire de la chanson populaire en France. In-8 (*Plon*) . . . . 12 fr.

*Vapereau (Georges). — Dictionnaire universel des littératures. Gr. in-8 à 2 col. (*Hachette*) . . . . 30 fr.

Vaudon (le P.). — Études littéraires sur le xix° siècle, avec une introduction de M. Léon Gautier. In-8 (*Vitte*) . , . 3 fr. 50

Villemain. — Tableau de l'éloquence chrétienne au iv° siècle. In-8 et in-12 (*Perrin*). . . . . 6 fr. et 3 fr. 50

Villemain. — Cours de littérature française contenant :

I. Tableau de la littérature au moyen âge. 2 vol. in-8 (*Ibid.*). 12 fr.

II. Tableau de la littérature au xviii° siècle. 4 vol. in-8 (*Ibid.*). 24 fr.

VILLEMAIN. — Choix d'études sur la littérature contemporaine. In-8 et in-12 (*Ibid.*) . . . . 6 fr. et 3 fr. 50

VILLEMAIN. — Études de littérature ancienne et étrangère. In-12 (*Ibid.*) . . . . 3 fr. 50

VOGÜÉ (Vicomte Eug.-Melchior de). — Le Roman russe. In-8 (*Plon*). 7 fr. 50

VOIGT (Georges). — Pétrarque et Boccace, ou les Débuts de l'humanisme en Italie. Trad. par Le Monnier. In-8 (*Welter*). 10 fr.

WALLON (H.). — Éloges académiques. 2 vol. in-12 (*Hachette*). 7 fr.

WEISS (J.-J.). — Essai sur l'histoire de la littérature française. In-18 j. (*Calmann-Lévy*) . . . . 3 fr. 50

Épistolaires, Polygraphes, Mélanges littéraires

AUTRAN (Joseph). — Œuvres complètes. 8 vol. in-8 (*Calmann-Lévy*). Le vol. . . . . 6 fr.

I. Les Poèmes de la mer.
II. La Vie rurale.
III. La Flûte et le tambour.
IV. Sonnets capricieux.
V. La Lyre à sept cordes.
VI. Drames et comédies.
VII. Lettres et notes de voyage.
VIII. La Comédie de l'histoire.

BONAPARTE (Napoléon). — Œuvres littéraires, publiées avec introduction, notes historiques et index, par Tancrède Martel. 4 vol. in-18 j. (*Savine*) . . . . 14 fr.

CORNEILLE (P.). — Œuvres, nouvelle édition, par M. Ch. Marty-Laveaux. 12 vol. in-8 et un album (*Hachette*) . . 97 fr. 50

DELAPORTE (le P. V.), S. J. — Récits et légendes. 2 vol. in-8 et in-12 (*Retaux*) . . . . 8 fr. et 6 fr.

FOUGERAY (le P. J.-B.), S. J. — Œuvres choisies, poésie et prose, recueillies par le P. Delaporte. In-8 (*Ibid.*). . . . . 5 fr.

GUÉRIN (Maurice de). — Journal, lettres et poèmes publiés par M. Trébutien. In-12 (*Lecoffre*) . . . . 3 fr. 50

GUÉRIN (Eugénie de). — Journal et fragments, publiés par M. Trébutien. In-12 (*Ibid.*) . . . . 3 fr. 50

GUÉRIN (Eugénie de). — Lettres. In-12 (*Ibid.*) . . . 3 fr. 50

GUIZOT. — Lettres de M. Guizot à sa famille et à ses amis, recueillies par Mme de Witt, née Guizot. In-12 (*Hachette*). 3 fr. 50

LA BRUYÈRE. — Œuvres, nouvelle édition, par M. G. Servois. 3 vol. in-8 et un album (*Ibid.*) . . . . 33 fr. 75

LACORDAIRE (le P.). — Œuvres complètes. Nouv. édit., complète et définitive, comprenant tout ce que le P. Lacordaire a publié de son vivant. 9 vol in-8 ou 9 vol. in-12 (*Poussielgue*). 50 fr. et 30 fr.

On vend séparément, dans le format in-12 :

I. Vie de saint Dominique, 1 vol.
II. Conférences prêchées à Paris et à Toulouse, 5 vol.
III. Œuvres philosophiques et politiques, 1 vol.
IV. Notices et panégyriques, 1 vol.
V. Mélanges, 1 vol.

LACORDAIRE (le P.). — Lettres à Théophile Foisset, précédées de la notice dictée par le Père sur son lit de mort, publiées par Joseph Crépon. 2 vol. in-8 (*Poussielgue*) . . . . . 12 fr. 50

LACORDAIRE (le P.). — Correspondance du P. Lacordaire et de Mme Swetchine, publiée par M. le comte de Falloux. Nouvelle édition. In-12 (*Perrin*) . . . . 4 fr.

LACORDAIRE (le P.). — Lettres à Mme la baronne de Prailly, publiées, par le P. Chocarne. In-8 et in-12 (*Poussielgue*). 7 fr. et 3 fr. 75

LACORDAIRE (le P.). — Lettres nouvelles, publiées par Mme V. Leday et P. de Vyré. In-8 (*Delhomme et Briguet*) . . 6 fr.

LA FONTAINE. — Œuvres, nouvelle édition, par M. Henri Regnier. 11 vol. in-8 (*Hachette*) . . . . 82 fr. 50

LAMARTINE (A. de). — Correspondance, publiée par Mme Valentine de Lamartine. 4 vol. in-12 (*Ibid.*) . . . . 14 fr.

LETTRES à Lamartine, publiées par Mlle Valentine de Lamartine. In-18 j. (*Calmann-Lévy*) . . . . 3 fr. 50

LA ROCHEFOUCAULD. — Œuvres, nouvelle édition, par MM. D.-L. Gilbert et J. Gourdault. 3 vol. in-8 et un album (*Hachette*). 35 fr.

LHOMME (F.). — Bibliothèque littéraire de la famille. 4 vol. gr. in-8, illustrés (*Lemercier*). Le vol., net . . . . . . 1 fr. 50

I. Voltaire, œuvres choisies (prose et vers).
II. Les Chefs-d'œuvre de la chaire.
III. Saint-Simon, scènes et portraits.
IV. Les Femmes écrivains, œuvres choisies.

MAISTRE (le comte de). — Œuvres complètes. Nouvelle édition contenant ses œuvres posthumes et toute sa correspondance inédite. 14 vol. in-8 (*Vitte*) Le vol. . . . . 6 fr.

Chaque partie se vend séparément :

Considérations sur la France; Trois fragments sur la France ; Essai sur le principe générateur ; Etude sur la souveraineté. 1 vol.
Du Pape. 1 vol.
L'Eglise gallicane; l'Inquisition espagnole. 1 vol.
Les Soirées de Saint-Pétersbourg ; Appendice sur les sacrifices. Délais de la justice divine dans la punition des coupables. 2 vol.
Examen de la philosophie de Bacon. 1 vol.
Opuscules. 2 vol.
Correspondance. 6 vol.

MAISTRE (Xavier de). — Œuvres. In-8 (*Desclée*) . . . . . 4 fr.

MALHERBE. — Œuvres, nouvelle édition, par M. Ludovic Lalanne. 5 vol. in-8 et un album (*Hachette*). . . . . 45 fr.

MOLIÈRE — Œuvres, nouvelle édition, par MM. Eugène Despois et Paul Mesnard. 13 vol. et un album. (*Ibid*). . . . . 105 fr.

Les onze premiers vol. et l'album sont en vente.

MONTALEMBERT (comte de). — Œuvres. 9 vol. in-8 (*Lecoffre*). 48 fr.

I à III. Discours.
IV, V, IX. Œuvres polémiques et diverses.
VI. Mélanges.
VII, VIII. Histoire de sainte Élisabeth.

MONTALEMBERT (comte de). — Mélanges d'art et de littérature. In-8 (*Ibid.*) . . . . 6 fr.

MONTALEMBERT. — Lettres à un ami de collège. In-8 (*Ibid.*). 5 fr.

OZANAM (A.-F.). — Mélanges. 2 vol. in-8 et in-12 (*Ibid.*). 14 et 7 fr.

OZANAM (A.-F.). — Lettres. 2 vol. in-8 et in-12 (*Ibid.*). 14 et 7 fr.

OZANAM (A.-F.). — Œuvres choisies. In-18 j. (*Ibid.*) . . 2 fr.

PASCAL (Blaise). — Œuvres. Nouv édit. publiée par Prosper Faugère et Brunetière. 2 vol. in-8 (*Hachette*). . . . 15 fr.

PELISSIER (Georges). — Lectures choisies de Chateaubriand. In-12 (*Delagrave*) . . . . 2 fr.

PIE (le cardinal). — Correspondance du cardinal Pie et de Mgr Cousseau. In-8 (*Oudin*) . . . . 6 fr.

RACINE (Jean). — Œuvres, nouvelle édition, par M. P. Mesnard. 8 vol. in-8, plus un volume de musique et un album (*Hachette*). 72 fr. 50

SÉVIGNÉ (Mme de). — Lettres de Mme de Sévigné, de sa famille et de ses amis, nouvelle édition, par M. Monmerqué. 14 vol. et un album (*Ibid.*) . . . . 120 fr.

TOCQUEVILLE (A. de). — Œuvres complètes. Nouv. édit. 10 vol. in-8 (*Calmann-Lévy*)

On vend séparément :

L'Ancien régime et la Révolution. . . . . 6 fr.
Correspondance et œuvres posthumes. 2 vol. . . . . 12 fr.
De la Démocratie en Amérique. 3 vol. . . . . 18 fr.
Etudes économiques, politiques et littéraires . . . . 6 fr.
Mélanges. Fragments historiques et notes . . . . 6 fr.
Nouvelle correspondance inédite. . . . . 6 fr.
Souvenirs . . . . 7 fr. 50

VEUILLOT (Louis). — Correspondance. 7 vol. in-8 (*Retaux*). 42 fr.

VEUILLOT (Louis). — Mélanges religieux, historiques, politiques et littéraires (1842-1856). 6 vol. in-8 (*Vivès*) . . . . . 30 fr.

VEUILLOT (Louis). — Mélanges religieux, historiques, politiques et littéraires. 2e série. 8 vol. in-8 (*Gaume*). . . . . . 40 fr.

VIGNY (Alfred de). — Œuvres complètes. 6 vol. in-8 (*Calmann-Lévy*).

On vend séparément :

Cinq-Mars . . . . 5 fr.
Les Destinées. Poèmes philosophiques . . . . 6 fr.
Poèmes antiques et modernes . . . . 5 fr.
Servitude et grandeur militaires . . . . 5 fr.
Stello . . . . 5 fr.
Théâtre complet. . . . . 5 fr.

Le même, format in-18 j. 6 vol. . . . . 21 fr.

On vend séparément :

Cinq-Mars, avec 2 autographes.
Journal d'un poète.
Poésies complètes.
Servitude et grandeur militaires.
Stello.
Théâtre complet.

HISTOIRE

Généralités.

AULT-DUMESNIL (Ed. d'), DUBEUX (Louis) et CRAMPON (l'abbé). — Nouveau dictionnaire d'histoire et de géographie. 3e édit. Gr. in-8 (*Lecoffre*) . . . . 9 fr.

BAUDRILLART (H.). — Histoire du luxe privé et public depuis l'antiquité jusqu'à nos jours. 4 vol. in-8 (*Hachette*). . 30 fr.

BOSSUET. — Discours sur l'histoire universelle, éd. Lefèvre, avec les variantes et les additions écrites par Bossuet, et une table analytique. In-8 (*Firmin-Didot*). . . . . . . 3 fr.

BOUILLET. — Dictionnaire universel d'histoire et de géographie. Nouvelle édition entièrement refondue sous la direction de L.-G. Gourraigne. Gr. in-8 (*Hachette*) . . . . 21 fr.

CHEVALIER (le chanoine Ulysse). — Des règles de la critique historique. In-8 (*Vitte*) (épuisé) . . . . » »

CANTU. — Histoire universelle. 3e édition française, traduite de l'italien par Francis Lacombe. 20 vol. in-8 (*Firmin-Didot*). 120 fr.

CANTU (César). — Abrégé de l'histoire universelle. Trad. par L.-Xavier de Ricar. 2 vol. in-12 (*Garnier*) . . . . . 6 fr.

DEZOBRY (Ch.) et BACHELET (Th.). — Dictionnaire général de biographie et d'histoire, de mythologie, de géographie ancienne et moderne, etc., etc. 11e édit. entièrement refondue par E. Darsy. 2 vol. gr. in-8 à 2 col. (*Delagrave*) . . 25 fr.

ENCYCLOPÉDIE POPULAIRE, publiée sous la direction de P. Conil (Dictionnaire français, biographie ancienne et contemporaine, histoire, géographie, etc.). 2 vol. gr. in-8 à 2 col. (*Poussielgue*) . . . . 20 fr.

Fustel de Coulanges — Histoire des institutions politiques de l'ancienne France. Nouvelle édition revue par M C. Jullian, professeur à la Faculté des lettres de Bordeaux. 6 vol. in-8 (*Hachette*) . . . . 45 fr.

On vend séparément :

La Gaule romaine . . . . 7 fr. 50
La Monarchie franque . . . . 7 fr. 50
L'Alleu et le domaine rural pendant l'époque mérovingienne 7 fr 50
Les Origines du système féodal . . . . 7 fr. 50
L'Invasion germanique . . . . 7 fr. 50
Les Transformations de la royauté carolingienne . . . . 7 fr. 50

Graetz. — Histoire des Juifs. Trad. de l'allemand par Moïse Bloch. 4 vol. in-8 (*Durlacher*) . . . . 20 fr.

Guizot. — Histoire de la civilisation en Europe. in-12 (*Perrin*). 3 fr. 50

Guizot. — Histoire de la civilisation en France. 10e édit. 4 vol. in-8 (*Perrin*) . . . . 24 fr.

Histoire générale du ive siècle à nos jours Ouvrage publié sous la direction d'Ernest Lavisse et d'Alfred Rambaud. In 8 (*Colin*) (en cours de publication). Le vol. . . . . . . 12 fr.

Jal (A.). — Dictionnaire critique de biographie et d'histoire : errata et supplément pour tous les dictionnaires historiques. Gr. in-8 à 2 col. (*Plon*) (épuisé broché). Relié. . . . 60 fr.

Lacombe (Paul). — De l'histoire considérée comme science. In-8 (*Hachette*) . . . . 7 fr. 50

Lavisse (Ernest). — Vue générale de l'histoire politique de l'Europe In-12 (*Colin*) . . . . 3 fr. 50

Lavollée (René). — La Morale dans l'histoire. In-8 (*Plon*). 7 fr. 50

Mas Latrie (le comte de). — Trésor de chronologie, d'histoire et de géographie. In-fol. (*Welter*) . . . . 100 fr.

Moeller (Jean). — Traité des études historiques, publié avec des additions par le professeur Ch. Moeller. In-8 (*Thorin*). 10 fr.

Noël (Octave). — Histoire du commerce du monde depuis les temps les plus reculés. 2 vol. gr. in-8 (*Plon*) . . . . 40 fr.

Riancey (Henri et Charles de). — Histoire du monde depuis Adam jusqu'au pontificat de Pie IX, continuée par A. de Riancey et A. Rastoul. 12 vol. in-8. Le vol. . . . . 6 fr.

Ségur (le comte de). — Histoire universelle. 6 vol. in-12 (*Perrin*). 18 fr.

Smedt (le P. Ch. de). — Principes de la critique historique. In-8 (*Librairie de la Société bibliographique ; Alph. Picard*). 3 fr.

Géographie et Voyages.

ADENIS (Jules). — Les Étapes d'un touriste en France. De Marseille à Menton. 1892, in-12, illustré (*Hennuyer*) . . 7 fr.

ALBERTIS (L.-M. d'). — La Nouvelle-Guinée, ce que j'y ai fait, ce que j'y ai vu. Trad. de l'anglais par F. Bernard. 1883, in-12, illustré (*Hachette*). . . . . 4 fr.

AMICIS (Edmondo de). — Constantinople. Trad. de l'italien par M. Colomb. 1883, in-8 j., illustré (*Ibid.*). . . . . . . 15 fr.

A. M. G. — La France coloniale. Algérie, Tunisie, Congo, Madagascar, Tonkin et autres colonies françaises considérées au point de vue historique, géographique, ethnographique et commercial. Gr. in-8, illustré (*Mame*). . . . . 2 fr. 50

A. M. G. — La France pittoresque. Région du Nord. Histoire et géographie des provinces d'Ile-de-France, Champagne, Flandre, Artois, Picardie et Normandie. 1893, gr. in-8, illustré (*Mame*). 2 fr. 50

A. M G. — La France pittoresque de l'Est. 1894, gr. in-8, illustré (*Mame*) . . . . 2 fr. 50

AMPÈRE. — Voyage en Égypte et en Nubie. In-18 (*Calmann-Lévy*). 3 fr. 50

AMPÈRE. — Promenade en Amérique. États-Unis, Cuba, Mexique. 2 vol. in-8 (*Ibid.*) . . . . 12 fr.

ANCELLE (J.), capitaine du génie. — Explorations au Sénégal et dans les contrées voisines depuis l'antiquité jusqu'à nos jours. 1887, in-12 avec carte (*Maisonneuve*) . . . . . . 3 fr. 50

ANDRÉI (A.). — Les Étapes d'un touriste en France. A travers la Corse. 1892, in-12, illustré (*Hennuyer*) . . . . . 5 fr.

ANTONINI (Paul). — La Vie réelle en Chine (Chang-Haï). In-12 (*Letouzey et Ané*) . . . . 3 fr. 50

ANTONINI (Paul). — Au pays d'Annam. In-8 (*Bloud et Barral*). 4 fr.

ARDOUIN-DUMAZET. — Voyage en France. 1re série : Morvan, Nivernais, Sologne, Beauce, Gâtinais, Orléanais, Maine, Perche, Touraine. 1893, in-12 (Paris et Nancy, *Berger-Levrault*). 3 fr. 50

ATLAS MANUEL DE GÉOGRAPHIE MODERNE. — 1883, in-fol. (*Hachette*). 32 fr.

AUBERT (Ch.-F. — V. Vattier d'Amboyse). — Le Littoral de la France 6 vol. in-8 j., illustrés (*Sanard et Derangeon*) :

I. De Dunkerque au mont Saint-Michel . . . . 15 fr.
II. Du mont Saint-Michel à Lorient . . . . 15 fr.
III. De Lorient à La Rochelle. . . . . 15 fr.
IV. De La Rochelle à Hendaye . . . . 15 fr.
V. Du cap Cerbère à Marseille . . . . 15 fr.
VI. De Marseille à la frontière d'Italie. . . . . 15 fr.

AUERBACH (B.) — Le Plateau lorrain. Essai de géographie régionale. 1893, in-12, illustré (*Berger-Levrault*) . . . 5 fr.

*AURIGNAC (Romain d'). — Trois ans chez les Argentins. Pet. in-4, illustré (*Plon*) . . . . 15 fr.

AVIAU DE PIOLANT (la vicomtesse d'). — Au pays des Maronites. 1882, in-12 (*Oudin*) . . . . 2 fr 50

AVRIL (A. d'). — L'Arabie contemporaine, avec la description du pèlerinage de La Mecque et une carte de Kiepert. In-8 (*Challamel aîné*) . . . . 7 fr.

BAILLE. — Souvenirs d'Annam (1886-1890). 1890, gr. in-18 (*Plon*). 3 fr. 50

BAILLE (le colonel). — Un Épisode de l'expansion de l'Angleterre. Lettres au *Times* sur l'Afrique du Sud. 1893, in-12, avec carte (*Colin*) . . . . 3 fr. 50

BARABAN (Léopold). — A travers la Tunisie ; études sur les oasis. les dunes, les forêts, la flore et la géologie. 1887, in-8, illustré (*Rothschild*). . . . . 12 fr.

*BARAUDON (Alfred). — Algérie et Tunisie. Récits de voyages et d'études. 1893, in-18 (*Plon*) . . . . 3 fr. 50

BARKER (Lady). — Une Femme du monde au pays des Zoulous. Trad. de l'anglais par Mlle E. B. 1885, gr. in-18 (*Firmin-Didot*). 2 fr. 50

BARRET (Dr). — Sénégambie et Guinée ; la région gabonnaise; l'Afrique occidentale ; la nature et l'homme noir. 1888, 2 vol. in-8, avec cartes (*Challamel*) . . . . 15 fr.

BARRON (Louis). — Les Fleuves de France. 4 vol. in-8 carré, illustrés (*Laurens*) . . . . 40 fr.

I. La Loire.
II. *La Seine.
III. La Garonne.
IV. *Le Rhône.

BARTHÉLEMY. — Voyage du jeune Anacharsis en Grèce, précédé des mémoires de l'auteur sur sa vie et ses ouvrages. In-8 j. (*Firmin-Didot*). . . . . 10 fr.

BARTHÉLEMY-SAINT-HILAIRE (J.). — L'Inde anglaise, son état actuel, son avenir. 1887, in-8 (*Perrin*) . . . . . 7 fr. 50

BARTTELOT (Walter-George). — Journal et correspondance du major Edmund Musgrave Barttelot, commandant l'arrière-colonne dans l'expédition Stanley à la recherche et au secours d'Emin-Pacha. 1891, gr. in-18, avec cartes (*Plon*) . 3 fr. 50

BAUDEL (M.-J.). — Un an à Alger. Excursions et souvenirs. 1887, gr. in-8, illustré (*Delagrave*) . . . . 2 fr. 75

BAUR et LE ROY (les RR. PP.). — A travers le Zanguebar. 1886, gr. in-8, illustré (*Mame*) . . . . 2 fr. 50

BAURON (l'abbé). — Les Rives illyriennes : Istrie, Dalmatie, Montenegro. 1888, gr. in-8, illustré (*Delhomme et Briguet*). 8 fr.

BAZIN (René). — Terre d'Espagne. 1895, in-18 (*Calmann-Lévy*). 3 fr. 50

BEAUNE (Gaston). — La Terre australe inconnue. Onze croisières aux Nouvelles-Hébrides. In-12, illustré (*Delhomme et Briguet*). 3 fr. 50

BEAUREGARD (J. de). — En zigzag aux Pays-Bas et sur les bords du Rhin. 1894, in-8, illustré (*Vitte*) . . . . 3 fr.

BEAUREGARD (J. de). — Du Vésuve à l'Etna et sur le littoral de l'Adriatique. 1895, in-8, illustré (*Ibid.*) . . . . 3 fr.

BEAUREGARD (J. de). — Chez nos amis de Russie. 1893, in-8 (*Flammarion*) . . . . 3 fr.

BEAUVOIR (le comte de). — Voyage autour du monde. 3 vol. in-18, avec grav. et cartes (*Plon*) . . . . 12 fr.

I. Australie.
II. Java, Siam, Canton.
III. Pékin, Yeddo, San-Francisco.

BÉCHET (Eugène). — Cinq ans de séjour au Soudan français. 1889, gr. in-18, avec carte (*Plon*) . . . . 4 fr.

BELIN DE LAUNAY. — Les Sources du Nil. Voyage des capitaines Speke et Grant, abrégé d'après la traduction de E.-D. Forgues. In-12 (*Hachette*) . . . . 1 fr. 25

BELLE (Henri). — Trois années en Grèce. 1881, in-12, illustré (*Ibid.*) . . . . 4 fr.

BELLOC (J.-T. de). — Jérusalem; souvenirs d'un voyage en Terre-Sainte. Gr. in-8, illustré . . . . 15 fr.

BELLOC (J.-T. de). — L'Espagne. Andalousie. 1890, in-8, illustré (*Haton*) . . . . 4 fr.

BERGE (Albert de la). — En Tunisie. 1881, in-12, avec carte (*Firmin-Didot*) . . . . 3 fr. 50

*BERNARD (le Dr). — L'Algérie qui s'en va. 1887, gr. in-18, illustré (*Plon*) . . . . 4 fr.

BERNARD (le Dr). — De Cherbourg à Brest, sur terre et sur mer. 1887, in-8, illustré (*Delagrave*) . . . . 1 fr. 75

BERNARD (le Dr). — De Lorient à Toulon, sur mer et sur terre. 1887, in-8, illustré (*Ibid.*) . . . . 1 fr. 75

BERNARD (G.). — Quatre ans en exil. A travers l'Espagne, souvenirs, récits, voyages et anecdotes. 1895, in-4 (*Œuvre Saint-Charles Borromée, à Lille*) . . . . 4 fr.

*BERNARD (Marius). — Autour de la Méditerranée; les côtes barbaresques; de Tripoli à Tunis. Gr. in-8, illustré (*Laurens*). 10 fr.

BIART (Lucien). — A travers l'Amérique. Gr. in-8, illustré (*Hennuyer*) . . . . 10 fr.

*BINGER (le capitaine). — Du Niger au golfe de Guinée par le pays de Kong et le Mossi (1887-1889). 1892, 2 vol. in-8, illustré (*Hachette*) . . . . 30 fr.

Bird (Miss J. L.). — Voyage d'une femme aux montagnes Rocheuses. Trad. de l'anglais par E. Martineau des Chesnez. 1888, gr. in-18 (*Plon*) . . . . 3 fr. 50

Bizemont (le vicomte H. de). — L'Amérique centrale et le canal de Panama 1881, in-18, avec carte (*Librairie de la Société bibliographique*) . . . . 1 fr.

Bizemont (le vicomte H. de). — L'Indo-Chine française. 1884, in-18, avec carte (*Ibid.*). . . . . 1 fr.

Bleicher (G.). — Les Vosges ; le sol et les habitants. 1890, in-16, avec fig. (*Baillière*) . . . . 3 fr. 50

Blunt (Lady Anne). — Voyage en Arabie ; pèlerinage au Nedjed. Trad. de l'anglais par L. Derome. 1882, gr. in-8, illustré (*Hachette*) . . . . 10 fr.

*Bonnetain (Paul). — Au Tonkin. 1885, gr. in-18 (*Charpentier*). 3 fr. 50

*Bonnetain (Paul). — Le Monde pittoresque et monumental. L'Extrême-Orient. Gr. in-8, illustré (*May et Motteroz*). 30 fr.

*Bonvalot (G.). — En Asie centrale ; du Kohistan à la mer Caspienne. 1885, gr. in-18, illustré (*Plon*) . . . . 4 fr.

*Bonvalot (G.). — En Asie centrale ; de Moscou en Bactriane. 1885, gr. in-18, illustré (*Ibid.*) . . . . 4 fr.

*Bonvalot (G) — Du Caucase aux Indes à travers le Pamir. 1889, gr. in 8, illustré (*Ibid.*) . . . . 20 fr.

Bonvalot (G.). — De Paris au Tonkin à travers le Thibet inconnu. 1892, gr. in-8, illustré d'après les photographies du prince Henri d'Orléans (*Hachette*). . . . . 20 fr.

*Borelli (Jules). — L'Éthiopie méridionale. Journal de mon voyage aux pays Amhara, Oromo et Sidama. 1890, in-4, illustré (*May et Motteroz*) . . . . 30 fr.

Bory (Paul). — Les Artères du globe. 1888, in-4, illustré (*Mame*). 5 fr 50

Bory (Paul). — Les Explorateurs de l'Afrique. 1889, in-4, illustré (*Ibid.*) . . . . 5 fr. 50

Bouche (l'abbé). — Les Noirs peints par eux-mêmes. 1883, in-8 (*RR. PP. Maristes*). . . . . 6 fr.

Bouche (l'abbé Pierre). — Sept ans en Afrique occidentale ; la côte des Esclaves et le Dahomey. 1885, gr. in-18, illustré (*Plon*). 4 fr.

*Bouchot (Henri). — La Franche-Comté. 1890, in-4, illustré (*Plon*) . . . . 60 fr.

Bouinais (A.), capitaine d'infanterie de marine, et Paulus (A.). — La France en Indo-Chine. 1886, gr. in-18, avec carte (*Challamel* . . . . 3 fr. 50

Boulangier (Edgar). — Un hiver au Cambodge. Souvenirs

d'une mission officielle remplie en 1880-1881. In-4, illustré (*Mame*) . . . . 5 fr. 50

Boulangier (Edgar). — Notes de voyage en Sibérie. Le Chemin de fer transsibérien et la Chine. 1881, gr. in-8, illustré (*Société d'éditions scientifiques*). . . . . 7 fr. 50

Bourgade la Dardye (le Dr E. de). — Le Paraguay. 1889, gr. in-18, illustré (*Plon*). . . . . 4 fr.

Bovet (Marie-Anne de). — Trois mois en Irlande. 1891, in-16, illustré (*Hachette*) . . . . 4 fr.

Brassey (Lady). — A travers les tropiques. Trad. de l'anglais par G. Bonnefont. Gr. in-8, illustré (*Charavay*) . . . 9 fr.

Brassey (Lady). — Aux Indes et en Australie dans le yacht le *Sunbeam*. Trad. de l'anglais par G. Bonnefont. 1893, in-4, illustré (*Mame*) . . . . 5 fr. 50

Brau de Saint-Pol Lias. — Perak et les Orangs-Sakeys; voyage dans l'intérieur de la presqu'île malaise. 1883, gr. in-18, illustré (*Plon*). . . . . 4 fr.

Brau de Saint-Pol Lias. — Ile de Sumatra ; chez les Atchés; Lohong. 1884, gr. in-18, illustré (*Ibid.*). . . . . . 4 fr.

Brau de Saint-Pol Lias. — La Côte du poivre; voyage à Sumatra. 1891, gr. in-8, illustré (*Lecène et Oudin*) . . 1 fr. 25

Bréard (Charles). — Histoire de Pierre Berthelot, pilote et cosmographe du roi de Portugal aux Indes orientales, carme déchaussé, d'après l'*Itinerarium orientale*. In-8 (*Alph. Picard*). 5 fr.

Brosselard (le capitaine H.). — Les Deux missions Flatters au pays des Touareg Azdjer et Hoggar. 1889, in-12, illustré (*Jouvet*) . . . . 2 fr. 25

*Brunache (P.). — Le Centre de l'Afrique. Autour du Tchad. 1894, in-8, illustré (*Alcan*) . . . . 6 fr.

Brunet (Louis), député de la Réunion. — La France à Madagascar (1815-1895). 1895, in-16 (*Hachette*) . . . . . 3 fr. 50

Brunetti (le R. P. Jules). — La Guyane française ; souvenirs et impressions de voyage. 1890, in-4, illustré (*Mame*). 3 fr. 35

Buet (Charles). — Les Premiers explorateurs français du Soudan : Alexandre Vaudey, Ambroise et Jules Poncet. In-12 (*Letouzey et Ané*) . . . . 3 fr. 50

Burdo (Adolphe) — Stanley, sa vie, ses aventures et ses voyages. Gr. in-18 (*Librairie illustrée*) . . . . 3 fr. 50

Burnaby (le capitaine). — Une Visite à Khiva; aventures de voyage dans l'Asie centrale. Trad. de l'anglais par Hephell. In-18 j., avec cartes (*Plon*). . . . . 4 fr.

*Cabrol (Élie). — Voyage en Grèce, 1889. Notes et impressions. In-4, avec pl. (*Librairie des bibliophiles*) . . . . . . 15 fr.

Caix de Saint-Aymour (le vicomte de). — Les Pays sud-slaves de l'Autriche Hongrie. 1883, gr. in-18, illustré (*Plon*). 4 fr.

Caix de Saint-Aymour (le vicomte de). — Les Intérêts français dans le Soudan éthiopien 1884, in-12 (*Challamel*) . . 2 fr.

*Campou (Ludovic de). — Un Empire qui croule ; le Maroc contemporain. In-18 j. (*Plon*) . . . . 3 fr. 50

Campou (Ludovic de). — La Tunisie française. 1887, in-12, illustré (*Challamel*) . . . . 3 fr. 50

Camus (abbé Le). — Notre Voyage aux pays bibliques. 1890, 3 vol. in-12, illustrés (*Letouzey et Ané*) . . . . 10 fr. 50

*Candelier (H.). — Rio-Hacha et les Indiens Goajires. 1893, in-12, illustré (*Firmin-Didot*) . . . . 3 fr. 50

Capus (Guillaume). — Le Toit du monde (Pamir). 1890, in-12, illustré (*Hachette*) . . . . 2 fr. 25

Caron (lieutenant de vaisseau E.). — De Saint-Louis au port de Tombouctou. Voyage d'une canonnière française. 1891, in-8, avec cartes (*Challamel*) . . . . 10 fr.

*Casati (Gaëtano). — Dix ans en Équatoria. Le retour d'Émin-Pacha et l'expédition Stanley, traduit par Louis de Hessem. 1892, in-4, illustré (*Firmin-Didot*) . . . . 20 fr.

Casgrain (abbé H.-R.). — Acadie, Nouvelle-Écosse. Un pèlerinage au pays d'Evangéline. 1889, in-12, avec carte (*Cerf*). 3 fr. 50

Cat (Édouard) — Les Grandes découvertes du XIIIe au XVIe siècle 1882, in-8 (*Degorce-Cadot*) . . . . 2 fr. 50

*Chaffanjon (J.). — L'Orénoque et le Caura, relation de voyages exécutés en 1886 et 1887. In-16, illustré (*Hachette*) . . 4 fr.

Chailley-Bert (J.). — La Colonisation de l'Indo-Chine ; l'expérience anglaise. 1892, in-12 (*Colin*). . . . . 4 fr.

Champion (P.). — Le Canada. 1886, pet. in-18, avec carte (*Librairie de la Société bibliographique*) . . . . . 1 fr.

Chantre (Mme B.). — A travers l'Arménie russe. 1883, gr. in-8, illustré (*Hachette*) . . . . 20 fr.

*Charnay (Désiré). — Les Anciennes villes du Nouveau Monde. Voyages d'exploration au Mexique et dans l'Amérique centrale. 1885, gr. in-8, illustré (*Hachette*) . . . . 30 fr.

Charvériat (François). — A travers la Kabylie et les questions kabyles. 1889, in-18 (*Plon*) . . . . 3 fr. 50

Chaudoin (E.). — Trois mois de captivité au Dahomey. 1891, in-16, illustré (*Hachette*) . . . . 4 fr.

Chaume (Henri de la). — Terre-Neuve et les Terre-neuviennes. 1886, in-18 (*Plon*). . . . . 3 fr. 50

Chélu (A.). — Le Nil, le Soudan, l'Égypte 1891, gr. in-8, avec cartes (*Garnier*) . . . . 20 fr.

CHEVALIER (abbé). — Naples, le Vésuve et Pompéi; notes de voyage. 1887, in 4, illustré (*Mame*) . . . . 3 fr. 35

CHEVALIER (A.). — Les Voyageuses au XIXe siècle. 1888, in-4, illustré (*Mame*) . . . . 3 fr. 35

CHEVILLARD (abbé Similien). — Siam et les Siamois. 1889, in-18 (*Plon*). . . . . 3 fr. 50

CHILD (Théodore). — Les Républiques hispano-américaines. In-4, illustré. Paris (*Librairie illustrée*), s. d. . . . . 20 fr.

CHOLET (comte de). — Excursion en Turkestan et sur la frontière russo-afghane 1889, in-18, illustré (*Plon*) . . . 4 fr.

COMPIÈGNE (marquis de). — Voyages, chasses et guerres. In-18 (*Plon*) . . . . 3 fr. 50

COTHONAY (R. P. Bertrand), O. P. — Trinidad, journal d'un missionnaire dominicain des Antilles anglaises. 1893, in-8, illustré (*Retaux*) . . . . 4 fr.

COTTEAU (Edmond). — De Paris au Japon à travers la Sibérie. 1883, in-16, illustré (*Hachette*) . . . . 4 fr.

COTTEAU (Edmond). — Un touriste dans l'Extrême-Orient (Japon, Chine, Indo-Chine et Tonkin). 1884, in-16, illustré (*Ibid.*). 4 fr.

COTTEAU (Edmond). — Promenades dans les deux Amériques (1876-1877). 1886, in-16, avec cartes (*Charpentier*) . 3 fr. 50

COTTEAU (Edmond). — En Océanie. Voyage autour du monde en 365 jours (1884-1885). 1888, in-16, illustré (*Hachette*). . 4 fr.

COUBÉ (le P. Stephen). — Au pays des castes. 1889, in-18, avec carte (*Retaux*) . . . . 3 fr. 50

*COUDREAU (Henri). — Les Français en Amazonie. In-8, illustré (*Picard-Bernheim*) . . . . 2 fr.

COURCY (vicomte E. de). — Six semaines aux mines d'or du Brésil; Rio-Janeiro; Ouro-Preto; San-Juan del Ré; Petropolis. 1889, in-12, illustré (*Sauvaitre*). . . . . 3 fr. 50

COURTOIS (médecin-major de l'armée, Edmond). — Le Tonkin français contemporain. Etudes, observations, impressions et souvenirs. 1891, in-8 (*Lavauzelle*). . . . . . . 7 fr. 50

CREVAUX (Dr J.). — Voyages dans l'Amérique du Sud. 1883, in-4, illustré (*Hachette*) . . . . 30 fr.

CROONENBERGHS (le P. Ch), S. J — Trois ans dans l'Amérique septentrionale (1885, 1886. 1887). Les Etats-Unis. 1892, 2 vol. in-8, illustrés (*Delhomme et Briguet*) . . . . . . 10 fr.

CROONENBERGHS (le P. Ch.), S J. — Trois ans dans l'Amérique septentrionale (1885, 1886, 1887). Le Mexique. 1893, in-8, illustré (*Ibid.*) . . . . 5 fr.

*DAIREAUX (Émile). — La Vie et les mœurs à La Plata. 1889, 2 vol. in-8, illustrés (*Hachette*). . . . . 15 fr.

DAMAS (le P. de). — Voyage en Galilée. In-12 (*Putois-Cretté*). 2 fr.

DAMAS (le P. de). — Voyage au Sinaï. In-12 (*Ibid.*). . . 2 fr.

DAMAS (le P. de). — Voyage en Judée. In-12 (*Ibid.*) . . 2 fr.

DAUMAS (général). — Les Chevaux du Sahara et les mœurs du désert, avec commentaires par l'émir Abd-el-Kader. In-12 (*Calmann-Lévy*) . . . . 3 fr. 50

DAVIN (lieutenant de vaisseau Albert). — 50,000 milles dans l'Océan Pacifique. 1886, in-16, illustré (*Plon*) . . . . . 4 fr.

DAVIN (lieutenant de vaisseau Albert). — Noirs et jaunes : Çomalis, Hindous, Siamois, Annamites. 1888, in-12, illustré (*Perrin*) . . . . 4 fr.

DELAVAUD (L.) — L'Australie. 1882, in-18 (*Librairie de la Société bibliographique*) . . . . 1 fr.

DEMANCHE (Georges). — Au Canada et chez les Peaux-Rouges. 1890, in-8, illustré (*Hachette*) . . . . 5 fr.

DEPELCHIN et CROONENBERGHS (les Pères). — Trois ans dans l'Afrique australe. Le pays des Matébélés. 1882, in-8 (Bruxelles, *Imbreghts*) . . . . 5 fr.

*DEPPING (Guillaume). — Le Japon. 1884, in-16, illustré (*Jouvet*). 2 fr. 25

DESGODINS (C.-H.). — Le Thibet, d'après la correspondance des missionnaires. 1885, in-8, avec une carte (*Librairie Saint-Paul*). 6 fr.

DESJARDINS (Ernest). — Géographie historique et administrative de la Gaule romaine. 4 vol. in-8 (*Hachette*) . . . . 80 fr.

DEVILLE (capitaine) — Palmyre. Souvenirs de voyage et d'histoire. 1894, gr. in-18, illustré (*Plon*) . . . . 4 fr.

DICTIONNAIRE géographique de la France, de l'Algérie et des colonies. 3 vol. in-4 (*Hachette*). . . . . 75 fr.

*DIEULAFOY (Mme Jane). — A Suse. Journal des fouilles (1884-1886). 1888, gr. in-4, illustré (*Ibid.*) . . . . 30 fr.

DOMENECH (abbé). — Journal d'un missionnaire au Texas et au Mexique. In-12, avec cartes (*Gaume*) . . . . 3 fr.

DOMENECH (abbé). — Voyages légendaires en Irlande. 1894, in-8, illustré (*Vitte*) . . . . 4 fr. 50

DUBOIS (Félix). — La Vie au continent noir. Gr. in-8, illustré (*Hetzel*) . . . . 7 fr.

DUBOIS (Marcel). — Géographie élémentaire de la France. 1887, in-12 (*Masson*). . . . . 2 fr.

DUBOIS (Marcel). — Géographie économique de la France. In-12 (*Ibid.*). . . . . 3 fr.

DUBOIS (Marcel). — Géographie économique de l'Europe. In-12 (*Ibid.*) . . . . 4 fr. 50

Dubois (Marcel). — Géographie économique de l'Afrique, l'Asie, l'Océanie et l'Amérique. In-12 (*Ibid.*) . . . . . . 4 fr. 50

Dubois (Marcel). — Géographie économique des cinq parties du monde. In-12 (*Ibid.*) . . . . 6 fr.

Dubois (Marcel) et Guy (Camille). — Précis de géographie à l'usage des candidats à l'Ecole spéciale militaire de Saint-Cyr. 1895, in-8, avec cartes-croquis et fig. (*Masson*) . . 12 fr. 50

Dubouchet (H. et G.). — Zigzags en Bretagne. 1894, in-4, illustré (*Lethielleux*) . . . . 18 fr.

Dufferin (lord). — Lettres écrites des régions polaires, traduites de l'anglais. In-8 (*Hachette*) . . . . 2 fr. 60

Dumuys (Léon). — De Paris au cap Nord; de Bergen à Stockholm; voyage au pays des fiords. Gr. in-8, illustré. Paris, 8, rue François Ier. Net . . . . 1 fr.

Dupont (Édouard). — Lettres sur le Congo. Récit d'un voyage scientifique entre l'embouchure du fleuve et le confluent du Kassaï. 1889, in-8, illustré (*Reinwald*) Cart. . . . . 16 fr.

Dutreuil de Rhins (J.-L.). — L'Asie centrale (Thibet et régions limitrophes). 1889, in-4, avec atlas (*Leroux*) . . . . 60 fr.

Dybowski (Jean). — La Route du lac Tchad; du Loango au Chari. 1893, gr. in-8, illustré (*Firmin-Didot*) . . . . 10 fr.

Eggermont (J.). — Voyage autour du globe. 1892, in-12, illustré (*Delagrave*) . . . . 25 fr.

Escamps (Henry d'). — Histoire et géographie de Madagascar. 1884, pet. in-8, avec carte (*Firmin-Didot*) . . . . . 6 fr.

Faidherbe (général). — Le Sénégal. La France dans l'Afrique occidentale 1880, in-8, illustré (*Hachette*) . . . . . 10 fr.

Fallot (Ernest). — Par delà la Méditerranée, Kabylie, Aurès, Kroumirie 1887, in-8, illustré (*Plon*) . . . . 4 fr.

Foa (Édouard). — Grandes chasses dans l'Afrique centrale. 1895, in-4, illustré (*Firmin-Didot*) . . . . 10 fr.

Foa (Édouard). — Le Dahomey. 1895, in-8, illustré (*Hennuyer*). 12 fr.

Foncin (P.). — Géographie générale. 1887, in-4, avec cartes et fig. (*Colin*) . . . . 12 fr.

Fonvielle (W. de). — La Conquête du pôle nord. 1877, in-18, illustré (*Plon*) . . . . 4 fr.

*Fonvielle (W. de). — Les Affamés du pôle nord, récit de l'expédition du major Greely. 1885, in-12, illustré (*Hachette*). 4 fr.

*Fonvielle (W. de). — Le pôle sud. 1889, in-16, illustré (*Ibid.*). 2 fr. 25

Foucart (George). — Le Commerce et la colonisation à Madagascar. 1894, in-12 (*Challamel*) . . . . 3 fr. 50

FOURNEL (Marc). — La Tripolitaine ; les routes du Soudan. 1887, in-12 (*Ibid.*). . . . . 3 fr.

FRAIPONT (G.). — Les Montagnes de France. Les Vosges. Gr. in-8, illustré (*Laurens*) . . . . 10 fr.

FRÉDÉ (P.). — Voyage en Arménie et en Perse. 1885, in-8, illustré (*Delagrave*) . . . . 1 fr. 75

FRÉDÉ (P.). — Voyage au cap nord et à la Laponie par la Finlande. 1885, in-8, illustré (*Ibid.*). . . . . 1 fr. 75

*FREY (colonel H.). — Campagne dans le haut Sénégal et le haut Niger (1885-1886). 1888, in-8, avec cartes (*Plon*). . 7 fr. 50

*FREY (colonel H.). — Pirates et rebelles au Tonkin. Nos soldats au Yen-The. 1892, in-12 (*Hachette*) . . . . 3 fr. 50

GAFFAREL (Paul). — Le Sénégal et le Soudan français. 1890, in-8, illustré (*Delagrave*) . . . . 2 fr.

GAFFAREL (Paul). — Histoire de la découverte de l'Amérique depuis les origines jusqu'à la mort de Christophe Colomb. 2 vol. in-8, illustrés (*A. Rousseau*). . . . . 18 fr.

GALLIENI (lieutenant-colonel). — Deux campagnes au Soudan français (1886-1888). 1891, in-8 j., illustré (*Ibid.*) . . . 15 fr.

GANNIERS (Arthur de). — Le Maroc d'aujourd'hui, d'hier et de demain. 1894, in-8, illustré (*Jouvet*) . . . . . . 2 fr. 50

GARCIN (Frédéric). — Un an chez les Muongs. Souvenirs d'un officier. 1891, in-18 (*Plon*) . . . . 4 fr.

GARNIER (Francis). — De Paris au Thibet ; notes de voyage. 1882, in-12 (*Hachette*) . . . . 4 fr.

GARNIER (Jules). — Voyage autour du monde. La Nouvelle-Calédonie. Gr. in-18, illustré (*Plon*) . . . . 4 fr.

GARNIER (Jules). — Océanie. Les îles des Pins, Loyalty et Tahiti. In-18, illustré (*Ibid.*). . . . . 4 fr.

GARNIER (Noël). — L'Afrique. Anthologie géographique. 1894, in-12, illustré (*Delagrave*) . . . . 4 fr.

GAUME (Mgr). — Les Trois Rome, ou Journal d'un voyage en Italie. 4 vol. in-12 (*Gaume*) . . . . 14 fr.

GAUTIER (Hippolyte). — Les Français au Tonkin. 1884, gr. in-18 avec cartes (*Challamel*). . . . . 3 fr. 50

GAYET (Al.). — Itinéraire illustré de la haute Égypte. Les anciennes capitales des bords du Nil. In-18, avec cartes et grav. (*May et Motteroz*) . . . . 6 fr.

GILDER (William-H.). — Expédition du *Rodgers* à la recherche de la *Jeannette* et retour de l'auteur par la Sibérie, traduit de l'anglais par J. West. 1885, gr. in-18, illustré (*Plon*). 4 fr.

*GINISTY (Paul). — De Paris au cap nord. Notes pittoresques sur la Scandinavie. 1892, gr. in-8, illustré (*Rouam*) . 8 fr.

GIRARD (Jules). — Les Côtes de France ; leurs transformations séculaires 1881, in-18, avec cartes (*Libr. de la Société bibliographique*) . . . . 1 fr.

GIRARD (Jules). — Les Rivages de la France (côtes de la Manche et de l'Océan). Autrefois et aujourd'hui. 1885, gr. in-8, illustré (*Delagrave*). . . . . 2 fr. 90

GIRARD (Jules). — Recherches sur l'instabilité des continents et du niveau des mers. 1886, in-8, illustré (*Leroux*) . . 6 fr.

GOURDAULT (Jules). — La Suisse. 2 vol. in-4, illustrés (*Ibid.*). 40 fr.

*GOURDAULT (Jules). — Venise et la Vénétie. 1886, gr. in-8, illustré (*Ibid.*) . . . . 2 fr. 60

GOURDAULT (Jules). — De Paris à Paris à travers les deux mondes. Capitales et grandes villes. 1889, gr. in-8, illustré (*Jouvet*) . . . . 10 fr.

GRANDJEAN (Maurice). — En Tyrol. Paysages, mœurs, histoire, légendes. 1893, gr. in-8, illustré (*Desclée*) . . . . . 3 fr.

GRANDJEAN (Maurice). — A travers les Alpes autrichiennes. 1893, in-4, illustré (*Mame*) . . . . 3 fr. 35

GRANDIN (commandant). — A l'assaut du pays des Noirs. Le Dahomey. 1895, 2 vol. in-12, illustrés (*Haton*) . . . 6 fr.

GROS (Jules). — Voyages, aventures et captivité de J. Bonnat chez les Achantis. 1884, gr. in-18, illustré (*Plon*) . . . . 4 fr.

GROS (Jules). — Les Français en Guyane. In-8, illustré (*Picard et Kaan*). . . . . 2 fr.

GROS (Jules). — Nos explorateurs en Afrique. In-8, illustré (*Ibid.*). 2 fr.

GROS (Jules). — Paul Soleillet en Afrique. In-8, illustré (*Ibid.*). 2 fr.

GUÉRARD (Dr) et BOUTINEAU (Émile). — Tunisie ; la Khroumirie et sa colonisation. 1892, in-8, avec carte (*Challamel*) . . 3 fr.

GUÉRIN (Victor). — Description géographique, historique et archéologique de la Palestine. 7 vol. in-8 (*Ibid.*) . . . 74 fr.

GUÉRIN (Victor). — La Terre-Sainte. Son histoire, ses souvenirs, ses sites, ses monuments. 1882, 2 vol. gr. in-4, illustrés (*Plon*). . . . . 100 fr.

GUÉRIN (Victor). — La France catholique en Égypte. 1887, in-8, illustré (*Mame*) . . . . 1 fr.

GUÉRIN (Victor). — Jérusalem ; son histoire, sa description, ses établissements religieux. 1889, in-8, avec plan (*Plon*). 7 fr. 50

GUIBOUT (Dr E.). — Les Vacances d'un médecin. L'Espagne et le Portugal. 1887, petit in-8 (*Masson*) . . . . 3 fr.

GUIRAL (Léon). — Le Congo français, du Gabon à Brazzaville. 1889, gr. in-18, illustré (*Plon*) . . . . 4 fr.

HAMARD (l'abbé). — Par delà l'Adriatique et les Balkans. Autriche méridionale, Serbie, Bulgarie, Turquie et Grèce. In-8. illustré (*Delhomme et Briguet*) . . . . 6 fr.

HARCOURT (duc d'). — L'Égypte et les Égyptiens. 1893, gr. in-18 (*Plon*). 3 fr. 50

HARRY-ALIS. — A la conquête du Tchad. 1891, in-8, illustré (*Hachette*). . . . . 5 fr.

HARRY-ALIS. — Nos Africains. 1894, gr. in-8, illustré (*Ibid.*). 12 fr.

HAURIGOT (G.) — Excursions aux Antilles françaises. In-8, illustré (*Lecène et Oudin*) . . . . 1 fr. 35

HAURIGOT (G.). — Les Établissements français dans l'Inde et en Océanie. 1891, in-8, illustré (*Ibid.*) . . . . . . 0 fr. 95

HAUSSOULLIER (B.). — Grèce (Collection des guides Joanne). 2 vol. in-16, avec cartes et plans (*Hachette*) . . . . 32 fr.

HAYES (Dr J.-J.). — La Mer libre du pôle ; voyage de découvertes dans les mers arctiques (1860-1861), traduit de l'anglais par F. de Lanoye. In-16 (*Ibid.*) . . . . 2 fr. 25

HENRIQUE (Louis) — Les Colonies françaises. 1889, 6 vol in-12, illustrés (*Quantin*) . . . . 21 fr.

HOCQUARD (D^r). — Une Campagne au Tonkin. 1892, gr. in-8, illustré (*Hachette*) . . . . 20 fr.

HÜBNER (baron de). — Promenade autour du monde. 2 vol. in-18 (*Hachette*) . . . . 8 fr.

HÜBNER (baron de). — A travers l'Empire britannique (1883-1884). 1886, 2 vol. in-8, avec carte (*Ibid.*) . . . . 15 fr.

HUC (l'abbé). — L'Empire chinois. 2 vol. in-12 (*Gaume*) . 6 fr.

HUC (l'abbé). — Souvenirs d'un voyage dans la Tartarie, le Thibet et la Chine. 2 vol. in-12 (*Ibid.*). . . . . 6 fr.

HUE (Fernand) et HAURIGOT (Georges). — Nos Grandes colonies. Amérique : les Antilles et la Guyane. 1886, in-12, illustré (*Lecène et Oudin*). . . . . 1 fr. 25

HUE (Fernand). — La Guyane française. In-8, illustré (*Ibid.*). 1 fr. 20

HUE (Fernand). — Voyage à travers nos colonies. In-8, illustré (*Ibid.*) . . . . 1 fr. 20

HUE (Fernand) et HAURIGOT (Georges). — Nos Petites colonies. 1887, in-12, illustré (*Ibid.*) . . . . 1 fr. 25

HULOT (baron Étienne). — De l'Atlantique au Pacifique à travers le Canada et les Etats-Unis. 1888, gr. in-18, avec cartes (*Plon*). 4 fr.

HUMBERT (G., capitaine breveté d'infanterie de marine). — Madagascar. 1895, in-8, avec cartes (*Berger-Levrault*). . 4 fr.

JACOTTET (Henri). — Les Grands fleuves. 1887, gr. in-18, illustré (*Hachette*) . . . . 2 fr. 25

JAMETEL (Maurice). — Pékin; souvenirs de l'Empire du Milieu. 1887, gr. in-8 (*Plon*) . . . . 3 fr. 50

JOHANET (Edmond). — Un Français dans la Floride. 1889, gr. in-8, illustré (*Mame*) . . . . 1 fr. 30

JOANNE (Paul) — Itinéraire général de la France. Franche-Comté et Jura. 1888, gr. in-18 avec cartes (*Hachette*) 7 fr. 50

JOANNE (Paul). — Itinéraire général de la France. Bourgogne et Morvan 1889, gr. in-18 avec cartes (*Ibid.*). . . . . 7 fr. 50

JOANNE (Paul). — Itinéraire général de la France. Dauphiné et Savoie In-32 avec cartes (*Ibid.*) . . . . 6 fr.

JOUAN (Henri). — Les Iles du Pacifique. 1881, in-32 (*Alcan*). 0 fr. 60

JULIEN (Félix). — Lettres d'un précurseur. Doudart de Lagrée au Cambodge et son voyage en Indo-Chine. 1885, gr. in-18 (*Challamel*). . . . . 3 fr.

JULLIEN (le P.), S. J. — Sinaï et Syrie; souvenirs bibliques et chrétiens. 1893, gr. in-8, illustré (*Desclée*) . . . . . 3 fr.

JURIEN DE LA GRAVIÈRE (vice-amiral). — La Station du Levant. 1876, 2 vol. gr. in-8 (*Plon*). . . . . 8 fr.

JURIEN DE LA GRAVIÈRE (vice-amiral). — Voyage dans les mers de Chine. 2 vol. in-12 (*Ibid.*) . . . . 8 fr.

LACOIN DE VILMORIN (Auguste). — De Paris à Bombay par la Perse. In-8, illustré (*Firmin-Didot*) . . . . 10 fr.

*LAGARDE (Ch.). — Une promenade dans le Sahara. 1885, gr. in-18 (*Plon*). . . . . 3 fr. 50

LALLEMAND (Charles). — Tunis et ses environs. 1890, in-4, illustré (*May et Motteroz*) . . . . 35 fr.

LALLEMAND (Charles). — La Tunisie. 1892, in-4, illustré (*Ibid.*). 35 fr.

LALLEMAND (Charles). — Vingt jours en Tunisie; retour en France par Biskra et Constantine. Album (*Ibid.*) . . 5 fr.

LALLEMAND (Charles). — De Paris au désert. 1895, in-4, illustré. Cart. (*Ibid.*). . . . . 20 fr.

LAMBELIN (Roger). — La Sicile ; notes et souvenirs. 1894, gr. in-8, illustré (*Desclée*) . . . . 5 fr.

LAMBERT DE SAINTE-CROIX (Alexandre). — De Paris à San-Francisco. In-12 (*Calmann-Lévy*). . . . . 3 fr. 50

LANESSAN (J.-L. de). — L'Expansion coloniale de la France. 1886, in-8, avec cartes (*Alcan*) . . . . 12 fr.

*LANESSAN (J.-L. de). — L'Indo-Chine française. Étude politique, économique et administrative sur la Cochinchine, le Cambodge, l'Annam et le Tonkin. 1889, in-8, avec carte (*Ibid.*). 15 fr.

LANESSAN (J.-L de). — La Colonisation française en Indo-Chine. 1895, in-18, avec carte (*Ibid.*). . . . . 3 fr. 50

Lanier (L.). — Afrique. Choix de lectures de géographie. 1884, in-12, avec vignettes et cartes (*Belin*). . . . . . 6 fr. 50

Lanier (L.). — L'Asie ; première partie : Asie russe, Turkestan, Asie ottomane, Iran. Choix de lectures de géographie. 1889, in-12, illustré, avec cartes (*Ibid.*) . . . . 4 fr.

Lanier (L.). — L'Asie ; deuxième partie : Indes orientales, Indo-Chine, Empire chinois, Japon. Choix de lectures géographiques. 1892, in-12, illustré avec cartes (*Ibid.*) . . . 6 fr. 50

Lanoye (de). — La Mer polaire ; voyages à la recherche de Franklin. In-12 (*Hachette*) . . . . 2 fr. 25

Lanoye (de) et Hervé. — Voyages dans les glaces du pôle arctique. In-12 (*Ibid.*) . . . . 2 fr. 25

Lanoye (de). — La Sibérie. In-12 (*Ibid.*) . . . . 2 fr. 25

Laouënan (Mgr). — Lettres sur l'Inde, publiées par Adrien Launay, de la Société des missions étrangères. 1893, in-8, illustré (*Lecoffre*). . . . . 3 fr. 50

Lapérouse. — Voyage du capitaine Lapérouse autour du monde sur la *Boussole* et l'*Astrolabe* (1785-1788), raconté par lui-même, réduit et annoté par Georges Mantoux. 1882, gr. in-18 (*Dreyfous*) . . . . 1 fr.

Latzina (F.). — Géographie de la République argentine. 1890, in-8, illustré (*Challamel*) . . . . 6 fr.

*Laumann (E.-M.). — A la côte occidentale d'Afrique. 1894, in-12, illustré (*Firmin-Didot*). . . . . 3 fr. 50

Launay (Adrien). — Atlas des missions de la Société des missions étrangères. 1890, in-folio de 27 cartes (*Desclée*) . 12 fr.

Launay (de). — Les Sources du Nil. Voyages des capitaines Speke et Grant. In-12 (*Hachette*) . . . . 1 fr. 25

Lavallée (Théophile). — Géographie physique, historique et militaire. In-12 (*Charpentier*). . . . . 3 fr. 50

Lavallée (Théophile). — Les Frontières de la France. In-12 (*Hetzel*) . . . . 3 fr.

Leclerc (Max). — Lettres du Brésil. 1890, gr. in-18 (*Plon*). 3 fr. 50

Leclercq (Jules). — La Terre de glace. Féroé, Islande, les Geysers, le mont Hékla. 1883, gr. in-8, illustré (*Ibid*) . . 4 fr.

Leclercq (Jules). — Voyage au Mexique. De New-York à Vera-Cruz en suivant les routes de terre. 1885, in-16, illustré (*Hachette*). . . . . 4 fr.

Leclercq (Jules). — La Terre des merveilles ; promenade au parc national de l'Amérique du Nord. 1886, in-16, illustré (*Ibid.*). . . . . 4 fr.

*Leclercq (Jules). — Du Caucase aux monts Altaï. Transcaspie, Boukharie, Ferganah. 1890, gr. in-18, avec carte (*Plon*). 3 fr. 50

Leclercq (Jules). — A travers l'Afrique australe. 1895, in-18, illustré (*Ibid.*) . . . . 4 fr.

Leclercq (Jules). — Au pays de Paul et Virginie. 1895, in-18, illustré (*Ibid.*) . . . . 4 fr.

Lefèvre-Pontalis (Carle). — De Tiflis à Persépolis. 1895, in-4, illustré (*Ibid.*) . . . . 15 fr.

Leger (L.). — La Save, le Danube et le Balkan. 1884, gr. in-18 (*Ibid.*) . . . . 3 fr.

Leger (Louis). — La Bulgarie. 1885, in-12 (*Cerf*) . . 3 fr. 50

Legrand (le Dr M.-A.). — Au pays des Canaques. La Nouvelle-Calédonie et ses habitants en 1890. 1893, in-8 (*Baudoin*). 4 fr.

Lemire (Charles). — L'Indo-Chine. Cochinchine française, royaume de Cambodge, royaume d'Annam et Tonkin. 1884, gr. in-8, illustré (*Challamel*) . . . . 7 fr. 50

Lemire (Charles). — Voyage à pied en Nouvelle-Calédonie et description des Nouvelles-Hébrides. 1884, in-8, avec carte (*Ibid.*) . . . . 7 fr. 50

Lenormant (François). — A travers l'Apulie et la Lucanie; notes de voyages. 1883, 2 vol. in-8 (*A. Lévy*) . . . . 15 fr.

Lenthéric (Charles). — La Région du Bas-Rhône. 1881, gr. in-18 (*Hachette*) . . . . 3 fr. 50

Lenthéric (Charles). — Du Saint-Gothard à la mer. Le Rhône, histoire d'un fleuve. 1892, 2 vol. in-8, avec cartes et plans (*Plon*). . . . . 18 fr.

Lenz (le Dr Oskar). — Timbouctou. Voyage au Maroc, au Sahara et au Soudan. Trad. de l'allemand par Pierre Lehautcourt. 1886, 2 vol. in-8, illustrés (*Hachette*) . . . . 15 fr.

Léris (G. de). — L'Italie du Nord. Gr. in-8, illustré (*May et Motteroz*) . . . . 25 fr.

Lesbazeilles (E.). — Les Merveilles du monde polaire. 1881, in-12, illustré (*Hachette*) . . . . 2 fr. 25

Levasseur (E.). — Les Alpes et les grandes ascensions. 1889, gr. in-8, illustré (*Delagrave*). . . . . 5 fr.

Liégeard (Stephen). — La Côte d'Azur. 1893, in-8, illustré (*May et Motteroz*). . . . . 10 fr.

*Liorel (Jules). — La Kabylie du Djurjura; races berbères. In-12 (*Leroux*). . . . . 5 fr.

Livingstone (David). — Explorations dans l'Afrique australe. Trad. de l'anglais. In-16 (*Hachette*) . . . . . . 2 fr 25

Longnon (A.). — Géographie de la Gaule au VIe siècle. Gr. in-8, avec cartes et fig. (*Ibid.*) . . . . 15 fr.

Loriot (Florentin). — Explorations et missions dans l'Afrique équatoriale. 1890, in-12 (*Gaume*) . . . . 3 fr.

LOUBEAU (Pierre de). — La Méditerranée pittoresque. 1894, gr. in-4, illustré (*Colin*). . . . . 25 fr.

*LUMHOLZ (Carl). — Au pays des cannibales. Voyage d'exploration chez les indigènes de l'Australie orientale. Trad. par V. et W. Molard. 1890, gr. in-8, illustré (*Hachette*). . 15 fr.

MAISTRE (C.). — A travers l'Afrique centrale. Du Congo au Niger (1892-1893). 1895, gr. in-8, illustré (*Ibid.*) . . . 20 fr.

MALLAT DE BASSILAN. — L'Amérique inconnue, d'après le journal de voyage de J. de Brettes. 1892, in-12, illustré (*Firmin-Didot*). . . . . 3 fr. 50

MALTE-BRUN. — Géographie universelle. 8 vol. in-8 (*Vivès*). 50 fr.

MANDAT-GRANCEY (le baron E. de).— En visite chez l'oncle Sam ; New-York et Chicago. 1885, gr. in-18, illustré (*Plon*) . 4 fr.

*MANDAT-GRANCEY (le baron E. de). — Chez Paddy. 1887, gr. in-18, illustré (*Ibid.*). . . . . 4 fr.

MANDAT-GRANCEY (le baron E. de).— La Brèche aux buffles. Un ranch français dans le Dakota. 1889, gr. in-18, illustré (*Ibid.*). 4 fr.

*MANDAT-GRANCEY (le baron E. de). — Souvenirs de la côte d'Afrique (Madagascar-Saint-Barnabé). 1892, gr. in-18, illustré (*Ibid.*). . . . . 4 fr.

*MARCET (le Dr A.). — Le Maroc. Voyage d'une mission française à la cour du sultan. 1885, gr. in-18, illustré (*Ibid.*). 4 fr.

*MARCHE (Alfred). — Luçon et Palaouan ; six années de voyage aux Philippines. 1887, in-16, illustré (*Hachette*). . . 4 fr.

MARIN (Aylic). — Au loin ; souvenirs de l'Amérique du Sud et des îles Marquises. 1891, gr. in-8, illustré (*Delhomme et Briguet*) . . . . 6 fr.

MARIN LA MESLÉE (E.). — L'Australie nouvelle. 1883, gr. in-18, illustré (*Plon*) . . . . 4 fr.

MARMIER (Xavier). — En Alsace. In-12 (*Hachette*) . . 3 fr. 50

MARMIER (Xavier). —Lettres sur le Nord. In-12 (*Ibid.*). 3 fr. 50

MARMIER (Xavier). — De l'est à l'ouest. In-12 (*Ibid.*) . 3 fr. 50

MARMIER (Xavier). — Un été au bord de la Baltique. In-12 (*Ibid.*). . . . . 3 fr. 50

MARMIER (Xavier). — Voyage de Nils. In-12 (*Ibid.*) . 3 fr. 50

MARMIER (Xavier). — Nouveaux récits de voyage. In-12 (*Ibid.*). 3 fr. 50

MARMIER (Xavier). — Souvenirs d'un voyageur. In-12 (*Perrin*). 3 fr. 50

MARMIER (Xavier).— Lettres sur l'Amérique (Canada, États-Unis, Havane, Rio-de-la-Plata). 1881, 2 vol. gr. in-18 (*Plon*). 7 fr.

Marmier (Xavier). — Les États-Unis et le Canada. 1886, in-8, illustré (*Mame*) . . . . 1 fr. 50

Marmier (Xavier). — A travers les tropiques. 1889, in-12 (*Hachette*). . . . . 3 fr. 50

Marmier (Xavier). — Au nord et au sud. 1890, in-12 (*Ibid.*). 3 fr. 50

Marmier (Xavier). — En divers pays. 1891, gr. in-8, illustré (*Firmin-Didot*) . . . . 5 fr.

Marmier (Xavier). — A travers le monde. 1893, in-12 (*Ibid.*). 3 fr. 50

Marmier (Xavier). — Voyages et littérature. 1888, in-12 (*Hachette*) . . . . 3 fr. 50

Martel (E.). — Les Cévennes et la région des Causses (Lozère, Aveyron, Hérault, Gard, Ardèche). 1890, gr. in-8, illustré (*Delagrave*) . . . . 5 fr.

Martel (E.-A.). — Les Abîmes, les eaux souterraines, les cavernes, les sources, la spéléologie. 1894, gr. in-4, illustré (*Ibid.*). 20 fr.

Martin (Alexis). — Les Étapes d'un touriste en France. Paris, promenades dans les vingt arrondissements. 1890, pet. in-8, illustré (*Hennuyer*) . . . . 10 fr.

Martin (Alexis). — Tout autour de Paris. Promenades et excursions dans le département de la Seine. 1890, in-16, illustré (*Ibid.*). 7 fr. 50

Martin (Alexis). — Les Étapes d'un touriste en France. Promenades et excursions dans les environs de Paris. Région de l'ouest. 1891, in-16, illustré (*Ibid.*). . . . . 10 fr.

Martins (Charles). — Du Spitzberg au Sahara. 1885, gr. in-8, illustré (*Baillière*) . . . . 10 fr.

Mas-Latrie (L. de). — L'Ile de Chypre. In-12 (*Firmin-Didot*). 5 fr.

Mat-Gioi. — Le Tonkin actuel (1887-1890). 1891, in-16 (*Savine*). 3 fr. 50

Mayet (Valery). — Voyage dans le sud de la Tunisie. 1887, in-18 avec carte (*Challamel*) . . . . 3 fr. 50

Meignan (Victor). — Aux Antilles. Gr. in-18, illustré (*Plon*). 4 fr.

Meissas (G.). — Les Grands voyageurs contemporains. 1889, gr. in-8, illustré (*Hachette*). . . . . 8 fr.

Melon (Paul). — De Palerme à Tunis par Naples, Tripoli et la côte. 1885, gr. in-18, illustré (*Plon*) . . . . 3 fr. 50

Mer (Auguste), capitaine de vaisseau. — Mémoire sur le périple d'Hannon. 1885, in-8 (*Perrin*) . . . . 4 fr.

Michel (Ernest). — Le Tour du monde en 240 jours. 1882, 2 vol. in-12 (Nice, *Patronage Saint-Pierre*). . . . . 6 fr.

Michel (Ernest). — A travers l'hémisphère sud, voyage autour du monde. 1888, in-8, illustré (*Sanard*). . . . . . 8 fr.

Millet (René). — Souvenirs des Balkans. De Salonique à Belgrade et du Danube à l'Adriatique. 1891, in-16 (*Hachette*). 3 fr. 50

Mislin (Mgr). — Les Saints Lieux. Pèlerinage à Jérusalem en passant par l'Autriche, la Hongrie, la Slavonie, les provinces danubiennes, Constantinople, etc. 3 vol. gr. in-8 (*Lecoffre*). 24 fr.

Molard (capitaine). — Cours de géographie rédigé conformément au nouveau programme d'admission à l'École spéciale militaire. 1891-1892, 3 vol. avec atlas. (*Jouvet*) . . 31 fr. 50

Molinari (G. de). — A Panama. Lettres adressées au *Journal des Débats*. Gr. in-18, illustré (*Guillaumin*) . . . . 1 fr.

Monnier (Marcel). — Un printemps sur le Pacifique; les îles Hawaï. 1885, gr. in-18, illustré (*Plon*) . . . . 4 fr.

Monnier (Marcel). — Des Andes au Para. Équateur, Pérou, Amazone. 1890, gr. in-8, illustré (*Ibid.*) . . . . . . 10 fr.

Monnier (Marcel). — Mission Binger. France Noire (Côte d'Ivoire et Soudan). 1894, in-8, illustré (*Ibid.*) . . . 7 fr. 50

Montano (docteur J.). — Voyage aux Philippines et en Malaisie. 1886, in-12, illustré (*Hachette*) . . . . 4 fr.

Monteil (lieutenant-colonel). — De Saint-Louis à Tripoli par le lac Tchad (1891-94). 1895, gr. in-8, illustré (*Alcan*) . 20 fr.

Moreau (Frédéric). — Aux États-Unis; notes de voyage. 1888, gr. in-18 (*Plon*) . . . . 3 fr. 50

*Moser (Henri) — A travers l'Asie centrale (le steppe Kirghise, le Turkestan russe, Boukhara, Khiva, le pays des Turcomans et la Perse; impressions de voyage. 1885, gr. in-8, illustré (*Ibid.*) . . . . 20 fr.

Mounteney-Jephson (A.-J. et H.-M. Stanley). — Émin-Pacha et la rébellion à l'Équateur; neuf mois d'aventures dans la plus reculée des provinces soudanaises. Traduit de l'anglais. 1891, gr. in-8, illustré (*Hachette*). . . . . 10 fr.

Nachtigal (docteur G.). — Sahara et Soudan. Traduit de l'allemand par J. Gourdault. 1882, gr. in-8, avec grav. et cartes (*Ibid.*) . . . . 10 fr.

Nares (Captain sir George). — Un voyage à la mer polaire, suivi de notes sur l'histoire naturelle, par H.-W. Feilden. Trad. de l'anglais par F. Bernard. 1880, in-8, illustré (*Ibid.*) . 10 fr.

*Narjoux (Félix). — En Angleterre (Angleterre, Écosse, îles Orcades, les Hébrides, Irlande). Le pays, les habitants, la vie intérieure. 1886, gr. in-18, illustré (*Plon*) . . . . . 5 fr.

Ney (Napoléon). — Conférences et lettres de P. Savorgnan de Brazza sur ses trois explorations dans l'ouest africain. 1887, gr. in-8, illustré (*M. Dreyfous*) . . . . 10 fr.

NEY (Napoléon). — En Asie centrale à la vapeur; notes de voyage. 1888, in-8, illustré (*Garnier*). . . . . . . 3 fr. 50

NIOX (commandant). — Géographie militaire. Le Levant et le bassin de la Méditerranée. 1883, in-12 (*Baudoin*) . . . 3 fr.

NIOX (commandant). — Algérie et Tunisie. Géographie physique. 1884, in-12 avec fig. et cartes (*Ibid.*). . . . . 6 fr.

NIOX (colonel). — Atlas de géographie générale avec notes statistiques, historiques et géographiques. In-4, relié 1/2 chagrin (*Ch. Delagrave*) . . . . 63 fr.

NIOX (colonel) — Résumé de géographie physique et historique. 1893, 2 vol. in-12, avec cartes (*Ibid.*) . . . . 11 fr.

NIOX (colonel). — Géographie. L'expansion européenne. L'empire britannique. Asie, Afrique, Océanie. 1893, in-12, avec cartes toile (*Delagrave et Baudoin*) . . . . 6 fr.

NIOX (général). — Résumé de géographie physique et historique: Asie, Afrique, Amérique, Océanie. 1895, in-12, avec cartes-croquis (*Delagrave*) . . . . 5 fr.

NOLHAC (Stanislas de). — La Dalmatie, les îles Ioniennes, Athènes et le mont Athos. 1882, gr. in-18 (*Plon*) . 3 fr. 50

NORDENSKJÖLD (A.-E.). — Voyage de la Vega autour de l'Asie et de l'Europe. Trad. du suédois par Ch. Rabot et Ch. Lallemand. 1883-1884, 2 vol. gr. in-8, illustrés (*Hachette*). 30 fr.

*NORDENSKJÖLD (A.-E.). — La Seconde expédition suédoise au Groënland (l'Inlandsis et la Côte orientale). Trad. du suédois par Ch. Rabot. 1888, in-4, illustré (*Ibid.*) . . . . , 15 fr.

ORLÉANS (Mgr le prince Henri d'). — Une excursion en Indo-Chine. De Hanoï à Bangkok 1892, in-12 (*Calmann-Lévy*) 1 fr.

*ORSOLLE (E.). — Le Caucase et la Perse. 1885, gr. in-18, illustré (*Plon*) . . . . 4 fr.

PAQUIER (J.-B.) — L'Asie centrale à vol d'oiseau. In-18, avec carte (*Librairie de la Société bibliographique*) . . . 1 fr.

PARFAIT (Th.), capitaine de frégate. — Rapport sur la campagne scientifique du Talisman en 1883. 1884, in-8 (*Berger-Levrault*) 3 fr.

PAYER (J.). — L'Expédition du Tegethoff. Voyage de découvertes aux 80e-83e degrés de latitude nord. Trad. de l'allemand par J. Gourdault. Gr. in-8, illustré (*Hachette*) . . . . 10 fr.

PERRET (Paul). — Les Pyrénées françaises. Le pays basque. L'Adour. 1882, 3 vol. gr. in-8, illustrés (*Lecène et Oudin*). Le vol. . . . . 8 fr.

PETERS (docteur). — A la recherche d'Émin-Pacha (1889-1890). Trad. de l'allemand par J. Gourdault. 1895, gr. in-8, illustré (*Hachette*) . . . . 20 fr.

*PETITOT (Émile), ancien missionnaire. — Les Grands Esquimaux. 1887, gr. in-18, illustré (*Plon*) . . . . 4 fr.

*PETITOT (Émile). — En route pour la mer glaciale. In-12, illustré (*Letouzey et Ané*) . . . . 3 fr. 50

*PETITOT (Émile). — Autour du grand lac des Esclaves. 1891, in-12, illustré (*Savine*) . . . . 3 fr. 50

PETITOT (Émile). — Exploration de la région du grand lac des Ours. 1893, in-12, illustré, avec cartes (*Téqui*) . . . 4 fr.

PHILBERT (général). — La Conquête pacifique de l'intérieur africain. 1889, gr. in-8, illustré (*Leroux*). . . . . 12 fr.

P. H. X. — La Politique française en Tunisie. Le protectorat et ses origines (1854-1891). In-8 (*Plon*) . . . . . . 7 fr. 50

PIASSETSKY (E.). — Voyage à travers la Mongolie et la Chine, traduit du russe par A. Kuscinsky. 1884, gr. in-8, illustré (*Hachette*) . . . . 15 fr.

PIESSE (Louis). — Itinéraires de l'Algérie, de Tunis et de Tanger (Guides Joanne). 1881, in-12, illustré (*Hachette*). . 15 fr.

PIOLET (J.-B.), S. J. — Madagascar, sa description, ses habitants. In-8, avec cartes (*Challamel*) . . . . 6 fr.

PIOLET (J.-B.), S. J. — Madagascar et les Hova. 1895, in-8, avec cartes (*Delagrave*) . . . . 5 fr.

*POIRÉ (Eugène). — La Tunisie française. 1892, gr. in-18 (*Plon*). 3 fr. 50

POSTEL (Raoul). — Madagascar. 1886, gr. in-18, avec cartes (*Challamel*). . . . . 3 fr. 50

POSTEL (Raoul). — A travers la Cochinchine. 1887, in-12, avec cartes (*Ibid.*) . . . . 3 fr. 50

POTAGOS (docteur). — Dix années de voyage dans l'Asie centrale et l'Afrique équatoriale. 1885, in-8, avec cartes (*Fischbacher*). 10 fr.

POUGET DE SAINT-ANDRÉ (H.). — La Colonisation de Madagascar sous Louis XV, d'après la correspondance inédite du comte de Maudave. 1886, gr. in-8 (*Challamel*) . . . . . 3 fr. 50

POULINAIRE. — Carte de Madagascar avec notice. 1895 (*Garnier*). 2 fr.

PRÉVILLE (A. de). — Les Sociétés africaines, leur origine, leur évolution, leur avenir. 1894, pet. in-8, avec cartes (*Firmin-Didot*) . . . . 3 fr. 50

RABOT (Charles). — A travers la Russie boréale. 1894, in-16, illustré (*Hachette*) . . . . 4 fr.

RAINAUD (Armand). — Le Continent austral ; hypothèses et découvertes. 1893, in-8, avec fig. (*Colin*) . . . . 10 fr.

*RAMBAUD (Alfred). — La France coloniale. Histoire, géographie, commerce. 1893, in-8, avec 12 cartes (*Colin*). . 8 fr.

RAMBERT (Eugène). — Les Alpes suisses. I. Ascensions et flâneries ; Alpes vaudoises et Dent du Midi. II. Ascensions et flâneries ; Suisse centrale. III. Etudes d'histoire naturelle. IV.

Études historiques et nationales. V. Études de littérature alpestre. 1889, 5 vol. in-12 (*Fischbacher*) . . . . . 25 fr.

Rauville (Hervé de). — L'Ile-de-France légendaire. 1889, gr. in-18 (*Challamel*). . . . . 3 fr. 50

Raynal (E. L.). — Les Naufragés, ou vingt mois sur un récif des îles Auckland. In-8, illustré (*Hachette*) . . . . 3 fr.

*Reclus (Élisée). — Nouvelle géographie universelle. La terre et les hommes. 19 volumes gr. in-8, avec cartes et gravures (*Ibid.*). 535 fr.

Reclus (Onésime). — La Terre à vol d'oiseau. 1886, gr. in-8 illustré (*Ibid.*) . . . . 12 fr.

Reclus (Onésime). — La France et ses colonies. Tome I. En France. Tome II. Nos colonies. 1887-1889, 2 vol. gr. in-8, avec grav. et cartes (*Ibid.*) . . . . 16 fr.

Recoing (capitaine d'infanterie breveté). — Géographie militaire et maritime des colonies françaises. 1885, in-12 (*Baudoin*). 4 fr.

Regamey (Félix). — Le Japon pratique. Gr. in-18, illustré (*Hetzel*). 4 fr.

Rivière (Louis). — Entre l'Inn et le lac de Constance (Tyrol, Haute-Bavière et Souabe). 1891, in-12 (*May et Motteroz*). 3 fr. 50

*Rivoyre (Denis de). — Obock, Mascate, Bouchire, Bassorah. 1883, gr. in-18, illustré (*Plon*) . . . . 4 fr.

*Rivoyre (Denis de). — Les Vrais Arabes et leur pays. Bagdad et les villes ignorées de l'Euphrate. 1884, gr. in-18, illustré (*Ibid.*) . . . . 4 fr.

*Rivoyre (Denis de). — Aux pays du Soudan : Bogos, Mensah, Souakim. 1885, gr. in-18, illustré (*Ibid.*). . . . . . 4 fr.

Roudairé (commandant). — La Dernière expédition des Chotts. 1881, in-8, avec planches et cartes (*Imprimerie nationale*). 12 fr.

Rougé (vicomte Jacques de). — Géographie ancienne de la Basse-Egypte. 1891, in-8 (*Rothschild*) . . . . 20 fr.

Rouire (docteur). — La Découverte du bassin hydrographique de la Tunisie centrale et l'emplacement de l'ancien lac Triton. 1887, in-8, avec carte (*Challamel*) . . . . 5 fr.

Rousselet (Louis). — Londres et ses environs. In-32, avec cartes et plans (*Hachette*) . . . . 6 fr.

*Rousset (L.). — A travers la Chine. 1886, in-16, illustré (*Ibid.*). 4 fr.

Rousset (Louis). — États du Danube et des Balkans. Hongrie méridionale, Adriatique, Dalmatie, Montenegro, Bosnie et Herzégovine (guides Joanne). 1888, in-16, avec cartes (*Ibid.*). 15 fr.

Routhier (A.-B.). — A travers l'Europe. Impressions et paysages. 1883, 2 vol. in-8 (Québec, *Deliole*) . . . . 7 fr.

*SANDERVAL (Aimé-Olivier, vicomte de). — De l'Atlantique au Niger par le Fouta-Djallon. 1882, gr. in-8 (*Ducrocq*) . 2 fr.

SANTA-ANNA-NÉRY (F.-J. de). — Le Brésil en 1889. 1890, in-8, avec carte (*Delagrave*) . . . . 7 fr.

SAULCY (F. de). — Dictionnaire topographique abrégé de la Terre Sainte. 1877, in-8 (*Bouillon*) . . . . 6 fr.

SAULCY (F. de). — Voyage en Terre Sainte. 2 vol in-8 avec cartes et gravures (*Firmin-Didot*) . . . . 32 fr.

*SCHRADER (F.), PRUDENT (F.) et ANTHOINE (E.). — Atlas de géographie moderne. 1889, in-4 (*Hachette*) . . . . . . 25 fr.

SCOTT KELTIE (J.). — La Délivrance d'Émin-Pacha, d'après les lettres de H. M. Stanley. 1890, in-16, avec carte (*Ibid.*). 1 fr. 25

SÉGUR (Mgr de). — Journal d'un voyage en Italie ; impressions et souvenirs. 1882, in-12 (*Tolra*) . . . . 3 fr. 50

SERVONNET (Jean) et LAFFITE (le docteur Fernand). — La Tunisie ; le golfe de Gabès en 1888. 1889, gr. in-12, illustré (*Challamel*). 4 fr.

SILVESTRE (J.). — L'Empire d'Annam et le peuple annamite. Aperçu sur la géographie, les productions, l'industrie, les mœurs et les coutumes de l'Annam. 1888, in-12, avec carte (*Alcan*). 3 fr. 50

SPENSER SAINT-JOHN. — Haïti, ou la République noire, traduit de l'anglais par J. West. 1886, gr. in-18, avec carte (*Plon*). 5 fr.

STANLEY (H.-M.). — Comment j'ai retrouvé Livingstone. In-16 (*Hachette*) . . . . 2 fr. 25

STANLEY (H.-M.). — Dans les ténèbres de l'Afrique. Recherche, délivrance et retraite d'Emin-Pacha. Traduit de l'anglais. 1890, 2 vol. in-8, illustrés (*Ibid.*) . . . . 30 fr.

STRACHEY (Sir John). — L'Inde. Préface et traduction de Jules Harmand, ministre plénipotentiaire. 1892, in-8, avec carte (*Société d'éditions scientifiques*). . . . . 10 fr.

SYLVA CLAPIN. — La France transatlantique ; le Canada. 1885, gr. in-18, illustré (*Plon*) . . . . 4 fr.

TARDIEU (Amédée). — Géographie de Strabon. 1890, 4 vol. in-16 (*Hachette*) . . . . 20 fr.

TEILHARD DE CHARDIN (J.). — La Guinée supérieure et ses missions. 1889, in-8, illustré (*Bloud et Barral*) . . . . 3 fr.

THOMSON (Joseph). — Au pays de Massaïs ; voyage d'exploration à travers les montagnes neigeuses et volcaniques et les tribus étranges de l'Afrique équatoriale. Traduit de l'anglais par F. Bernard. 1886, in-16, illustré (*Hachette*). . . . . 4 fr.

*THOUAR (A.). — Exploration dans l'Amérique du Sud. 1891, in-16, illustré (*Ibid.*). . . . . 4 fr.

*Tissot (Victor). — Vienne et la vie viennoise. In-12 (*Dentu*). 3 fr. 50

*Tissot (Victor). — Voyage aux pays annexés. Gr. in-8 (*Marpon et Flammarion*) . . . . 5 fr. 50

*Tissot (Victor). — Voyage au pays des milliards. In-12 (*Dentu*). 3 fr 50

Tissot (Victor). — La Hongrie de l'Adriatique au Danube ; impressions de voyage. 1882, gr. in-8, illustré (*Plon*) . . 20 fr.

Tissot (Victor). — Les Curiosités de l'Allemagne du Nord. 1885, gr. in-8, illustré (*Delagrave*). . . . . 2 fr. 90

Tissot (Victor). — De Paris à Berlin. Mes vacances en Allemagne. Gr. in-18, illustré (*Gautier*). . . . . 2 fr.

Tissot (Victor). — L'Afrique pittoresque ; le continent africain et les îles. 1888, gr. in-8, illustré (*Delagrave*). . . 3 fr. 90

Tissot (Victor) et Améro (C.). — Le Pôle nord et le Pôle sud. 1887, in-8, illustré (*Firmin-Didot*). . . . . . . 1 fr. 50

Tissot (Victor) et Améro (C.) — Aux Antipodes : Terres et peuplades peu connues de l'Océanie. 1890, in-8, illustré (*Ibid*). 1 fr. 50

Topffer — Premiers voyages en zigzag, ou Excursions d'un pensionnat en vacances dans les cantons suisses et sur le revers italien des Alpes. Gr. in-8, illustré (*Garnier*) . . . . 12 fr.

Topffer. — Nouveaux voyages en zigzag à la Grande-Chartreuse, au Mont Blanc, dans les vallées d'Herenz, au Grimsel et dans les Etats sardes. Gr. in-8, illustré (*Garnier*) . 12 fr.

Tournafond (P.). — Hawaï. Histoire de l'établissement du catholicisme dans cet archipel. 1877, in-12 (*Lethielleux*). 2 fr.

Tournafond (Paul). — La Corée. 1885, in-18, avec carte (*Librairie de la Société bibliographique*) . . . . . . 1 fr.

Trébuchet (Léon). — Étapes d'un touriste en France. Les baies de Saint-Malo et de Saint-Brieuc. 1893, in-16, illustré (*Hennuyer*). . . . . 5 fr.

*Trivier (E.). — Mon voyage au continent noir. « La Gironde » en Afrique. 1891, in-12, avec portrait et cartes (*Firmin-Didot*). 3 fr. 50

Tyndall. — Dans les montagnes. In-18 (*Hetzel*) . . . . 3 fr.

*Ujfalvy-Bourdon (Mme de). — Voyage d'une Parisienne dans l'Himalaya occidental. 1887, in-16, illustré (*Hachette*). 4 fr.

Uzès (Duchesse d'). — Voyage de mon fils au Congo. 1894, gr. in-8, illustré (*Plon*). . . . . 20 fr.

Vaissière (le R. P. de la). — Histoire de Madagascar ; ses habitants et ses missionnaires. 1884, 2 vol. in-8, avec cartes (*Lecoffre*) . . . . 12 fr.

Vaissière (le R. P. de la). — Vingt ans à Madagascar. Colonisation, traditions historiques, mœurs et coyances. 1885, in-8, avec carte (*Lecoffre*) . . . . 4 fr.

*Varigny (C. de). — L'Océan Pacifique ; les derniers cannibales; îles et terres océaniennes; la race polynésienne; San-Francisco. 1888, in-12, avec carte (*Hachette*) . . . . . 3 fr. 50

Vast (Henry). — Le Tour du monde il y a quatre siècles. Vasco de Gama et Magellan. 1889, in-8, illustré (*Ibid.*). . 1 fr. 10

Vaujany (H. de). — Description de l'Égypte. 1883, gr. in-18, illustré (*Plon*) . . . . 4 fr.

Verneau (docteur). — Cinq années de séjour aux îles Canaries. 1891, in-8, illustré (*Hennuyer*). . . . . 12 fr.

Verney Lovett Cameron. — Notre future route de l'Inde. 1883, in-16, illustré (*Hachette*) . . . . 4 fr.

Verschuur (G). — Aux Antipodes. Voyages en Australie, à la Nouvelle-Zélande, au Fidji, à la Nouvelle-Calédonie, aux Nouvelles-Hébrides et dans l'Amérique du Sud (1888-1889). 1891, in-16, illustré (*Ibid.*) . . . . 4 fr.

*Verschuur (G.). — Voyage aux trois Guyanes et aux Antilles. 1894, in-16, illustré (*Ibid.*). . . . . 4 fr.

Veuillot (Louis). — Rome et Lorette. In-8 (*Mame*) . 1 fr. 50

Veuillot (Louis). — Pèlerinages en Suisse. In-8 (*Ibid.*) 1 fr. 50

Vial (Paulin). — Nos premières années au Tonkin. 1888. In-12, avec cartes (*Challamel*) . . . . 4 fr.

Viard (Jules). — Seize ans en Chine. Lettres du R. P. Clerc, provicaire du Su-Tchuen méridional. 1387, in-12 (*Haton*) 3 fr. 50

Vidal-Lablache. — Atlas général d'histoire et de géographie. 1894, in-folio de 420 cartes et cartons (*Colin*) . . . 30 fr.

Vigneron (l'abbé Lucien). — Deux ans au Su-Tchoan (Chine centrale). 1881, in-12, illustré (*Retaux*) . . . . . 3 fr. 50

Vigneron (l'abbé Lucien). — Entre les Alpes et les Carpathes (Autriche, Croatie, Hongrie). 1884, in-8 (*Delhomme et Briguet*) . . . . 4 fr.

Vigneron (l'abbé Lucien). — Au delà du Rhin (Prusse rhénane, Bade, Bavière). 1892, in-8 (*Ibid.*) . . . . 4 fr.

Vignon (Louis). — Les Colonies françaises ; leur commerce, leur situation économique, leur utilité pour la métropole, leur avenir. 1886, in-8 (*Guillaumin*) (épuisé). . . . . . » »

*Vignon (Louis). — La France dans l'Afrique du Nord. Algérie et Tunisie. 1887, in 8, avec carte (*Guillaumin*) . . . 7 fr.

Vignon (Louis). — L'Expansion de la France. 1891, gr. in-18 (*Guillaumin*) . . . . 3 fr. 50

Vivien de Saint-Martin. — Étude sur la géographie et les populations primitives du nord de l'Inde, d'après les hymnes védiques, précédée d'un aperçu de l'état actuel des études sur l'Inde ancienne. In-8 (*Challamel*) . . . . 6 fr. 50

VIVIEN DE SAINT-MARTIN. — Années géographiques (1862-1875), continuées par Maunoir et Duveyrier (1886-1879). 17 vol. in-12 (*Hachette*). Le vol. . . . . 3 fr. 50

VIVIEN DE SAINT-MARTIN et ROUSSELET. — Nouveau dictionnaire de géographie universelle. 7 vol. gr. in-8 (*Ibid.*) . . 205 fr.

VIVIEN DE SAINT-MARTIN et F. SCHRADER. — Atlas universel de géographie moderne, ancienne et du moyen âge (*Ibid.*). 84 cartes in-folio. Chaque carte . . . . 2 fr.

VOGÜÉ (vicomte Melchior de). — Syrie, Palestine, Mont Athos. Voyage au pays du passé. Gr. in-18, illustré (*Plon*) . 4 fr.

VUILLOT (P.). — L'Exploration du Sahara, étude historique et géographique. 1895, gr. in.8, avec cartes et plans (*Challamel*) 20 fr.

WAUTERS (A.-J.) — Stanley au secours d'Émin-Pacha. 1890, In-12, illustré (*May et Motteroz*) . . . . 3 fr. 50

WEBER (Ernest de). — Quatre ans au pays des Boërs (1871-1875). 1882, in-16 (*Hachette*) . . . . 4 fr.

WERNER (R. P. O.). — Atlas des missions catholiques, revu et augmenté par Valérien Groffier. 1886, in-4 de 20 cartes. Fribourg-en-Brisgau (*Herder*) . . . . 15 fr.

WITTE (baron Jehan de). — En Palestine. 1889, gr. in-18 (*Téqui*). 3 fr. 50

*WITTE (baron Jehan de). — Rome et l'Italie sous Léon XIII. 1882, gr. in-18, avec portraits (*Ibid.*). . . . . . . 4 fr.

YRIARTE (Charles). — Bosnie et Herzégovine ; souvenirs de voyage pendant l'insurrection. Gr. in-18 illustré, avec carte (*Plon*). 4 fr.

ZALESKI (Mgr). — Ceylan et les Indes. 1891, gr. in-18, illustré (*Savine*) . . . . 3 fr. 50

ZURCHER et MARGOLLÉ. — Les Ascensions célèbres aux plus hautes montagnes. In-12 (*Hachette*) . . . . . . 2 fr. 25

Histoire biblique et ecclésiastique.

I. — *Généralités.*

ALZOG (Jean). — Histoire universelle de l'Église. Trad. par l'abbé Goschler et C.-F. Audley. 4e édit., continuée jusqu'à nos jours par l'abbé Aug. Sabatier. 4 vol. in-12 (*Sarlit*) . . . . 16 fr.

AUDISIO (Mgr Guill.). — Histoire civile et religieuse des papes. 4 vol. in-8 (*Desclée*) Le vol. . . . . 4 fr.
En cours de publication. L'ouvrage est arrivé à l'année 1585.

BEURLIER (l'abbé E.). — Histoire de l'Église depuis la mort de Notre-Seigneur Jésus-Christ jusqu'à nos jours. In-12 (*Putois-Cretté*) . . . . 2 fr. 50

Blanc (l'abbé P.-S.). — Cours d'histoire ecclésiastique à l'usage des séminaires. Revu et continué par l'abbé Guillaume. 4 vol. in-12 (*Lecoffre*) . . . . 16 fr.

Bruck (le Dr H.). — Manuel de l'histoire de l'Église. Trad. sur la 3e édit. par l'abbé Gillet. 3 vol. in-8 écu (*Lethielleux*). 10 fr. 50

Chevalier (Mgr C.). — Rome et ses pontifes. Histoire, traditions, monuments. Gr. in-8 avec grav. (*Mame*) . . . . 5 fr. 50

Chevé (Ch.-F.). — Dictionnaire des papes, ou Histoire complète de tous les souverains pontifes depuis saint Pierre jusqu'à Pie IX Gr. in-8 (*Migne*). Net . . . . 10 fr.

Forme le tome XXXII de la *Dern. encyclopédie théologique.*

Funk (le Dr). — Histoire de l'Église. Trad. par l'abbé Hemmer, avec préface de l'abbé Duchesne. 2 vol. in-8 (*Colin*) . . 8 fr.

Guérin (L. Fr.). — Dictionnaire de l'histoire universelle de l'Eglise. 6 vol. gr. in-8 (*Migne*). Net . . . . 42 fr.

Forme les tomes L à LIV et LVI de la *Dern. encyclopédie théologique* de l'abbé Migne.

Héfélé (Mgr). — Histoire des conciles, d'après les documents originaux. Traduit de l'allemand par M. l'abbé Delarc. 19 volumes in-8 (*Reichel*) (épuisé) . . . . » »

Henrion (baron). — Histoire générale des missions catholiques depuis le XIIIe siècle jusqu'à nos jours. 4 vol. in-8 (*Gaume*). 40 fr.

Henrion (baron) et Vervorst (abbé). — Histoire ecclésiastique depuis la création jusqu'au pontificat de Pie IX continuée depuis le livre onzième par l'abbé Migne. 27 vol. in-4 à 2 col. (*Garnier*). Net . . . . 162 fr.

Hergenrœther (le card.). — Histoire de l'Église. Trad. de l'abbé Belet. 8 vol. in-8 (*Delhomme et Briguet*). Le vol. . 7 fr. 50

Jager (Mgr). — Histoire de l'Église catholique en France jusqu'au Concordat de Pie VII. 20 vol. in-8 (*Le Clère*) (épuisé).

Kraus (le Dr F.-X.). — Histoire de l'Église. Nouv. édit., trad. de l'allemand par P. Godet et C. Verschaffel, prêtres de l'Oratoire. 3 vol. in-8 avec table analytique (*Bloud et Barral*). 12 fr.

Mœhler (J.-A.). — Histoire de l'Église, publiée par le P. Gams. Trad. de l'allemand par l'abbé Belet. 3 vol. in-8 (*Gaume*). 15 fr.

Richou (l'abbé L.). — Histoire de l'Église. 4e édit. 3 vol. in-8, avec cartes (*Lethielleux*) . . . . 12 fr.

Richou (l'abbé L.). — Atlas spécial pour l'étude de l'histoire de l'Eglise. 24 cartes (*Ibid.*) . . . . 3 fr. 50

Rohrbacher (l'abbé). — Histoire universelle de l'Église catholique. Nouv. édit. annotée et continuée jusqu'en 1872, par Mgr Justin Fèvre. 1874, 15 vol. in-4 (*Vivès*). . . . 150 fr.

Rohrbacher (l'abbé). — Histoire universelle de l'Église catholique continuée jusqu'à nos jours, par l'abbé Guillaume. Nouv. édit avec notes et éclaircissements. 13 vol. in-4 (*Berche et Tralin*) . . . . 90 fr.

Rohrbacher (l'abbé). — Histoire universelle de l'Église catholique jusqu'en 1868, par J. Chantrel, avec une table générale méthodique et très complète par Léon Gautier, et un atlas historique spécial par A.-H. Dufour. 8e éd. 17 vol. gr. in-8 à 2 col. (*Gaume*). Prix, sans l'atlas . . . . 124 fr.
Avec l'atlas, relié . . . . 144 fr.

Smedt (le P Ch. de), S.J., bollandiste.— Dissertationes selectæ in primam ætatem historiæ ecclesiasticæ. In-8 . . . . 6 fr.

Smedt (le P. Ch. de). — Introductio generalis ad historiam ecclesiasticam critice tractandam. In-8 . . . . 6 fr.

II. — *Monographies.*

Allard (P.). — Les Esclaves chrétiens depuis les premiers temps de l'Eglise jusqu'à la fin de la domination romaine. In-12 (*Perrin*) (épuisé) . . . . » »

Allard (P.). — Histoire des persécutions. 5 vol. in-8 (*Lecoffre*) 30 fr.

Ancessi (l'abbé). — L'Égypte et Moïse. In-8, avec dessins (*Leroux*). . . . . 10 fr.

Audin (J -M.). — Histoire de Léon X et de son siècle. Edit. abrégée. 5e édit., in-12 (*Retaux*) . . . . 3 fr.

Audin. — Histoire de la vie, des doctrines et des ouvrages de Calvin. 6e édit , 2 vol. in-12 (*Ibid.*) . . . . 7 fr.

Audin. — Histoire de la vie, des doctrines et des ouvrages de Luther. 3 vol. in-12 (*Ibid.*) (épuisé) . . . . » »

Audin. — Le même ouvrage, édit. abrégée. In-12 . . . 3 fr.

*Aubé (Benjamin). — Les Chrétiens dans l'empire romain, de la fin des Antonins au milieu du IIIe siècle. 1885, in-12 (*Perrin*). 4 fr.

*Aubé (Benjamin). — Histoire des persécutions de l'Église. La polémique païenne à la fin du IIe siècle. In-8 (*Ibid.*). 7 fr. 50

*Aubé (Benjamin). — L'Église et l'État dans la seconde moitié du IIIe siècle. In-8 (*Ibid.*) . . . . 7 fr. 50

Barbier (l'abbé Paul). — Léon XIII. In-4, avec grav. (*Tolra*). 5 fr.

Baschet (Armand). — Journal du Concile de Trente, rédigé par un secrétaire vénitien présent aux sessions de 1562 à 1563, avec d'autres documents diplomatiques relatifs à la mission des ambassadeurs de France au Concile. Petit in-8 (*Plon*). 6 fr.

Bernard de Montmélian (le chan.). — Saint-Maurice et la Légion Thébéenne. 2 vol. in-8 (*Ibid.*) . . . . 15 fr.

Béthune (le baron Léon). — Les Missions catholiques d'Afrique. In-8, avec une carte (*Desclée*) . . . . 1 fr.

Broglie (duc Albert de). — L'Église et l'empire romain au IVe siècle. 6 vol. in-12 (*Perrin*). . . . . 21 fr.

Brucker (le P.), S. J. — L'Alsace et l'Église au temps du pape saint Léon IX (Bruno d'Egisheim, 1002-1054). 2 vol. gr. in-8 (*Retaux*) . . . . 9 fr.

Chamard (dom François). — Les Églises du monde romain, notamment celles des Gaules pendant les trois derniers siècles. In-8 (*Téqui*). . . . . 5 fr.

Champagny (comte de). — La Charité chrétienne dans les premiers siècles de l'Eglise. In-12 (*Ibid.*) (épuisé). . . . » »

Cecconi (Mgr). — Histoire du Concile du Vatican. Trad. par les abbés Bonhomme et Duvillard. 4 vol. in-8 (*Lecoffre*). 32 fr.

Chantrel (J.). — Annales ecclésiastiques de 1846 à 1868, ou Histoire résumée de l'Eglise catholique pendant les dernières années. 2 vol. in-4 (*Gaume*) . . . . 24 fr.

Chantrel (J.). — Le même ouvrage, pour les années 1869 à nos jours. 5 vol. in-4 (*Ibid.*). . . . . 60 fr.

Cherrier (Cl.-J. de). — Histoire de la lutte des papes et des empereurs de la maison de Souabe. 2e édit. 1858, 3 vol. in-8 (*Furne*). 1re édit. publiée en 1841-47 . . . . 8 fr.

Christophe (l'abbé). — Histoire de la Papauté pendant le XVe siècle. 2 vol. in-8 (*Bray*) . . . . 14 fr.

Christophe (l'abbé). — Histoire de la Papauté pendant le XVe siècle. 2 vol. in-8 (*Bray-Retaux*) (épuisé) . . . . » »

Consalvi (cardinal). — Mémoires du cardinal Consalvi, secrétaire d'Etat du pape Pie VII, avec une introduction et des notes par Crétineau-Joly. 2 vol. in-8 (*Delhomme et Briguet*). 12 fr.

Une nouvelle édition est en cours de publication, à la Maison de la Bonne Presse.

Constant (l'abbé). — L'Histoire et l'infaillibilité des papes, ou Recherches critiques et historiques sur les actes et les décisions pontificales que divers écrivains ont crues contraires à la foi. 2 vol. in-12 (*Vitte*). . . . . 10 fr.

Crétineau-Joly. — L'Église romaine en face de la Révolution. 3e édit. 2 vol. in-12 (*Plon*) (épuisé) . . . . » »

Crétineau-Joly. — Histoire religieuse, politique et littéraire de la compagnie de Jésus. 6 vol. in-12 (*Lecoffre*) (épuisé) . » »

Crétineau-Joly. — Le Pape Clément XIV. In-8 (*Calmann-Lévy*). 3 fr.

Cruice (Mgr). — Histoire de l'Église de Rome sous les pontificats de saint Victor, de saint Zéphyrin et de saint Calliste, de l'an 192 à l'an 224. In-8 (*Firmin-Didot*) . . . . . . 7 fr.

DELARC (l'abbé O.). — Un Pape alsacien, saint Léon IX et son temps. In-8 (*Plon*) . . . . 7 fr. 50

DELARC (l'abbé O.). — Saint Grégoire VII et la réforme de l'Église au XIe siècle. 3 vol. in-8 (*Retaux*) . . . . . . 16 fr.

DŒLLINGER (J.-J.) — Études critiques sur quelques papes du moyen âge. Trad. par l'abbé Ph. Reinhard. In-8 (épuisé). » »

DŒLLINGER (le docteur). — Le Christianisme et l'Église, à l'époque de leur fondation. Trad. de l'allemand par l'abbé Bayle. In-12 (*Castermann*). . . . . 3 fr. 50

DŒLLINGER (le docteur). — La Réforme, son développement intérieur et ses résultats dans le sein même de la confession luthérienne. Trad. de l'allemand. 3 vol. in-8 (*Gaume*) . 10 fr.

DOULCET. — Essai sur les rapports de l'Église chrétienne avec l'Etat romain pendant les trois premiers siècles. Gr. in-8 (*Plon*). 6 fr.

DUCHESNE (l'abbé L.). — *Liber pontificalis*. Texte, introduction et commentaire. 2 vol. gr. in-4 (*Thorin*) (épuisé) . . 200 fr.

DUCHESNE (l'abbé L.). — Étude sur le *Liber pontificalis*. Gr. in-8 (*Ibid.*) . . . . 10 fr.

DUCHESNE (l'abbé L.). — Les Origines chrétiennes. Leçons d'histoire ecclésiastique professées à l'Ecole supérieure de théologie de Paris, 2 cahiers autographiés. In-4 (*Roger-Chernoviz*). 16 fr.

DUCHESNE (l'abbé L.). — Origines du culte chrétien. In-8 (*Thorin*). . . . . 8 fr.

DUMONT (Édouard). — La Papauté. Les premiers empereurs chrétiens et les premiers conciles généraux. 1877, in-8 (*Lethielleux*) . . . . 7 fr. 50

FABRE (Paul). — Le *Liber Censuum* de l'Église romaine, publié avec une préface et un commentaire. 2 vol gr. in 4, avec pl. (*Thorin*). En souscription.

FABRE (Paul). — Étude sur le *Liber Censuum* de l'Église romaine. In-8 (*Ibid.*) . . . . 7 fr.

GERBET (Mgr). — Esquisse de Rome chrétienne. 3 vol. in-12 (*Haton*). . . . . 12 fr.

GINOULHIAC (Mgr). — Les Origines du christianisme. 2 vol. in-8 (*Pedone*). . . . . 10 fr.

GORINI (l'abbé). — Défense de l'Église contre les erreurs historiques de MM. Guizot, Aug. et Am. Thierry, Michelet, Ampère, Quinet, Fauriel, Martin, etc. 9e édit. 4 vol in-8 (*Delhomme et Briguet*). . . . . 16 fr.

GOYAU (G.), FABRE (P.) et PÉRATÉ (A.). — Le Vatican, les papes, la civilisation et le gouvernement actuel de l'Eglise. In-4, illustré (*Firmin-Didot*) . . . . 30 fr.

GUÉRANGER (dom). — Sainte Cécile et la société romaine aux deux premiers siècles. 2e édit. In-8 (*Retaux*) . . . . . 6 fr.

Haussonville (comte d'). — L'Église romaine et le premier Empire. 5 vol. in-18 (*Calmann-Lévy*) . . . . 17 fr. 50

Héfélé (le docteur). — Histoire des Conciles. Trad. de l'allemand par l'abbé Delarc. 11 vol. in-8 (*Le Clère*) (épuisé). » »

Héfélé (le docteur). — Le Cardinal Ximénès et l'Église d'Espagne à la fin du xve siècle et au commencement du xvie siècle, pour servir à l'histoire critique de l'Inquisition. Traduit sur la 2e édition par l'abbé A. Sisson et l'abbé A. Crampon. 2e édit., in-8 (*Pélagaud*) (épuisé) . . . . » »

Hübner (baron de). — Sixte-Quint Nouv. édit. 2 vol. in-12 (*Hachette*) . . . . 7 fr.

Hurter (J.). — Histoire du pape Innocent III et de ses contemporains, traduite de l'allemand par A. de Saint-Chéron et J.-B. Haiber. 2e édit. 3 vol. in-8 (*Retaux*). . . . . 12 fr.

Huc (l'abbé) — Le Christianisme en Chine, en Tartarie et au Thibet. 4 vol. in-8 (*Gaume*) . . . . 15 fr.

Huc (l'abbé). — Missions des Pères Jésuites dans la Cochinchine et le Tonkin. In-12 (*Téqui*) . . . . 3 fr.

Lallemand (Léon). — Histoire de la charité à Rome. In-8 (*Alph. Picard*). . . . . 5 fr.

Largent (le P. Aug.), de l'Oratoire. — Études d'histoire ecclésiastique. Saint Cyrille d'Alexandrie et le Concile d'Ephèse, saint Jean Chrysostome et la critique contemporaine, le brigandage d'Ephèse et le Concile de Chalcédoine. In-8 (*Retaux*). 4 fr.

Launay (Adrien). — Histoire générale de la Société des missions étrangères. 3 vol. in-8 (*Téqui*). . . . . 22 fr. 50

Le Blant (Edm.). — Les Persécuteurs et les martyrs aux premiers siècles de notre ère. In-8 (*Leroux*) . . . . 7 fr. 50

Le Camus (l'abbé E.). — L'Œuvre des apôtres. Fondation de l'Eglise chrétienne. In-8 (*Letouzey et Ané*). . . . . 6 fr.

L'Épinois (H. de). — La Ligue et les Papes (1585-95). In-8 (épuisé) . . . . » »

L'Épinois (H. de). — Le Gouvernement des papes. La révolution dans les Etats de l'Eglise. 2e édit. In-8 ou in-12 (*Perrin*). 7 fr. et 3 fr. 50

L'Épinois (H. de). — La Question de Galilée, les faits et leurs conséquences. In-12 (*Palmé*) (épuisé) . . . . » »

Lesêtre (l'abbé H.). — La Sainte Église au siècle des Apôtres. In-8 (*Lethielleux*). . . . . 7 fr. 50

Louvet (Eugène), de la Soc. des miss. étr. — Les Missions catholiques au xixe siècle. Pet. in-fol., illustré (*Desclée*). 15 fr.

Magnan (l'abbé). — Histoire d'Urbain V et de son siècle. In-8 ou in-12 (*Retaux*) . . . . 6 fr. et 3 fr. 50

Marshall (L.). — Les Missions chrétiennes. Trad. de l'anglais. 2 vol. in-8 (*Ibid.*) (épuisé) . . . . » »

MAS-LATRIE (L. de). — Chronologie des papes, et tables pour calculer les années de leur pontificat. In-12 (*Renouard*) (épuisé) . . . . » »

MISSIONS CATHOLIQUES (Album des). Pet. in-fol., illustré (*Desclée*). 35 fr.

MONTALEMBERT (le comte de). — Les Moines d'Occident. 7 vol. in-8 ou 7 vol. in-12 (*Lecoffre*). . . . . 52 fr. 50 et 28 fr.

MOTAIS (le chanoine) — Origine du monde d'après la tradition, avec une introduction sur la cosmogonie biblique, par l'abbé Ch. Robert. In-12 (*Berche et Tralin*). . . . . . 3 fr. 50

MOTAIS (le chanoine). — Le Déluge biblique devant la foi, la science et l'Ecriture. In-8 (*Ibid.*) . . . . 7 fr.

ORIGINES de l'Église romaine, par les membres de la communauté de Solesmes. In-4 (*Retaux*). . . . . 10 fr.

PACCA (cardinal). — Mémoires sur le pontificat de Pie VII. 2 vol. in-12 (*Ibid.*) . . . . 6 fr.

PAGÈS (Léon). — Histoire de la religion chrétienne au Japon (1598-1651), 2 vol. in-8 (*Téqui*). . . . . 12 fr.

PASTOR (le docteur Louis). — Histoire des papes depuis la fin du moyen âge, trad. de l'allemand par Furcy-Raynaud. Tomes I à IV. 4 vol. in-8 (*Plon*) en cours de publication, le vol. 7 fr. 50

PERRAUD (le P. Ad.), de l'Oratoire. — L'Oratoire de France aux XVIIe et XIXe siècles. 1865, in-12 (*Téqui*) . . . . . 3 fr. 50

PICOT. — Mémoires pour servir à l'histoire ecclésiastique pendant le XVIIIe siècle. 3e édit. 7 vol. in-8 (*Welter*). Net . . . 8 fr.

PIERLING (le P.), S. J. — Papes et tsars (1547-97), d'après des documents nouveaux. In-8 (*Retaux*) . . . . 7 fr. 50

PRAT (P.). — Histoire du concile de Trente. 2 vol. in-8 (*Lecoffre*) . . . . 10 fr.

RANKE (Léop. von). — Histoire de la papauté pendant les XVIe et XVIIe siècles, traduite de l'allemand par J.-B. Haiber : publiée et continuée jusqu'à nos jours, par A. de Saint-Chéron. 2e édit. 1848, 3 vol. in-8 (*Bray*) (épuisé). . . . . » »

RAVIGNAN (le P. de). — Clément XIII et Clément XIV. 2 vol. in-8 (*Julien Lanier*) (épuisé). . . . . » »

REVILLOUT (Eug.). — Le Concile de Nicée, d'après les textes coptes, etc. Gr. in-8 (*Maisonneuve*) . . . . 5 fr.

RIVET (Aug.). — Le Régime de l'Église avant Justinien, spécialement sous les empereurs chrétiens. Gr. in-8 (*Larose*). 3 fr.

ROBERT (Ulysse). — Histoire du pape Calixte II. In-8 (*Alph. Picard*) . . . . 7 fr.

ROCHEMONTEIX (le P. Camille de), S. J. — Les Jésuites et la Nouvelle-France au XVIIe siècle. 3 vol. in-8, avec portr. et cartes (*Letouzey et Ané*) . . . . 22 fr. 50

*Rocquain (Félix). — La Papauté au moyen âge. Nicolas Ier, Grégoire VII, Innocent III, Boniface VIII. Etudes sur le pouvoir pontifical. In-8 (*Perrin*). . . . . 7 fr. 50

*Rocquain (Félix). — La Cour de Rome et l'esprit de la Réforme avant Luther. 2 vol. in-8 (*Thorin*) . . . . 32 fr.

Rouvier (le P Fréd.). S. J. — Loin du pays. Les religieux français et l'influence de la France dans les missions. In-18 j. (*Retaux*). . . . . 3 fr. 50

Rozière (Eugène de). — *Liber diurnus*, ou Recueil des formules usitées par la chancellerie pontificale du ve au xie siècle, publié d'après le manuscrit des archives du Vatican, avec les notes et dissertations du P. Garnier et le commentaire inédit de Baluze. 2 vol. gr. in-8 (*Larose*) . . . . . 24 fr.

Relations des Jésuites, contenant ce qui s'est passé de plus remarquable dans la mission des Pères de la Compagnie de Jésus dans la Nouvelle-France. 3 vol. gr. in-8 (*Durand*) (épuisé) . . . . » »

Saint-Albin (Luc de). — Histoire de Pie IX et de son pontificat. 3 vol. in-8 (*Palmé*) (épuisé) . . . . » »

Saulcy (F. de). — Histoire des Machabées. In-8 (*Leroux*). 10 fr.

Saulcy (F. de). — Histoire d'Hérode, roi des Juifs. In-8 (*Hachette*). . . . . 5 fr.

Saulcy (F. de). — Les Derniers jours de Jérusalem. In-8 (*Ibid.*) (épuisé). . . . . » »

Smet (le P. de), S. J. — Coup d'œil sur l'histoire ecclésiastique dans les premières années du xixe siècle et en particulier sur l'assemblée des évêques à Paris en 1811. 2e édit. In-8 (*Gand*).

Sylvain (le chan.). — Histoire de Grégoire XVI. In-8 (*Desclée*). 4 fr.

Sylvain (le chan). — Histoire de Pie IX le Grand et de son pontificat. 3 vol. in-8 (*Ibid.*) . . . . 12 fr.

Theiner (le P.). — Histoire du pontificat de Clément XIV, d'après les documents inédits des archives secrètes du Vatican. 3 vol. in-8 (*FirminDidot*) . . . . 20 fr.
Le t. III contient les documents en latin.

Tosti (Dom). — Histoire de Boniface VIII et de son siècle. 2 vol. in-8 (*Vivès*) . . . . 12 fr.

T'Serclaes (Mgr de). — Le Pape Léon XIII, sa vie, son action religieuse, politique et sociale. 2 vol. gr. in-8, illustrés (*Desclée*) . . . . 15 fr.

Verlaque (l'abbé). — Jean XXII, sa vie et ses œuvres. In-8 (*Plon*). . . . . 4 fr.

Hagiographie. — Vies édifiantes.

I. — *Généralités.*

VIE DES SAINTS, par le P. Ribadeneïra, S. J Trad. franç. revue et augmentée par l'abbé Darras. 8e édit. 13 vol. in-8 (*Vivès*). 60 fr.

VIE DES PÈRES, des martyrs et des autres principaux saints. Ouvrage traduit librement d'Alban Butter, par Godescard. Nouv. édit 10 vol. in-8 (*Roger et Chernoviz*) . . . . 28 fr.

LES PETITS BOLLANDISTES. Vies des Saints de l'Ancien et du Nouveau Testament des martyrs, des Pères, etc., par Mgr Paul Guérin. 17 vol. gr. in-8 (*Bloud et Barral*). Net . . 90 fr.

SUPPLÉMENT AUX VIES DES SAINTS, et spécialement aux Petits Bollandistes, par le R. P. Dom Paul Piolin. 3 vol. gr. in-8 (*Ibid.*). 25 fr.

HISTOIRE COMPLÈTE ET ILLUSTRÉE DE LA VIE DES SAINTS, des Pères et des martyrs, d'après le P. Croiset, le P. Giry, les Bollandistes, etc., par une société d'ecclésiastiques. 6e édit., 5 vol. in-4, avec grav. (*Berche et Tralin*) . . . . 25 fr.

VIES DES SAINTS et des personnages morts en odeur de sainteté, par le P. Giry. Nouv. édit. publiée par l'abbé Guillaume. 4 vol. in-4 à 2 col. (*Ibid.*) . . . . 40 fr.

Édition abrégée, 4 vol. in-12 (*Ibid.*) . . . . 12 fr.

VIE DES SAINTS par Mgr Paul Guérin, auteur des *Petits Bollandistes*, illustrée par Yan' Dargent. 4 vol. in-4 (*Sanard et Derangeon*). . . . . 16 fr.

VIE DES SAINTS (la) illustrée pour chaque jour de l'année, d'après le P. Giry et les grands recueils de l'hagiographie moderne. In-8 (*Firmin-Didot*) . . . . 10 fr.

FLEURS DES PETITS BOLLANDISTES. Vie des saints pour tous les jours de l'année, par l'abbé Provost. 1889, 2 vol. in-8 (*Bloud et Barral*) . . . . 8 fr.

BIOGRAPHES ÉVANGÉLIQUES, par Mgr Gaume. 2 vol. in-8 (*Gaume*). 10 fr.

ACTES DES MARTYRS (les), depuis l'origine de l'Église chrétienne jusqu'à nos temps, par les RR. PP. Bénédictins de la congrégation de France. 4 vol. in-8 (*Oudin*) . . . . 24 fr.

VIES DES PÈRES DES DÉSERTS D'ORIENT, leur doctrine spirituelle et leur discipline ecclésiastique, par le P. Michel-Ange Marin, O. M., avec notes historiques par M. Eugène Veuillot. 6 vol. in-8 ornés de gravures (*Vivès*) . . . . 48 fr.

SAINTS CONFESSEURS (les) et martyrs de la Compagnie de Jésus, par le P. Fréd. Rouvier, S. J. Gr. in-8, illustré (*Desclée*) 5 fr.

SAINTS (les) et les Bienheureux du XVIIIe siècle, par l'abbé Daras. 2 vol. in-12 (*Gaume*). . . . . 5 fr.

Saints militaires (les), martyrologe, vies et notices, par l'abbé Profillet. 6 vol. in-12 (*Retaux*) . . . . 24 fr.

Saints Patrons (les) des Corporations et Protecteurs spéciaux invoqués dans les maladies et dans les circonstances de la vie, par L. du Broc de Ségange. Publié par l'abbé L.-Fr. Morel. 2 vol. gr. in-8 (*Bloud et Barral*) . . . . 9 fr.

Chamard (Dom François). — Vie des saints personnages de l'Anjou. 3 vol. in-12 (*Lecoffre*) (épuisé) . . . . » »

Lobineau (Dom). — Les Vies des saints de Bretagne. Nouv. édit. revue par l'abbé Tressaux. 6 vol in-8 (*Roger et Chernoviz*) (épuisé) . . . . » »

Fayiers (l'abbé Henry de). — Notices sur les saints et saintes mentionnés au canon de la messe. In-16 (*Plon*) . . 1 fr. 50

Ségur (le m^{is} de). — La Bonté et les affections naturelles chez les saints. 3 vol. in-18 j. (*Retaux*). . . . . . . 10 fr. 50

Grands évêques (les) de l'Église de France au xixe siècle, par Mgr Ricard. 4 vol. in-8, avec portraits (*Desclée*). . . 12 fr.

II. — *Monographies.*

Abelly (Mgr Louis). — Vie de saint Vincent de Paul. Nouv. édit. complète annotée par un prêtre de la congrégation de la Mission. 3 vol. in-8 (*Gaume*) . . . . 12 fr.

Abelly (Mgr Louis). — Vie de saint Vincent de Paul, fondateur des Prêtres de la Miséricorde et des Filles de la Charité, d'après Abelly. 2 vol. in-12 (*Gaume*) . . . . 6 fr.

Alet (le P.). — Le Bienheureux Canisius, ou l'Apôtre de l'Allemagne au xvie siècle. In-12 (*Téqui*) . . . . . . 2 fr 50

André (le R. P.), S. J. — Vie du R. P. Malebranche, prêtre de l'Oratoire, avec l'histoire de ses ouvrages, publiée par le P. Ingold. In-18 j. (*Poussielgue*) . . . . 4 fr.

Apollinaire (le R. P.). — Étude sur la vie et les œuvres de saint Bernardin de Sienne, franciscain de l'Observance. In-8 (*Oudin*). 2 fr. 50

Arbellot (le chanoine). — Vie de saint Léonard, solitaire en Limousin, sa vie et son culte. In-8 (*Haton*) . . . . 4 fr.

Balme et Lelaidier (les Pères). — Histoire diplomatique de saint Dominique. Ier vol. in-8, avec illustr. documentaires (Bureaux de l'*Année dominicaine*). . . . . 10 fr.

Barbier (l'abbé Paul). — Vie de saint Athanase, patriarche d'Alexandrie, docteur et Père de l'Eglise. In-12 (*Letouzey*). 4 fr.

Barbier (l'abbé Paul). — Vie de saint Basile, évêque de Césarée, docteur et Père de l'Eglise. In-8 (*Delhomme et Briguet*). 4 fr.

Barbier (l'abbé Paul).— Vie de saint Hilaire, évêque de Poitiers. In-18 j. (*Poussielgue*) . . . . 3 fr. 75

BAREILLE (l'abbé). — Histoire de saint Thomas d'Aquin. 4e édit. In-8 (*Vivès*). . . . . 6 fr.

BARTOLI (le P. Daniel), S. J. — Histoire de saint Ignace de Loyola, d'après les documents originaux. Trad. revue et complétée par le P. L. Michel. 2 vol. gr. in-8 (*Desclée*) . . . . 10 fr.

BAUNARD (Mgr). — L'Apôtre saint Jean. In-12 (*Poussielgue*). 4 fr.

BAUNARD (Mgr). — Histoire de saint Ambroise 2e édit. in-8 (*Ibid.*). 7 fr. 50

BAUNARD (Mgr). — Histoire de la vénérable Mère Madeleine-Sophie Barat, fondatrice de la Société du Cœur de Jésus. 3e édit. 2 vol. in-8 (*Ibid.*). Net . . . . 10 fr. 50

Le même ouvrage. 2 vol. in-18 j. . . . . 5 fr.

BAUNARD (Mgr). — Histoire de Mme Duchesne, religieuse de la Société du Sacré-Cœur, et fondatrice des premières maisons de cette Société en Amérique. In-8 et in-12 (*Ibid.*). 6 fr. 25 et 3 fr.

BAUNARD (Mgr). — Histoire du cardinal Pie, évêque de Poitiers. 5e édit. 2 vol. in-8 (*Ibid.*) . . . . 15 fr.

BAUNARD (Mgr). — Vie de S. Ém. le cardinal Lavigerie. 2 vol. in-8 (*Ibid.*) . . . . 15 fr.

BAYLE (l'abbé A.). — Saint Basile, archevêque de Césarée (329-379). 2e édit. Gr. in-8 (*Retaux*) (épuisé). . . . . . » »

BAYLE (l'abbé A.). — Vie de saint Philippe de Néri. In-8 (*Ibid.*). 6 fr.

BAYLE (l'abbé A.).— Saint Vincent Ferrier. In-12 (*Ibid.*)(épuisé).

BEAUGRAND (Augustin). — Sainte Lucie, vierge et martyre de Syracuse. Sa vie, son martyre, ses reliques, son culte. In-8 (*Oudin*) . . . . 6 fr.

BELLOC (J.-T. de). — Sainte Agnès et son siècle. In-8 (*Desclée*). 5 fr.

BELLOC (J.-T. de). — Le Bienheureux Nicolas de Flue. In-18 j. (*Retaux*). . . . . 2 fr. 50

BELLOC (J.-T. de). — Le Cardinal Mermillod. Sa vie, ses œuvres et son apostolat. In-8, relié (*Lamulle et Poisson*) . 7 fr 50

BENOIT (l'abbé). — Saint Grégoire de Nazianze, archevêque de Constantinople et docteur de l'Église. Sa vie, ses œuvres, son époque. 2 vol. in-12 (*Poussielgue*) . . . . 7 fr.

BÉRENGIER (Dom Th.). — Vie de Mgr Henri de Belsunce, évêque de Marseille. 2 vol. in-8 (*Delhomme et Briguet*) . . . 12 fr.

BERNARD (abbé). — Les Voyages de saint Jérôme, sa vie, ses œuvres, son influence. 2e édit. In-8 (*Téqui*). . . . . 6 fr.

BERSANGE (abbé). — Dom François Régis, fondateur et premier abbé de la Trappe de Notre-Dame de Staouéli. 2e édit. In-18 j. (*Delhomme et Briguet*) . . . . 4 fr.

BESSON (Mgr). — Vie du cardinal Mathieu, archevêque de Besançon. 2 vol. in-8 ou 2 vol. in-12 (*Retaux*) . . . 12 fr. et 7 fr.

Besson (Mgr). — Vie du cardinal de Bonnechose. 2e édit., 2 vol. in-8 ou 2 vol. in-12 (*Ibid.*) . . . . 12 fr. et 7 fr.

Blain (l'abbé J.-B.). — Vie du bienheureux Jean-Baptiste de la Salle, instituteur des Frères des écoles chrétiennes. 2 vol. in-8 (*Desclée*) . . . . 8 fr.

Blampignon (l'abbé). — L'Épiscopat de Massillon, d'après des documents inédits, suivi de sa correspondance. In-18 j. (*Plon*). 3 fr. 50

Blanc (l'abbé Th.). — Vie de saint Camille de Lellis, fondateur des Clercs réguliers. In-12 (*Lecoffre*). . . . . . . 3 fr.

Bollandistes (les Pères). — Histoire de sainte Thérèse. 2 vol. gr. in-8 (*Desclée*) . . . . 15 fr.

Bougaud (Mgr). — Histoire de sainte Monique. In-18 j. (*Poussielgue*) . . . . 4 fr.

Bougaud (Mgr). — Histoire de la B. Marguerite-Marie. In-8 ou in-18 j. (*Ibid.*) . . . . 7 fr. et 3 fr. 75

Bougaud (Mgr). — Histoire de sainte Chantal et des origines de la Visitation. 2 vol. in-8 ou 2 vol. in-18 j. (*Ibid.*) 15 fr. et 8 fr.

Bougaud (Mgr). — Histoire de saint Vincent de Paul. 2 vol. in-8 ou 2 vol. in-18 j. (*Ibid.*) . . . . 15 fr. et 6 fr.

Bouhours (le P. D.), S. J. — Vie de saint François-Xavier, apôtre des Indes et du Japon. 2 vol. in-8 (*Desclée*). . . . . 8 fr.

Bouix (le P. Marcel), S. J. — Traduction de la vie de sainte Thérèse, écrite par elle-même. In-8 (*Lecoffre*) . . . . 7 fr. 50

Bouix (le P. Marcel), S. J. — Vie de la vénérable Mère Anne de Saint-Barthélemy, compagne inséparable de sainte Thérèse. 2 édit In-12 (*Ibid.*) . . . . 2 fr.

Boutin (l'abbé Hipp.). — Histoire populaire illustrée du B. Louis-Marie Grignon de Montfort. In-8 (*Haton*) . . . 3 fr.

Bovet (le P. Pierre Canisius). — Vie et apostolat du bienheureux Pierre Canisius, prêtre de la Compagnie de Jésus. In-18 (*Librairie Saint-Paul*). . . . . 2 fr.

Briand (l'abbé). — Sainte Radegonde, reine de France. In-12 (*Oudin*) . . . . 1 fr. 25

Cabrol (Dom Fernand), O. S. B. — Histoire du cardinal J.-B. Pitra (*Retaux*). . . . . 6 fr.

Capecelatro (le cardinal). — Vie de saint Philippe de Néri. Trad. par le P. Bezin, de l'Oratoire. 2 vol. in-18 j. (*Poussielgue*) . . . . 8 fr.

Capecelatro (le cardinal). — Histoire de sainte Catherine de Sienne. In-18 j. (*Ibid.*) . . . . 3 fr. 50

Cepari (le P. Virgile), S. J. — Vie de saint Louis de Gonzague. Trad. du P Calpin, revue et corrigée. Gr. in-8 (*Desclée*). 4 fr.

Chabannes (la comtesse de). — Sainte Philomène, vierge et

martyre, sa vie, ses miracles, son culte. In-18 (*Lethielleux*). 2 fr. 50

CHAMPEAU (le P.), S. J. — Vie illustrée de saint Joseph. Gr. in-8, illustré (*Tolra*) . . . . 9 fr. 50

CHAPOT (l'abbé Léon). — Histoire de la vénérable Mère Marie de l'Incarnation, d'après D. Claude Martin. 2 vol. in-8 écu (*Poussielgue*) . . . . 8 fr.

CHARANCÉ (le P. de). — Sainte Marguerite de Cortone. Gr. in-8 (*Plon*) . . . . 10 fr.

CHAUGY (la Mère F.-M. de). — Vie de la bienheureuse Mère Jeanne-Françoise Frémyot de Chantal. In-8 (*Desclée*) . 2 fr.

CHAUGY (la Mère F.-M. de). — Vie de quatre des premières Mères de l'ordre de la Visitation Sainte-Marie. Nouv. édit. In-8 écu (*Poussielgue*) . . . . 5 fr.

CHAUMONT (l'abbé H.). — Mgr de Ségur, directeur des âmes. 2 vol. in-12 (*Haton*) . . . . 7 fr.

CHAVIN DE MALAN (l'abbé). — Histoire de saint François d'Assise. 2e édit. In-8 (*Retaux*) . . . . 6 fr.

CHÉRANCÉ (le P. Léopold de), capucin. — Sainte Marguerite de Cortone. In-8, illustré (*Plon*) . . . . 10 fr.

CHEVALLIER (l'abbé G.). — Histoire de saint Bernard, abbé de Clairvaux. 2 vol. in-8 (*Desclée*) . . . . 10 fr.

CHOCARNE (le P.). — Le R. P. Lacordaire, sa vie intime et religieuse. 2e édit. 2 vol. in-8 ou 2 vol. in-18 j. (*Poussielgue*). 10 fr. et 5 fr.

CLAIR (le P. Ch.), S. J. — La Jeunesse de saint Augustin, d'après ses Confessions. In-12 (*Oudin*) . . . . 3 fr.

CLAIR (le P. Ch.), S. J. — La Vie de saint Ignace de Loyola, d'après Pierre Ribadeneira, son premier historien. Gr. in-8, illustré (*Plon*) . . . . 20 fr.

CLAIR (le P. Ch.), S. J. — Vie de saint Louis de Gonzague d'après V. Cepari, son premier historien. Gr. in-8, illustré (*Retaux*) . . . . 4 fr.

CONDAMIN (l'abbé James). — Sainte Thérèse, d'après sa correspondance. In-16 (*Vitte*) . . . . 3 fr.

CORNUT (le P. Étienne), S. J. — Mgr Freppel, d'après des documents authentiques et inédits. In-8 (*Retaux*) . . . . 5 fr.

COUDERC (le P.), S. J — Le Vénérable cardinal Bellarmin. 2 vol. in-8 (*Ibid.*) . . . . 10 fr.

CROS (le P), S J. — Vie de saint Jean Berchmans, apôtre de l'Immaculée Conception. Gr. in-8, avec illustr. (*Lethielleux*). 5 fr.

CUCHERAT (l'abbé F.). — Histoire populaire de la B. Marguerite-Marie Alacoque et du culte du Sacré Cœur de Jésus. 2e édit. In-8 (*Haton*). . . . . 6 fr.

Curley (le P. de), S. J. — Saint Jean-François-Régis. In-12 (*Delhomme et Briguet*) . . . . 3 fr.

Daniel et Mercier (les PP.), S. J. — Léon Ducoudray, martyr de la Commune. In-12 (*Retaux*) . . . . 3 fr. 50

Daniel (le P. Ch.), S. J. — Histoire de la bienheureuse Marguerite-Marie. 4e édit. In-12 (*Lecoffre*) . . . . . 3 fr. 50

Darboy (Mgr). — Saint Thomas Becket, archevêque de Cantorbéry et martyr, sa vie et ses lettres. 2e édit. 2 vol. in-18 (*Retaux*) (épuisé) . . . . » »

Darras (l'abbé). — Saint Denis l'Aréopagite, premier évêque de Paris. In-8 (*Vivès*) . . . . 6 fr.

Demimuid (l'abbé). — Vie du vénérable François-Régis Clet, martyrisé en Chine. In-8 (*Gaume*). . . . . 7 fr. 50

Didiot (le chanoine). — Le Docteur angélique saint Thomas d'Aquin. Gr. in-8, avec grav. (*Desclée*) . . . . . . 5 fr.

Docq (le chanoine). — Saint Jean Berchmans. 2e édit. In-8 (*Desclée*) . . . . 4 fr.

Douillet (l'abbé). — Sainte Colette, sa vie, ses œuvres, son culte, son influence. In-18 j. (*Téqui*) . . . . 4 fr.

Drane (la R. Mère). — Histoire de saint Dominique, fondateur de l'Ordre des Frères prêcheurs. In-8 (*Lethielleux*). 7 fr. 50

Drane (la R. Mère.) — Histoire de sainte Catherine de Sienne et de sa famille religieuse. 2 vol. in-8 (*Ibid.*) . . . . 8 fr.

Du Boys (Albert). — Dom Bosco et la pieuse société des Salésiens. In-8 (*Téqui*) . . . . 7 fr.

Dupuy (l'abbé). — Vie de saint Grégoire, évêque de Tours. In-8 (*Vivès*) . . . . 5 fr.

Estienne d'Orves (comtesse d'). — Sainte Thérèse. In-8 (*Firmin-Didot*) . . . . 7 fr. 50

Fages (le P.). — Histoire de saint Vincent Ferrier, apôtre de l'Europe. 2 vol. in-8 (Bureaux de la *Bonne Presse*). Net. 7 fr.

Faillon (l'abbé). — Vie de M. Olier, fondateur du séminaire Saint-Sulpice. 4e édit. 3 vol. gr. in-8 (*Poussielgue*). 22 fr. 50

Félix (G.). — S. Em. le cardinal Mermillod. Vie intime et souvenirs. 2e édit. In-8, illustré (*Tolra*) . . . . . . 3 fr. 50

Fèvre (Mgr Justin). — Histoire de S. Em. Mgr le cardinal Gousset, archevêque de Reims. In-8 (*Lecoffre*) . . . . . 6 fr.

Flavigny (la vicomtesse de). — Le B. Pierre Fourier. In-8 (*Plon*). 7 fr.

Flavigny (la vicomtesse de). — Vie de sainte Brigitte de Suède. In-12 (*Oudin*) . . . . 4 fr.

Fleuriau (le P.). — Saint Pierre Claver, apôtre des nègres. In-8 (*Desclée*) . . . . 2 fr.

Fliche (Mgr). — Sainte Catherine de Gênes, sa vie et son esprit. In-12 (*Berche et Tralin*) . . . . 3 fr.

Foisset (Th.). — Vie du R. P. Lacordaire. 2e édit. 2 vol. in-12 (*Lecoffre*). . . . . 8 fr.

Fouard (l'abbé C.). — Saint Pierre et les premières années du christianisme. 4e édit. In-8 ou in-12 (*Ibid.*) . 7 fr. 50 et 4 fr.

Fouard (l'abbé C.). — Saint Paul, ses missions. In-8 ou in-12 (*Ibid.*) . . . . 7 fr. 50 et 4 fr.

Foulon (le cardinal). — Histoire de la vie et des œuvres de Mgr Darboy, archevêque de Paris. In-8 (*Poussielgue*) 7 fr. 50

Fullerton (lady). — Vie de sainte Françoise Romaine. In-12 (Besançon, *Jacquin*). . . . . 2 fr.

Gabriac (le P. de), S. J. — Le R. P. de Ponlevoy, sa vie avec un choix d'opuscules et de lettres. 3 vol. in-18 j. (*Retaux*). 10 fr. 50

Gaveau (l'abbé). — Vie de saint Stanislas de Kotska. In-8 (*Cattier*) . . . . 7 fr. 50

Goldie (le P. Francis), S. J. — Saint Alphonse Rodriguez, S. J., d'après son mémorial et les documents contemporains. Trad. de l'anglais par l'abbé Cardon. In-8 (*Desclée*). . . . 4 fr.

Gosselin (l'abbé). — Vie de M. Emery, neuvième supérieur du séminaire et de la Compagnie de Saint-Sulpice. 2 vol. in-8 (*Roger et Chernoviz*) . . . . 10 fr.

Grèzes (le P. Henri de), capucin. — Vie du R. P. Barré, religieux minime, fondateur de l'Institut des cercles charitables du Saint Enfant-Jésus dit de Saint-Maur. In-8 (*Poussielgue*). 4 fr.

Guéranger (Dom). — Sainte Cécile et la société romaine aux deux premiers siècles. Gr. in-8, avec grav. (*Retaux*) . 6 fr.

Guillermin (l'abbé J.). — Vie de Mgr Darboy, archevêque de Paris. In-8 (*Bloud et Barral*) . . . . 4 fr.

Hamon (l'abbé) — Vie de saint François de Sales. 6e édit. 2 vol. in-8 (*Lecoffre*) . . . . 12 fr.

Le même ouvrage, édit. abrégée. In-12 . . . . . . 2 fr.

Hébrard (Mgr). — Histoire de sainte Jeanne de Valois et de l'ordre de l'Annonciade. In-12 (*Poussielgue*) . . . . . 4 fr.

Hébrard (Mgr). — Histoire de sainte Jeanne de France, duchesse d'Orléans et de Berry. In-8 écu (*Ibid.*). . . . 5 fr.

Hervin (le chanoine) et Dourlens (l'abbé). — Vie de la très R. Mère Mechtilde du Saint-Sacrement, fondatrice de l'Institut des Bénédictines de l'Adoration perpétuelle. In-8 (*Retaux*). 8 fr.

Le même ouvrage, abrégé. In-8 . . . . 5 fr.

Histoire de sainte Geneviève, vierge, patronne de Paris, et de son culte, par un serviteur de Marie. In-8 (*Plon*) . . 7 fr.

Histoire de sainte Thérèse, d'après les Bollandistes, ses divers historiens et ses œuvres complètes. 2 vol. gr. in-8 ou 2 vol. in-18 j. (*Retaux*) . . . . 15 fr. et 7 fr. 50

HOUSSAYE (l'abbé). — M. de Bérulle et les Carmélites de France. In-8 (*Plon*) . . . . 7 fr. 50

HOUSSAYE (l'abbé). — Le P. de Bérulle et l'Oratoire de Jésus. In-8 (*Ibid.*) . . . . 7 fr. 50

HOUSSAYE (l'abbé). — Le Cardinal de Bérulle et le cardinal de Richelieu. In-8 (*Ibid.*) . . . . 7 fr. 50

HULST (Mgr d'). — Vie de la Mère Marie-Thérèse, fondatrice et première supérieure générale des sœurs de l'Adoration réparatrice. 4e édit. In-18 j. (*Poussielgue*) . . . . . . 2 fr. 50

HULST (Mgr d'). — Vie de Just de Bretenières, missionnaire apostolique, martyrisé en Corée en 1866. 2e édit. In-18 j. (*Ibid.*) 3 fr.

KLEIN (l'abbé Félix). — Le Cardinal Lavigerie et ses œuvres d'Afrique. In-12 (*Ibid.*) . . . . 3 fr. 50

LACORDAIRE (le P.). — Sainte Marie-Madeleine. In-32 (*Ibid.*). 1 fr. 25

LACORDAIRE (le P.). — Vie de saint Dominique. Edit. illustrée, d'après les peintures du P. Besson. Gr. in-8 . . . 12 fr. 50
Le même ouvrage. 9e édit. In-18 j. (*Ibid.*) . . . . 3 fr.

LAGRANGE (Mgr). — Histoire de saint Paulin de Nole. 2 vol. in-18 j. (*Ibid.*) . . . . 6 fr.

LAGRANGE (Mgr). — Histoire de sainte Paule. In-8 ou in-18 j. (*Ibid.*) . . . . 7 fr. 50 et 4 fr.

LAGRANGE (Mgr). — Vie de Mgr Dupanloup, évêque d'Orléans. 4e édit. 3 vol. in-8 (*Ibid.*) . . . . 22 fr. 50
Le même ouvrage. 7e édit. 3 vol. in-18 j. . . . 10 fr. 50

LANGUET (Mgr). — Vie de la Vénérable Mère Marguerite-Marie Alacoque. In-8 (*Desclée*) . . . . 2 fr.

LA RALLAYE (Léonce de). — Eugène Boré, supérieur général de la congrégation de la Mission et des Filles de la Charité. In-8 (*Lethielleux*) . . . . 5 fr.

LAROCHE (J.). — Vie de saint Nicolas, évêque de Myre, patron de la jeunesse. 2e édit. In-8 (*Bloud et Barral*) . . . 4 fr.

LASSERRE (Henri). — Bernadette (sœur Marie Bernard). In-8, illustré (*Sanard*) . . . . 3 fr. 50

LAUNAY (Adrien), de la Société des Missions étrangères. — Les Cinquante-deux serviteurs de Dieu, français, annamites, chinois, mis à mort pour la foi, en Extrême-Orient, de 1815 à 1856. 2 vol. in-8 (*Téqui*). . . . . 6 fr.

LAUNAY (Adrien). — Le Tonkin catholique et Mgr Retord (1831-1858). Gr. in-8, avec grav. (*Vitte*) . . . . . . 4 fr. 50

LECOY DE LA MARCHE (A.). — Saint Martin. 2 édit. Gr. in-8, illustré (*Mame*) . . . . 15 fr.

Lecoy de la Marche (A.). — Vie de saint Martin, évêque de Tours. Gr. in-8 (*Ibid.*). . . . . 3 fr. 50

Le Doré (le P. Ange). — Le Vénérable P. Eudes, premier apôtre des Sacrés Cœurs de Jésus et de Marie. In-12 (*Haton*). 2 fr.

Légende de saint François d'Assise racontée par les frères Léon, Ange et Rufin, ses disciples. Trad. par l'abbé Huvelin. In-18 (*Poussielgue*) . . . . 1 fr.

Le Monnier (l'abbé Léon). — Histoire de saint François d'Assise. 2e édit. 2 vol. in-8 ou 2 vol. in-12 (*Lecoffre*). 12 fr. et 7 fr.

Lesur (Mgr). — Histoire populaire de S. Ém. le cardinal Ch.-M.-A. Lavigerie. 1 vol. in-12 (*Lamulle et Poisson*). 2 fr. 50

L'Huillier (Dom). — Saint Thomas de Cantorbéry. 2 vol. in-8 (*Retaux*). . . . . 10 fr.

L'Huillier (Dom). — Vie de saint Hugues, abbé de Cluny. Gr. in-8, avec grav. (*Ibid.*) . . . . 8 fr.

Loth (Arthur). — Saint Vincent de Paul et sa mission sociale. In-4, illustré (*Dumoulin*) . . . . 30 fr.

Lucot (l'abbé). — Vie de la Vénérable Mère Agnès de Jésus, religieuse de l'ordre de Saint-Dominique, par M. de Lantages. 2 vol. in-8 (*Poussielgue*). . . . . 12 fr. 50

Madelaine (R. P. Godefroid). — Histoire de saint Norbert, fondateur de l'Ordre de Prémontré et archevêque de Magdebourg. In-8 (*Desclée*) . . . . 4 fr.

Mangeret (le P.). — Mgr Bataillon et les missions de l'Océanie centrale. 2 vol. in-8 (*Vitte*) . . . . 7 fr.

Martin (Alex.). — Histoire de la vie et de l'épiscopat de saint Charles Borromée. In-8 (*Vivès*). . . . . 5 fr.

Martin (l'abbé). — Vie de Mme de Bonnault d'Houet, fondatrice des Fidèles compagnes de Jésus. Nouv. édit. In-8 (*Haton*). 6 fr.

Martus (l'abbé). — Saint Jean Chrysostome. Ses œuvres et son génie. 3 vol. in-8 (*Tolra*) (épuisé) . . . . » »

Maynard (le chanoine Ulysse). — Saint Vincent de Paul, sa vie, son temps, son influence. 4 vol. in-18 j. (*Retaux*) . . 15 fr.

Maynard (abbé). — Vie de saint Vincent de Paul. Édit. abrégée. In-18 j. (*Retaux*) . . . . 3 fr.

Meignen (V.). — Vie de M. Le Prevost, fondateur de la congrégation des Frères de Saint-Vincent de Paul. In-8 (*Poussielgue*). 6 fr.

Melun (le vicomte Arm. de). — Vie de Mlle de Melun. 1618-1679. 4e édit. In-8 (*Ibid.*) . . . . 6 fr.

Melun (le vicomte Arm. de). — Vie de la sœur Rosalie. 8e édit. In-8 (*Ibid.*) . . . . 6 fr.

Mercier (le P.), S. J. — La Vénérable Jeanne de Lestonnac,

fondatrice et première supérieure de l'ordre de Notre-Dame. In-8. . . . . 6 fr.

Mercier (le P.), S. J. — Marin et jésuite. Vie et voyages de François de Plas, ancien capitaine de vaisseau, prêtre de la Compagnie de Jésus. 2 vol. in-8 (*Retaux*) . . . . . 12 fr.
Édition abrégée. Gr. in-8 . . . . 4 fr.

Mère Marie-Thérèse (la), fondatrice de la congrégation de l'Adoration réparatrice. 2e édit. 2 vol. gr. in-8 (*Haton*) 10 fr.

Meschler (le P.), S. J. — Vie de saint Louis de Gonzague. In-8 écu (*Lethielleux*) . . . . 3 fr.

Mouchet (l'abbé). — Saint Anselme, archevêque de Cantorbéry. Sa vie et son temps. In-8 (*Casterman*) . . . . . 3 fr. 50

Moniquet (le P.), S. J. — Un fondateur de ville au XIe siècle. Saint Gérard, de l'ordre illustre de Saint-Benoît. In-4, avec illustr. (*Tolra*) . . . . 5 fr.

Monnin (l'abbé). — Vie du vénérable curé d'Ars Vianney. 2 vol. in-12 (*Téqui*) . . . . 7 fr. 50
Le même ouvrage, abrégé. In-12 (*Ibid.*). . . . . . 2 fr.

Montalembert (le comte de). — Histoire de sainte Élisabeth de Hongrie. 2 vol. in-18 j. (*Retaux*) . . . . 7 fr.

Montalembert (le comte de). — Vie de sainte Élisabeth, reine de Hongrie. In-4, avec illustr. (*Mame*) . . . . 15 fr.

Montalembert (le comte de). — Un moine au XIXe siècle : le P. Lacordaire. In-12 (*Lecoffre*) . . . . 2 fr.

Paguelle de Follenay (l'abbé). — Vie de S. Ém. le cardinal Guibert. 2 vol. in-8 (*Poussielgue*) . . . . 10 fr.

Pasquier (H.). — Vie de la Révérende Mère Marie de Sainte-Euphrasie Pelletier, fondatrice et première supérieure générale de la congrégation Notre-Dame de Charité du Bon-Pasteur d'Angers. 2 vol. in-8 écu (*Lethielleux*). . . . . 8 fr.

Pauthe (l'abbé L.). — Histoire de sainte Marcelle. La vie religieuse chez les patriciennes de Rome au IVe siècle. 2e édit. In-18 j. (*Poussielgue*) . . . . 4 fr.

Pérégrin-Soulier (le P.). — Vie de saint Philippe Bénizi, propagateur des Servites de Marie. In-8 (*Delhomme*) . . 6 fr.

Pérennès (Fr.). — Histoire de saint François de Sales. 2 vol. in-8 ou 2 vol. in-18 j. (*Retaux*) . . . . . . 12 fr. et 7 fr.

Pérennès (Fr.). — Vie de saint François de Sales (extrait de l'ouvrage précédent). In-18 j. (*Ibid.*) . . . . 3 fr.

Petit (l'abbé L.). — Vie de la mère Antoinette d'Orléans, fondatrice de la congrégation de Notre-Dame du Calvaire. In-8 (*Haton*). 6 fr.

Pillet (l'abbé A.). — Les Martyrs d'Afrique. Histoire de sainte Perpétue et de ses compagnons. In-8 (*Lefort*) . . . . 6 fr.

Pitra (le cardinal). — Sainte Marthe, sa vie, son apostolat en France et son culte. In-18 (*Téqui*) . . . . 3 fr.

Pitra (le cardinal). — Vie du vénérable P. Libermann, premier supérieur général de la congrégation du Saint-Esprit et du Cœur de Marie. In-8 ou in-18 j. (*Poussielgue*). 8 fr. et 4 fr.

Pitra (le cardinal). — Histoire de saint Léger. In-8 (*Lecoffre*) (épuisé) . . . . » »

Plaine (Dom Fr.). — Vie de saint Malo, évêque d'Alet (Saint-Malo). In-18 (Rennes *Plihon*) . . . . 3 fr.

Planus (l'abbé). — Saint Jean-Baptiste. Étude sur le Précurseur. In-12 (*Berche et Tralin*) . . . . 3 fr. 50

Ponlevoy (le P. de), S. J. — Vie du R. P. de Ravignan. 2 vol. in-12 (*Téqui*) . . . . 7 fr. 50

Ponlevoy (R. P. de), S. J. — Les Martyrs de la Commune. Actes de la captivité et de la mort des RR. PP. Olivaint, Ducoudray, Caubert, Clerc et de Bengy, S. J. In-12 (*Ibid.*). 2 fr.

Postel (l'abbé V.). — Histoire de sainte Angèle de Mérici et de tout l'ordre des Ursulines. 2 vol. in 8 (*Poussielgue*) . 15 fr.

Prat (le P.), S. J. — Adèle de Murinais, fondatrice de la congrégation des Sœurs de Notre-Dame de la Croix, sa vie et ses lettres. In-8 (*Delhomme et Briguet*) . . . . 5 fr.

Préville (Xavier de) . — Un grand Français. Le cardinal Lavigerie. In-8, illustré (*Tolra*) . . . . 3 fr. 50

Puech (Aimé). — Un réformateur de la Société chrétienne au IVe siècle. Saint Jean Chrysostome et les mœurs de son temps. In-8 (*Hachette*). . . . . 7 fr. 50

Rabory (Dom J.). — Vie de sainte Françoise Romaine, fondatrice des Oblates de Torre de' Specchi. In-12 (*Librairie Saint-Paul*) . . . . 4 fr.

Ragey (R. P.), S. M. — Histoire de saint Anselme, archevêque de Cantorbéry. 2 vol. gr. in-8 (*Delhomme et Briguet*). 15 fr.

Ragey (R. P.), S. M. — Vie de saint Anselme (abrégé du précédent ouvrage). In-8 (*Ibid.*). . . . . 4 fr.

Rambaud (l'abbé). — La Vie de saint Paul, apôtre des nations. In-8 (*Lethielleux*). . . . . 4 fr.

Ravelet (Armand). — Vie du bienheureux J.-B. de la Salle. Pet. in-4, illustré (*Poussielgue*) . . . . 8 fr.

Ravelet (Armand) — Le Bienheureux J.-B. de la Salle, fondateur de l'Institut des frères des écoles chrétiennes. Pet. in-4, illustré (*Mame*) . . . . 25 fr.

Razy (Ernest). — Saint Jean-Baptiste, sa vie, son culte et sa légende artistique. In-8 (*Téqui*) . . . . 10 fr.

Regnault (le P. Emile), S. J. — Christophe de Beaumont, archevêque de Paris. 2 vol. in-8 (*Lecoffre*) . . . . . . 12 fr.

RICARD (Mgr). — Saint Joseph, sa vie et son culte. Gr. in-4, illustré (*Desclée*) . . . . 5 fr.

RICARD (Mgr). — Saint Antoine de Padoue, le grand thaumaturge de l'heure présente. In-12 (*Retaux*) . . . . 3 fr. 50

RICHARD (l'abbé). — Vie de la bienheureuse Françoise d'Amboise, duchesse de Bretagne. 2 vol. in-8 (*Lefort*) (épuisé) . . » »

RICHEMONT (C^sse de). — Histoire de Mme Le Gras (Louise de Marillac). In-8 ou in-18 (*Poussielgue*). . . 7 fr. 50 et 3 fr. 50

ROCHET (l'abbé). — Histoire de saint Jean Chrysostome. 2 vol. in-12 (*Téqui*) . . . . 6 fr.

ROCHET (l'abbé). — Saint Jérôme. Vie et extrait de ses écrits. In-8 (*Lecoffre*) . . . . 4 fr.

ROGIE (le P.). — Histoire du bienheureux Pierre Fourier. 3 vol. gr. in-8 (*Retaux*) . . . . 15 fr.

SAGETTE (abbé J.). — Sainte Marie-Madeleine. Sa vie, son histoire, son culte. In-18 j. (*Ibid.*) . . . . 2 fr. 50

SAINT FRANÇOIS D'ASSISE. Gr. in-4, avec de magnifiques illustrations (*Plon*) . . . . 50 fr.

SAINT FRANÇOIS D'ASSISE. In-8, avec gravures (*Ibid.*) . . 4 fr.

SAINTE MARTHE, hôtesse de Jésus-Christ. Sa vie, son apostolat en France et son culte jusqu'à nos jours. In-12 (*Téqui*). 3 fr.

SALES (Ch. Aug. de). — Histoire de saint François de Sales, par son neveu, Ch. Aug. de Sales, In-8 (*Vivès*) . . . . . 12 fr.
Autre édition. In-8 (*Desclée*) . . . . 2 fr.

SALVATOR (R. P.). — Correspondance, précédée de la Vie de saint Léonard de Port-Maurice. In-12 (*Casterman*) . . 3 fr.

SAINTE ANNE (Berthold-Ignace de). — Vie de la Mère Anne de Jésus, coadjutrice de sainte Thérèse dans l'œuvre de la Réformation du Carmel, et fondatrice de l'Ordre en France et en Belgique. 2 vol. in-8 (Malines, *Dessain*). Net . . . . 14 fr.

SÉGUR (le Mis de). — Vie de Mme Molé, fondatrice de l'Institut des Sœurs de la Charité de Saint-Louis. 2e édit. In-18 j. (*Retaux*) . . . . 3 fr. 50

SÉGUR (le Mis de). — Mgr de Ségur. Souvenirs et récits d'un frère. 7e édit., 2 vol. gr. in-8 (*Ibid.*) . . . . 13 fr.
Autre édition. 26e mille. Gr. in-8 . . . . 4 fr.

SEPET (Marius). — Vie de sainte Catherine d'Alexandrie, par Jean Mielot, secrétaire de Philippe le Bon. Gr. in-8, avec illustrations (*Letouzey et Ané*) . . . . 20 fr.

SOULIER (le P. Pérégrin). — Vie de saint Philippe Benizi, propagateur de l'Ordre des servites de Marie. In-8 (*Berche et Tralin*) . . . . 6 fr.

SYLVAIN (l'abbé Ch.). — Histoire de saint Charles Borromée, d'après sa correspondance et des documents inédits. 3 vol. in-8 (*Desclée*) . . . . 12 fr.

TAUVEL (le P.). — Vie du P. Damien, l'apôtre des lépreux de Molokaï. In-8 (*Ibid.*) . . . . 1 fr.

THOISON (Eugène). — Saint Mathurin. Étude historique et iconographique. In-8, avec illustr. (*Alph. Picard*) . . . 25 fr.

TIMON DAVID (l'abbé). — Vie de saint Joseph Calasanzio, fondateur des écoles pies. 2 vol. in-8 (*Bricon*) . . . . 12 fr.

VACANDARD (l'abbé E.). — Vie de saint Bernard, abbé de Clairvaux. 2 vol. in 8 (*Lecoffre*) . . . . 15 fr.

VERGER (l'abbé). — Vie de saint Antoine le Grand, patriarche des Cénobites. In-8 écu (*Poussielgue*) . . . . 4 fr.

VIDIEU (l'abbé). — Saint Denys l'Aréopagite, évêque d'Athènes et de Paris, patron de la France. Gr. in-8, 200 grav. (*Firmin-Didot*) . . . . 30 fr.

VIE DE SAINTE BRIGITTE DE SUÈDE, par une religieuse de l'Adoration perpétuelle. 2 vol. in-12 (*Tolra*) . . . . . 7 fr. 50

VIE DE LA R. M. THÉRÈSE DE SAINT-AUGUSTIN, Madame Louise de France, religieuse carmélite, par une religieuse de sa communauté. 4e édit. 2 vol. in-12 (*Lecoffre*) . . . . . . 6 fr.

VILLEFRANCHE (J.-M.). — Vie de Dom Bosco, fondateur de la Société salésienne. In-8 (*Bloud et Barral*). . . . . . 4 fr.

Histoire ancienne.

AMPÈRE (J.-J.). — L'Empire romain à Rome. 2 vol. in-8 (*Calmann-Lévy*) . . . . 15 fr.

AMPÈRE (J.-J.). — L'Histoire romaine à Rome, avec des plans topographiques de Rome à diverses époques. 4 vol. in-8 (*Calmann-Lévy*). . . . . 30 fr.

ARBOIS DE JUBAINVILLE (H. d'). — Les Premiers habitants de l'Europe d'après les écrivains de l'antiquité et les recherches les plus récentes de la linguistique. Nouvelle édition. 2 vol. in-8 (*Thorin*) . . . . 22 fr.

BARTHÉLEMY (l'abbé). — Voyage du jeune Anacharsis en Grèce. 3 vol. in-12 et atlas (*Hachette*). . . . . 3 fr. 75

BELOT. — Histoire des chevaliers romains. In-8 (*Pedone*). 8 fr.

BÉRARD (Victor). — De l'origine des cultes arcadiens. In-8 cav., avec fig. (*Thorin*). . . . . 12 fr. 50

BEURLIER (l'abbé E.). — Le Culte impérial, son histoire et son organisation depuis Auguste jusqu'à Justinien. Gr. in-8 (*Ibid.*). 7 fr. 50

BLONDEL (J.-E.). — Histoire économique de la conjuration de Catilina. In-8 (*Guillaumin*) . . . . 6 fr.

BOISSIER (G.). — Cicéron et ses amis. In-12 (*Hachette*). 3 fr. 50

BOISSIER (G.). — L'Opposition sous les Césars. In-12 (*Ibid.*). 3 fr. 50

Boissier (G.). — La Fin du paganisme. Étude sur les dernières luttes religieuses en Occident au ive siècle. 2 vol. in-12 (*Ibid.*). 7 fr.

Boissier (G.). — La Religion romaine d'Auguste aux Antonins. 2e édit. 2 vol. in-12 (*Ibid.*). . . . . 7 fr.

Bouché-Leclercq (A.). — Manuel des institutions romaines. Gr. in-8 (*Ibid.*) . . . . 15 fr.

Cagnat (René). — Étude historique sur les impôts indirects chez les Romains. In-8 (*Thorin*) . . . . 10 fr.

Cagnat (René) et Goyau (Georges). — Lexique des antiquités romaines. Gr. in-8 (*Ibid.*) . . . . 7 fr.

Canet (V.). — Les Institutions d'Athènes. 2 vol. in-18 j. (*Lefort*). 7 fr.

Canet (V.). — Les Institutions de Sparte. In-18 j. (*Ibid.*). 3 fr. 50

Ceuleneer (Ad. de). — Essai sur la vie et le règne de Septime Sévère. In-4 (Bruxelles, *Hayez*). . . . . 5 fr.

Champagny (le comte de). — Études sur l'empire romain. Les Césars. Histoire des Césars jusqu'à Néron et tableau du monde romain sous les premiers empereurs. 5e édit. 4 vol. in-8 ou 4 vol in-12 (*Retaux*) . . . . 24 fr. et 14 fr.

Champagny (le comte de). — Rome et la Judée. 4e édit. 2 vol. in-12 (*Ibid.*). . . . . 7 fr.

Champagny (le comte de). — Les Antonins. 3e édit. 3 vol. in-8 (*Ibid.*). 18 fr.

Champagny (de). — Les Césars du troisième siècle. 2e édit. 3 vol in-8 ou 3 vol. in-12 (*Ibid.*) . . . . 18 fr. et 10 fr. 50

Curtius (E.). — Histoire grecque. Traduit de l'allemand sous la direction de A. Bouché-Leclercq. 5 vol. in 8, avec atlas. (*Leroux*) . . . . 49 fr. 50

Decharme (Paul). — Mythologie de la Grèce antique. Gr. in-8, illustré (*Garnier*). . . . . 16 fr.

Deloume (Antonin). — Les Manieurs d'argent à Rome jusqu'à l'Empire. Les grandes compagnies par actions des publicains. Les financiers maîtres dans l'Etat. Les millions de Cicéron. Les actionnaires. Le marché. Le jeu sous la République. 2e édit. In-8 (*Thorin*) . . . . 7 fr.

Droysen (J.-G.). — Histoire de l'hellénisme. 3 vol. in-8 (*Leroux*). 30 fr.

Dumont (Albert). — Essai sur l'Éphébie attique. 2 vol. in-8 (*Firmin-Didot*) . . . . 35 fr.

*Duruy (Victor). — Histoire des Grecs depuis les temps les plus reculés jusqu'à la réduction de la Grèce en province romaine. 3 vol. gr. in-8, avec de nombr. illustr. (*Hachette*) . . 75 fr.

*Duruy (Victor). — Histoire des Romains depuis les temps les

plus reculés jusqu'à l'invasion des barbares. 7 vol. gr. in-8 avec de nombr. illustr. (*Ibid.*) . . . . 175 fr.
Le même ouvrage. 7 vol. in-8 . . . . 52 fr. 50

Fustel de Coulanges. — La Cité antique. In-12 (*Ibid.*) 3 fr. 50

Fustel de Coulanges. — La Gaule romaine. In-8 (*Ibid.*). 7 fr. 50

Geffroy (A.). — La Germanie de Tacite. In-12 (*Perrin*) (épuisé). » »

Geffroy (A.). — Rome et les barbares. In-12 (*Ibid.*) . 3 fr. 50

Girard (Jules). — Le Sentiment religieux en Grèce d'Homère à Eschyle. 3e édit. In-12 (*Hachette*) . . . . 3 fr. 50

Girard (Paul). — L'Éducation athénienne au ve et au ive siècle avant Jésus-Christ. In-8 (*Ibid.*) (épuisé) . . . . » »

Goyau (Georges). — Chronologie de l'Empire romain, publiée sous la direction de R. Cagnat. In-12 (*Klincksieck*). . 6 fr.

Gsell (Stéphane). — Essai sur le règne de l'empereur Domitien. In-8 (*Thorin*) . . . . 12 fr.

Guhl et Koner. — La Vie antique (Romains). Traduit par F. Trawinski. In-8 (*Rothschild*). . . . . 10 fr.

Guiraud (Paul). — La Propriété foncière en Grèce jusqu'à la conquête romaine. In-8 (*Hachette*) . . . . 10 fr.

Hauvette (Amédée). — Hérodote historien des guerres médiques. Gr. in-8 (*Ibid.*) . . . . 10 fr.

Hennebert (lieutenant-colonel). — Histoire d'Annibal. 3 vol. in-8, avec atlas in-4, en 2 parties (*Firmin-Didot*) . . . . 110 fr.

Hertzberg (G.-F.). — Histoire de la Grèce sous la domination romaine. 3 vol. in-8 (*Leroux*). . . . . 30 fr.

Joubert (Léo). — Alexandre le Grand. In-8 (*Firmin-Didot*) (épuisé) . . . . » »

Jurien de la Gravière (le vice-amiral). — Les Campagnes d'Alexandre. 5 vol. in-18 j. (*Plon*) . . . . 20 fr.

La Berge (C. de). — Essai sur le règne de Trajan. In-8 (*Vieweg*). 12 fr.

Lacour-Gayet (C.). — Antonin le Pieux et son temps. In-8 (*Thorin*) . . . . 12 fr.

Lange (L.). — Histoire intérieure de Rome jusqu'à la bataille d'Actium, tiré des *Roemische Alterthümer*, par Berthelot et Didier. 2 vol. in-8 (*Leroux*) . . . . 20 fr.

Lemonnier (Henry). — Étude historique et juridique sur la condition des affranchis aux trois premiers siècles de l'Empire romain. In-8 (*Hachette*) . . . . 6 fr.

*Lenormant (François). — Les Origines de l'histoire, d'après la Bible et les traditions des peuples orientaux. 2e édit. 3 vol. in-12 (*Maisonneuve*). . . . . 13 fr. 50

*Lenormant (Fr.). — Histoire ancienne de l'Orient jusqu'aux guerres médiques, continuée par Ern. Babelon. 6 vol. gr. in-8, illustrés (*A. Lévy*) . . . . 112 fr. 50

Lenormant (Fr.). — La Grande Grèce. Paysages et histoire. 2e édit. 3 vol. in-12 (*Ibid.*). . . . . 12 fr.

Lenormant (Fr.). — La Monnaie dans l'antiquité. 3 vol. in-8 (*Ibid.*). 22 fr. 50

Lenthéric (Charles). — La Grèce et l'Orient en Provence. Arles, le Bas-Rhône, Marseille. Gr. in-8, avec cartes et plans (*Plon*). 5 fr.

*Maspéro (G.). — Histoire ancienne des peuples de l'Orient. In-12 (*Hachette*) . . . . 6 fr.

*Maspéro (G.). — Histoire ancienne des peuples de l'Orient. Éd. illustrée. 3 vol. gr. in-8 (*Ibid.*) . . . . 90 fr.

Ménant (J.). — Annales des rois d'Assyrie. In-8 (*Ibid.*). 15 fr.

Ménant (J.). — Babylone et la Chaldée. In-8 (*Ibid.*) . . 15 fr.

Mommsen (Th.). — Histoire romaine. Traduction française par Alexandre, Cagnat et Toutain. 11 vol. in-8 (en cours de publication) (*Bouillon*). . . . . 70 fr.

Mommsen (Th.). — Manuel des antiquités romaines.
Voir plus haut, p. 44.

Monceaux (Paul). — La Grèce avant Alexandre. Étude sur la société grecque du VIe au IVe siècle. In-8 (*May et Motteroz*). 4 fr.

Petit de Julleville. — Histoire de la Grèce. In-12 (*Lemerre*). 6 fr.

Reinach (Théodore). — Mithridate Eupator, roi de Pont. In-8 (*Firmin-Didot*) . . . . 10 fr.

Robiou (Félix). — Histoire des Gaulois d'Orient. In-8 (*Pedone*). 6 fr.

Robiou (F.) et Delaunay (D.). — Les Institutions de l'ancienne Rome. 3 vol. in-18 (*Perrin*) . . . . 9 fr. 50

Rodocanachi (E.). — Les Corporations ouvrières à Rome depuis la chute de l'Empire romain. 2 vol. in-4 (*Alph. Picard*). 40 fr.

Schoemann (G.-F.). — Antiquités grecques. Trad. de C. Galuski. 2 vol. in-8 (*Ibid.*) . . . . 15 fr.

Thierry (Amédée). — Histoire des Gaulois depuis les temps les plus reculés jusqu'à l'entière domination romaine. 2 vol in-8 ou 2 vol. in-12 (*Perrin*). . . . . 15 fr. et 7 fr.

Thierry (Amédée). — Histoire de la Gaule sous la domination romaine. jusqu'à la mort de Théodose. 2 vol. in-8 ou 2 vol. in-12 (*Ibid.*). . . . . 15 fr. et 7 fr.

Thierry (Am.). — Récits de l'histoire romaine au ve siècle. — Derniers temps de l'Empire d'Occident. In-8 ou in-12 (*Ibid.*). 7 fr. 50 et 3 fr. 50

THIERRY (Am.). — Nouveaux récits de l'histoire romaine des IVe et Ve siècles. In-8 ou in-12 (*Ibid.*) . . 7 fr. 50 et 3 fr. 50

THIERRY (Am.). — Tableau de l'Empire romain depuis la fondation de Rome. In-12 (*Ibid.*) . . . . 3 fr. 50

VALROGER (L. de). — Les Celtes. La Gaule celtique. In-8 (*Ibid.*). 7 fr 50

WALLON (Henri). — Histoire de l'esclavage dans l'antiquité. Nouv. édit. 3 vol. in-8 (*Hachette*) . . . . 22 fr. 50

Histoire du moyen âge.

ALLARD (Paul). — Esclaves, serfs et mainmortables. Nouvelle édit. In-8 (*Sanard et Derangeon*) . . . . 3 fr.

DELARC (l'abbé). — Les Normands en Italie. Gr. in-8 (*Leroux*). 10 fr.

DELAVILLE-LE-ROULX. — La France en Orient au XIVe siècle. 2 vol. in-8 (*Thorin*) . . . . 25 fr.

DELISLE (Léopold). — Mémoire sur les opérations financières des Templiers. In-4 (*Imprimerie nationale*) . . . . 10 fr.

DODU (Gaston). — Histoire des institutions monarchiques dans le royaume latin de Jérusalem (1099-1291). In-8 (*Hachette*). 7 fr. 50

GAUTIER (Léon). — La Chevalerie. Nouvelle édit. Gr. in-8 (*Sanard*) . . . . 25 fr.

HEYD. — Histoire du commerce du Levant au moyen âge. Édit. française par Furcy Raynaud. 2 vol. in-8 (épuisé). . . » »

JOURDAIN (Charles). — Excursions historiques et philosophiques à travers le moyen âge. In-8 (*Firmin-Didot*) . . . . 12 fr.

KURTH (Godefroid). — Les Origines de la civilisation moderne. 2e édit. 2 vol. in-12 (*Lamulle et Poisson*) . . . . . 7 fr.

LITTRÉ (E.). — Études sur les barbares et le moyen âge. In-12 (*Perrin*) . . . . 3 fr. 50

MAITRE (Léon). — Les Écoles épiscopales et monastiques de l'Occident, depuis Charlemagne jusqu'à Philippe-Auguste. In-8 (*Dumoulin*) (épuisé) . . . . » »

MOELLER (Ch.). — Histoire du moyen âge. In-8 (Louvain, *Peeters*). 2 fr. 50

OZANAM (A.-F.). — Études germaniques, pour servir à l'histoire des Francs. 2 vol. in-8 ou in-12 (*Lecoffre*) . . 14 fr. et 7 fr.

OZANAM (A.-F.). — La Civilisation au Ve siècle. 2 vol. in-8 ou in-12 (*Ibid.*) . . . . 12 fr. et 7 fr.

POINSIGNON (A.-M.). — Les Origines de la société moderne, ou Histoire des quatre premiers siècles du moyen âge. 2 vol. in-8 (*Retaux*) . . . . 12 fr.

Roy (Jules). — L'An mille. In-12 (*Hachette*) . . . . 2 fr. 25

Semichon (Ernest). — La Paix et la trêve de Dieu. Histoire du développement du tiers état par l'Église et les associations du xe au xiiie siècle. 2e édit. 2 vol. in-12 (épuisé) . . . . » »

Veuillot (Louis). — Le Droit du seigneur au moyen âge. In-8 (*Rétaux*) . . . . 3 fr.

Villehardouin. — Histoire de la conquête de Constantinople, texte rapproché du français moderne par N. de Wailly. In-12 (*Hachette*) . . . . 3 fr. 50

Zeller (Jules). — Entretiens sur l'histoire du moyen âge. 4 vol. in-12 (*Perrin*) . . . . 14 fr.

Histoire moderne et contemporaine.

Block (Maurice). — L'Europe politique et sociale. In-8 (*Hachette*). . . . . 12 fr.

Bourgoing (François de). — Histoire diplomatique de l'Europe pendant la Révolution française. 4 vol. in-8 (*Calmann-Lévy*). 26 fr.

Cantu (César). — Histoire de cent ans (de 1750 à 1850). Trad. de l'italien par Amédée Renée. 4 vol. in-8 (*Firmin-Didot*). 24 fr.

Cantu (César). — Les Trente dernières années, 1848-1878. Édit. française, revue par l'auteur. In-8 (*Ibid.*). . . . . . 6 fr.

Charvériat (E.). — Histoire de la guerre de Trente ans. 2 vol. in-8 (*Plon*) . . . . 18 fr.

Debidour (A.). — Histoire diplomatique de l'Europe, depuis l'ouverture du Congrès de Vienne jusqu'à la clôture du Congrès de Berlin (1814-1876). 2 vol. in-8 (*Alcan*) . . . 18 fr.

Doniol (H.). — Histoire de la participation de la France à l'établissement des Etat-Unis d'Amérique. 4 vol. in-4 (*Alph. Picard*) . . . . 100 fr.

Jannet (Claudio). — Les Précurseurs de la Franc-Maçonnerie au xvie et au xviie siècle. Gr. in-8 (*Palmé*) . . . . . . 2 fr.

Jurien de la Gravière (vice-amiral). — Les Chevaliers de Malte et la marine de Philippe II. 2 vol. in-18 (*Plon et Nourrit*). 6 fr.

Jurien de la Gravière (vice-amiral). — La Guerre de Chypre et la bataille de Lépante. 2 vol. in-18 (*Ibid.*) . . . . . 8 fr.

Jurien de la Gravière (vice-amiral). — Les Corsaires barbaresques et la marine de Soliman le Grand. In-18 (*Ibid.*). 4 fr.

Le Faure (Amédée). — Histoire de la guerre d'Orient (1877). 2 vol. gr. in-8, avec cartes et plans (*Garnier*) . . . . . 15 fr.

LE ROY (Albert). — La France et Rome de 1700 à 1715. In-8 (*Perrin*). 8 fr.

MAULDE-LA CLAVIÈRE (R. de). — La Diplomatie au temps de Machiavel. 3 vol. in-8 (*Leroux*) . . . . 24 fr.

MÜHLENBECK (E.). — Étude sur les origines de la Sainte-Alliance. In-8 (*Vieweg*) . . . . 7 fr. 50

NOLTE (Fréd.). — L'Europe militaire et diplomatique au XIXe siècle. 1815-1884. 4 vol. in-8 (*Plon*) . . . . 30 fr.

PINGAUD (Léonce). — Les Français en Russie et les Russes en France. In-8 (*Perrin*) . . . . 7 fr. 50

RAMBAUD (Alfred). — Français et Russes. Moscou et Sévastopol. 1812, 1854. In-12 (*Berger-Levrault*) . . . . 3 fr. 50

RAMBAUD (Alfred). — Russes et Prussiens. Guerre de Sept ans. In-8 (*Ibid.*) . . . . 10 fr.

REYNALD (H.). — Succession d'Espagne. Louis XIV et Guillaume III. 2 vol. in-8 (*Plon*) . . . . 15 fr.

ROTHAN (G.). — L'Europe et l'avènement du second Empire. In-12 (*Calmann-Lévy*) . . . . 3 fr. 50

ROTHAN (G.). — La Prusse et son roi pendant la guerre de Crimée. In-8 (*Ibid.*) . . . . 7 fr. 50

ROTHAN (G.). — L'Allemagne et l'Italie. 1870-1871. In-8 ou in-18 j. (*Ibid.*) . . . . 7 fr. 50 et 3 fr. 50

SEIGNOBOS (Ch.). — Histoire de la civilisation contemporaine. In-16 (*Masson*). . . . . 3 fr.

SOREL (Alb.). — La Question d'Orient au XVIIIe siècle. In-18 (*Plon*). 3 fr. 50

SOREL (Albert). — L'Europe et la Révolution française. 4 vol. in-8 (*Ibid.*) . . . . 32 fr.

En cours de publication.
L'ouvrage formera 6 volumes.

SYBEL (H. de). — Histoire de l'Europe pendant la Révolution française, traduit de l'allemand par Mlle Marie Dosquet. Edit. revue par l'auteur. 6 vol. in-8 (*Alcan*) . . . . 42 fr.

TOPIN (Marius). — L'Europe et les Bourbons sous Louis XIV. In-12 (*Didier*) . . . . 3 fr. 50

Histoire de France.

I. — *Généralités.*

*BORDIER (Henri) et Ed. CHARTON. — Histoire de France d'après les documents originaux et les monuments de l'art de chaque époque. 2 vol. gr. in-8 (*Jouvet*). . . . . 15 fr.

CHATEAUBRIAND. — Analyse raisonnée de l'histoire de France et fragments depuis Philippe VI jusqu'à Louis XVI. In-18 j. (*Firmin-Didot*) . . . . 3 fr.

CHATEAUBRIAND. — Études historiques. In-18 j. (*Ibid.*) . 3 fr.

DARESTE. — Histoire de France. 9 vol. in-8 (*Plon*). . . 80 fr.

DEMOLINS (Edmond). — Histoire de France. 4 vol. in-12 (*Librairie de la Société bibliographique ; Firmin-Didot*) . . . 14 fr.

DURUY (Victor). — Histoire de France. In-4 (*Hachette*) . 23 fr.

DUSSIEUX (L.). — Les Grands faits de l'histoire de France racontés par les contemporains. 5 vol. in-12 (*Lecoffre*) . 10 fr.

FRANCE CHRÉTIENNE (la) dans l'histoire. Ouvrage publié à l'occasion du 14e centenaire du baptême de Clovis, sous le haut patronage de S. Em. le cardinal Langénieux et sous la direction du P. Baudrillart. In-4, illustré (*Firmin-Didot*). . . 15 fr.

GABOURD (A.). — Histoire de France. 20 vol. in-8 (*Gaume*). 110 fr.

GABOURD (A.). — Histoire de Paris depuis son origine. 5 vol. in-8 (*Ibid.*) . . . . 20 fr.

GUIZOT. — Collection des mémoires relatifs à l'histoire de France depuis la fondation de la monarchie jusqu'au XIIIe siècle. 31 vol. in-8 (*Brière*) (épuisé). . . . . » »

GUIZOT. — Essais sur l'histoire de France. In-12 (*Perrin*). 3 fr. 50

HÉRICAULT (Ch. d'). — Histoire anecdotique de la France. 7 vol. in-8 (*Bloud et Barral*). Le vol. . . . . 5 fr.

On vend séparément :

I. Les Origines. II. Le Moyen âge. III. La Renaissance. IV. L'Ancien régime. V. La Révolution. VI. Le Régime moderne. VII. La France contemporaine.

LALANNE (Ludovic). — Dictionnaire historique de la France, contenant l'histoire civile, politique, littéraire, militaire, religieuse et la géographie historique. 2e édit. Gr. in-8 (*Hachette*). 21 fr.

LANGLOIS (Ch.-V.) et STEIN (Henri). — Les Archives de l'histoire de France. In-8 (*A. Picard*) . . . . 18 fr.

LEBEUF (l'abbé). — Histoire de la ville et de tout le diocèse de Paris. Nouv. édit. précédée d'une introd., annotée et continuée jusqu'à nos jours par Hipp. Cocheris. 5 vol. in-8 et supplément (*Féchoz*) . . . . 75 fr.

MICHAUD et POUJOULAT — Nouvelle collection des mémoires sur l'histoire de France depuis le XIIIe siècle jusqu'à la fin du XVIIIe. 32 vol. gr in-8 (épuisé). . . . . » »

MIGNET. — Études historiques. In-12 (*Perrin*) . . . 3 fr. 50

MONOD (Gabriel). — Bibliographie de l'histoire de France. In-8 (*Hachette*) . . . . 9 fr.

MURY (l'abbé). — Histoire politique et religieuse de la France. 4 vol. in-12 (*Retaux*). . . . . 14 fr.

TROGNON. — Histoire de France. 5 vol. in-12 (*Hachette*). 5 fr.

WITT (Mme de), née GUIZOT. — Les Chroniqueurs de l'histoire de France depuis les origines jusqu'au XVIe siècle. Texte abrégé, coordonné et trad. 4 vol. gr. in-8, illustrés (*Ibid.*) . . 60 fr.

II. — *Mérovingiens et Carolingiens.*

BABELON (Ernest). — Les Derniers Carolingiens, d'après le moine Richer. In-12 (*Librairie de la Société bibliographique*). 3 fr.

BOURGEOIS (Émile). — Le Capitulaire de Kiersy-sur-Oise. In-8 (*Hachette*) . . . . 7 fr. 50

DRAPEYRON (Ludovic). — Essai sur le caractère de la lutte de l'Aquitaine et de l'Austrasie sous les Mérovingiens et les Carolingiens. In-8 (*Thorin*) . . . . 4 fr.

FAVRE (Édouard). — Eudes, comte de Paris et roi de France (882-898). In-8 (*Bouillon*) . . . . 8 fr.

FLACH (J.). — Les Origines de l'ancienne France. 2 vol. in-8 (*Larose et Forcel*) . . . . 20 fr.

FUSTEL DE COULANGES. — Histoire des institutions politiques de l'ancienne France. 6 vol. in-8 (*Hachette*). Le vol. . 7 fr. 50

GUIZOT. — Grégoire de Tours et Frédégaire. Histoire des Francs et chronique. 2 vol. in-12 (*Perrin*). . . . . 7 fr.

HIMLY (A.). — Wala et Louis le Débonnaire. In-8 (*Firmin-Didot*). (épuisé) . . . . » »

JUNGHANS (W.). — Histoire critique des règnes de Childéric et de Chlodovech. Trad. par Gabriel Monod, avec introd. et notes. Gr. in-8 (*Bouillon*) . . . . 6 fr.

KURTH (Godefroid). — Histoire poétique des Mérovingiens Gr. in-8 (*Alph. Picard*) . . . . 10 fr.

KURTH (Godefroid). — Clovis. In-4, illustré (*Mame*) . . 15 fr.

LECOY DE LA MARCHE. — La Fondation de la France du IVe au VIe siècle. In-8 (*Desclée*) . . . . 3 fr.

LEHUEROU. — Histoire des institutions mérovingiennes et carlovingiennes 2 vol. in-8 (épuisé) . . . . » »

LOT (Ferdinand). — Les Derniers Carolingiens : Lothaire, Louis V, Charles de Lorraine (954-991). Gr. in-8 (*E. Bouillon*). . 13 fr.

MONOD (Gabriel). — Études critiques sur les sources de l'histoire mérovingienne. 2 vol. gr. in-8 (*Bouillon*) . . . . . 12 fr.

PETIGNY (J. de). — Études sur l'histoire, les lois et les institutions de l'époque mérovingienne. 3 vol. in-8 (*Thorin*) . . . 18 fr.

PFISTER (Ch.). — Le Duché mérovingien d'Alsace. In-8 (*Berger-Levrault*) . . . . » »

ROZIÈRE (Eugène de). — Recueil général des formules usitées dans l'Empire des Francs du Ve au Xe siècle. 3 vol. gr. in-8 (*Larose*) . . . . 45 fr.

TARDIF (Jules). — Études sur les institutions politiques et administratives de la France. Période mérovingienne. Gr. in-8 (*Alph. Picard*) (épuisé). . . . . » »

THIERRY (Augustin). — Récits des temps mérovingiens. In-18 j. (*Calmann-Lévy*) . . . . 3 fr. 50

VÉTAULT (Alphonse). — Charlemagne. Gr. in-8, illustré (*Mame*). 15 fr.

WITT (Mme de). — Les Premiers rois de France, d'après les chroniqueurs : de Grégoire de Tours à Guillaume de Tyr. Gr. in-8 (*Hachette*). . . . . 15 fr.

III. — *Capétiens.*

AUMALE (duc d'). — Histoire des princes de Condé pendant les XVIe et XVIIe siècles, avec cartes et portraits gravés par Henriquel-Dupont. 7 vol. in-8 (*Calmann-Lévy*) . . . . 52 fr. 50

AVENEL (G. d'). — Richelieu et la monarchie absolue. 4 vol. in-8 (*Plon et Nourrit*) . . . . 30 fr.

AYROLES (Jean-Baptiste-Joseph). S. J. — La Vraie Jeanne d'Arc. In-4 (en cours de publication). Paris (*Gaume*). Le vol. 15 fr. L'ouvrage complet formera 5 vol.

BARRAL-MONTFERRAT (marquis de). — Dix ans de paix armée entre la France et l'Angleterre (1782-1793). 2 vol. in-8 (*Plon*). 16 fr.

BAZIN (Anaïs). — Histoire de France sous Louis XIII. 4 vol. in-12 (*Chamerot*) (épuisé) . . . . » »

BEAUCOURT (G. DU FRESNE DE). — Histoire de Charles VII. 6 vol. in-8, avec album (*Librairie de la Société bibliographique; A. Picard et fils*) . . . . 51 fr.

BENOIST (Ch.). — La Politique du roi Charles V. In-18 (*L. Cerf*). 3 fr. 50

BERGER (Élie). — Histoire de Blanche de Castille, reine de France. In-8 (*Thorin*) . . . . 12 fr.

BERGER (Élie). — Saint Louis et Innocent IV. In-8 (*Ibid.*) 12 fr.

BOUTARIC (Edgar) — La France sous Philippe le Bel. Étude sur les institutions politiques et administratives du moyen âge. In-8 (*Plon*) (épuisé) . . . . » »

BOUTARIC (Edgar). — Saint Louis et Alphonse de Poitiers. In-8 (*Ibid.*). . . . . 8 fr.

BROC (vicomte de). — La France sous l'ancien régime. 2 vol. in-8 (*Ibid.*). . . . . 15 fr.

BROGLIE (duc de). — L'Alliance autrichienne In-8 (*Lévy*). 7 fr. 50

BROGLIE (duc de). — Frédéric II et Marie-Thérèse (1740-1792). 2 vol. in-8 (*Ibid.*). . . . . 15 fr.

BROGLIE (duc de). — Frédéric II et Louis XV (1742-1744). 2 vol. in-8 (*Ibid.*) . . . . 15 fr.

BROGLIE (duc de). — Marie-Thérèse impératrice (1744-1746). 2 vol. in-8 (*Ibid.*) . . . . 15 fr.

BROGLIE (duc de). — Maurice de Saxe et le marquis d'Argenson. 2 vol. in-8 (*Ibid.*) . . . . 15 fr.

BROGLIE (duc de). — La Paix d'Aix-la-Chapelle. In-8 (*Ibid.*). 7 fr. 50

BROGLIE (duc de). — Le Secret du Roi. Correspondance secrète de Louis XV avec ses agents diplomatiques (1752-1774). 2 vol. in-8 (*Ibid.*) . . . . 15 fr.

BURGAUD (Émile) et BAZERIES (commandant). — Le Masque de fer. In-18 (*Firmin-Didot*). . . . . 3 fr. 50

CAMPARDON. — Madame de Pompadour et la cour de Louis XV au milieu du XVIIIe siècle. In-8 (*Plon*) . . . . 8 fr.

CARNÉ (de). — La Monarchie française au XVIIIe siècle. Études historiques sur les règnes de Louis XIV et Louis XV. In-8 (*Perrin*) . . . . » »

CHANTELAUZE (R.). — Le Cardinal de Retz et l'affaire du chapeau. 2 vol. in-8 (*Perrin*) . . . . 16 fr.

CHAPOY (Henri) — Anne d'Autriche et la Fronde, d'après les mémoires de Mme de Motteville. In-12 (*Librairie de la Société bibliographique*) . . . . 3 fr.

CHÉREST (Aimé). — L'Archiprêtre, épisode de la guerre de Cent ans. In-8 (*Claudin*) (épuisé) . . . . » »

CHERRIER (Ch. de). — Histoire de Charles VIII. 2 vol. in-12 (*Perrin*). 7 fr.

CHÉRUEL (P.-Ad.). — Histoire de France sous le ministère de Mazarin 3 vol. in-8 (*Hachette*). . . . . 22 fr. 50

CHÉRUEL (P.-Ad.) — Histoire de France pendant la minorité de Louis XIV. 4 vol. in-8 (*Ibid.*). . . . . 30 fr.

CHÉRUEL (P.-Ad.). — Saint-Simon considéré comme historien de Louis XIV. In-8 (*Ibid.*) . . . . 7 fr. 50

CLÉMENT (Pierre). — Histoire de Colbert et de son administration. Précédé d'une préface par M. A. Geffroy. 2e édit. 2 vol. in-12 (*Perrin*) . . . . 8 fr.

CLÉMENT (Pierre). — Jacques Cœur et Charles VII. In-12 (*Ibid.*). 4 fr.

COMMYNES (Philippe de). — Mémoires. Nouv. édit. par R. Chantelauze. Gr. in-8 (*Firmin-Didot*) . . . . 20 fr.

COURCY (marquis de). — La Coalition de 1701 contre la France (1700-1715). 2 vol. in-8 (*Plon*) . . . . 16 fr.

COURCY (marquis de). — Renonciation des Bourbons d'Espagne au trône de France. In-18 (*Ibid.*) . . . . 3 fr. 50

COVILLE (Alfred). — Les Cabochiens et l'ordonnance de 1413. In-8 (*Hachette*). . . . . 7 fr. 50

DE CRUE (Francis). — Le Parti des politiques au lendemain de la Saint-Barthélemy. La Molle et Coconat. In-8 (*Plon*). . 8 fr.

DEDOUVRES (l'abbé). — Le Père Joseph polémiste. In-8 (*Alph. Picard*) . . . . 7 fr. 50

DE LA BARRE-DUPARCQ (Ed.). — Histoire de Henri II. In-8 (*Perrin*). 6 fr.

DE LA BARRE-DUPARCQ (Ed.). — Histoire de François II. In-8 (*Canera*) . . . . 6 fr.

DE LA BARRE-DUPARCQ (Ed.). — Histoire de Charles IX. In-8 (*Robert*, à Brest) . . . . 8 fr.

DE LA BARRE-DUPARCQ (Ed.). — Histoire de Henri III. In-8 (*Didier*) . . . . 6 fr.

DELABORDE (Henri-François). — L'Expédition de Charles VIII en Italie. Gr. in-8 (*Firmin-Didot*) . . . . 30 fr.

DUPUY (A.). — Histoire de la réunion de la Bretagne à la France. 2 vol. in-8 (*Hachette*) . . . . 15 fr.

FAGNIEZ (Gustave). — Le P. Joseph et Richelieu (1577-1638). 2 vol. in-8 (*Ibid.*) . . . . 20 fr.

FLAMMERMONT (Jules). — Le Chancelier Maupeou et les Parlements. In-8 (*Picard*) . . . . 7 fr. 50

FORNERON (H.). — Les Ducs de Guise et leur époque. Étude historique sur le XVIe siècle. 2e édit. 2 vol. in-18 (*Plon*). 7 fr.

FOURNIER (Paul). — Le Royaume d'Arles et de Vienne (1138-1378). Etude sur la formation territoriale de la France dans l'est et le sud-est. In-8 (*Alph. Picard*) . . . . 12 fr.

FROISSART (Jehan). — Les Chroniques. Édition abrégée, avec texte rapproché du français moderne, par Mme de Witt, née Guizot Gr. in-8 (*Hachette*) . . . . 15 fr.

GAILLARDIN (Casimir). — Histoire du règne de Louis XIV. 6 vol. in-8 (*Lecoffre*) . . . . 36 fr.

GÉRIN (Ch.). — Les Deux pragmatiques sanctions attribuées à saint Louis (*Ibid.*) . . . . 3 fr.

GÉRIN (Ch.). — Recherches historiques sur l'assemblée du clergé de France en 1682. In-8 (*Ibid.*) . . . . 7 fr. 50

GÉRIN (Ch.). — Louis XIV et le Saint-Siège. 2 vol. in-8 (*Ibid.*). 15 fr.

HANOTAUX (Gabriel). — Histoire du cardinal de Richelieu. T. I. Gr. in-8 (*Firmin-Didot*) . . . . 10 fr.

HOUSSAYE (l'abbé). — M. de Bérulle et les Carmélites de France (1575-1611). In-8 cav. (*Plon*) . . . . 7 fr. 50

HOUSSAYE (l'abbé). — Le P. de Bérulle et l'Oratoire de Jésus (1611-1625). In-8 cav. (*Ibid.*) . . . . 7 fr. 50

HOUSSAYE (l'abbé). — Le Cardinal de Bérulle et le cardinal de Richelieu. In-8 cav. (*Ibid.*) . . . . 7 fr. 50

JACQUETON (Gilbert). — La Politique extérieure de Louise de Savoie (1525-1526). Gr. in-8 (*Bouillon*). . . . . . 13 fr. 50

JOBEZ (Ad.). — La France sous Louis XV. 6 vol. in-8 (*Didier*). 36 fr.

JOBEZ (Ad.). — La France sous Louis XVI. 3 vol. in-8 (*Ibid.*). 18 fr.

JOINVILLE (Jean, sire de). — Histoire de saint Louis. Texte rapproché du français moderne et mis à la portée de tous, par M. Natalis de Wailly. In-12 (*Hachette*) . . . . . 1 fr. 25

LACOMBE (Charles Mercier de). — Henri IV et sa politique. In-12 (*Perrin*) . . . . 3 fr. 50

LA GOURNERIE (de). — François Ier et la Renaissance. In-8 (*Mame*). 3 fr. 35

LAIR (J.). — Louise de La Vallière et la jeunesse de Louis XIV. 2e édit. In-18, avec portr. (*Plon*) . . . . 5 fr.

LAIR (J.). — Nicolas Foucquet, procureur général, surintendant des finances, ministre d'État sous Louis XIV. 2 vol. in-8, avec portr. (*Ibid.*) . . . . 16 fr.

LANGLOIS (Charles-V.). — Le Règne de Philippe le Hardi. In-8 (*Hachette*) . . . . 7 fr. 50

LA ROCHEFOUCAULD. — Mémoires publiés par MM. Gilbert et Gourdault. 3 vol. in-8 et un album (*Ibid.*) . . . . 35 fr.

LECOY DE LA MARCHE (A.). — Les Relations politiques de la France avec le royaume de Majorque (îles Baléares, Roussillon, Montpellier, etc.). 2 vol. in-8 (*Leroux*) . . . . . . 20 fr.

LECOY DE LA MARCHE. — Saint Louis, son gouvernement et sa politique. In-8 (*Mame*) . . . . 2 fr. 50

LECOY DE LA MARCHE (A.). — La France sous saint Louis et sous Philippe le Hardi. In-8, illustré (*May et Motteroz*). . 4 fr.

L'ÉPINOIS (H. de). — La Ligue et les papes. In-8 (*Palmé*). 7 fr. 50

LESPINASSE (René de). — Vie et vertus de saint Louis d'après Guillaume de Nangis et le confesseur de la reine Marguerite. In-12 (*Librairie de la Société bibliographique*) . . . 3 fr.

LOUIS XIV. — Mémoires pour l'instruction du Dauphin, publiés par Ch. Dreyss. 2 vol. in-8 (*Perrin*) . . . . . 15 fr.

LUCE (Siméon). — La France pendant la guerre de Cent ans. 2 vol. in-18 (*Hachette*) . . . . 7 fr.

LUCE (Siméon). — Histoire de la Jacquerie, d'après des documents inédits. Nouv. édit. In-8 (*Champion*). . . . . . . 10 fr.

LUCE (Siméon). — Histoire de Du Guesclin. I. La jeunesse de Du Guesclin. In-12 (*Hachette*) . . . . 3 fr. 50

LUCE (Siméon) — Jeanne d'Arc à Domremy. In-18 (*Ibid.*). 3 fr. 50

LUCHAIRE (Achille). — Histoire des institutions monarchiques de la France sous les premiers Capétiens (987-1180). 2e édit. 2 vol. in-8 (*Alph. Picard*) . . . . 15 fr.

LUCHAIRE (Achille). — Manuel des institutions françaises. Période des Capétiens directs. In-8 (*Hachette*) . . . . 15 fr.

LUCHAIRE (Achille). — Les Communes françaises à l'époque des Capétiens directs. In-8 (*Ibid.*) . . . . 7 fr. 50

LUCHAIRE (Achille). — Louis VI le Gros. Annales de sa vie et de son règne. 1081-1137. In-8 (*Alph. Picard*). . . . 15 fr.

MALLESON. — Histoire des Français dans l'Inde, depuis la fondation de Pondichéry jusqu'à la prise de cette ville (1674-1781). In-8 (*Librairie de la Société bibliographique*). 7 fr. 50

MARCHAND (l'abbé Ch.). — Le Maréchal François de Scépeaux de Vieilleville et ses Mémoires. In-8 (*Alph. Picard*). . 7 fr. 50

MAULDE LA CLAVIÈRE (R. de). — Histoire de Louis XII. T. I à III. 3 vol. in-8 (*Leroux*). Le vol. . . . . 8 fr.

MEAUX (vicomte de). — Les Luttes religieuses en France au XVIe siècle. In-8 (*Perrin*) . . . . 7 fr. 50

MEAUX (vicomte de). — La Réforme et la politique française en Europe jusqu'à la paix de Westphalie. 2 vol. in-8 (*Ibid.*). 15 fr.

MIGNET. — Rivalité de François Ier et de Charles-Quint. 2 vol. in-12 (*Ibid.*). . . . . 8 fr.

MONTLUC (Blaise de). — Commentaires. 4 vol. in-12 (*Hachette*). 8 fr.

MONTLUC (Blaise de). — La Guerre d'Italie Texte établi par Alfred Baudrillart. In-12 (*Librairie de la Société bibliographique*) . . . . 3 fr.

MOÜY (comte Charles de). — Louis XIV et le Saint-Siège. L'ambassade du duc de Créqui (1662-1665). 2 vol. in-8 (*Hachette*). 15 fr.

NETTEMENT. — Suger et son temps. In-8 (*Lecoffre*). . 5 fr. 50

NOAILLES (marquis de). — Henri de Valois et la Pologne. 2 vol. in-8 (*Calmann-Lévy*) . . . . 15 fr.

NOAILLES (le duc de). — Histoire de Mme de Maintenon et des principaux événements du règne de Louis XIV. 4 vol. gr. in-8 (*Lacroix et Baudry*) (épuisé) . . . . » »

PÉLICIER. — Essai sur le gouvernement de la dame de Beaujeu. In-8 (*Alph. Picard*) . . . . 7 fr. 50

PEREY (Lucien). — Le Roman du Grand Roi : Louis XIV et Marie Mancini. 3e édit. In-8 (*Calmann-Lévy*) . . . 7 fr. 50

PETIT (Ernest). — Histoire des ducs de Bourgogne de la race capétienne (en cours de publication). In-8 (*Lechevalier*). 5 vol. parus. Net . . . . 75 fr.

PETIT-DUTAILLIS (Ch.). — Étude sur la vie et le règne de Louis VIII (1187-1226). Gr. in-8 (*Bouillon*) . . . . 16 fr.

PFISTER. — Études sur le règne de Robert le Pieux (996-1031). Gr. in-8 (*Ibid.*) . . . . 15 fr.

PINGAUD (Léonce). — Choiseul-Gouffier. La France en Orient sous Louis XV. 2e éd. In-8 (*Alph. Picard*). . . . . . 5 fr.

Poirson (A.). — Histoire du règne de Henri IV. Nouv. édit. 3 vol. in-12 (*Perrin*) . . . . 10 fr. 50

*Ranke (Leop. von). — Histoire de France, principalement pendant le xvie et le xviie siècle. Trad. Porchat, continuée par C. Miot. 6 vol. in-8 (*Klincksieck*). . . . . 30 fr.

Renée (Amédée). — Louis XVI et sa cour. 2e édit. In-8 (*Firmin-Didot*) . . . . 6 fr.

Renée (Amédée). — Les Nièces de Mazarin, tableau de la société au xviie siècle. 3e édit. In-8 (*Ibid.*). . . . . . . 6 fr.

Richou (Gabriel). — La Chronique de messire Bertrand du Guesclin (*Librairie de la Société bibliographique*). . . . 3 fr.

Roman (J.). — Histoire du chevalier Bayard, d'après le Loyal Serviteur et d'autres auteurs contemporains. In-12 (*Ibid.*). 3 fr.

Rousset (Camille). — Histoire de Louvois et de son administration, etc. 4 vol. in-12 (*Perrin*) . . . . 14 fr.

Ruble (baron Alph. de). — Antoine de Bourbon et Jeanne d'Albret. 4 vol. in-8 (*E. Paul et Guillemin*) . . . . 32 fr.

Ruble (baron Alph. de). — Le Mariage de Jeanne d'Albret. In-8 (*Ibid.*) . . . . 7 fr. 50

Ruble (baron Alph. de). — Le Traité de Câteau-Cambrésis. In-8 (*Ibid.*) . . . . 7 fr. 50

Saint-Simon. — Mémoires, nouv. édit., collationnée sur le manuscrit autographe et augmentée des additions de Saint-Simon au Journal de Dangeau, et de suites et appendices, par M. de Boislisle. T. I à XII. 12 vol. in-8 (*Hachette*). Chaque vol. 7 fr. 50

Cette édition aura environ 30 volumes.

Segretain. — Sixte-Quint et Henri IV, introduction du protestantisme en France. In-8 (*Gaume*) . . . . 4 fr.

Tamizey de Larroque. — Les Guerres de Louis XIII et la minorité de Louis XIV. Mémoires de J de Chastenet, seigneur de Puységur, publiés et annotés. 2 vol. in-12 (*Librairie de la Société bibliographique*) . . . . 6 fr.

Terrier de Loray (marquis). — Jean de Vienne, amiral de France (1341-1396). Etude historique suivie de documents inédits, pour servir à l'histoire de la marine française au xive siècle. In-8 (*Ibid.*) . . . . 6 fr.

Topin (Marius). — Louis XIII et Richelieu. In-8 (*Perrin*). 7 fr. 50

Topin (Marius). — L'Homme au masque de fer. In-12 (*Ibid.*). 3 fr. 50

Valfrey (J.). — La Diplomatie française au xviie siècle. Hugues de Lionne, ses ambassades en Italie, 1642-1656, d'après sa correspondance. 2 vol. in-8 (*Ibid.*) . . . . 15 fr.

Vallée (Oscar de). — Le Duc d'Orléans et le chancelier d'Aguesseau : études morales et politiques. In-8 (*Calmann-Lévy*). 7 fr 50

VALOIS (Noël). — La France et le grand schisme d'Occident. T. I et II. 2 vol. gr. in-8 (*Alph. Picard*) . . . . . 15 fr.

VANDAL (Albert). — Louis XV et Élisabeth de Russie. In-8 (*Plon*) . . . . 8 fr.

VOGÜÉ (marquis de). — Villars, d'après sa correspondance et des documents inédits. 2 vol. in-8, acc. de portraits, gravures et cartes (*Ibid.*) . . . . 16 fr.

VOLTAIRE. — Siècle de Louis XIV. Ed. Lefèvre. In-8 (*Firmin-Didot*). . . . . 3 fr.

VOLTAIRE. — Siècle de Louis XIV suivi de la liste raisonnée des hommes les plus remarquables de l'époque : éd. Ch. Louandre. In-12 (*Charpentier*) . . . . 3 fr. 50

WALLON (H.). — Saint Louis. 2 vol. (*Hachette*) . . . . 15 fr.
Nouv. édit. In-4 (*Mame*) . . . . 15 fr.

WALLON (H.). — Jeanne d'Arc. 2 vol. in-12 (*Hachette*) . 7 fr.

WIESENER (Louis). — Le Régent, l'abbé Dubois et les Anglais. 2 vol. in-8 (*Ibid.*). . . . . 15 fr.

ZELLER (Berthold). — La Minorité de Louis XIII, Marie de Médicis et Sully (1610-1617). In-8 (*Ibid.*). . . . . . 7 fr. 50

ZELLER (Berthold). — Henri IV et Marie de Médicis. In-8 (*Ibid.*). 7 fr. 50

ZELLER (Berthold). — Le Connétable de Luynes. In-8 (*Ibid.*). 7 fr. 50

ZELLER (Berthold). — Richelieu et les ministres de Louis XIII de 1621 à 1624. In-8 (*Ibid.*) . . . . 7 fr. 50

IV. — *De la Révolution de 1789 à nos jours.*

AURELLE DE PALADINE (général). — La Première armée de la Loire. In-8, avec atlas (*Plon*) (épuisé). . . . . . . » »
Le même ouvrage, 4e édit. In-18 j. (*Ibid.*) . . . . 4 fr.

BARANTE (baron de). — Souvenirs, publiés par son petit-fils. 5 vol. in-8 (*Calmann-Lévy*). . . . . 37 fr. 50

BAZANCOURT (de). — La Campagne d'Italie en 1859. 2 vol. in-8 (*Amyot*) (épuisé) . . . . » »

BAZANCOURT (de). — Les Expéditions de Chine et de Cochinchine. 2 vol. in-8 (*Ibid.*) (épuisé) . . . . » »

BEAUCHESNE (A. de). — Louis XVII, sa vie, son agonie, sa mort. Captivité de la famille royale au Temple. 16e édit. 2 vol. in-18 (*Plon*) . . . . 10 fr.

BEAUCHESNE (A. de). — La vie de Madame Élisabeth de France, sœur de Louis XVI. 2 vol. in-18 (*Ibid.*). . . . . . 10 fr.

Beaucourt (marquis de). — Captivité et derniers moments de Louis XVI. 2 vol. in-8 (*A. Picard*) . . . . 20 fr.

Berriat-Saint-Prix. — La Justice révolutionnaire. In-8 (*Calmann-Lévy*). . . . . 7 fr. 50

Biré (Edmond). — Légendes révolutionnaires. In-8 (*Champion*). 7 fr. 50

Boiteau (Paul). — État de la France en 1789. 2e édit. In-8 (*Guillaumin*) . . . . 10 fr.

Bonneville de Marsangy. — Le Chevalier de Vergennes. Son ambassade à Constantinople. 2 vol. in-8 (*Plon*) . . . 15 fr.

Bossard (l'abbé Eug.). — Légende de Cathelineau (13 mars-14 juillet 1793). In-8 (*Lamulle et Poisson*) . . . . . 5 fr.

Broc (vicomte de). — La France pendant la Révolution. 2 vol. in-8 (*Plon*). . . . . 15 fr.

Broc (vicomte de). — La Vie en France sous le premier Empire. In-8 (*Ibid.*) . . . . 7 fr. 50

Broc (vicomte de). — Un Évêque de l'Ancien régime sous la Révolution : Mgr de Maillé-la-Tour-Landry. In-8 (*Lamulle et Poisson*) . . . . 5 fr.

Broglie (duc Albert de). — Le Concordat. In-18 j. (*Calmann-Lévy*) . . . . 3 fr. 50

Broglie (duc Victor de). — Souvenirs. 4 vol. in-8 (*Ibid.*). 30 fr.

Cadoudal (G. de). — Georges Cadoudal et la Chouannerie. In-8 (*Plon*). . . . . 8 fr.

Calmon (A.). — Histoire parlementaire des finances de la Restauration. 2 vol. in-8 (*Calmann-Lévy*) . . . . . . 15 fr.

Campardon (Émile). — Marie-Antoinette et le procès du collier. In-8 (*Plon*) . . . . 8 fr.

Campardon. — Marie-Antoinette à la Conciergerie. In-12 (*Gay*) (épuisé) . . . . » »

Campardon (Émile). — Le Tribunal révolutionnaire de Paris. 2 vol. in-8 (*Plon*). . . . . 16 fr.

Chantelauze (R.). — Louis XVII, son enfance, sa prison, sa mort au Temple. Nouv. édit. In-12 (*Firmin-Didot*). 3 fr. 50

Chanzy (le général). — La Deuxième armée de la Loire. Campagne de 1870-1871. 7e édit. In-8, avec atlas (*Plon*) (épuisé).
Le même ouvrage. 10e édit. (*Ibid.*) . . . . 4 fr.

Chateaubriand. — Mémoires d'outre-tombe. Nouv. édit. 6 vol. in-8 (*Garnier*) . . . . 36 fr.

Chesnelong (Ch.). — Un Témoignage sur un point d'histoire : la campagne monarchique d'octobre 1873. In-8 (*Plon*). 7 fr. 50

Chuquet (Arthur). — Les Guerres de la Révolution. Vol. in-18 (*Cerf*). Le volume (8 vol. ont paru) . . . . 3 fr. 50

Cléry. — Mémoire ou journal de tout ce qui s'est passé au

Temple pendant la captivité de Louis XVI, suivi des dernières heures de Louis XVI par l'abbé Edgeworth de Firmont ; du récit des événements arrivés au Temple depuis le 13 avril 1792 jusqu'à la mort du Dauphin Louis XVII, par la duchesse d'Angoulême. In-18 jésus (*Firmin-Didot*) . . . . 3 fr.

CRÉTINEAU-JOLY (J.) et J.-E.-B. DROCHON. — Histoire de la Vendée militaire ; par J. Crétineau-Joly. Nouv. édit., annotée et augmentée d'un 5e volume par le R. P. Jean-Emmanuel-B. Drochon, des Augustins de l'Assomption. T. I et II. 2 vol. in-8, avec grav., portraits et carte en coul. (*Maison de la Bonne Presse*). Le vol., net . . . . 6 fr.

CRÉTINEAU-JOLY (J.). — Bonaparte, le concordat de 1801 et le cardinal Consalvi. In-8 (*Plon*) (épuisé) . . . . . . » »

DARESTE (C.). — Histoire de la Restauration. 2 vol. in-8 (*Ibid.*). 15 fr.

DAUBAN (C.-A.). — La Démagogie en 1793, à Paris, ou histoire jour par jour de l'année 1793, accompagnée de documents contemporains rares ou inédits. In-8 cav., avec grav. (*Ibid.*). 8 fr.

DAUBAN (C.-A.). — Paris en 1794 et en 1795. Histoire de la rue, du club, de la famine, composée d'après des documents inédits, avec une introduction. In-8 cav., avec grav. (*Ibid.*) . . 8 fr.

DAUBAN (C.-A.). — Les Prisons de Paris sous la Révolution, d'après les relations des contemporains, avec des notes et une introduction. In-8 cav., avec grav. (*Ibid.*) . . . . . 8 fr.

DELARC (l'abbé). — L'Église de Paris pendant la Révolution française. In-8 (en cours de publication ; l'ouvrage aura 3 vol.) (*Desclée*). . . . . 18 fr.

DENIAU (l'abbé). — Histoire de la Vendée. 6 vol. in-8 (*Champion*). 30 fr.

DU CAMP (Maxime). — Les Convulsions de Paris. 4 vol. in-12 (*Hachette*) . . . . 14 fr.

DUCROT (le général). — La journée de Sedan. 6e édit. augm. des ordres de mouvements de l'état-major allemand et de 3 cartes. Gr. in-8 (*Dentu*) . . . . 2 fr.

DUCROT (le général). — La Défense de Paris (1870-1871). 4 vol., avec cartes (*Ibid.*) . . . . 40 fr.

DUQUESNOY (Adrien). — Journal (3 mai 1789-3 avril 1790) publié par R. de Crèvecœur. 2 vol. in-8 (*Alph. Picard*) . . 20 fr.

DURAS (duchesse de), née Noailles. — Journal des prisons de mon père, de ma mère et des miennes. In-8 ou in-18, orné d'un portrait (*Plon*). . . . . 7 fr. 50 et 3 fr. 50

DUSSIEUX (L.). — Histoire de la guerre de 1870-1871. 2 vol. in-12 (*Lecoffre*). . . . . 4 fr.

DUVERGIER DE HAURANNE. — Histoire du gouvernement parlementaire en France. 10 vol. in-8 (*Calmann-Lévy*) . . 75 fr.

Écherolles (Alexandrine des). — Une famille noble sous la Terreur. In-8 ou in-18 (*Plon*) . . . . . . 7 fr. 50 et 4 fr.

Falloux (comte de). — Louis XVI. In-12 (*Retaux*) . 3 fr. 50

Falloux (comte de). — Mémoires d'un royaliste. 2 vol. in-8 (*Perrin*) . . . . 15 fr.

*Feuillet de Conches. — Louis XVI, Marie-Antoinette et Madame Elisabeth. Lettres et documents inédits. 6 vol. gr. in-8, ornés de portraits et d'autographes (*Plon*). . . . . 48 fr.

Feuillet de Conches. — Correspondance de Madame Élisabeth de France, sœur de Louis XVI, publiée sur les originaux autographes In-8 cav., enrichi d'un portrait et de fac-similés d'autographes (*Ibid.*). . . . . 8 fr.

Fezensac (le général de). — Souvenirs militaires de 1804 à 1814. In-12 (*Baudoin*) . . . . 3 fr. 50

Forneron (H.). — Histoire générale des Émigrés pendant la Révolution française. 2 vol. in-8 (*Plon*) (épuisé). . . » »

Forneron (H.). — Le même ouvrage. 4e édit. 2 vol. in-16 (*Ibid.*). 8 fr.

Forneron (H.). — Tome III. Les Émigrés et la société française sous Napoléon Ier, avec une introduction par M. Le Trésor de La Rocque. In-8 (*Ibid*). . . . . 7 fr. 50

Fournel (Victor). — L'Événement de Varennes. In-8 (*Champion*). 10 fr.

Gabourd (A.). — Histoire de la Révolution et de l'Empire. 2e édit. 10 vol in-8 (*Lecoffre*) . . . . 40 fr.

Gaillard (L. de). — L'Expédition de Rome en 1849. In-8 (*Ibid*). 4 fr.

Geoffroy de Grandmaison (Ch.). — La Congrégation (1801-1830). 2e édit. In-8 (*Plon*) . . . . 7 fr. 50

Gomel (Ch.). — Les Causes financières de la Révolution I. Les ministères de Turgot et de Necker. II. Les derniers contrôleurs généraux. 2 vol. in-8 (*Guillaumin*) . . . . . 16 fr.

Granier de Cassagnac. — Histoire des causes de la Révolution française. 2e édit. 4 vol. in-8 (*Ibid.*) . . . . 24 fr.

Granier de Cassagnac. — Histoire de la chute du roi Louis-Philippe et de la République de 1848 jusqu'au rétablissement de l'Empire (1847-1855). 2 vol. in-8 (*Ibid.*) . . . . . 12 fr.

Guizot. — Mémoires pour servir à l'histoire de mon temps. 8 vol. in-8 (*Calmann-Lévy*) . . . . 60 fr.

Guizot. — Histoire parlementaire de France. 5 vol. in-8 (*Ibid.*). 37 fr. 50

Héricault (Ch. d') et Bord (Gustave). — Documents pour servir à l'histoire de la Révolution française, publiés, avec de nombreuses planches. 2 vol. in-8 raisin (*Retaux*). Net . . 16 fr.

Héricault (Ch. d'). — La France révolutionnaire. In-4 (*Perrin*). 12 fr.

Héricault (Ch. d'). — La Révolution de thermidor. In-12 (*Ibid.*). 4 fr.

Houssaye (Henry). — 1814. In-12 (*Ibid.*) . . . . . . 3 fr. 50

Houssaye (Henry). — 1815. In-12 (*Ibid.*). . . . . . . 3 fr. 50

Hue (François). — Dernières années du règne et de la vie de Louis XVI. 3e édit., revue sur les papiers laissés à l'auteur, précédée d'une notice sur M. Hue, par M. René du Mesnil de Maricourt, son petit-gendre, et d'un Avant-propos par M. Henri de l'Epinois. In-8 (*Plon*) . . . . 6 fr.

Hyde de Neuville. — Mémoires et souvenirs. 3 vol. in-8 (*Ibid.*). 22 fr. 50

Joinville (prince de). — Vieux souvenirs. 1818-1848. 2e édit. In-18 (*Calmann-Lévy*) . . . . 3 fr. 50

La Bouëre (comtesse de). — Souvenirs de la comtesse de la Bouëre. La Guerre de Vendée (1793-1796). Mémoires inédits publiés par Mme la comtesse de La Bouëre, belle-fille de l'auteur. In-8 (*Plon*). . . . . 7 fr. 50

La Bouëre (comtesse de). — Mémoires inédits de B. Poirier de Beauvais, commandant général de l'artillerie des armées de la Vendée. In-8 (*Ibid.*) . . . . 7 fr. 50

La Gorce (Pierre de). — Histoire du second empire. T. I et II. 2 vol. in-8 (*Ibid.*) . . . . 16 fr.

La Gorce (Pierre de). — Histoire de la seconde République française. 2 vol. in-8 (*Ibid.*) . . . . 16 fr.

Lallié (Alfred). — Études sur la Terreur. Les Noyades de Nantes. 2e édit. In-8 (*Libaros*, à Nantes). . . . . . . 2 fr.

Lambert (l'abbé). — Mémoires de famille. Publiés par G. de Beauséjour. In-8 (*Alph. Picard*) . . . . 10 fr.

Lamy (E.). — Études sur le second Empire. In-8 (*Calmann-Lévy*). 7 fr. 50

Lanzac de Laborie (L. de). — La Domination française en Belgique. 1795-1814. 2 vol. gr. in-8 (*Plon*) . . . . . 16 fr.

La Rochejaquelein. — Mémoires de la marquise de la Rochejaquelein 2 vol. in-12 (*Dentu*) (épuisé) . . . . » »

La Rochejaquelein. — Mémoires de la marquise de la Rochejaquelein. Édit. originale publiée sur son manuscrit autographe par son petit-fils. Gr. in-8 soleil, annoté de 340 notices biographiques. Hors texte : 2 eaux-fortes de Lalauze et O. de Rochebrune; 7 héliogravures de Dujardin, et 2 cartes spécialement dressées pour l'ouvrage (*Plon*) . . . . 20 fr.

La Rocheterie (Maxime de). — Histoire de Marie-Antoinette. 2e édit. 2 vol. in-12 (*Perrin*). . . . . 8 fr.

La Sicotière (L. de). — Louis de Frotté et les insurrections

normandes (1793-1832). 3 vol. in-8, acc. de portraits, de fac-similés et d'une carte spéciale de la Normandie imprimée en couleurs (*Plon*) . . . . 20 fr.

LAVERGNE (Léonce de). — Les Assemblées provinciales sous Louis XVI. 2e édit. In-18 (*Calmann-Lévy*) . . . . 3 fr. 50

LUÇAY (comte de). — Les Assemblées provinciales sous Louis XVI et les divisions administratives en 1789. Gr. in-8 (*Librairie de la Société bibliographique*) (épuisé) . . . . » »

MACDONALD (maréchal) — Souvenirs. Avec une introduction par Camille Rousset. In-8 (*Plon*). . . . . 7 fr. 50

MALOUET. — Mémoires de Malouet, publiés par son petit-fils le baron Malouet. 2e édit., augm de lettres inédites. 2 vol. in-8 cav. (*Ibid.*) . . . . 16 fr.

MARBOT. — Mémoires du général baron de Marbot. 37e édit. 3 vol. in-8 (*Ibid.*) . . . . 22 fr. 50

MARCELLUS (comte de). — Souvenirs diplomatiques. Correspondance intime de M. le vicomte de Chateaubriand. In-8 (*Calmann-Lévy*) . . . . 5 fr.

MARIE-ANTOINETTE. — Recueil des lettres authentiques de Marie-Antoinette, publié par Maxime de la Rocheterie et le marquis de Beaucourt. 2 vol. in-8 (*Alph. Picard*) . . . . . 20 fr.

MARIE-THÉRÈSE-CHARLOTTE DE FRANCE. — Mémoire sur la captivité des princes et princesses ses parents, depuis le 10 août 1792 jusqu'à la mort de son frère arrivée le 9 juin 1795. Publié sur le manuscrit autographe appartenant à Mme la duchesse de Madrid. In-8 (*Plon*). Net . . . . 10 fr.

MASSON (Fréd.). — Le Département des affaires étrangères pendant la Révolution (1789-1804). In-8 (*Ibid.*) . . . 10 fr.

MASSON (Fréd.). — Napoléon chez lui. In-8 (*Dentu*) . 7 fr. 50

MAZADE (Ch. de). — La Guerre de France (1870-1871). In-8 (*Plon*) (épuisé) . . . . » »

MEAUX (vicomte de). — La Révolution et l'empire (1789-1815). In-12 (*Perrin*). . . . . 3 fr. 50

MELUN (vicomte de). — Mémoires, revus et mis en ordre par le comte Le Camus. 3 vol. in-8 (*Oudin*) . . . . 10 fr. 50

MÉRIC (l'abbé) — Histoire de M. Émery et de l'Église de France pendant la Révolution et l'Empire (1800-1811). 2 vol. in-12 (*Poussielgue*) . . . . 5 fr.

MOLTKE (comte de). — La Guerre de 1870. Édit. française par E. Jaeglé. In-8 (*Le Soudier*) . . . . 10 fr.

MORTIMER-TERNAUX. — Histoire de la Terreur. 1792-1794. 8 vol. in-8 (*Calmann-Lévy*) . . . . 48 fr.

MOULIN (Michelot). — Mémoires sur la chouannerie normande, publiés par le vicomte L. Rioult de Neuville. In-8 (*Alph. Picard*). . . . . 10 fr.

NETTEMENT (Alfred). — Histoire de la Restauration. 8 vol. in-8 (*Lecoffre*). . . . . 58 fr.

NETTEMENT (Alfred). — Souvenirs de la Restauration. In-12 (*Ibid.*). 2 fr.

NETTEMENT (Alfred). — Histoire de la prise d'Alger et de la conquête de l'Algérie. 2 vol. in-12 (*Ibid.*) . . . . . 6 fr.

NOLHAC (Pierre de). — La Reine Marie-Antoinette. In-4, avec magn. illust. (*Boussod et Valadon*) . . . . 60 fr.
Le même ouvrage. Nouv. édit. Gr. in-18 (*Lemerre*). 3 fr. 50

NORMANDY (marquis de). — Une année de révolution, d'après un journal tenu à Paris en 1848, trad. de l'anglais. 2 vol. in-8 (*Plon*) (épuisé). . . . . » »

NOUVION (Victor de). — Histoire de Louis-Philippe Ier, roi des Français. 1830-1848. 4 vol. in-8 (*Perrin*). . . . . . 24 fr.

PAROY (comte de). — Mémoires. Souvenirs d'un défenseur de la famille royale pendant la Révolution (1789-1797), publiés par E. Charavay. In-8 (*Plon*) . . . . 7 fr. 50

PASQUIER. — Histoire de mon temps Mémoires du chancelier Pasquier, publiés par M. le duc d'Audiffret-Pasquier. 5e édit. 6 vol. in-8 (*Ibid.*) . . . . 48 fr.

Première partie : Révolution — Consulat — Empire.
Deuxième partie : Restauration.

PÈNE (Henri de). — Henri de France. In-4, avec illustr. (*Oudin*). 15 fr.

PEYRE (Roger). — Napoléon Ier et son temps. In-4 (*Firmin-Didot*). 30 fr.

PIERRE (Victor). — Le 18 fructidor. In-8 (*Alph. Picard*). 10 fr.

PIERRE (Victor). — La Terreur sous le Directoire. Histoire de la persécution politique et religieuse après le coup d'Etat du 18 fructidor (4 septembre 1797). Gr. in-8 (*Retaux*) . 7 fr. 50

PIERRE (Victor). — Histoire de la république de 1848. 2 vol. in-8 (*Plon*). . . . . 16 fr.

PINGAUD (Léonce). — Correspondance inédite du comte d'Artois pendant l'émigration (1789-1815), publiée avec introd., notes et appendices. 2 vol. in-8 (*Ibid.*). . . . . 15 fr.

PINGAUD (Léonce). — Un agent secret sous la Révolution et l'Empire. Le Comte d'Antraigues. 2e édit., revue et augm. In-18 (*Ibid.*) . . . . 4 fr.

PONCINS (Léon de). — Les Cahiers de 1789, ou les Vrais principes libéraux. 2e édit. In-8 (*Alph. Picard*) . . . . . . 7 fr. 50

POUJOULAT. — Histoire de la Révolution française. 2 vol. in-8 (*Mame*, à Tours). . . . . 5 fr.

POUJOULAT. — Histoire de France depuis 1814 jusqu'à nos jours. 4 vol. in-8 (*Poussielgue*) . . . . 24 fr.

PUYMAIGRE (comte Alexandre de). — Souvenirs sur l'Émigration,

l'Empire et la Restauration, publiés par le fils de l'auteur. In-8 (*Plon*) . . . . 7 fr. 50

Quatrebarbe (comte de). — Une paroisse vendéenne sous la Terreur. In-18 (*Lecoffre*) . . . . 2 fr.

Raigecourt (Mis et Mise de). — Correspondance avec le marquis et la marquise de Bombelles pendant l'émigration, 1790-1800. Publiée par M. de la Rocheterie. In-8 (*Alph. Picard*). 10 fr.

Rastoul (A.). — Histoire de France, depuis la révolution de juillet jusqu'à nos jours. 2 vol. in-8 (*Delhomme et Briguet*). 10 fr.

Rochechouart (comte de). — Souvenirs sur la Révolution, l'Empire et la Restauration, publiés par son fils. 2e édit. In-8 (*Plon*). 7 fr. 50

Rothan (G.). — Les Origines de la guerre de 1870. La politique française en 1866-1869. In-8 ou in-18 j. (*Calmann-Lévy*). 7 fr. 50 et 3 fr. 50

Rothan (G.). — La France et sa politique extérieure en 1867. 2 vol. in-8 ou in-18 j. (*Ibid.*) . . . . 15 fr. et 7 fr.

Rousset (Camille). — Les Volontaires (1791-1794). In-12 (*Perrin*). 3 fr. 50

Rousset (Camille). — La Grande armée de 1813. In-12 (*Ibid.*). 3 fr. 50

Rousset (Camille). — La Conquête d'Alger. In-8 (*Plon*). 6 fr.

Rousset (Camille). — Les Commencements d'une conquête. L'Algérie de 1830 à 1840. 2 vol. in-8, avec atlas spécial (*Ibid.*). 20 fr.

Rousset (Camille). — La Conquête de l'Algérie (1841-1857). 2 vol. in-8, avec atlas spécial (*Ibid.*) . . . . 20 fr.

Rousset (Camille). — Un ministre de la Restauration : le marquis de Clermont-Tonnerre. In-8 (*Ibid.*) . . . . 7 fr. 50

Rousset (Camille). — La Guerre de Crimée. 2 vol. in-12 avec atlas (*Hachette*) . . . . 14 fr. 50

Rousset (commandant). — La Seconde campagne de France. Histoire générale de la guerre franco-allemande. 6 vol. in-8 (*Librairie illustrée*). Le vol. . . . . 7 fr. 50

Sciout (Ludovic). — Histoire de la constitution civile du clergé. 4 vol. in-8 (*Firmin-Didot*) . . . . 32 fr.

Sciout (Ludovic). — Le Directoire. T. I et II. 2 vol. in-8 (*Ibid.*). L'ouvrage aura 4 vol. Le vol. . . . . 8 fr.

Semichon. — Les Réformes sous Louis XVI. Assemblées provinciales et parlements. In-8 (*Perrin*) . . . . 7 fr. 50

Sepet (Marius). — Préliminaires de la Révolution. In-18 j. (*Retaux*) . . . . 3 fr. 50

Sepet (Marius). — La Chute de l'ancienne France. Les débuts de la Révolution. In-18 j. (*Ibid.*) . . . . 3 fr. 50

SEPET (Marius). — La Chute de l'ancienne France. La Fédération. In-18 j. (*Ibid.*) . . . . 3 fr. 50

SEPET (Marius). — Napoléon, son caractère, son génie, son rôle historique. In-12 (*Perrin*) . . . . 2 fr. 50

SOREL (Albert). — L'Europe et la Révolution française. 3e édit. 4 vol. in-8 (*Plon*) . . . . 32 fr.

Première partie : Les Mœurs politiques et les traditions.
Deuxième partie : La Chute de la royauté.
Troisième partie : La Guerre aux rois.
Quatrième partie : Les Limites naturelles.

SOREL (Albert). — Histoire diplomatique de la guerre franco-allemande. 2 vol. in-8 cav. (*Ibid.*) . . . . 32 fr.

SOREL (Alex.) — Le Couvent des Carmes et le séminaire de Saint-Sulpice pendant la Terreur. In-12 (*Perrin*) (épuisé) . » »

TAINE (H.). — Les Origines de la France contemporaine. 6 vol. in-8 (*Hachette*). . . . . 45 fr.

En vente séparément à 7 fr. 50.

1re partie : L'Ancien régime, 19e édit. 1 vol.
2e partie : La Révolution, 3 vol. T. I. L'Anarchie. 17e édit. 1 vol. — T. II. La Conquête jacobine. 15e édit. 1 vol. — T. III. Le Gouvernement révolutionnaire. 13e édit. 1 vol.
3e partie : Le Régime moderne, 2 vol. T. I. Napoléon Bonaparte, 8e édit. 1 vol. — T. II. L'Eglise. L'Ecole. 3e édit. 1 vol.

TALLEYRAND (prince de). — Mémoires, publiés par le duc de Broglie. 5 vol. in-8 (*Calmann-Lévy*) . . . . . . 37 fr. 50

THIÉBAULT (général baron). — Mémoires. 5 vol. in-8 (*Plon*). 37 fr. 50

THIERS. — Histoire du Consulat et de l'Empire. Édit. illustrée. 21 vol. in-8 (*Jouvet*) . . . . 125 fr.

THOUVENEL (L.). — Le Secret de l'empereur. 2 vol. in-8 (*Calmann-Lévy*) . . . . 15 fr.

THUREAU-DANGIN (Paul). — L'Église et l'État sous la monarchie de juillet. In-18 (*Plon*) . . . . 4 fr.

THUREAU-DANGIN (Paul). — Histoire de la monarchie de juillet. 2e édit. revue et augmentée. 7 vol. in-8 cav. (*Ibid.*) . . 56 fr.

TOCQUEVILLE (Alexis de). — L'Ancien régime et la Révolution. In-8 (*Calmann-Lévy*) . . . . 6 fr.

TOCQUEVILLE (Alexis de). — Souvenirs. Publiés par le comte de Tocqueville. In-8 (*Ibid.*) . . . . 7 fr. 50

TOURZEL. — Mémoires de Mme la duchesse de Tourzel, gouvernante des Enfants de France pendant les années 1789, 1790, 1791, 1792, 1793, 1795, publiés par le duc des Cars. 3e édit. 2 vol. in-8 (*Plon*) . . . . 15 fr.

VALFREY (J.). — Histoire de la diplomatie du gouvernement de la Défense nationale. 3 vol. in-8 (*Amyot*) (épuisé) . . » »

VANDAL (Albert). — Napoléon et Alexandre Ier. L'alliance russe sous le premier Empire. 3e édit. 3 vol. in-8 (*Plon*) . . 24 fr.

Viel-Castel (baron Louis de). — Histoire de la Restauration. 20 vol. in-8 (*Calmann-Lévy*) . . . . 120 fr.

Villèle (comte de). — Mémoires et correspondance. 5 vol. in-8 (*Perrin*) . . . . 37 fr. 50

Wallon (Henri). — La Terreur, études critiques sur l'histoire de la Révolution française. 2 vol. in-12 (*Hachette*) . . . 7 fr.

Wallon (Henri). — Histoire du tribunal révolutionnaire. 6 vol. in-8 (*Ibid.*) . . . . 45 fr.

Wallon (Henri). — Les Représentants du peuple en mission et la justice révolutionnaire dans les départements en l'an II. 5 vol. in-8 (*Ibid.*) . . . . 37 fr. 50

Wallon (Henri). — La Révolution du 31 mai et le fédéralisme en 1793. 2 vol. in-8 (*Ibid.*). . . . . 15 fr.

Welschinger (H.). — Le Duc d'Enghien (1772-1804). In-8 (*Plon*). 8 fr.

Welschinger (H.). — Le Divorce de Napoléon. In-18 (*Ibid.*). 3 fr. 50

Welschinger (H.). — Le Maréchal Ney, 1815. 2e édit. In-8 (*Ibid.*). 8 fr.

V. — *Histoire religieuse, politique, civile et militaire.*

Afanassiev (G.). — Le Commerce des céréales en France au xviiie siècle, trad. P. Boyer. In-8 (*A. Picard*) . . . 12 fr.

Allain (l'abbé). — L'Instruction primaire avant la Révolution. In-8 (*Librairie de la Société bibliographique*) . . . 2 fr.

Allain (l'abbé). — L'Œuvre scolaire de la Révolution (1789-1802). In-8 (*Firmin-Didot*) . . . . 6 fr.

Arbois de Jubainville (H. d'). — Histoire des ducs et des comtes de Champagne, depuis le vie siècle jusqu'en 1181. 6 tomes en 7 in-8 (*Thorin*) . . . . 52 fr. 50

Aubert (F.). — Le Parlement de Paris de Philippe le Bel à Charles VII. In-8 (*Alph. Picard*) . . . . 8 fr.

Aubert (F.). — Histoire du Parlement de Paris. Sa compétence, ses attributions. In-8 (*Ibid.*). . . . . 8 fr.

Aubert (F.). Histoire du Parlement de Paris, de l'origine à François Ier. 2 vol. in-8 (*Ibid.*) . . . . 12 fr.

Aucoc (Léon). — Le Conseil d'État avant et depuis 1789, ses transformations, ses travaux et son personnel. Etude historique et bibliographique. In-8 (*Plon*). . . . . . . 8 fr.

Aumale (duc d'). — Les Institutions militaires de la France. In-8 (*Calmann-Lévy*) . . . . 6 fr.

Babeau (Albert). — La Ville sous l'ancien régime. In-12 (*Perrin*) . . . . 8 fr.

Babeau (Albert). — La Vie rurale dans l'ancienne France. In-12 (*Ibid.*). 4 fr.

Babeau (Albert). — Le Village sous l'ancien régime. In-12 (*Ibid.*) . . . . 3 fr. 50

Babeau (Albert). — L'École de village sous l'ancien régime. In-12 (*Ibid.*) . . . . 3 fr. 50

Babeau (Albert). — La Vie militaire sous l'ancien régime. 2 vol. in-8 (*Firmin-Didot*) . . . . 12 fr.

Babeau (Albert). — La Province sous l'ancien régime. 2 vol. in-8 (*Ibid.*) . . . . 12 fr.

Babeau (Albert). — Les Bourgeois d'autrefois. In-8 (*Ibid.*). 6 fr.

Babeau (Albert). — Les Artisans et les Domestiques d'autrefois. In-8 (*Ibid,*) . . . . 6 fr.

Bardoux (J.). — La Bourgeoisie française. In-8 ou in-18 j. (*Calmann-Lévy*). . . . . 7 fr. 50 et 3 fr. 50

Baudicour (Louis de). — Histoire de la colonisation de l'Algérie. In-18 (*Challamel*) . . . . 7 fr.

Bernard (abbé Eug.). — Origines de l'église de Paris. Établissement du christianisme dans les Gaules. Saint Denys, premier évêque de Paris. In-8 (*Roger et Chernoviz*) . . . . 5 fr.

Bittard des Portes (René). — Histoire des zouaves pontificaux. In-8 (*Bloud et Barral*) . . . . 5 fr.

Bonnassieux (Pierre). — Les Grandes compagnies de commerce. In-8 (*Plon*) . . . . 10 fr.

Bord (Gustave). — Le Pacte de famine, histoire du blé en France. Histoire, légende. Gr. in-8, orné de 4 photograv. (*Retaux*). Net . . . . 12 fr.

Bouchot (Henri). — Mœurs et coutumes de la France. La Famille d'autrefois. In-4, illustré (*Lecène et Oudin*) . 3 fr. 50

Boutaric (Edgar). — Institutions militaires de la France avant les armées permanentes, suivies d'un Aperçu des principaux changements survenus jusqu'à nos jours dans la formation de l'armée. In-8 (*Plon*) . . . . 8 fr.

Brun. — Guerres maritimes de la France. Port de Toulon, ses armements, son administration, depuis son origine jusqu'à nos jours 2 vol. in-8 (*Ibid.*). . . . . 15 fr.

Brutails (Jean-Auguste). — Étude sur la condition des populations rurales du Roussillon au moyen âge. Gr. in-8 (*Alph. Picard*) . . . . 7 fr. 50

Calonne (A. de). — La Vie municipale au xve siècle dans le nord de la France. In-8 (*Perrin*) . . . . 7 fr. 50

Canonge (général). — Histoire militaire contemporaine. 2 vol. in-12 (*Charpentier*) . . . . 7 fr.

Challamel (Augustin). — Histoire de la mode en France. La toilette des femmes. Gr. in-8 relié (*A. Hennuyer*) . . 20 fr.

Chéruel (A.). — Dictionnaire historique des institutions, mœurs et coutumes de la France. Nouvelle édition. 2 vol. in-12 (*Hachette*). . . . . 12 fr.

CHÉRUEL. — Histoire de l'administration monarchique en France depuis l'avènement de Philippe Auguste jusqu'à la mort de Louis XIV. 2 vol. in-8 (épuisé) . . . . » »

CHEVALIER (A.). — Les Frères des écoles chrétiennes et l'enseignement primaire après la Révolution (1797-1830). In-8 (*Poussielgue*) . . . . 6 fr.

CLERVAL (l'abbé A.). — Les Écoles de Chartres au moyen âge. Gr. in-8 (*Alph. Picard*) . . . . 7 fr. 50

DARESTE DE LA CHAVANNE (C.). — Histoire de l'administration en France et des progrès du pouvoir royal, depuis le règne de Philippe Auguste jusqu'à la mort de Louis XIV. 2 vol. in-8 (*Guillaumin*) . . . . 10 fr.

DARESTE DE LA CHAVANNE (C.). — Histoire des classes agricoles en France. In-8 (*Ibid.*) . . . . 7 fr. 50

DELACHENAL (R.). — Histoire des avocats au Parlement de Paris (1300-1600). In-8 (*Plon*). . . . . 8 fr.

DELISLE (Léopold). — Études sur la condition de la classe agricole et de l'état de l'agriculture en Normandie pendant le moyen âge. In-8 (épuisé). . . . . » »

DU BLED (Victor). — La Société française avant et après 1789. In-18 (*Calmann-Lévy*) . . . . 3 fr. 50

DUCHESNE (l'abbé). — Fastes épiscopaux de l'ancienne Gaule. In-8 (en cours de publication) (*Thorin*). Tome Ier . . 12 fr.
L'ouvrage complet formera 3 volumes.

DURUY (Albert). — L'Armée royale en 1789. In-18 j. (*Calmann-Lévy*) . . . . 3 fr. 50

DURUY (Albert). — Études d'histoire militaire. In-18 (*Ibid.*). 3 fr. 50

DUSSIEUX (L.). — L'Armée en France. Histoire et organisation depuis les temps les plus reculés jusqu'à nos jours. 3 vol. in-12 (*Baudoin*) . . . . 10 fr. 50

FAGNIEZ (Gustave). — Études sur l'industrie et la classe industrielle à Paris au XIIIe et au XIVe siècle. In-8 (*Bouillon*). 12 fr.

FEILLET (Alphonse). — La Misère au temps de la Fronde. 4e édit. In-12 (*Perrin*) . . . . 4 fr.

FOURNIER (Paul). — Les Officialités au moyen âge. In-8 (*Plon*). 7 fr. 50

FRANKLIN (Alfred). — La Vie privée d'autrefois. In-16 (en cours de publication) (*Ibid.*). Le vol. (17 vol. parus). . . 3 fr. 50

GASQUET (A.). — Précis des institutions politiques et sociales de l'ancienne France. 2 vol in-18 (*Hachette*) . . . . . 8 fr.

GLASSON (E.). — Histoire du droit et des institutions de la France. In-8 (en cours de publication) (*Pichon*). Le vol. . . 10 fr.
L'ouvrage complet aura environ 8 volumes.

Goncourt (Edmond et Jules de). — Histoire de la société française pendant la Révolution. Gr. in-4 (*Quantin*) . . . 30 fr.

Gougeard. — La Marine de guerre, ses institutions militaires depuis son origine jusqu'à nos jours. Richelieu et Colbert, d'après des documents inédits. In-8 (*Decaux*) . . . . . 6 fr.

Guilhiermoz (Paul). — Enquêtes et procès. Étude sur la procédure et le fonctionnement du parlement au xive siècle. In-4 (*Alph. Picard*) . . . . 20 fr.

Hanauer (l'abbé). — Études économiques sur l'Alsace ancienne et moderne 2 vol. in-8 (*Pedone-Lauriel*) . . . . . 18 fr.

Haussonville (comte d'). — Histoire de la réunion de la Lorraine à la France, avec des notes, pièces justificatives et documents historiques, entièrement inédits. 4 vol. in-12 (*Calmann-Lévy*) . . . . 14 fr.

Héricault (Ch. d') et Moland (Louis). — La France guerrière : récits historiques d'après les chroniques et les mémoires de chaque siècle. Gr. in-8 jésus, illustré (*Garnier*) . . . 20 fr.

Jablonski. — L'armée française à travers les âges. 5 vol. in-12 (*Lavauzelle*) . . . . 25 fr.

Jacqmin. — Les Chemins de fer pendant la guerre de 1870-1871. In-12 (*Hachette*) . . . . 3 fr. 50

Joinville (prince de). — Études sur la marine et récits de guerre. In-8 ou 2 vol. in-18 (*Calmann-Lévy*) . . . 7 fr. 50 et 7 fr.

Jurien de la Gravière (vice-amiral). — Les Marins du xve et du xvie siècle. 2 vol. in-18 (*Plon*) . . . . 8 fr.

Jurien de la Gravière (vice-amiral). — Guerres maritimes sous la République et l'empire, avec les plans des batailles navales du cap de Saint-Vincent d'Aboukir, de Copenhague, de Trafalgar et une carte du Sund, dressés et gravés par A. H. Dufour. 3e édit. très augmentée. 2 vol. in-18 (*Charpentier*). 7 fr.

Jurien de la Gravière (vice-amiral). — La Marine d'aujourd'hui. In-18 (*Hachette*) . . . . 3 fr. 50

Lacroix (Paul). — Mœurs, usages et coutumes au moyen âge et à l'époque de la Renaissance. In-4 (*Firmin-Didot*) . 30 fr.

Lacroix (Paul). — Les Arts au moyen âge et à l'époque de la Renaissance. In-4 (*Ibid.*) . . . . 30 fr.

Lacroix (Paul). — Vie militaire et religieuse au moyen âge et à l'époque de la Renaissance. In-4 (*Ibid.*) . . . . 30 fr.

Lacroix (Paul). — Sciences et lettres au moyen âge et à l'époque de la Renaissance. Ouvrage illustré. In-4 (*Ibid.*) . 30 fr.

Lacroix (Paul). — xviie siècle. Institutions, usages et costumes. France. — Lettres, sciences et arts. France. 2 vol. in-4 (*Ibid.*). 60 fr.

Lacroix (Paul). — xviiie siècle. Institutions, usages et costumes. — Lettres, sciences et arts. France. 2 vol. in-4 (*Ibid.*). 60 fr.

LACROIX (Paul). — Directoire, Consulat et Empire. Mœurs et usages. Lettres, sciences et arts. In-4 (*Ibid.*) . . . . 30 fr.

LASTEYRIE (Jules de). — Histoire de la liberté politique en France. In-8 (*Calmann-Lévy*) . . . . 7 fr. 50

LOIR (Maurice). — La Marine française. Gr. in-8 (*Hachette*). 25 fr.

LOIR (Maurice). — Gloires et souvenirs maritimes. Gr. in-8 (*Ibid.*) . . . . 15 fr.

LUÇAY (comte de). — Les Origines du pouvoir ministériel en France. Les Secrétaires d'Etat. In-8 (*Librairie de la Société bibliographique*) (épuisé) . . . . » »

LUÇAY (comte de). — La Décentralisation de la France. In-8 (*Guillaumin*) . . . . 6 fr.

MAURY (Alfred). — Les Forêts de la Gaule et de l'ancienne France. Aperçu sur leur histoire, leur topographie et la législation qui les a régies. In-8 (*Ladrange*) (épuisé) . . . » »

MURCIER. — La Sépulture chrétienne en France. In-8 (*Vivès*) (épuisé) . . . . » »

ORLÉANS (duc d'). — Campagnes de l'armée d'Afrique, 1835-1839. In-8 (*Calmann-Lévy*) . . . . 7 fr. 50

ORLÉANS (duc d'). — Récits et campagnes. In-8 ou in-18 j. (*Ibid.*). 7 fr. 50 et 3 fr. 50

PICOT (Georges). — Histoire des États généraux. 5 vol. in-12 (*Hachette*) . . . . 17 fr. 50

PIERRE (Victor). — L'École sous la Révolution française. In-12 (*Libr. de la Société bibliographique*). . . . . . . 2 fr.

PIGEONNEAU (H.). — Histoire du commerce de la France. 2 vol. in-8 (*Cerf*) . . . . 15 fr.

PINGAUD (L.). — Les Saulx-Tavannes, études sur l'ancienne société française. In-8 (*Firmin-Didot*). . . . . . . 6 fr.

PIOLIN (le R. P. Dom Paul). — Histoire de l'église du Mans. 6 vol. in-8 (épuisé). . . . . » »

PONCHALON (colonel de). — Souvenirs de guerre, 1870-1871. In-18 j. (*Lavauzelle*). . . . . 3 fr. 50

RAMBAUD (Alfred). — Histoire de la civilisation contemporaine en France. In-12 (*Colin*) . . . . 5 fr.

RAPIN (le R. P.). — Histoire du jansénisme, revue et publiée par l'abbé Domenech. In-8 (*Gaume*). . . . . 5 fr.

RIANCEY (Henri de). — Histoire critique et législative de l'instruction publique et de la liberté d'enseignement en France, 1844. 2 vol. in-8 (*Sagnier et Bray*) (épuisé) . . . . » »

RIBBE (Charles de). — Une Grande dame dans son ménage au

temps de Louis XIV, d'après le journal de la comtesse de Rochefort (1689). 2e édition. In-12 . . . . 3 fr. 50

Rivière (H.-F.). — Histoire des institutions de l'Auvergne, contenant un essai historique sur le droit public et privé dans cette province. 1875, 2 vol. in-8 (*Marescq*) . . . . . 18 fr.

Sicard (l'abbé). — L'Ancien clergé de France. 2 vol. in-8 (*Lecoffre*). . . . . 12 fr.

Sicard (l'abbé). — A la recherche d'une religion civile. In-12 (*Ibid.*). . . . . 2 fr. 50

Stourm (René). — Les Finances de l'ancien régime et de la Révolution. 2 vol. in-8 (*Guillaumin*) . . . . 16 fr.

Suzanne (le général). — Histoire de l'infanterie française. 5 vol. in-12 (*Baudoin*) . . . . 17 fr. 50

Tardif (Jules). — Études sur les institutions de l'ancienne France. In-8, 1re partie (*Alph. Picard*) . . . . . . 6 fr.

Thierry (Augustin). — Essai sur l'histoire de la formation et des progrès du Tiers État en France. 2 vol. in-18 (*Jouvet*). 4 fr.

Tollemer (l'abbé). — Des Origines de la charité catholique. In-8 (*Dupray de la Mahérie*) (épuisé) . . . . » »

Valois (Noël). — Le Conseil du Roi aux xive, xve et xvie siècles. In-8 (*Alph. Picard*) . . . . 8 fr.

Verneuil (le capitaine de). — La France militaire pendant la Révolution. In-8 (*Ibid.*). . . . . 2 fr. 50

Vial (le Cel J.). — Histoire abrégée des campagnes modernes. 2 vol. in-8 avec atlas. 5e édit. (*Ibid.*) . . . . 13 fr.

Vuitry. — Études sur le régime financier de la France avant la Révolution de 1789. 3 vol. in-8 (*Guillaumin*) . . . . 30 fr.

Vuitry. — Le Désordre des finances et les excès de la spéculation à la fin du règne de Louis XIV et au commencement du règne de Louis XV. In-12 (*Calmann-Lévy*) . . . . 3 fr. 50

Histoire étrangère.

Audin (J.-M.). — Histoire de Henri VIII et du schisme d'Angleterre. 4e édit. 2 vol. in-12 (*Retaux*) . . . . 7 fr.

Audin (J.-M.). — Le même ouvrage abrégé. 4e édit. In-12 (*Ibid.*). 3 fr.

Baillon (comte de). — Henriette-Marie de France, reine d'Angleterre, étude historique suivie de ses lettres inédites. In-12 (*Perrin*) . . . . 4 fr.

Balau (l'abbé Sylvain). — Soixante-dix ans d'histoire contemporaine de Belgique (1815-1885). In-8 (Bruxelles, *O. Schyrens*). 4 fr.

Balbo (comte César). — Histoire d'Italie, depuis les origines jusqu'à nos jours, traduite sur le texte de la 2e édition italienne, et continuée jusqu'en 1860, par J. Amigues. 2 vol. in-12 (*Calmann-Lévy*) . . . . 7 fr.

BAUDRILLART (Alfred). — Philippe V et la cour de France. 2 vol. in-8 (*Firmin-Didot*). . . . . 20 fr.

BARBEREY (Mme de). — Élisabeth Seton ou les commencements de l'Eglise catholique aux Etats-Unis. 2 vol. in-18 (*Poussielgue*). 5 fr.

BÉRARD (Victor). — La Turquie et l'hellénisme contemporain. In-12 (*Alcan*) . . . . 3 fr. 50

BEUST (comte de). — Mémoires, avec notes et préface de F. Kohn-Abrest. 2 vol. in-8 (*Westhausser*). . . . . . 15 fr.

BIKÉLAS (D.). — La Grèce byzantine et moderne. In-8 (*Firmin-Didot*). . . . . 7 fr. 50

BONNECHOSE (Charles de). — Montcalm et le Canada français. In-8 (*Hachette*) . . . . 0 fr. 85

BURCKHARDT (J.). — La Civilisation en Italie au temps de la Renaissance. Traduction de M. Schmitt, sur la deuxième édition, annotée par Geiger. 2 vol. in-8 (*Plon*) . . . . 15 fr.

CANTU (César). — Histoire des Italiens, trad. de l'italien par M. Lacombe. 12 vol. in-8 (*Firmin-Didot*) (épuisé) . . » »

CARLIER (Auguste). — La République américaine. États-Unis. 4. vol in-8 (*Guillaumin*) . . . . 36 fr.

CAVAIGNAC (Godefroy). — La Formation de la Prusse contemporaine. Les Origines. Le Ministère de Stein (1806-1808). In-8 (*Hachette*) . . . . 7 fr. 50

CHANTELAUZE (R.). — Marie Stuart, son procès et son exécution, d'après le journal inédit de Bourgoing, son médecin, la correspondance d'Amyas Paulet, son geôlier, et d'autres documents nouveaux. In-8 (*Plon*). . . . . 8 fr.

CHARVÉRIAT (E.). — Histoire de la guerre de Trente ans (1618-1648). 2 vol. in-8 (*Ibid.*) . . . . 18 fr.

CHEVÉ. — Histoire complète de la Pologne. 2 vol. in-12 (*Gautier*). 1 fr.

COSTA DE BEAUREGARD (marquis). — Prologue d'un règne. Les premières années du roi Charles-Albert. In-8 (*Plon*). 7 fr. 50

COSTA DE BEAUREGARD (marquis). — Épilogue d'un règne. Les dernières années du roi Charles-Albert. In-8 (*Ibid.*). 7 fr. 50

COURCY (marquis de) — L'Espagne après la paix d'Utrecht (1713-1715). In-8 (*Ibid.*) . . . . 7 fr. 50

COURCY (marquis de), — L'Empire du milieu. In-8 (*Perrin*). 9 fr.

CRÉTINEAU-JOLY. — Histoire du Sonderbund. 2 vol. in-8 (*Lecoffre*) (épuisé) . . . . » »

DARMESTETER (J.). — Coup d'œil sur l'histoire de la Perse. In-18 (*Leroux*). . . . . 2 fr. 50

DESTOMBES (l'abbé). — La Persécution religieuse en Angleterre sous les successeurs d'Elisabeth 3 vol. in-8 (*Desclée*) . 12 fr.

DOREAU. — Origines du schisme d'Angleterre. Henri VIII et les Martyrs de la Chartreuse de Londres. Avec cartes, plans, héliogravures, fac-similé, etc., par M. Victor-Marie Doreau, prieur de la Chartreuse de Saint-Hugues (Parkminster, Sussex). Gr. in-8 (*Retaux*). . . . . 12 fr.

DOZY. — Essai sur l'histoire de l'islamisme. Trad. Chauvin. In-8 (*Maisonneuve*). . . . . 7 fr. 50

DUSSIEUX. — Le Canada sous la domination française. In 12 (*Lecoffre*). . . . . 2 fr.

DUVIVIER (Charles). — Les Influences française et germanique en Belgique au XIIIe siècle. La Querelle des d'Avesnes et des Dampierre jusqu'à la mort de Jean d'Avesnes (1257). 2 vol. in-8 (*Alph. Picard*) . . . . 20 fr.

FAILLON (l'abbé). — Histoire de la colonie française au Canada. 3 vol. in-8 (*Lecoffre*). . . . . 30 fr.

FORNERON (H.). — Histoire de Philippe II. 3e édit. 4 vol. in-8 (*Plon*). . . . . 30 fr.

FRANQUEVILLE (comte de). — Le Gouvernement et le Parlement britanniques. 3 vol. in-8 (*Rothschild*) . . . . 30 fr.

FRÉDÉRIC II. — Mémoires de Frédéric II, roi de Prusse, écrits en français par lui-même et publiés par MM. Boutaric et Campardon. 2 vol. in-8 (*Plon*). . . . . 16 fr.

GACHARD (M.). — Don Carlos et Philippe II. In-8 (*Calmann-Lévy*) . . . . 7 fr. 50

GACHARD. — Études et notices historiques concernant l'histoire des Pays-Bas. 3 vol. in-8 (Bruxelles, *Hayez*) . . . . 15 fr.

GAFFAREL (Paul). — Histoire de la découverte de l'Amérique depuis les origines jusqu'à la mort de Christophe Colomb 2 vol. in-8 (*Rousseau*) . . . . 18 fr.

GALITZIN (prince Aug.). — La Russie au XVIIIe siècle. Mémoires inédits sur Pierre le Grand, Catherine Ire et Pierre II. In-12 (*Perrin*) . . . . 3 fr. 50

GAULOT (Paul). — La Vérité sur l'expédition du Mexique. 3 vol. in-12 (*Ollendorff*). . . . . 10 fr. 50

GAUTHIER (Jules). — Histoire de Marie Stuart. 3 vol. in-8 (épuisé). » »

GEBHART (Émile). — L'Italie mystique. Histoire de la renaissance religieuse au moyen âge. In-18 (*Hachette*). . . . 3 fr. 50

GOBINEAU (comte de). — Histoire des Perses. 2 vol. in-8 (*Plon*). 16 fr.

GREEN (J.-R.). — Histoire du peuple anglais. Traduite de l'anglais par Auguste Monod, et précédée d'une introduction par Gabriel Monod. 2 vol. in-8 (*Ibid.*) . . . . 16 fr.

GUIZOT. — L'Histoire d'Angleterre, depuis les temps les plus reculés jusqu'à l'avènement de la reine Victoria, racontée à mes petits-enfants, recueillie par Mme de Witt, née Guizot. 200 gravures sur bois. 2 vol. in-8 (*Hachette*) . . . . 45 fr.

GUIZOT. — Histoire de la Révolution d'Angleterre, depuis l'avènement de Charles Ier jusqu'au rétablissement des Stuarts (1625-1660), 6 vol. in-8 ou in-12 (*Perrin*) . . . . 42 et 21 fr.

HAUMANT (Émile). — La Guerre du Nord et la paix d'Oliva, 1655-1660. In-8 (*Colin*) . . . . 7 fr. 50

HIMLY. — Histoire de la formation territoriale des États de l'Europe centrale. Nouvelle édition. 2 vol. in-8 (*Hachette*). 15 fr.

JANNET (Claudio). — Les États-Unis contemporains. 4e édition. 2 vol. in-18 (*Plon*) . . . . 8 fr.

JANSSEN (J.). — L'Allemagne et la Réforme. Tomes I à IV, 4 vol. in-8 (*Ibid.*). Le vol. . . . . 15 fr.

Tome I. L'Allemagne à la fin du moyen âge. Traduit de l'allemand sur la 14e édition, avec une préface de M. G.-A. Heinrich.

Tome II. L'Allemagne depuis le commencement de la guerre politique et religieuse jusqu'à la fin de la révolution sociale (1525). Traduit par E. Paris.

Tome III. L'Allemagne depuis la fin de la révolution sociale jusqu'à la paix d'Augsbourg (1525-1555).

Tome IV. L'Allemagne depuis le traité de paix d'Augsbourg jusqu'à la proclamation du Formulaire de concorde en 1580.

JUSSERAND (Jules). — Les Anglais au moyen âge. La Vie nomade et les routes d'Angleterre au XIVe siècle. In-12 (*Hachette*). 3 fr. 50

KANNENGIESER (A.). — Catholiques allemands. In-12 (*Lethielleux*). 3 fr. 50

KERVYN DE LETTENHOVE — Les Huguenots et les Gueux. 6 vol. in-8 (Bruges, *Beyaert-Storie*) . . . . 45 fr.

KERVYN DE LETTENHOVE (baron). — Marie Stuart; l'œuvre puritaine; le procès; le supplice (1585-1587). 2 vol. in-8 (*Perrin*). 15 fr.

LA JONQUIÈRE (Vte A. de). — Histoire de l'empire ottoman. In-16 (*Hachette*) . . . . 6 fr.

LAVISSE (Ernest). — Essais sur l'Allemagne impériale. In-16 (*Hachette*) . . . . 3 fr. 50

LAVISSE (Ernest). — Études sur l'histoire de Prusse. 3e éd. In-12 (*Ibid.*). . . . . 3 fr. 50

LAVISSE (Ernest). — Le Grand Frédéric avant l'avènement. In-8 (*Ibid.*) . . . . 7 fr. 50

LAVISSE (Ernest). — La Jeunesse du grand Frédéric. In-8 (*Ibid.*). 7 fr. 50

LAVISSE (Ernest). — Trois Empereurs d'Allemagne : Guillaume Ier, Frédéric III, Guillaume II. In-18 (*Colin*) . . . . 3 fr. 50

Lefèvre-Pontalis (A.). — Jean de Witt, grand pensionnaire de Hollande. Vingt années de République parlementaire au xviie siècle. 2 vol. in-8 cav. (*Plon*) . . . . 16 fr.

Leger (Louis). — Russes et Slaves. Études politiques et littéraires In-12 (*Hachette*) . . . . 3 fr. 50

Leger (Louis). — Histoire de l'Autriche-Hongrie. In-16 (*Ibid.*). 5 fr.

Leroy-Beaulieu (Anatole). — L'Empire des tsars et les Russes. 3 vol. in-8 (*Hachette*) . . . . 22 fr. 50

Lescœur (le P.). — L'Église catholique en Pologne sous le gouvernement russe, depuis le premier partage jusqu'à nos jours (1772-1875). 2 vol. in-8 (*Plon*). . . . . 15 fr.

Macaulay. — Histoire de la révolution anglaise, traduite par Emile Montégut. 2 vol. in-18 j. (*Charpentier*). . . . 7 fr.

Mac Carthy. — Histoire contemporaine d'Angleterre, depuis l'avènement de la reine Victoria jusqu'aux élections générales de 1880; trad. de l'anglais par Léop. Goirand. 5 vol. in-8 (*Perrin*). 30 fr.

Mariéjol (Jean-H.). — L'Espagne sous Ferdinand et Isabelle. In-8 (*May et Motteroz*) . . . . 4 fr.

Martin (le P.). — Le Marquis de Montcalm et les dernières années de la colonie du Canada (1756-1760). In-12 (*Téqui*). 3 fr.

Mas-Latrie (L. de) — L'Ile de Chypre, sa situation présente et ses souvenirs du moyen âge. In-18 j. (*Firmin-Didot*) . 5 fr.

Mazade (Ch. de). — Un Chancelier d'ancien régime. Le Règne diplomatique de M. de Metternich. In-8 (*Plon*) . . 7 fr. 50

Meaux (vicomte de). — L'Église catholique et la liberté aux Etats-Unis. In-8 (*Lecoffre*). . . . . 3 fr. 50

Mercier (Ern.). — Histoire de l'Afrique septentrionale 3 vol. in-8 avec cartes (*Leroux*). . . . . 25 fr.

Mercier (Ernest). —Histoire de l'établissement des Arabes dans l'Afrique septentrionale. In-8 (*Challamel*) . . . . . 10 fr.

Mignet —Charles-Quint. Son abdication, son séjour et sa mort au monastère de Yuste. In-12 (*Perrin*) . . . . . 3 fr. 50

Moireau (Auguste) —Histoire des États-Unis de l'Amérique du Nord depuis la découverte du Nouveau Monde. 2 vol. in-8. (*Hachette*) . . . . 20 fr.

Moltke (maréchal H. de). — Mémoires. Édition française par E. Jaeglé. 2 vol. in-8 (*Le Soudier*) . . . . 20 fr.

Morel-Fatio (Alfred). — Études sur l'Espagne. 2 vol. in-8 (*Bouillon*) . . . . 10 fr.

Namèche (Mgr). — Cours d'histoire nationale de Belgique. 30 vol. in-8 (Louvain, *Ch. Fonteyn*) . . . . 120 fr.

Noailles (duc de). — Cent ans de république aux États-Unis. 2 vol. in-8 (*Calmann-Lévy*) . . . . 15 fr.

Paparrigopoulo. — Histoire de la civilisation hellénique. In-8 (*Hachette*) . . . . 7 fr. 50

Parieu (E. de). — Histoire de Gustave-Adolphe, roi de Suède. In-12 (*Perrin*) . . . . 3 fr. 50

Perrens (F.-T.). — La Civilisation florentine du XIIIe au XVIe siècle. In-8 (*May et Motteroz*) . . . . 4 fr.

Perrens (F.-T.). — Histoire de Florence depuis ses origines jusqu'à la domination des Médicis. 5 vol. in-8 (*Hachette*). 37 fr. 50

Perrens (F.-T.). — Histoire de Florence depuis la domination des Médicis jusqu'à la chute de la République (1434-1531). 3 vol. in-8 (*Quantin*) . . . . 22 fr. 50

Philippson (Martin). — Histoire du règne de Marie Stuart. 3 vol. in-8 (*Bouillon*) . . . . 15 fr.

Pierling (le P.), S. J. — Papes et tsars (1547-1597). In-8 (*Retaux*) . . . . 7 fr. 50

Pierling (le P.), S. J. — La Russie et l'Orient. Mariage d'un tsar au Vatican. Ivan III et Sophie Paléologue. In-16 (*Leroux*). 2 fr. 50

Pierling (le P.), S. J. — La Russie et le Saint-Siège. In-8 (*Plon*). 7 fr. 50

Pisani (l'abbé Paul). — La Dalmatie de 1797 à 1815. Épisode des conquêtes napoléoniennes. Gr. in-8 (*Alph. Picard*) . . 10 fr.

Poullet (E.). — Histoire politique nationale. Origines, développements et transformations des institutions dans les anciens Pays-Bas. 2e édition 2 vol. in-8 (Louvain, *Peeters*). . 15 fr.

Rambaud (Alfred). — Histoire de Russie. In-16 (*Hachette*). 6 fr.

Rambaud (Alfred). — La Domination française en Allemagne (1792-1811). 2 vol. in-12 (*Perrin*) . . . . 7 fr.

Rameau de Saint-Père. — Une Colonie féodale en Amérique. L'Acadie (1604-1881). 2 vol. in-18 (*Plon*) . . . . . . 8 fr.

*Ranke (Leop. von). — L'Espagne sous Charles-Quint, Philippe II et Philippe III, ou les Osmanlis et la monarchie espagnole pendant les XVIe et XVIIe siècles; traduit de l'allemand et augmenté de notes par J.-B. Haiber. 2e édition. In-12 (*Retaux*) . 3 fr.

Rochemonteix (le P. Camille de), S. J. — Les Jésuites et la Nouvelle-France au XVIIe siècle. 3 vol. in-8 (*Letouzey et Ané*). 18 fr.

Rosseeuw Saint-Hilaire. — Histoire d'Espagne. 14 vol. in-8 (*Jouvet*) . . . . 112 fr.

Rothan (E.). — La Prusse et son roi pendant la guerre de Crimée. In-18 (*Calmann-Lévy*) . . . . 3 fr. 50

Salinis (le P. A.), S. J. — Marins et missionnaires. Conquête de la Nouvelle-Calédonie (1843-1853) d'après des documents inédits. Gr. in-8, orné de 75 grav. (*Retaux*) . . . . 4 fr.

SALVANDY (N. de). — Histoire du roi Jean Sobieski et du royaume de Pologne. 2 vol. in-8 (*Perrin*). . . . . 14 fr.

SCHAYES (A.). — La Belgique et les Pays-Bas avant et pendant la domination romaine. 2e édition. 4 vol. in-8 (Bruxelles, *Muquardt*) . . . . 25 fr.

SCHLUMBERGER (G.). — Un Empereur byzantin au xe siècle : Nicéphore Phocas. In-8 (*Firmin-Didot*) . . . . . . 30 fr.

SCHULTE (Fréd. de). — Histoire du droit et des institutions de l'Allemagne ; traduit et annoté sur la 5e édition par Marcel Fournier, précédé d'une introduction par Ernest Glasson. In-8 (*Pedone-Lauriel*). . . . . 12 fr.

SIMON (Édouard). — Histoire du prince de Bismarck. In-8 (*Ollendorff*) . . . . 7 fr. 50

SOREL (Albert). — La Question d'Orient au XVIIIe siècle : le partage de la Pologne et le traité de Kaïnardji. 2e édit. In-18 (*Plon*). . . . . 3 fr. 50

SORIN (Élie). — Histoire contemporaine de l'Italie. In-18 (*Alcan*). 3 fr. 50

TAILLANDIER (Saint-René). — Études sur la Révolution en Allemagne. 2 vol. in-8 (*Calmann-Lévy*) . . . . 15 fr.

THIERRY (Augustin). — Histoire de la conquête de l'Angleterre. 2 vol. in-8 (*Jouvet*) . . . . 12 fr.

TONDINI (le P.). — Le Règlement ecclésiastique de Pierre le Grand (*Librairie de la Société bibliographique*) (épuisé) » »

VALBEZEN (de). — Les Anglais et l'Inde. Premières études. In-8 (*Plon*). . . . . 7 fr. 50

VALBEZEN (de). — Les Anglais et l'Inde. Nouvelles études. 2 vol. in-8 (*Ibid.*) . . . . 15 fr.

VANDERSTRAETEN (Edm.). — Recherches sur les communautés religieuses et les institutions de bienfaisance établies à Audenarde depuis le XIIe siècle jusqu'à la fin du XVIIIe. 2 vol. in-12 (Bruxelles, *Vanderstraeten*) . . . . 10 fr.

VULLIEMIN (L.). — Histoire de la confédération suisse. In-8, 2e édition. 2 vol. in-12 (Lausanne, *Bridel*) . . . . . . 7 fr.

WALISZEWSKI (K.). — Le Roman d'une impératrice. Catherine II de Russie, d'après ses mémoires, sa correspondance et les documents inédits des Archives d'Etat. 10e édit. In-8 (*Plon*). 8 fr.

WALISZEWSKI (K.). — Autour d'un trône. Catherine II de Russie. Ses collaborateurs, ses amis, ses favoris. 5e édit. In-8 (*Ibid.*). 8 fr.

WALLON (H.). — Richard II, épisodes de la rivalité de la France et de l'Angleterre. 2 vol. in-8 (*Hachette*) . . . . . 15 fr.

WAUTERS. — Les Libertés communales. Essai sur leur origine et leurs premiers développements en Belgique, dans le nord de la France et sur les bords du Rhin. 2 vol. in-8 (Bruxelles, *Office de publicité*) . . . . 14 fr.

Wiesener (Louis). — Études sur les Pays-Bas au xvie siècle. Charles V; commencements de Philippe II; Marguerite de Parme et Granvelle. In-8 (*Hachette*) . . . . 5 fr.

Witt (C. de). — Histoire de Washington et de la fondation de la République des Etats-Unis, avec une étude par M. Guizot. 8e édition. In-12 (*Perrin*) . . . . 3 fr. 50

Witt (C. de). — Thomas Jefferson. 2e édition. In-12 (*Ibid.*). 3 fr. 50

Xénopol (A.-D.). — Histoire des Roumains. 2 vol. in-8 (*Bouillon*). . . . . 16 fr.

Yriarte (Ch.). — La Vie d'un patricien de Venise au xvie siècle : les doges, la charte ducale, les femmes à Venise, l'université de Padoue, les préliminaires de Lépante, etc. (*Plon*) . 8 fr.

Zeller (Jules). — Histoire d'Allemagne. 7 vol. in-8 (*Perrin*). Le vol. . . . . 7 fr. 50

Sciences auxiliaires.

Barthélemy (A. de). — Nouveau manuel de numismatique ancienne. In-18 (*Roret*). . . . . 7 fr.

Blanchet (J.-Adrien). — Nouveau manuel de numismatique du moyen âge et moderne. 3 vol. in-8, avec atlas (*Ibid.*) . 15 fr.

Cagnat (René). — Cours d'épigraphie latine. Gr. in-8 (*Thorin*). 12 fr.

Chassant (A.) et Delbarre (P.-J.). — Dictionnaire de sigillographie pratique contenant toutes les notions propres à faciliter l'étude et l'interprétation des sceaux du moyen âge. In-12 avec 16 planches (*Dumoulin*) (épuisé) . . . . » »

Jouffroy d'Eschavannes. — Traité complet de la science du blason. In-16 (*Marpon et Flammarion*) . . . . . . 5 fr.

Giry (Arthur). — Manuel de diplomatique. Gr. in-8 (*Hachette*). 20 fr.

Gheusi (P.-B.). — Le Blason héraldique. In-8 (*Firmin-Didot*). 15 fr.

Le Blant (Edm.). — Manuel d'épigraphie chrétienne. In-12 (*Perrin*) . . . . 3 fr.

Lecoy de la Marche (A.). — Les Sceaux. In-8 (*Quantin*). 3 fr. 50

Mazas (A.). — Histoire de l'ordre royal et militaire de Saint-Louis, depuis son institution, en 1693, jusqu'en 1830; terminée par Théodore Anne. 2e édit., revue, corrigée et augmentée. 3 vol. in-8 (*Michel Lévy*) (épuisé) . . . . » »

PROU (Maurice). — Manuel de paléographie latine et française du VIe au XVIIe siècle. In-8 (*Alph. Picard*) . . . . . 12 fr.
Avec deux recueils de fac-similés ; chacun . . . . 6 fr.

RENESSE (comte Théodore de). — Dictionnaire des figures héraldiques. In-8 (*Société belge de librairie*) (en cours de publication). Le fasc. . . . . 4 fr

Biographie.

I. — *Généralités.*

BIOGRAPHIE UNIVERSELLE, par Michaud. 45 vol. in-4 (*Vivès*). 500 fr.

NOUVELLE BIOGRAPHIE GÉNÉRALE, publiée sous la direction du D^{r} Hœfer. 46 vol. in-8 (*Firmin-Didot*) . . . . . . 184 fr.

DICTIONNAIRE DES PARLEMENTAIRES FRANÇAIS, par Adolphe Robert, Edgar Bourloton, Gaston Cougny. 5 vol. in-8 (*Bourloton*). 60 fr.

ILLUSTRATIONS (les) ET LES CÉLÉBRITÉS DU XIXe SIÈCLE. En cours de publication. Douze séries ont paru. Vol. in-8 (*Bloud et Barral*). Le vol., *franco* . . . . 4 fr.

BIOGRAPHIES DU XIXe SIÈCLE (suite des Illustrations). En cours de publication. Onze séries ont paru. In-8 (*Ibid.*). Le vol., *franco*. 3 fr. 50

*DICTIONNAIRE DES CONTEMPORAINS, par G. Vapereau. 5e édit. Gr. in-8 et supplément (*Hachette*) . . . . 37 fr.

GRAND DICTIONNAIRE INTERNATIONAL DES ÉCRIVAINS DU JOUR, par A. de Gubernatis. 3 vol. in-8 (Florence; Paris, *H. Vivien*). Net . . . . 14 fr.

AMBERT (général baron). — Portraits militaires, les généraux de la Révolution. In-8, avec portraits (*Bloud et Barral*). 4 fr.

GAUTIER (Léon). — Portraits du XVIIe siècle. 5 vol. gr. in-8 avec portraits (*Sanard et Derangeon*) Chaque vol. . . 4 fr. 50

GAUTIER (Léon). — Portraits du XIXe siècle. 4 vol. gr. in-8, avec portraits (*Ibid.*) Chaque vol. . . . . 4 fr. 50

VEUILLOT (Louis et Eugène) et RIANCEY (H. de). — Les Grandes figures catholiques du temps présent. Ouvrage continué par l'abbé Georges Bertrin. 4 vol. gr. in-8, avec grav. (*Sanard et Derangeon*) . . . . 18 fr.

II. — *Monographies.*

ALLAIRE (Étienne). — La Bruyère dans la maison de Condé. 2 vol. in-8 (*Firmin-Didot*). . . . . 16 fr.

AMBERT (général baron). — Le Maréchal de Vauban. Gr. in-8, illustré (*Mame*). . . . . 2 fr. 50

ANONYME. — Auguste Marceau, capitaine de frégate, commandant de l'Arche d'alliance, par un Père mariste. Nouv. édit. 2 vol. in-12 (*Haton*) . . . . 6 fr.

ANTIOCHE (comte d'). — Changarnier. In-8 (*Plon*). . . 7 fr. 50

ARMAGNAC (L.). — Histoire de Turenne. Gr. in-8, illustré (*Mame*). 2 fr. 50

ARMAILLÉ (comtesse d'). — Catherine de Bourbon, sœur de Henri IV (1559-1604), étude historique. In-12 (*Perrin*). . 3 fr.

AUDIAT (Louis). — Bernard Palissy. In-12 (*Ibid.*) . . 3 fr. 50

BARDOUX (J.). — La Jeunesse de La Fayette. In-8 (*Calmann-Lévy*) . . . . 7 fr. 50

BARDOUX (J.). — Les Dernières années de La Fayette. In-8 (*Ibid.*). 7 fr. 50

BARDOUX (J.). — Madame de Custine. In-8 ou in-18 j. (*Ibid.*). 7 fr. 50 et 3 fr. 50

BARDOUX (J.). — La Comtesse Pauline de Beaumont. In-8 ou in-18 j (*Ibid*) . . . . 7 fr. 50 et 3 fr. 50

BAUNARD (Mgr). — Le Général de Sonis, d'après ses papiers et sa correspondance. 45e édit. In-8 écu (*Poussielgue*). . 4 fr.

BÉMONT (Ch.). — Simon de Montfort, comte de Leicester. In-8 (*Alph. Picard*) . . . . 7 fr. 50

BENOIT. — Chateaubriand. Sa vie, ses œuvres. In-12 (*Perrin*). 3 fr.

BERTHE (le P. A.). — Garcia Moreno, président de l'Équateur. 2 vol. in-8 (*Retaux*) . . . . 7 fr.

Le même ouvrage. Édition abrégée. In-8. . . . . 4 fr.

BERTRAND (Joseph). — Blaise Pascal. In-8 (*Calmann-Lévy*). 7 fr. 50

BIRÉ (Edmond). — Victor Hugo après 1830. 2 vol. in-16 (*Perrin*). 7 fr.

BIRÉ (Edmond).—Victor Hugo après 1852. In-16 (*Ibid.*). 3 fr. 50

BLAMPIGNON (l'abbé). — Étude sur Malebranche, d'après des documents inédits. In-8 (*Téqui*) . . . . 5 fr.

BLAMPIGNON (l'abbé). — Étude sur Bourdaloue. In-8 (*Desclée*). 4 fr.

BLAMPIGNON (l'abbé). — Épiscopat de Massillon. In-12 (*Plon*). 3 fr. 50

BONNEFON (Paul). — Montaigne. L'homme et l'œuvre. In-8 (*Rouam*) . . . . 15 fr.

BOURELLY. — Le Maréchal Fabert. 2 vol in-12 (*Perrin*). 7 fr.

BOUTEILLER (E. de). — Le Maréchal Fabert. Gr. in-8, illustré (*Mame*) . . . . 2 fr. 50

BROGLIE (Emmanuel de).—Le Fils de Louis XV, Louis, dauphin de France (1729-1765). In-18 (*Plon*) (épuisé) . . . . » »

CHAMBORANT DE PÉRISSAT (A. de). — Lamartine inconnu. Notes, lettres et documents inédits. In 8 (*Ibid.*). . . . . . 7 fr. 50

CHANTELAUZE (R.). — Le Père de La Chaise, confesseur de Louis XIV. Études d'histoire religieuse. Lettres et documents inédits. In-8 (Lyon, *A. Durand*) . . . . 6 fr.

CHEVALIER (Alexis). — Vie charitable de M. de Melun, fondateur de l'œuvre des apprentis et des jeunes ouvrières. Gr. in-8 (*Mame*) . . . . 3 fr. 50

COMBES (Tr.). — La Princesse des Ursins. Essai sur sa vie et son caractère politique. In-8 (*Perrin*) . . . . 6 fr.

CORNUT (le P. Étienne), S. J. — Louis Veuillot, étude morale et littéraire. Nouv. édit. In-8 (*Retaux*) . . . . 4 fr.

COSNEAU. — Le Connétable de Richemont. In-8 (*Alph. Picard*). 4 fr.

COSTA DE BEAUREGARD (marquis). — Un homme d'autrefois. Souvenirs recueillis par son arrière-petit-fils. In-18 (*Plon*). 4 fr.

COSTA DE BEAUREGARD (marquis). — Le Roman d'un royaliste sous la Révolution. Souvenirs du comte de Virieu. In-8 (*Ibid.*). 7 fr. 50

CRAVEN (Mme Aug.). — Adélaïde Capèce Minutulo. In-12 (*Perrin*). 2 fr.

CRAVEN (Mme Aug.). — Récits d'une sœur. 2 vol. in-12 (*Ibid.*). 8 fr.

DAUBAN. — Étude sur Mme Roland et son temps. In-8 (*Plon*). 8 fr.

DE CRUE (Francis). — Anne de Montmorency. In-8 (*Ibid.*). 8 fr.

DELABORDE (H.-François). — Jean de Joinville et les seigneurs de Joinville. In-8 (*Alph. Picard*) . . . . 10 fr.

DESCOSTES (François). — Joseph de Maistre avant la Révolution. Souvenirs de la société d'autrefois. 2 vol. in-8 (*Ibid.*) . 12 fr.

DESCOSTES (François). — Joseph de Maistre pendant la Révolution ; ses débuts diplomatiques. In-8 (*Mame*). . . . 6 fr.

DESPREZ (Claude). — Desaix. In-12 (*Baudoin*) . . . . 3 fr.

DESPREZ (Claude). — Kléber et Marceau. In-12 (*Ibid.*). . 3 fr.

*DESPREZ (Claude). — Lazare Hoche In-12 (*Ibid.*) . . . 3 fr.

DIONNE (N.-E.). — Jacques Cartier. In-12 (Québec, imp. *Brousseau*).

DIONNE (N.-E.). — Samuel Champlain, fondateur de Québec et père de la Nouvelle-France. In-8 (Québec, *A. Coté*). (En cours de publication).

DUFAYARD (Charles). — Le Connétable de Lesdiguières. In-8 (*Hachette*). . . . . 10 fr.

DUSSIEUX (L.). — Sully. In-8 (*Lecoffre*) . . . . . . 3 fr. 50

DUSSIEUX (L.). — Colbert. In-8 (*Ibid.*) . . . . 3 fr. 50

FALLOUX (comte de). — Mme Swetchine. Sa vie et ses œuvres. 2 vol. in-12 (*Perrin*) . . . . 8 fr.

FLERS (marquis de). — Le Comte de Paris. In-8 (*Perrin*). 8 fr.

FLICHE (l'abbé). — La Princesse des Ursins. 2 vol. in-8 (*Oudin*). 10 fr.

FOISSET (Th.). — Le Comte de Montalembert. In-8 (*Lecoffre*). 3 fr.

GEOFFROY DE GRANDMAISON (Ch.). — Un Curé d'autrefois. L'abbé de Talhouet. 1737-1802. In-18 j. (*Poussielgue*). . . . 3 fr. 50

GONCOURT (Ed. et Jules de). — Madame de Pompadour. In-12 (*Charpentier*) . . . . 3 fr. 50

GRANDIN (commandant). — Le Dernier maréchal de France, Canrobert. Gr. in-8, illustré (*Tolra*) . . . . 5 fr.

GRANDIN (commandant). — Alexandre III, empereur de Russie. Gr. in-8, illustré (*Ibid.*) . . . . 5 fr.

GRANDIN (commandant). — Chanzy, d'après des documents authentiques. Gr. in-8, illustré (*Ibid.*) . . . . 5 fr.

GRANDIN (commandant). — Le Vice-amiral Jurien de la Gravière. Gr. in-8, illustré (*Ibid.*) . . . . 5 fr.

GRANDIN (commandant). — Le Maréchal de Mac-Mahon, duc de Magenta. 2 vol. in-12 (*Haton*) . . . . 6 fr.

HAGENMEYER (Henri). — Le Vrai et le faux sur Pierre l'Hermite. In-8 (*Lamulle et Poisson*). . . . . 2 fr.

HAMONT (Tibulle). — La Fin d'un empire français aux Indes sous Louis XV. Lally-Tollendal. In-8 (*Plon*) . . . 7 fr. 50

HARRISSE (H.). — Christophe Colomb. 2 vol. gr. in-8 (*Leroux*). 125 fr.

HAUSSONVILLE (comte d'). — Ma jeunesse (1814-1830). Souvenirs. In-8 (*Calmann-Lévy*) . . . . 7 fr. 50

HUIT (Charles). — La Vie et les œuvres de Frédéric Ozanam. 2e édit. In-8 (*Sanard et Derangeon*) . . . . 4 fr. 50

JAL (A.). — Abraham Duquesne et la marine de son temps. 2 vol. in-8 (*Plon*) . . . . 16 fr.

JARRY (E.). — La Vie politique de Louis de France, duc d'Orléans. In-8 (*Alph. Picard*). . . . . 10 fr.

JOSÉFA (T.). — Garcia Moreno, président de la République de l'Equateur. In-8, illustré (*Tolra*) . . . . 3 fr. 50

JOSÉFA (T.). — Le Général de Sonis, le héros de Patay. 7e édit. In-8, illustré (*Ibid.*) . . . . 3 fr. 50

KELLER (Émile). — Le Général de la Moricière, sa vie militaire, politique et religieuse. 2 vol. in-12 (*Haton*) . . . . 6 fr.

KURTH (Godefroid). — Pierre l'Hermite. In-12 (Liège, *Demarteau*).

LACOMBE (Ch. de). — Le Comte de Serre, sa vie et son temps. 2 vol. in-12 (*Perrin*). . . . . 7 fr.

Lacombe (Charles de). — Vie de Berryer. 3 vol. in-8 (*Firmin-Didot*). . . . . 24 fr.

La Faye (J. de la). — Histoire du général de Sonis. 15e édit. In-8, avec portraits (*Bloud et Barral*) . . . . 4 fr.

La Faye (J. de la). — Histoire de l'amiral Courbet. 13e édit. In-8, avec portraits (*Ibid.*). . . . . 4 fr.

La Faye (J. de la). — Le Général Ambert, sa vie et ses œuvres. Nouv. édit., avec portraits (*Ibid.*) . . . . 3 fr.

La Faye (J. de la). — Cinquante ans de vie militaire. Le général de Laveaucoupet. In-8, avec portraits (*Ibid.*). . . 4 fr.

Lamartine (A. de). — Mémoires inédits (1790-1815). In-12 (*Hachette*). . . . . 3 fr. 50

Lanzac de Laborie (L. de). — Un royaliste libéral en 1789. Jean-Joseph Mounier, sa vie politique et ses écrits. In-8 (*Plon*). 8 fr.

Lapeyre (Paul). — Auguste Nicolas, sa vie et ses œuvres. In-8 (*Lethielleux*) . . . . 7 fr. 50

Lavallée (Théophile). — Madame de Maintenon et la maison royale de Saint-Cyr (1686-1793). In-8 (*Plon*) . . . . 8 fr.

Lecanuet (le P.), de l'Oratoire. — Berryer, sa vie et ses œuvres. 5e édit. In-8 (*Bloud et Barral*) . . . . 6 fr.

Lecanuet (le P.), de l'Oratoire. — Montalembert ; sa jeunesse. In-8 (*Poussielgue*). . . . . 5 fr.

Lecoy de La Marche. — Le Roi René, sa vie, son administration, ses travaux artistiques et littéraires. 2 vol. in-8 (*Firmin-Didot*) . . . . 15 fr.

Lenormant (Mme Ch.). — Souvenirs et confidences de Mme Récamier. 2 vol. in-18 j. (*Calmann-Lévy*) . . . . . . 7 fr.

Lenormant (Mme Ch.). — Madame Récamier, les amis de sa jeunesse et sa correspondance intime. In-8 ou in-18 j. (*Ibid.*). 7 fr. 50 et 3 fr. 50

Loménie (Louis de). — Les Mirabeau. Nouvelles études sur la société française au xviiie siècle. 15 vol. in-8 (*Dentu*). 37 fr. 50

Loménie (Louis de). — La Comtesse de Rochefort et ses amis. In-8 ou in-18 j. (*Calmann-Lévy*). . . . . 6 fr. et 3 fr. 50

Lorin (Henri). — Le Comte de Frontenac. Étude sur le Canada français à la fin du xviie siècle. In-8 (*Colin*) . . . . 10 fr.

Lyonnet (Mgr). — Le Cardinal Fesch, archevêque de Lyon. 2 vol. in-8 (*Lecoffre*) . . . . 9 fr.

Marcellus (comte de). — Chateaubriand et son temps. In-8 (*Calmann-Lévy*) . . . . 7 fr. 50

Margerie (Am. de). — Le Comte Joseph de Maistre. In-8 (*Librairie de la Société bibliographique*) . . . . 6 fr.

Marion (M.). — Machault d'Arnouville. In-8 (*Hachette*). 7 fr. 50

MASSON (Frédéric). — Le Cardinal de Bernis depuis son ministère (1758-1794). In-8 (*Plon*) . . . . 8 fr.

MAULDE (R. de). — Jeanne de France, duchesse d'Orléans et de Berry. In-8 (*Champion*) . . . . 8 fr.

MAYNARD (l'abbé). — Pascal, sa vie, ses écrits. 2 vol. in-8 (*Retaux*) . . . . 10 fr.

MAYNARD (l'abbé). — Vie de Voltaire. In-18 j. (*Ibid.*). 3 fr. 50

MELUN (vicomte de). — Madame la marquise de Barol, sa vie et ses œuvres. In-8 (*Poussielgue*) . . . . 6 fr.

MERCIER (le P.), S. J. — Madame de Maintenon. In-12 (*Lecoffre*). 2 fr.

MERCIER (le P.), S. J. — Lamennais, d'après sa correspondance et les travaux les plus récents. 1895, in-12 (*Lecoffre*). . 3 fr.

MIGNET. — Vie de Franklin. In-12. Paris (*Perrin*). . 1 fr. 25

MOIGNO (l'abbé). — Le R. P. Secchi, sa vie, son observatoire, ses travaux, ses écrits, ses titres à la gloire, hommages rendus à sa mémoire, ses grands ouvrages ; avec un portrait et 3 pl. Pet. in-8 (*Gauthier-Villars*) . . . . 3 fr. 50

MONTAGU. — Anne-Paule-Dominique de Noailles, marquise de Montagu. Nouv. édit. In-8 ou in-18 (*Plon*). 7 fr. 50 et 3 fr. 50

MONZIE (Eug. de). — Le Cardinal de Richelieu. Gr. in-8, illustré (*Mame*) . . . . 2 fr. 50

NETTEMENT (Alfred). — Vie de Marie-Thérèse de France, fille de Louis XVI. 2 vol. in-12 (*Lecoffre*) . . . . 4 fr.

NETTEMENT. — Vie de Mme la marquise de la Rochejaquelein. In-12 (*Ibid.*) . . . . 2 fr.

NICOLARDOT (Louis). — Ménage et finances de Voltaire. 2 vol. in-16 (*Dentu*) . . . . 7 fr.

OZANAM (l'abbé E.-A.). — Vie de Frédéric Ozanam. 3e édit. In-18 j. (*Poussielgue*) . . . . 4 fr.

PAUTHE (l'abbé L.). — Madame de la Vallière. La Morale de Bossuet à la cour de Louis XIV. In-8 (*Letouzey et Ané*). 7 fr. 50

PELLICO (Silvio). — Mes prisons ou mémoires. Trad. de l'abbé Bourassé. In-12 (*Mame*) . . . . 1 fr. 50

PÉREY (Lucien). — La Fin du XVIIIe siècle. Le duc de Nivernais, 1764-1798. In-8 (*Calmann-Lévy*). . . . . 7 fr. 50

PÉREY (Lucien). — Un petit-neveu de Mazarin. Louis-Jules-Henri Barbon Mancini Mazarini, duc de Nivernais. In-8 (*Ibid.*). 7 fr. 50

PONTMARTIN (A. de). — Mes mémoires. Enfance et jeunesse 2 vol. in-18 (*Ibid.*) . . . . 7 fr.

POUJOULAT. — Le Cardinal Maury, sa vie, ses œuvres. 2e édit. In-12 (*Téqui*) . . . . 3 fr.

PRUDHOMME (A.). — Histoire de Bayard. Gr. in-8, illustré (*Mame*). 2 fr. 50

RASTOUL (A.). — Le Maréchal de Mac-Mahon, duc de Magenta. In-8 (*Delhomme et Briguet*) . . . . 6 fr.

RICARD (Mgr). — Christophe Colomb. In-4, avec illustr. (*Mame*). 5 fr. 50

ROGER (docteur), du Havre. — Madame de Sévigné malade. In-16 (*Steinheil*) . . . . 3 fr. 50

ROSELLY DE LORGUES (comte). — Christophe Colomb. Édit. artistique. In-4 (*Sanard et Derangeon*) . . . . 25 fr.

Le même ouvrage. Édit. populaire. In-8 (*Ibid.*) . . 6 fr.

ROUSSEL (le P.-A.), de l'Oratoire. — Lamennais, d'après des documents inédits. 2 vol. in-16 j. (*Bloud et Barral*) . . 7 fr.

ROY (Jules). — Turenne, sa vie et les institutions militaires de son temps. Gr. in-8 . . . . 30 fr.

SANDRET (L.). — Louis II de la Trémoille, le chevalier sans reproche, d'après le panégyrique de Jean Bouchet et d'autres documents contemporains. In-12 (*Librairie de la Société bibliographique*) . . . . 3 fr.

SÉGUR (marquis de). — Vie du comte Rostopchine, gouverneur de Moscou en 1812. Gr. in-8 avec grav. (*Retaux*) . . 4 fr.

Le même ouvrage, in-18 j. (*Ibid.*) . . . . 3 fr. 50

SEPET (Marius). — Jeanne d'Arc. Gr. in-8, illustré (*Mame*) 2 fr. 50

TAILLANDIER (Saint-René). — Maurice de Saxe. In-8 (*Calmann-Lévy*) . . . . 7 fr. 50

TAILLANDIER (Saint-René). — Le Général Philippe de Ségur, sa vie et son temps. In-12 (*Perrin*) . . . . 3 fr. 50

THIERS. — Histoire de Law. In-18 (*Hetzel*) . . . . . 3 fr.

VALOIS (N.). — Guillaume d'Auvergne, évêque de Paris. In-8 (*Picard*) . . . . 5 fr.

VÉTAULT (Alph.). — Godefroi de Bouillon. Gr. in-8, illustré (*Mame*) . . . . 2 fr. 50

VILLEFRANCHE (J.-M.). — Histoire du général Chanzy. 3e édit. In-8 (*Bloud et Barral*) . . . . 4 fr.

WEILL (Georges). — Saint-Simon et son œuvre. In-16 (*Perrin*). 3 fr. 50

Mélanges historiques.

AUBINEAU (Léon). — Gens d'église : portraits et histoires. 2 vol. in-8 (*Vitte*) . . . . 10 fr.

BROGLIE (duc de). — Questions de religion et d'histoire. 2 vol. in-8 (*Calmann-Lévy*) . . . . 15 fr.

BROGLIE (l'abbé de). — Le Présent et l'avenir du catholicisme en France. In-18 (*Plon*). . . . . 3 fr. 50

Calmette (G.). — Éphémérides historiques, littéraires, scientifiques, etc., 1300-1895. In-8 (*Hachette*) . . . . 4 fr.

Fustel de Coulanges. — Recherches sur quelques problèmes d'histoire. In-8 (*Ibid*) . . . . 10 fr.

Fustel de Coulanges. — Nouvelles recherches sur quelques problèmes d'histoire. In-8 (*Ibid.*) . . . . 10 fr.

Fustel de Coulanges. — Questions historiques. In-8 (*Ibid.*). 10 fr.

Gautier (Léon). — Études et tableaux historiques. In-8 (*Desclée*) . . . . 4 fr.

Guizot (F.). — Mélanges biographiques et littéraires. In-8 ou in-18 j. (*Calmann-Lévy*) . . . . . . 7 fr. 50 et 3 fr. 50

Guizot (F.). — Mélanges politiques et historiques. In-8 ou in-18 j. (*Ibid.*). . . . . 7 fr. 50 et 3 fr. 50

Guizot (F.). — Trois générations, 1789-1814-1848. In-18 j. (*Ibid.*). 3 fr. 50

Haussonville (comte d'). — Souvenirs et mélanges. In-8 ou in-18 j. (*Ibid.*) . . . . 7 fr. 50 et 3 fr. 50

Haussonville (comte d'). — Ma jeunesse. In-8 ou in-18 j. (*Ibid.*). 7 fr. 50 et 3 fr. 50

Haussonville (comte Othenin d'). — Études biographiques et littéraires. In-18 j. (*Ibid.*). . . . . 3 fr. 50

Heimweh (Jean). — La Question d'Alsace. In-16 (*Hachette*). 3 fr. 50

Lecoy de la Marche (A.). — La Guerre aux erreurs historiques. In-12 (*Letouzey et Ané*). . . . . 3 fr. 50

Lecoy de la Marche (A.). — Les Récents progrès de l'histoire. In-8 (*Vitte*) . . . . 3 fr.

L'Épinois (Henri de). — Critiques et réfutations. M. Henri Martin et son histoire de France. In-12 (*Librairie de la Société bibliographique*). . . . . 3 fr.

La Guéronnière (A. de). — Études et portraits contemporains. Gr. in-8 (*Plon*) . . . . 8 fr.

L'Empereur Napoléon III. — L'Empereur Nicolas Ier. — Le Roi Léopold. — Le Comte de Chambord. — Le Prince de Joinville. — M. Thiers. — Le Duc de Morny. — Le Général Cavaignac.

Magnin (Ch.). — Histoire des marionnettes en Europe, depuis l'antiquité. Gr. in-18 (*Calmann-Lévy*) . . . . . 3 fr. 50

Maistre (comte de). — Considérations sur la France. In-8 ou in-12 (*Vitte*) . . . . 2 fr. 50 et 2 fr.

Maistre (comte de). — Considérations sur la France, avec une préface de René Bazin. In-18 (*Classiques pour tous de la Société bibliographique; Sanard et Derangeon*) . . 0 fr. 50

Mazade (Ch. de). — Portraits d'histoire morale et politique du temps. In-18 (*Plon*) . . . . 3 fr. 50

Victor Jacquemont, M. Guizot, M. de Montalembert, le P. Lacordaire, le P. Gratry, M. Michelet, Mme de Gasparin, Mme Swetchine, M. Taine, Alfred Tonnellé.

Questions controversées de l'histoire et de la science, publiées sous les auspices de la Société bibliographique. 4 vol. in-8 (*Sanard et Derangeon*). . . . . 12 fr.

Sorel (Albert). — Essais d'histoire et de critique. 2e édit. In-18 (*Plon*) . . . . 3 fr. 50

Metternich, Talleyrand, Mirabeau, Élisabeth et Catherine II, l'Angleterre et l'émigration française, la diplomatie de Louis XV, les colonies prussiennes, l'alliance russe et la Restauration, la politique française en 1866 et 1867, la diplomatie et le progrès.

Sorel (Albert). — Lectures historiques. In-18 (*Ibid.*) . 3 fr. 50

Vitet (L.). — Essais historiques et littéraires. In-18 j. (*Calmann-Lévy*) . . . . 3 fr. 50

Vogüé (vicomte E.-M. de). — Heures d'histoire. In-18 (*Colin*). 3 fr. 50

Vogüé (vicomte E.-M. de). — Regards historiques et littéraires. In-18 (*Ibid.*) . . . . 3 fr. 50

Vogüé (vicomte E.-M. de). — Spectacles contemporains. In-16 (*Ibid.*). . . . . 3 fr. 50

Witt (Cornélis de). — La Société française et la société anglaise au xviiie siècle. In-18 j. (*Calmann-Lévy*) . . . . 3 fr. 50

TABLE DES MATIÈRES

JURISPRUDENCE.

SCIENCES ET ARTS.

BELLES-LETTRES.

HISTOIRE.

BESANÇON. — IMPRIMERIE DE PAUL JACQUIN.

RUE SAINT-SIMON, 5

POLYBIBLION

REVUE BIBLIOGRAPHIQUE UNIVERSELLE

Paraissant du 10 au 15 de chaque mois.

LE POLYBIBLION comprend deux parties distinctes

I. — PARTIE LITTÉRAIRE, contenant :

Des **Articles** d'ensemble sur les différentes branches de la science et de la littérature; des **Comptes rendus** des principaux ouvrages publiés en France et à l'Etranger ; des **Variétés** ; une **Chronique**; une **Correspondance** et des **Questions et Réponses** sur les points rentrant dans la spécialité du Recueil.

La partie littéraire forme par mois une livraison de six feuilles d'impression, et au bout de l'année deux volumes de près de 600 pages

II. — PARTIE TECHNIQUE, contenant :

Une **Bibliographie méthodique** des ouvrages parus récemment en France et à l'étranger, *avec indication très complète des prix et des noms d'éditeurs*; les **Sommaires** des principales revues françaises et étrangères ; des mémoires des sociétés savantes de France; des articles littéraires des grands journaux de Paris.

La partie technique forme par mois une livraison de deux à trois feuilles d'impression, et au bout de l'année un volume de 500 à 550 pages, terminé par une table alphabétique des noms d'auteurs cités dans la Bibliographie; elle offre le répertoire le plus complet de ce qui paraît d'important dans tous les pays, et permet aux travailleurs, aux journalistes, aux hommes politiques, chacun dans sa spécialité, de se tenir au courant des livres nouveaux et des articles de revue.

Prix d'abonnement :

PARTIE LITTÉRAIRE :	Un an, France,	15 f.,	Union postale,	16 f.
PARTIE TECHNIQUE	—	10 f.,	—	11 f.
LES DEUX PARTIES RÉUNIES	—	20 f.,	—	22 f.

BESANÇON. — IMPR. ET STÉRÉOT. DE PAUL JACQUIN

www.ingramcontent.com/pod-product-compliance
Ingram Content Group UK Ltd.
Pitfield, Milton Keynes, MK11 3LW, UK
UKHW020435200726
13857UKWH00002B/427